O LIVRO DOS MÉDIUNS

OU GUIA DOS MÉDIUNS E DOS EVOCADORES

O LIVRO DOS MÉDIUNS

OU GUIA DOS MÉDIUNS E DOS EVOCADORES

Ensino especial dos Espíritos sobre a teoria de todos os gêneros de manifestações, os meios de comunicação com o mundo invisível, o desenvolvimento da mediunidade, as dificuldades e os tropeços que se podem encontrar na prática do Espiritismo

por

Allan Kardec

TRADUÇÃO
Guillon Ribeiro

Edição original do livro, *Le livre des médiums ou Guide des médiums et des évocateurs*, 1861

Todos os direitos reservados. Nenhuma parte deste livro pode ser utilizada ou reproduzida sob quaisquer meios existentes sem autorização por escrito dos editores.

REVISÃO	Isis Pinto
CAPA E PROJETO GRÁFICO	Bruno Santos
IMAGEM DE CAPA	Portrait de M. Allan Kardec, Revue L'Illustration début avril 1869./ A. Gilbert e J Robert a partir de foto de Charles Mammès Leymarie.

Dados Internacionais de Catalogação na Publicação (CIP)
(Câmara Brasileira do Livro, SP, Brasil)

Kardec, Allan, 1804-1869
 O livro dos médiuns, ou, Guia dos médiuns e dos evocadores / Allan Kardec ; tradução Guillon Ribeiro. -- 1. ed. -- Rio de Janeiro : Ubook Editora, 2020.

 Título original: Le livre des médiums ou guide des médiums et des évocateurs "Ensino especial dos Espíritos sobre a teoria de todos os gêneros de manifestações, os meios de comunicação com o mundo invisível, o desenvolvimento da mediunidade, as dificuldades e os tropeços que se podem encontrar na prática do Espiritismo".
 ISBN 978-65-87549-65-1

 1. Doutrina espírita 2. Espiritismo 3. Mediunidade - Estudo e ensino 4. Médiuns I. Ribeiro, Guillon. II. Título. III. Título: Guia dos médiuns e dos evocadores.

20-41019 CDD-133.901

Ubook Editora S.A
Av. das Américas, 500, Bloco 12, Salas 303/304,
Barra da Tijuca, Rio de Janeiro/RJ.
Cep.: 22.640-100
Tel.: (21) 3570-8150

SUMÁRIO

INTRODUÇÃO 11

PRIMEIRA PARTE 17
Noções preliminares

CAPÍTULO I - HÁ ESPÍRITOS? 18

CAPÍTULO II - DO MARAVILHOSO E DO SOBRENATURAL.....................25

CAPÍTULO III - DO MÉTODO..35
De que modo se deve proceder com os materialistas. Materialistas por sistema: materialistas que o são por falta de coisa melhor. – Incrédulos por ignorância, por má vontade, por interesse e má-fé, por pusilanimidade, por escrúpulos religiosos, por efeito de decepções. – Três classes de espíritas: espíritas experimentadores, espíritas imperfeitos, espíritas

cristãos ou verdadeiros espíritas. – Ordem a que devem obedecer aos estudos espíritas.

CAPÍTULO IV - DOS SISTEMAS **48**
Exame dos diferentes modos por que o espiritismo é encarado. – Sistemas de negação: do charlatanismo, da loucura, da alucinação, do músculo estalante, das causas físicas, do reflexo. – Sistemas de afirmação; sistema da alma coletiva; id. Sonambúlico, pessimista, diabólico ou demoníaco, otimista, unispírita ou monoespírita, multispírita ou polispírita, sistema da alma material.

SEGUNDA PARTE..**67**
Das manifestações espíritas

CAPÍTULO I - DA AÇÃO DOS ESPÍRITOS SOBRE A MATÉRIA **68**

CAPÍTULO II - DAS MANIFESTAÇÕES FÍSICAS. - DAS MESAS GIRANTES **75**

CAPÍTULO III - DAS MANIFESTAÇÕES INTELIGENTES **79**

CAPÍTULO IV - DA TEORIA DAS MANIFESTAÇÕES FÍSICAS **83**
Movimentos e suspensões. – Ruídos. – Aumento e diminuição do peso dos corpos.

CAPÍTULO V - DAS MANIFESTAÇÕES FÍSICAS ESPONTÂNEAS **96**
Ruídos, barulhos e perturbações. – Arremesso de objetos. – Fenômeno de transporte. Dissertação de um espírito sobre os transportes.

CAPÍTULO VI - DAS MANIFESTAÇÕES VISUAIS **119**
Noções sobre as aparições. – Ensaio teórico sobre as aparições. – Espíritos glóbulos. – Teoria da alucinação.

CAPÍTULO VII - DA BICORPOREIDADE E DA TRANSFIGURAÇÃO............**140**
Aparições de espíritos de pessoas vivas. – Homens duplos. – Santo afonso

de liguori e santo antônio de pádua. – Vespasiano. – Transfiguração. – Invisibilidade.

CAPÍTULO VIII - DO LABORATÓRIO DO MUNDO INVISÍVEL..................**150**
Vestuário dos espíritos. – Formação espontânea de objetos tangíveis. – Modificação das propriedades da matéria. – Ação magnética curadora.

CAPÍTULO IX - DOS LUGARES ASSOMBRADOS..**159**

CAPÍTULO X - DA NATUREZA DAS COMUNICAÇÕES.............................**165**
Comunicações grosseiras, frívolas, sérias e instrutivas.

CAPÍTULO XI - DA SEMATOLOGIA E DA TIPTOLOGIA...........................**169**
Linguagem dos sinais e das pancadas. – Tiptologia alfabética.

CAPÍTULO XII - DA PNEUMATOGRAFIA OU ESCRITA DIRETA. DA PNEUMATOFONIA..**175**

CAPÍTULO XIII - DA PSICOGRAFIA..**181**
Psicografia indireta: cestas e pranchetas. – Psicografia direta ou manual.

CAPÍTULO XIV - DOS MÉDIUNS...**186**
Médiuns de efeitos físicos. – Pessoas elétricas. – Médiuns sensitivos ou impressionáveis. – Médiuns audientes. – Médiuns falantes. – Médiuns videntes. – Médiuns sonambúlicos. – Médiuns curadores. – Médiuns pneumatógrafos.

CAPÍTULO XV - DOS MÉDIUNS ESCREVENTES OU PSICÓGRAFOS...........**202**
Médiuns mecânicos, intuitivos, semimecânicos, inspirados ou involuntários; de pressentimentos.

CAPÍTULO XVI - DOS MÉDIUNS ESPECIAIS..**208**
Aptidões especiais dos médiuns. – Quadro sinóptico das diferentes espécies de médiuns.

CAPÍTULO XVII - DA FORMAÇÃO DOS MÉDIUNS **226**
Desenvolvimento da mediunidade. – Mudança de caligrafia. – Perda e suspensão da mediunidade.

CAPÍTULO XVIII - DOS INCONVENIENTES E PERIGOS DA MEDIUNIDADE **243**
Influência do exercício da mediunidade sobre a saúde. – Idem sobre o cérebro. – Idem sobre as crianças.

CAPÍTULO XIX - DO PAPEL DOS MÉDIUNS NAS COMUNICAÇÕES ESPÍRITAS 247
Influência do espírito pessoal do médium. – Sistema dos médiuns inertes. – Aptidão de certos médiuns para coisas de que nada conhecem: línguas, música, desenho etc. – Dissertação de um espírito sobre o papel dos médiuns.

CAPÍTULO XX - DA INFLUÊNCIA MORAL DO MÉDIUM **261**
Questões diversas. – Dissertação de um espírito sobre a influência moral.

CAPÍTULO XXI - DA INFLUÊNCIA DO MEIO **271**

CAPÍTULO XXII - DA MEDIUNIDADE NOS ANIMAIS **274**

CAPÍTULO XXIII - DA OBSESSÃO **282**
Obsessão simples. – Fascinação. – Subjugação. – Causas da obsessão. – Meios de a combater.

CAPÍTULO XXIV - DA IDENTIDADE DOS ESPÍRITOS **299**
Provas possíveis de identidade. – Modo de se distinguirem os bons dos maus espíritos. – Questões sobre a natureza e identidade dos espíritos.

CAPÍTULO XXV - DAS EVOCAÇÕES **320**
Considerações gerais. Espíritos que se podem evocar. – Linguagem de que se deve usar com os espíritos. – Utilidade das evocações particulares. – Questões sobre as evocações. – Evocações dos animais. – Evocações das pessoas vivas. – Telegrafia humana.

CAPÍTULO XXVI - DAS PERGUNTAS QUE SE PODEM FAZER AOS ESPÍRITOS 348
Observações preliminares. – Perguntas simpáticas ou antipáticas aos espíritos. – Perguntas sobre o futuro. – Sobre as existências passadas e vindouras. – Sobre interesses morais e materiais. – Sobre a sorte dos espíritos. Sobre a saúde. – Sobre as invenções e descobertas. – Sobre os tesouros ocultos. – Sobre outros mundos.

CAPÍTULO XXVII - DAS CONTRADIÇÕES E DAS MISTIFICAÇÕES 366

CAPÍTULO XXVIII - DO CHARLATANISMO E DO EMBUSTE 377
Médiuns interesseiros. – Fraudes espíritas.

CAPÍTULO XXIX - DAS REUNIÕES E DAS SOCIEDADES ESPÍRITAS 389
Das reuniões em geral. – Das sociedades propriamente ditas. – Assuntos de estudo. – Rivalidades entre as sociedades.

CAPÍTULO XXX - REGULAMENTO DA SOCIEDADE PARISIENSE DE ESTUDOS ESPÍRITAS 410

CAPÍTULO XXXI - DISSERTAÇÕES ESPÍRITAS............................420
Acerca do espiritismo. – Sobre os médiuns. – Sobre as sociedades espíritas. – Comunicações apócrifas.

CAPÍTULO XXXII - VOCABULÁRIO ESPÍRITA............................450

ID
INTRODUÇÃO

Todos os dias a experiência nos traz a confirmação de que as *dificuldades* e os desenganos, com que muitos topam na prática do Espiritismo, se originam da ignorância dos princípios desta ciência e feliz nos sentimos de haver podido comprovar que o nosso trabalho, feito com o objetivo de precaver os adeptos contra os escolhos de um noviciado, produziu frutos e que à leitura desta obra devem muitos o terem logrado evitá-los.

Natural é, que entre os que se ocupam com o Espiritismo, o desejo de poderem pôr-se em comunicação com os Espíritos. Esta obra se destina a lhes achanar o caminho, levando-os a tirar proveito dos nossos longos e laboriosos estudos, porquanto muito falsa ideia formaria aquele que pensasse bastar, para se considerar perito nesta matéria, saber colocar os dedos sobre uma mesa, a fim de fazê-la mover-se, ou segurar um lápis, a fim de escrever.

Enganar-se-ia igualmente quem supusesse encontrar nesta obra uma receita universal e infalível para formar médiuns. Se bem cada um traga em si o gérmen das qualidades necessárias para se tornar médium, tais qualidades existem em graus muito diferentes e o seu desenvolvimento depende de causas que a ninguém é dado conseguir se verifiquem à vontade. As regras da poesia, da pintura e da música não fazem que se tornem poetas, pintores, ou músicos os que não têm o gênio de alguma dessas artes. Apenas guiam os que as cultivam, no emprego de suas faculdades naturais. O mesmo sucede com o nosso trabalho. Seu objetivo consiste em indicar os meios de desenvolvimento da faculdade mediúnica, tanto quanto o permitam as disposições de cada um, e, sobretudo, dirigir-lhe o emprego de modo útil, quando ela exista. Esse, porém, não constitui o fim único a que nos propusemos.

De par com os médiuns propriamente ditos, há, a crescer diariamente, uma multidão de pessoas que se ocupam com as manifestações espíritas. Guiá-las nas suas observações, assinalar-lhes os obstáculos que podem e hão de necessariamente encontrar, lidando com uma nova ordem de coisas, iniciá-las na maneira de confabularem com os Espíritos, indicar-lhes os meios de conseguirem boas comunicações, tal o círculo que temos de abranger, sob pena de fazermos trabalho incompleto. Ninguém, pois, se surpreenda de encontrar nele instruções que, à primeira vista, pareçam descabidas; a experiência lhes realçará a utilidade. Quem quer que o estude cuidadosamente melhor compreenderá depois os fatos de que venha a ser testemunha; menos estranha lhe parecerá a linguagem de alguns Espíritos. Como repositório de instrução prática, portanto, a nossa obra não se destina exclusivamente aos médiuns, mas a todos os que estejam em condições de ver e observar os fenômenos espíritas.

Não faltará quem desejara publicássemos um manual prático muito sucinto, contendo em poucas palavras a indicação dos processos que se devam empregar para entrar em comunicação com os Espíritos. Pensarão esses que um livro desta natureza, dada a possibilidade de se espalhar profusamente por módico preço, representaria um poderoso meio de propaganda, pela multiplicação dos médiuns. Ao nosso ver, semelhante obra, em vez de útil, seria nociva, ao menos por enquanto. De muitas dificuldades se mostra inçada a prática do Espiritismo e nem sempre isenta de inconvenientes a que só o estudo sério e completo pode obviar. Fora, pois, de temer que uma indicação muito resumida animasse experiências levianamente tentadas, das quais viessem os experimentadores a arrepender-se. Coisas são estas com que não é conveniente, nem prudente, se brinque e mau serviço acreditamos que prestaríamos, pondo-as ao alcance do primeiro estouvado que achasse divertido conversar com os mortos. Dirigimo-nos aos que veem no Espiritismo um objetivo sério, que lhe compreendem toda a gravidade e não fazem das comunicações com o mundo invisível um passatempo.

Havíamos publicado uma Instrução Prática com o fito de guiar os médiuns. Essa obra está hoje esgotada e, embora a tenhamos feito com um fim grave e sério, não a reimprimiremos, porque ainda não a consideramos bastante completa para esclarecer acerca de todas as dificuldades que se possam encontrar. Substituímo-la por esta, na qual reunimos todos os dados que uma longa experiência e conscienciosos estudos nos permitiram colher. Ela contribuirá, pelo menos assim o esperamos, para imprimir ao Espiritismo o caráter sério que lhe forma a essência e para evitar que haja quem nele veja objeto de frívola ocupação e de divertimento.

A essas considerações ainda aditaremos outra, muito importante: a má impressão que produzem nos novatos as experiências levianamente feitas e sem conhecimento de causa, experiências que apresentam o inconveniente de gerar ideias falsas acerca do mundo dos Espíritos e de dar azo à zombaria e a uma crítica quase sempre fundada. De tais reuniões, os incrédulos raramente saem convertidos e dispostos a reconhecer que no Espiritismo haja alguma coisa de sério. Para a opinião errônea de grande número de pessoas, muito mais do que se pensa têm contribuído a ignorância e a leviandade de vários médiuns.

Desde alguns anos, o Espiritismo há realizado grandes progressos: imensos, porém, são os que conseguiu realizar, a partir do momento em que tomou rumo filosófico, porque entrou a ser apreciado pela gente instruída. Presentemente, já não é um espetáculo: é uma doutrina de que não mais riem os que zombavam das mesas girantes. Esforçando-nos por levá-lo para esse terreno e por mantê-lo aí, nutrimos a convicção de que lhe granjeamos mais adeptos úteis, do que provocando a torto e a direito manifestações que se prestariam a abusos. Disso temos cotidianamente a prova no número dos que se hão tornado espíritas unicamente pela leitura de *O livro dos espíritos*.

Depois de havermos exposto, nesse livro, a parte filosófica da ciência espírita, damos nesta obra a parte prática, para uso dos que queiram ocupar-se com as manifestações, quer para fazerem pessoalmente, quer para se inteirarem dos fenômenos que lhes sejam dados observar. Verão, aí, os óbices com que poderão deparar e terão também um meio de evitá-los. Estas duas obras, se bem a segunda constitua seguimento da primeira, são, até certo ponto, independentes uma da outra. Mas, a quem quer que deseje tratar seriamente da matéria, diremos que primeiro leia *O livro dos espíritos*, porque contém princípios básicos, sem os quais algumas partes deste se tornariam talvez dificilmente compreensíveis.

Importantes alterações para melhor foram introduzidas nesta segunda edição, muito mais completa do que a primeira. Acrescentando-lhe grande número de notas e instruções do maior interesse, os Espíritos a corrigiram, com particular cuidado. Como reviram tudo, aprovando-a, ou modificando-a à sua vontade, pode dizer-se que ela é, em grande parte, obra deles, porquanto a intervenção que tiveram não se limitou aos artigos que trazem assinaturas. São poucos esses artigos, porque apenas apusemos nomes quando isso nos pareceu necessário, para assinalar que algumas citações um tanto extensas provieram deles textualmente. A não ser assim, houvéramos de citá-los quase que em todas as páginas, especialmente em seguida a todas as respostas dadas às perguntas que lhes foram feitas, o que se nos afigurou de nenhuma utilidade. Os nomes, como se sabe, importam pouco, em tais assuntos. O essencial é que o conjunto do trabalho corresponda ao fim que colimamos. O acolhimento dado à primeira edição, posto que imperfeita, faz-nos esperar que a presente não encontre menos receptividade.

Como lhe acrescentamos muitas coisas e muitos capítulos inteiros, suprimimos alguns artigos, que ficariam em duplicata, entre outros o que tratava da Escala espírita, que já se encontra em *O livro dos espíritos*. Suprimimos igualmente do "Vocabulário" o que não se ajustava bem no quadro desta obra, substituindo vantajosamente o que foi supresso por coisas mais práticas. Esse vocabulário, além do mais, não estava completo e tencionamos publicá-lo mais tarde, em separado, sob o formato de um pequeno dicionário de filosofia espírita. Conservamos nesta edição apenas as palavras novas ou especiais, pertinentes aos assuntos de que nos ocupamos.

PRIMEIRA PARTE
NOÇÕES PRELIMINARES

CAPÍTULO I
HÁ ESPÍRITOS?

1. A dúvida, no que concerne à existência dos Espíritos, tem como causa primária a ignorância acerca da verdadeira natureza deles. Geralmente, são figurados como seres à parte na criação e de cuja existência não está demonstrada a necessidade. Muitas pessoas, mais ou menos como as que só conhecem a História pelos romances, apenas os conhecem através dos contos fantásticos com que foram acalentadas em criança.

Sem indagarem se tais contos, despojados dos acessórios ridículos, encerram algum fundo de verdade, essas pessoas unicamente se impressionam com o lado absurdo que eles revelam. Sem se darem ao trabalho de tirar a casca amarga, para achar a amêndoa, rejeitam o todo, como fazem, relativamente à religião, os que, chocados por certos abusos, tudo englobam numa só condenação.

Seja qual for a ideia que dos Espíritos se faça, a crença neles necessariamente se funda na existência de um princípio inteligente fora da matéria. Essa crença é incompatível com a negação absoluta deste princípio. Tomamos, conseguintemente, por ponto de partida, a existência, a sobrevivência e a individualidade da alma, existência, sobrevivência e individualidade que têm no *Espiritualismo* a sua demonstração teórica e dogmática e, no *Espiritismo,* a demonstração positiva. Abstraiamos, por um momento, das manifestações propriamente ditas e, raciocinando por indução, vejamos a que consequências chegaremos.

2. Desde que se admite a existência da alma e sua individualidade após a morte, forçoso é também se admita: 1º, que a sua natureza difere da do corpo, visto que, separada deste, deixa de ter as propriedades peculiares ao corpo; 2º, que goza da consciência de si mesma, pois que é passível de alegria, ou de sofrimento, sem o que seria um ser inerte, caso em que possuí-la de nada nos valeria. Admitido isso, tem-se que admitir que essa alma vai para alguma parte. Que vem a ser feito dela e para onde vai?

Segundo a crença vulgar, vai para o céu, ou para o inferno. Mas onde ficam o céu e o inferno? Dizia-se outrora que o céu era em cima e o inferno embaixo. Porém, o que são o alto e o baixo no Universo, uma vez que se conhecem a esfericidade da Terra, o movimento dos astros, movimento que faz com que o que em dado instante está no alto esteja, doze horas depois, embaixo, e o infinito do espaço, através do qual o olhar penetra, indo a distâncias consideráveis? Verdade é que por lugares inferiores também se designam as profundezas da Terra. Mas, que vêm a ser essas profundezas, desde que a Geologia as esquadrinhou? Que ficaram sendo, igualmente, as esferas concêntricas chamadas céu de fogo, céu das estrelas, desde que se verificou que a Terra não é o centro dos mundos, que mesmo o nosso Sol não é único, que milhões de sóis brilham no Espaço, constituindo cada um o centro de um turbilhão planetário? A que ficou reduzida a importância da Terra, mergulhada nessa imensidade? Por que injustificável privilégio este quase imperceptível grão de areia, que não avulta pelo seu volume, nem pela sua posição, nem pelo papel que lhe cabe desempenhar, seria o único planeta povoado de seres racionais? A razão se recusa a admitir semelhante nulidade do infinito e tudo nos diz que os diferentes mundos são habitados. Ora, se são povoados, também fornecem seus contingentes para o mundo das almas. Porém, ainda uma vez, que terá sido feito dessas almas, depois que a Astronomia e a Geologia destruíram as moradas que se lhes destinavam e, sobretudo, depois que a teoria, tão racional, da pluralidade dos mundos, as multiplicou ao infinito?

Não podendo a doutrina da localização das almas harmonizar-se com os dados da Ciência, outra doutrina mais lógica lhes assina por domínio, não um lugar determinado e circunscrito, mas o espaço universal: formam elas um mundo invisível, no qual vivemos imersos, que nos cerca e acotovela incessantemente. Haverá nisso alguma impossibilidade, alguma coisa que repugne à razão? De modo nenhum; tudo, ao contrário, nos afirma que não pode ser de outra maneira.

Mas, então, que vem a ser das penas e recompensas futuras, desde que se lhes suprimam os lugares especiais onde se efetivem? Notai que a incredulidade, com relação a tais penas e recompensas, prova geralmente serem umas e outras apresentadas em condições inadmissíveis. Dizei, em vez disso, que as almas tiram de si mesmas a sua felicidade ou a sua desgraça; que a sorte lhes está subordinada ao estado moral; que a reunião das que se votam mútua simpatia e são boas representa para elas uma fonte de ventura; que, de acordo com o grau de purificação que tenham alcançado, penetram e entreveem coisas que almas grosseiras não distinguem, e toda gente compreenderá sem dificuldade. Dizei mais que as almas não atingem o grau supremo, senão pelos esforços que façam por se melhorarem e depois de uma série de provas adequadas à sua purificação; que os anjos são almas que galgaram o último grau da escala, grau que todas podem atingir, tendo boa vontade; que os anjos são os mensageiros de Deus, encarregados de velar pela execução de seus desígnios em todo o Universo, que se sentem ditosos com o desempenho dessas missões gloriosas, e lhes tereis dado à felicidade um fim mais útil e mais atraente, do que fazendo-a consistir numa contemplação perpétua, que não passaria de perpétua inutilidade. Dizei, finalmente, que os demônios são simplesmente as almas dos maus, ainda não purificadas, mas que podem, como as outras, ascender ao mais alto cume da perfeição e isto parecerá mais conforme à justiça e à bondade de Deus, do que a doutrina que os dá como criados para o mal e ao mal destinados eternamente. Ainda uma vez: aí tendes o que a mais severa razão, a mais rigorosa lógica, o bom-senso, em suma, podem admitir.

Ora, essas almas que povoam o Espaço são precisamente o a que se chama *Espíritos*. Assim, pois, os Espíritos não são senão as almas dos homens, despojadas do invólucro corpóreo. Mais hipotética lhes seria a existência, se fossem seres à parte. Se, porém, se admitir que há almas, necessário também será se admita que os Espíritos são simplesmente as almas e nada mais. Se se admite que as almas estão por toda parte, ter-se-á que admitir, do mesmo modo, que os Espíritos estão por toda parte. Possível, portanto, não fora negar a existência dos Espíritos, sem negar a das almas.

3. Isto não passa, é certo, de uma teoria mais racional do que a outra. Porém, já é muito que seja uma teoria que nem a razão, nem a ciência repelem. Acresce que, se os fatos a corroboram, tem ela por si a sanção do raciocínio e da experiência. Esses fatos se nos deparam no fenômeno das manifestações espíritas, que, assim, constituem a prova patente da existência e da sobrevivência da alma. Muitas pessoas há, entretanto, cuja crença não vai além desse ponto; que admitem a existência das almas e, conseguintemente, a dos Espíritos, mas que negam a possibilidade de nos comunicarmos com eles, pela razão, dizem, de que seres imateriais não podem atuar sobre a matéria. Esta dúvida assenta na ignorância da verdadeira natureza dos Espíritos, dos quais em geral fazem ideia muito falsa, supondo-os erradamente seres abstratos, vagos e indefinidos, o que não é real.

Figuremos, primeiramente, o Espírito em união com o corpo. Ele é o ser principal, pois que é o *ser que pensa e sobrevive*. O corpo não passa de um *acessório* seu, de um invólucro, uma veste, que ele deixa, quando usada. Além desse invólucro material, tem o Espírito um segundo, semimaterial, que o liga ao primeiro. Por ocasião da morte, despoja-se deste, porém não do outro, a que damos o nome de *perispírito*. Esse invólucro semimaterial, que tem a forma humana, constitui para o Espírito um corpo fluídico, vaporoso, mas que, pelo fato de nos ser invisível no seu estado normal, não deixa de ter algumas das propriedades da matéria. O Espírito não é, pois, um ponto, uma abstração; é um ser limitado e circunscrito, ao qual só falta ser visível e palpável, para se assemelhar aos seres humanos. Por que, então, não haveria de atuar sobre a matéria? Por ser fluídico o seu corpo? Mas onde encontra o homem os seus mais possantes motores, senão entre os mais rarificados fluidos, mesmo entre os que se consideram imponderáveis, como, por exemplo, a eletricidade? Não é exato que a luz, imponderável, exerce ação química sobre a matéria ponderável? Não conhecemos a natureza íntima do perispírito. Suponhamo-lo, todavia, formado de matéria elétrica, ou de outra tão sutil quanto esta: por que, quando dirigido por uma vontade, não teria propriedade idêntica à daquela matéria?

4. A existência da alma e a de Deus, consequência uma da outra, constituindo a base de todo o edifício, antes de travarmos qualquer discussão espírita, importa indaguemos se o nosso interlocutor admite essa base. Se a estas questões:

Credes em Deus?

Credes que tendes uma alma?

Credes na sobrevivência da alma após a morte?

responder negativamente, ou, mesmo, se disser simplesmente: *Não sei; desejara que assim fosse, mas não tenho a certeza disso,* o que, quase sempre, equivale a uma negação polida, disfarçada sob uma forma menos categórica, para não chocar bruscamente o a que ele chama preconceitos respeitáveis, tão inútil seria ir além, como querer demonstrar as propriedades da luz a um cego que não admitisse a existência da luz. Porque, em suma, as manifestações espíritas não são mais do que efeitos das propriedades da alma. Com semelhante interlocutor, se se não quiser perder tempo, ter-se-á que seguir muito diversa ordem de ideias.

Admitida que seja a base, não como simples *probabilidade,* mas como coisa averiguada, incontestável, dela muito naturalmente decorrerá a existência dos Espíritos.

5. Resta agora a questão de saber se o Espírito pode comunicar-se com o homem, isto é, se pode com este trocar ideias. Por que não? Que é o homem, senão um Espírito aprisionado num corpo? Por que não há de o Espírito livre se comunicar com o Espírito cativo, como o homem livre com o encarcerado?

Desde que admitis a sobrevivência da alma, será racional que não admitais a sobrevivência dos afetos? Pois que as almas estão por toda parte, não será natural acreditarmos que a de um ente que nos amou durante a vida se acerque de nós, deseje comunicar-se conosco e se sirva para isso dos meios de que disponha? Enquanto vivo, não atuava ele sobre a matéria de seu corpo? Não era quem lhe dirigia os movimentos? Por que razão, depois de morto, entrando em acordo com outro Espírito ligado a um corpo, estaria impedido de se utilizar deste corpo vivo, para exprimir o seu pensamento, do mesmo modo que um mudo pode servir-se de uma pessoa que fale, para se fazer compreendido?

6. Abstraiamos, por instante, dos fatos que, ao nosso ver, tornam incontestável a realidade dessa comunicação; admitamo-la apenas como hipótese. Pedimos aos incrédulos que nos provem, não por simples negativas, visto que suas opiniões pessoais não podem constituir lei, mas expendendo razões peremptórias, que tal coisa não pode dar-se. Colocando-nos no terreno em que eles se colocam, uma vez que entendem de apreciar os fatos espíritas com o auxílio das leis da matéria, que tirem desse arsenal qualquer demonstração matemática, física, química, mecânica, fisiológica e provem por a mais b, partindo sempre do princípio da existência e da sobrevivência da alma:

1º Que o ser pensante, que existe em nós durante a vida, não mais pensa depois da morte.

2º Que, se continua a pensar, está inibido de pensar naqueles a quem amou.

3º Que, se pensa nestes, não cogita de se comunicar com eles.

4º Que, podendo estar em toda parte, não pode estar ao nosso lado.

5º Que, podendo estar ao nosso lado, não pode comunicar-se conosco.

6º Que não pode, por meio do seu envoltório fluídico, atuar sobre a matéria inerte.

7º Que, sendo-lhe possível atuar sobre a matéria inerte, não pode atuar sobre um ser animado.

8º Que, tendo a possibilidade de atuar sobre um ser animado, não lhe pode dirigir a mão para fazê-lo escrever.

9º Que, podendo fazê-lo escrever, não lhe pode responder às perguntas, nem lhe transmitir seus pensamentos.

Quando os adversários do Espiritismo nos provarem que isto é impossível, aduzindo razões tão patentes quais as com que Galileu demonstrou que o Sol não é que gira em torno da Terra, então poderemos considerar-lhes fundadas as dúvidas. Infelizmente, até hoje, toda a argumentação a que recorrem se resume nestas palavras: *Não creio, logo isto é impossível.* Dir-nos-ão, com certeza, que nos cabe a nós provar a realidade das manifestações. Ora, nós lhes damos, pelos fatos e pelo raciocínio, a prova de que elas são reais. Mas, se não admitem nem uma, nem outra coisa, se chegam mesmo a negar o que veem, toca-lhes a eles provar que o nosso raciocínio é falso e que os fatos são impossíveis.

CAPÍTULO II
DO MARAVILHOSO E DO SOBRENATURAL

7. Se a crença nos Espíritos e nas suas manifestações representasse uma concepção singular, fosse produto de um sistema, poderia, com visos de razão, merecer a suspeita de ilusória. Digam-nos, porém, por que com ela deparamos tão vivaz entre todos os povos, antigos e modernos, e nos livros santos de todas as religiões conhecidas? "E, respondem os críticos, porque, desde todos os tempos, o homem teve o gosto do maravilhoso." — "Mas que entendeis por maravilhoso?" — "O que é sobrenatural." — "Que entendeis por sobrenatural?" — "O que é contrário às leis da Natureza." — "Conheceis, porventura, tão bem essas leis, que possais marcar limite ao poder de Deus? Pois bem! Provai então que a existência dos Espíritos e suas manifestações são contrárias às leis da Natureza; que não é, nem pode ser uma destas leis. Acompanhai a Doutrina Espírita e vede se todos os elos, ligados uniformemente à cadeia, não apresentam todos os caracteres de uma lei admirável, que resolve tudo o que as filosofias até agora não puderam resolver."

O pensamento é um dos atributos do Espírito; a possibilidade, que eles têm, de atuar sobre a matéria, de nos impressionar os sentidos e, por conseguinte, de nos transmitir seus pensamentos, resulta, se assim nos podemos exprimir, da constituição fisiológica que lhes é própria. Logo, nada há de sobrenatural neste fato, nem de maravilhoso. Tornar um homem a viver depois de morto e bem morto, reunirem-se seus membros dispersos para lhe formarem de novo o corpo, sim, seria maravilhoso, sobrenatural, fantástico. Haveria aí uma verdadeira derrogação da lei, o que somente por um milagre poderia Deus praticar. Coisa alguma, porém, de semelhante há na Doutrina Espírita.

8. Entretanto, objetarão, admitis que um Espírito pode suspender uma mesa e mantê-la no espaço sem ponto de apoio. Não constitui isto um a derrogação da lei de gravidade? — Constitui, mas da lei conhecida; porém, já a Natureza disse a sua última palavra? Antes que se houvesse experimentado a força ascensional de certos gases, quem diria que uma máquina pesada, carregando muitos homens, fosse capaz de triunfar da força de atração? Aos olhos do vulgo, tal coisa não pareceria maravilhosa, diabólica? Por louco houvera passado aquele que, há um século, se tivesse proposto a transmitir um telegrama a quinhentas léguas de distância e a receber a resposta, alguns minutos depois. Se o fizesse, toda gente creria ter ele o diabo às suas ordens, pois que, àquela época, só ao diabo era possível andar tão depressa. Porque, então, um fluido desconhecido não poderia, em dadas circunstâncias, ter a propriedade de contrabalançar o efeito da gravidade, como o hidrogênio contrabalança o peso do balão? Notemos, de passagem, que não fazemos uma assimilação, mas apenas urna comparação, e unicamente para mostrar, por analogia, que o fato não é fisicamente impossível.

Ora, foi exatamente por quererem, ao observar estas espécies de fenômenos, proceder por assimilação que os sábios se transviaram.

Em suma, o fato aí está. Não há, nem haverá negação que possa fazer não seja ele real, porquanto negar não é provar. Para nós, não há coisa alguma sobrenatural. É tudo o que, por agora, podemos dizer.

9. Se o fato ficar comprovado, dirão, aceitá-lo-emos; aceitaríamos mesmo a causa a que o atribuís, a de um fluido desconhecido. Mas quem nos prova a intervenção dos Espíritos? Aí é que está o maravilhoso, o sobrenatural.

Far-se-ia mister aqui uma demonstração completa, que, no entanto, estaria deslocada e, ao demais, constituiria uma repetição, visto que ressalta de todas as outras partes do ensino. Todavia, resumindo-a nalgumas palavras, diremos que, em teoria, ela se funda neste princípio: todo efeito inteligente há de ter uma causa inteligente e, do ponto de vista prático, na observação de que, tendo os fenômenos ditos espíritas dado provas de inteligência, fora da matéria havia de estar a causa que os produzia e de que, não sendo essa inteligência a dos assistentes — o que a experiência atesta — havia de lhes ser exterior. Pois que não se via o ser que atuava, necessariamente era um ser invisível.

Assim foi que, de observação em observação, se chegou ao reconhecimento de que esse ser invisível, a que deram o nome de Espírito, não é senão a alma dos que viveram corporalmente, aos quais a morte arrebatou o grosseiro invólucro visível, deixando-lhes apenas um envoltório etéreo, invisível no seu estado normal. Eis, pois, o maravilhoso e o sobrenatural reduzidos à sua mais simples expressão.

Uma vez comprovada a existência de seres invisíveis, a ação deles sobre a matéria resulta da natureza do envoltório rio fluídico que os reveste. É inteligente essa ação, porque, ao morrerem, eles perderam tão-somente o corpo, conservando a inteligência que lhes constitui a essência mesma. Aí está a chave de todos esses fenômenos tidos erradamente por sobrenaturais. A existência dos Espíritos não é, portanto, um sistema preconcebido, ou uma hipótese imaginada para explicar os fatos: é o resultado de observações e consequência natural da existência da alma. Negar essa causa é negar a alma e seus atributos. Dignem-se de apresentá-la os que pensem em poder dar desses efeitos inteligentes uma explicação mais racional e, sobretudo, de apontar a causa de *todos os fatos,* e então será possível discutir-se o mérito de cada uma.

10. Para os que consideram a matéria a única potência da Natureza, *tudo o que não pode ser explicado pelas leis da matéria é maravilhoso, ou sobrenatural,* e, para eles, *maravilhoso* é sinônimo de *superstição*. Se assim fosse, a religião, que se baseia na existência de um princípio imaterial, seria um tecido de superstições. Não ousam dizê-lo em voz alta, mas dizem-no baixinho e julgam salvar as aparências concedendo que uma religião é necessária ao povo e às crianças, para que se tornem ajuizados. Ora, uma de duas, ou o princípio religioso é verdadeiro, ou falso. Se é verdadeiro, ele o é para toda gente, se falso, não tem maior valor para os ignorantes do que para os instruídos.

11. Os que atacam o Espiritismo, em nome do maravilhoso, se apoiam geralmente no princípio materialista, porquanto, negando qualquer efeito extramaterial, negam, *ipso facto,* a existência da alma. Sondai-lhes, porém, o fundo das consciências, perscrutai bem o sentido de suas palavras e descobrireis quase sempre esse princípio, se não categoricamente formulado, germinando por baixo da capa com que o cobrem, a de uma pretensa filosofia racional. Lançando à conta do maravilhoso tudo o que decorre da existência da alma, são, pois, consequentes consigo mesmos: não admitindo a causa, não podem admitir os efeitos. Daí, entre eles, uma opinião preconcebida, que os torna impróprios para julgar lisamente do Espiritismo, visto que o princípio donde partem é o da negação de tudo o que não seja material.

Quanto a nós, dar-se-á aceitemos todos os fatos qualificados de maravilhosos, pela simples razão de admitirmos os efeitos que são a consequência da existência da alma? Dar-se-á sejamos campeões de todos os sonhadores, adeptos de todas as utopias, de todas as excentricidades sistemáticas? Quem o supuser, demonstrará bem minguado conhecimento do Espiritismo. Mas os nossos adversários não atentam nisto muito de perto. O de que menos cuidam é da necessidade de conhecerem aquilo de que falam.

Segundo eles, o maravilhoso é absurdo; ora, o Espiritismo se apoia em fatos maravilhosos, logo o Espiritismo é absurdo. E consideram sem apelação esta sentença. Acham que opõem um argumento irretorquível quando, depois de terem procedido a eruditas pesquisas acerca dos convulsionários de Saint-Médard, dos fanáticos de Cevenas, ou das religiosas de Loudun, chegaram à descoberta de patentes embustes, que ninguém contesta. Semelhantes histórias, porém, serão o evangelho do Espiritismo? Terão seus adeptos negado que o charlatanismo há explorado, em proveito próprio, alguns fatos? que outros sejam frutos da imaginação? que muitos tenham sido exagerados pelo fanatismo? Tão solidário é ele com as extravagâncias que se cometam em seu nome, quanto a verdadeira ciência com os abusos da ignorância, ou a verdadeira religião com os excessos do sectarismo. Muitos críticos se limitam a julgar do Espiritismo pelos contos de fadas e pelas lendas populares que lhe são as facções. O mesmo fora julgar da História pelos romances históricos, ou pelas tragédias.

12. Em lógica elementar, para se discutir uma coisa, preciso se faz conhecê-la, porquanto a opinião de um crítico só tem valor, quando ele fala com perfeito conhecimento de causa. Então, somente, sua opinião, embora errônea, poderá ser tomada em consideração que peso, porém, terá quando ele trata do que não conhece? A legítima crítica deve demonstrar, não só erudição, mas também profundo conhecimento do objeto que versa, juízo reto e imparcialidade a toda prova, sem o que, qualquer menestrel poderá arrogar-se o direito de julgar Rossini e um pinta-monos o de censurar Rafael.

13. Assim, o Espiritismo não aceita todos os fatos considerados maravilhosos, ou sobrenaturais. Longe disso, demonstra a impossibilidade de grande número deles e o ridículo de certas crenças, que constituem a superstição propriamente dita. É exato que, no que ele admite, há coisas que, para os incrédulos, São puramente do domínio do maravilhoso, ou por outra, da superstição. Seja. Mas, ao menos, discuti apenas esses pontos, porquanto, com relação aos demais, nada há que dizer e pregais em vão. Atendo-vos ao que ele próprio refuta, provais ignorar o assunto e os vossos argumentos erram o alvo.

Porém, até onde vai a crença do Espiritismo? perguntarão. Lede, observai e sabê-lo-eis. Só com o tempo e o estudo se adquire o conhecimento de qualquer ciência. Ora, o Espiritismo, que entende com as mais graves questões de filosofia, com todos os ramos da ordem social, que abrange tanto o homem físico quanto o homem moral, é, em si mesmo, uma ciência, uma filosofia, que já não podem ser aprendidas em algumas horas, como nenhuma outra ciência.

Tanta puerilidade haveria em se querer ver todo o Espiritismo numa mesa girante, como toda a física nalguns brinquedos de criança. A quem não se limite a ficar na superfície, são necessários, não algumas horas somente, mas meses e anos, para lhe sondar todos os arcanos. Por aí se pode apreciar o grau de saber e o valor da opinião dos que se atribuem o direito de julgar, porque viram uma ou duas experiências, as mais das vezes por distração ou divertimento. Dirão eles com certeza que não lhes sobram lazeres para consagrarem a tais estudos todo o tempo que reclamam. Está bem; nada a isso os constrange. Mas quem não tem tempo de aprender uma coisa não se mete a discorrer sobre ela e, ainda menos, a julgá-la, se não quiser que o acoimem de leviano. Ora, quanto mais elevada seja a posição que ocupemos na ciência, tanto menos escusável é que digamos, levianamente, de um assunto que desconhecemos.

14. Resumimos nas proposições seguintes o que havemos expendido:

1º Todos os fenômenos espíritas têm por princípio a existência da alma, sua sobrevivência ao corpo e suas manifestações.

2º Fundando-se numa lei da Natureza, esses fenômenos nada têm de *maravilhosos*, nem de *sobrenaturais*, no sentido vulgar dessas palavras.

3º Muitos fatos são tidos por sobrenaturais, porque não se lhes conhece a causa; atribuindo-lhes uma causa, o Espiritismo os repõe no domínio dos fenômenos naturais.

4º Entre os fatos qualificados de sobrenaturais, muitos há cuja impossibilidade o Espiritismo demonstra, incluindo-os no número das crenças supersticiosas.

5º Se bem reconheça um fundo de verdade em muitas crenças

populares, o Espiritismo de modo algum dá sua solidariedade a todas as histórias fantásticas que a imaginação há criado.

6º Julgar do Espiritismo pelos fatos que ele não admite é dar prova de ignorância e tirar todo valor à opinião emitida.

7º A explicação dos fatos que o Espiritismo admite, de suas causas e consequências morais, forma toda uma ciência e toda uma filosofia, que reclamam estudo sério, perseverante e aprofundado.

8º O Espiritismo não pode considerar crítico sério, senão aquele que tudo tenha visto, estudado e aprofundado com a paciência e a perseverança de um observador consciencioso; que do assunto saiba tanto quanto qualquer adepto instruído; que haja, por conseguinte, haurido seus conhecimentos algures, que não nos romances da ciência; aquele a quem não se possa opor *fato algum* que lhe seja desconhecido, nenhum argumento de que já não tenha cogitado e cuja refutação faça, não por mera negação, mas por meio de outros argumentos mais peremptórios; aquele, finalmente, que possa indicar, para os fatos averiguados, causa mais lógica do que a que lhes aponta o Espiritismo. Tal crítico ainda está por aparecer.

15. Pronunciamos há pouco a palavra *milagre;* uma ligeira observação sobre isso não virá fora de propósito, neste capítulo que trata do maravilhoso.

Na sua acepção primitiva e pela sua etimologia, o termo *milagre* significa coisa *extraordinária, coisa admirável de se ver.* Mas, como tantas outras, essa palavra se afastou do seu sentido originário e hoje, por milagre, se entende (segundo a Academia) *um ato do poder divino, contrário às leis comuns da Natureza.* Tal, com efeito, a sua acepção usual e apenas por comparação e por metáfora é ela aplicada às coisas vulgares que nos surpreendem e cuja causa se desconhece. De nenhuma forma entra em nossas cogitações indagar se Deus há julgado útil, em certas circunstâncias, derrogar as leis que Ele próprio estabelecera; nosso fim é, unicamente, demonstrar que os fenômenos espíritas, por mais extraordinários que sejam, de maneira alguma derrogam essas leis, que nenhum caráter têm de miraculosos, do mesmo modo que não são maravilhosos, ou sobrenaturais.

O milagre não se explica; os fenômenos espíritas, ao contrário, se explicam racionalissimamente. Não são, pois, milagres, mas simples efeitos, cuja razão de ser se encontra nas leis gerais. O milagre apresenta ainda outro caráter, o de ser insólito e isolado. Ora, desde que um fato se reproduz, por assim dizer, à vontade e por diversas pessoas, não pode ser um milagre.

Todos os dias a ciência opera milagres aos olhos dos ignorantes. Por isso é que, outrora, os que sabiam mais do que o vulgo passavam por feiticeiros; e, como se entendia, então, que toda ciência sobre-humana vinha do diabo, queimavam-nos. Hoje, que já estamos muito mais civilizados, eles apenas são mandados para os hospícios.

Se um homem realmente morto, como dissemos em começo, ressuscitar por intervenção divina, haverá aí verdadeiro milagre, porque isso é contrário às leis da Natureza. Se, porém, tal homem só aparentemente está morto, se ainda há nele um resto de *vitalidade latente* e a ciência ou uma ação magnética consegue reanimá-lo, um fenômeno natural é o que isso será para pessoas instruídas. Todavia, aos olhos do vulgo ignorante, o fato passará por milagroso, e o autor se verá perseguido a pedradas, ou venerado, conforme o caráter dos indivíduos. Solte um físico, em campo de certa natureza, um papagaio elétrico e faça, por esse meio, cair um raio sobre uma árvore e o novo Prometeu será tido certamente como senhor de um poder diabólico. E, seja dito de passagem, Prometeu nos parece, muito singularmente, ter sido um precursor de Franklin; mas Josué, detendo o movimento do Sol, ou, antes, da Terra, esse teria operado verdadeiro milagre, porquanto não conhecemos magnetizador algum dotado de tão grande poder, para realizar tal prodígio.

De todos os fenômenos espíritas, um dos mais extraordinários é, incontestavelmente, o da escrita direta e um dos que demonstram de modo mais patente a ação das inteligências ocultas. Mas, da circunstância de ser esse fenômeno produzido por seres ocultos, não se segue que seja mais miraculoso do que qualquer dos outros fenômenos devidos a agentes invisíveis, porque esses seres ocultos, que povoam os espaços, são uma das potências da Natureza, potências cuja ação é incessante, assim sobre o mundo material, como sobre o mundo moral. Esclarecendo-nos com relação a essa potência, o Espiritismo nos dá a explicação de uma imensidade de coisas inexplicadas e inexplicáveis por qualquer outro meio e que, à falta de toda explicação, passaram por prodígios, nos tempos antigos. Do mesmo modo que o magnetismo, ele nos revela uma lei, se não desconhecida, pelo menos mal compreendida; ou, mais acertadamente, de uma lei que se desconhecia, embora se lhe conhecessem os efeitos, visto que estes sempre se produziram em todos os tempos, tendo a ignorância da lei gerado a superstição. Conhecida ela, desaparece o maravilhoso e os fenômenos entram na ordem das coisas naturais. Eis por que, fazendo que uma mesa se mova, ou que os mortos escrevam, os espíritos não operam maior milagre do que opera o médico que restitui à vida um moribundo, ou o físico que faz cair o raio. Aquele que pretendesse, por meio desta ciência, *realizar milagres,* seria ou ignorante do assunto, ou embusteiro.

16. Os fenômenos espíritas, assim como os fenômenos magnéticos, antes que se lhes conhecesse a causa, tiveram que passar por prodígios. Ora, como os cépticos, os espíritos fortes, isto é, os que gozam do privilégio exclusivo da razão e do bom-senso, não admitem que uma coisa seja possível, desde que não a compreendam, de todos os fatos considerados prodigiosos fazem objeto de suas zombarias. Pois que a religião conta grande número de fatos desse gênero, não creem na religião e daí à incredulidade absoluta o passo é curto. Explicando a maior parte deles, o Espiritismo lhes assina uma razão de ser.

Vem, pois, em auxílio da religião, demonstrando a possibilidade de muitos que, por perderem o caráter de miraculosos, não deixam, contudo, de ser extraordinários, e Deus não fica sendo menor, nem menos poderoso, por não haver derrogado suas leis. De quantas graçolas não foi objeto o fato de São Cupertino se erguer nos ares! Ora, a suspensão etérea dos corpos graves é um fenômeno que a lei espírita explica. Fomos dele *pessoalmente testemunha ocular,* e o sr. Home, assim como outras pessoas de nosso conhecimento, repetiram muitas vezes o fenômeno produzido por São Cupertino. Logo, este fenômeno pertence à ordem das coisas naturais.

17. Entre os deste gênero, devem figurar na primeira linha as aparições, porque são as mais frequentes A de Salette, sobre a qual divergem as opiniões no seio do próprio clero, nada tem para nós de insólita. Certamente não podemos afirmar que o fato se deu, porque não temos disso prova material; mas, consideramo-lo possível, atendendo a que conhecemos milhares de outros análogos, *recentemente ocorridos*. Damos-lhes crédito não só porque lhes verificamos a realidade, como, sobretudo, porque sabemos perfeitamente de que maneira se produzem. Quem se reportar à teoria, que adiante expomos, das aparições, reconhecerá que este fenômeno se mostra tão simples e plausível, como um sem-número de fenômenos físicos, que só parecem prodigiosos por falta de uma chave que permita explicá-los.

Quanto à personagem que se apresentou na Salette, é outra questão. Sua identidade não nos foi absolutamente demonstrada. Apenas reconhecemos que pode ter havido uma aparição; quanto ao mais, escapa à nossa competência. A esse respeito, cada um está no direito de manter suas convicções, nada tendo o Espiritismo que ver com isso. Dizemos tão-somente que os fatos que o Espiritismo produz nos revelam leis novas e nos dão a explicação de um mundo de coisas que pareciam sobrenaturais. Desde que alguns dos que passavam por miraculosos encontram, assim, explicação lógica, motivo é este bastante para que ninguém se apresse a negar o que não compreende.

Algumas pessoas contestam os fenômenos espíritas precisamente porque tais fenômenos lhes parecem estar fora da lei comum e porque não logram achar-lhes qualquer explicação. Dai-lhes uma base racional e a dúvida desaparecerá. A explicação, neste século em que ninguém se contenta com palavras, constitui, pois, poderoso motivo de convicção. Daí o vermos, todos os dias, pessoas, que nenhum fato testemunharam, que não observaram uma mesa agitar-se, ou um médium escrever, se tornarem tão convencidas quanto nós, unicamente porque leram e compreenderam. Se houvéssemos de somente acreditar no que vemos com os nossos olhos, a bem pouco se reduziriam as nossas convicções.

CAPÍTULO III
DO MÉTODO

18. Muito natural e louvável é, em todos os adeptos, o desejo, que nunca será demais animar, de fazer prosélitos. Visando facilitar-lhes essa tarefa, aqui nos propomos examinar o caminho que nos parece mais seguro para se atingir esse objetivo, a fim de lhes pouparmos inúteis esforços.

Dissemos que o Espiritismo é toda uma ciência, toda uma filosofia. Quem, pois, seriamente queira conhecê-lo deve, como primeira condição, dispor-se a um estudo sério e persuadir-se de que ele não pode, como nenhuma outra ciência, ser aprendido a brincar. O Espiritismo, também já o dissemos, entende com todas as questões que interessam a Humanidade; tem imenso campo, e o que principalmente convém é encará-lo pelas suas consequências.

Formar-lhe sem dúvida a base a crença nos Espíritos, mas essa crença não basta para fazer de alguém um espírita esclarecido, como a crença em Deus não é suficiente para fazer de quem quer que seja um teólogo. Vejamos, então, de que maneira será melhor se ministre o ensino da Doutrina Espírita, para levar com mais segurança à convicção.

Não se espantem os adeptos com esta palavra — ensino. Não constitui ensino unicamente o que é dado do púlpito ou da tribuna. Há também o da simples conversação. Ensina todo aquele que procura persuadir a outro, seja pelo processo das explicações, seja pelo das experiências. O que desejamos é que seu esforço produza frutos e é por isto que julgamos de nosso dever dar alguns conselhos, de que poderão igualmente aproveitar os que queiram instruir-se por si mesmos. Uns e outros, seguindo-os, acharão meio de chegar com mais segurança e presteza ao fim visado.

19. É crença geral que, para convencer, basta apresentar os fatos. Esse, com efeito, parece o caminho mais lógico. Entretanto, mostra a experiência que nem sempre é o melhor, pois que a cada passo se encontram pessoas que os mais patentes fatos absolutamente não convenceram. A que se deve atribuir isso? É o que vamos tentar demonstrar.

No Espiritismo, a questão dos Espíritos é secundária e consecutiva; não constitui o ponto de partida. Este precisamente o erro em que caem muitos adeptos e que, amiúde, os leva a insucesso com certas pessoas. Não sendo os Espíritos senão as almas dos homens, o verdadeiro ponto de partida é a existência da alma. Ora, como pode o materialista admitir que, fora do mundo material, vivam seres, estando crente de que, em si próprio, tudo é matéria? Como pode crer que, exteriormente à sua pessoa, há Espíritos, quando não acredita ter um dentro de si? Será inútil acumular-lhe diante dos olhos as provas mais palpáveis. Contestá-las-á todas, porque não admite o princípio.

Todo ensino metódico tem que partir do conhecido para o desconhecido. Ora, para o materialista, o conhecido é a matéria: parti, pois, da matéria e tratai, antes de tudo, fazendo que ele a observe, de convencê-lo de que há nele alguma coisa que escapa às leis da matéria. Numa palavra, *primeiro que o torneis* ESPÍRITA, *cuidai de torná-lo* ESPIRITUALISTA. Mas, para tal, muito outra é a ordem de fatos a que se há de recorrer, muito especial o ensino cabível e que, por isso mesmo, precisa ser dado por outros processos. Falar-lhe dos Espíritos, antes que esteja convencido de ter uma alma, é começar por onde se deve acabar, porquanto não lhe será possível aceitar a conclusão, sem que admita as premissas. Antes, pois, de tentarmos convencer um incrédulo, mesmo por meio dos fatos, cumpre nos certifiquemos de sua opinião relativamente à alma, isto é, cumpre verifiquemos se ele crê na existência da alma, na sua sobrevivência ao corpo, na sua individualidade após a morte. Se a resposta for negativa, falar-lhe dos Espíritos seria perder tempo. Eis aí a regra. Não dizemos que não comporte exceções. Neste caso, porém, haverá provavelmente outra causa que o toma menos refratário.

20. Entre os materialistas, importa distinguir duas classes: colocamos na primeira os que o são por *sistema*. Nesses, não há a dúvida, há a negação absoluta, raciocinada a seu modo. O homem, para eles, é simples máquina, que funciona enquanto está montada, que se desarranja e de que, após a morte, só resta a carcaça. Felizmente, são em número restrito e não formam escola abertamente confessada. Não precisamos insistir nos deploráveis efeitos que para a ordem social resultariam da vulgarização de semelhante doutrina. Já nos estendemos bastante sobre esse assunto em *O livro dos espíritos* (n. 147 e § III da Conclusão).

Quando dissemos que a dúvida cessa nos incrédulos diante de uma explicação racional, excetuamos os materialistas extremados, os que negam a existência de qualquer força e de qualquer princípio inteligente fora da matéria. A maioria deles se obstina por orgulho na opinião que professa, entendendo que o amor-próprio lhes impõe persistir nela. E persistem, não obstante todas as provas em contrário, porque não querem ficar de baixo. Com tal gente, nada há que fazer; ninguém mesmo se deve deixar iludir pelo falso tom de sinceridade dos que dizem: fazei que eu veja, e acreditarei. Outros são mais francos e dizem sem rebuço: ainda que eu visse, não acreditaria.

21. A segunda classe de materialistas, muito mais numerosa do

que a primeira, porque o verdadeiro materialismo é um sentimento antinatural, compreende os que o são por indiferença, *por falta de coisa melhor*, pode-se dizer. Não o são deliberadamente e o que mais desejam é crer, porquanto a incerteza lhes é um tormento. Há neles uma vaga aspiração pelo futuro; mas esse futuro lhes foi apresentado com cores tais, que a razão deles se recusa a aceitá-lo. Daí a dúvida e, como consequência da dúvida, a incredulidade. Esta, portanto, não constitui neles um sistema.

Assim sendo, se lhes apresentardes alguma coisa racional, aceitam-na pressurosos. Esses, pois, nos podem compreender, visto estarem mais perto de nós do que, por certo, eles próprios o julgam.

Aos primeiros não faleis de revelação, nem de anjos, nem do paraíso: não vos compreenderiam. Colocai-vos, porém, no terreno em que eles se encontram e provai-lhes primeiramente que as leis da Fisiologia são impotentes para tudo explicar; o resto virá depois.

De outra maneira se passam as coisas, quando a incredulidade não é preconcebida, porque então a crença não é de todo nula; há um gérmen latente, abafado pelas ervas más, e que uma centelha pode reavivar. E o cego a quem se restitui a vista e que se alegra por tornar a ver a luz; é o náufrago a quem se lança uma tábua de salvação.

22. Ao lado da dos materialistas propriamente ditos, há uma terceira classe de incrédulos que, embora espiritualistas, pelo menos de nome, são tão refratários quanto aqueles. Referimo-nos aos *incrédulos de má vontade*. A esses muito aborreceria o terem que crer, porque isso lhes perturbaria a quietude nos gozos materiais. Temem deparar com a condenação de suas ambições, de seu egoísmo e das vaidades humanas com que se deliciam. Fecham os olhos para não ver e tapam os ouvidos para não ouvir. Lamentá-los é tudo o que se pode fazer.

23. Apenas por não deixar de mencioná-la, falaremos de uma quanta categoria, a que chamaremos *incrédulos por interesse* ou *de má-fé*. Os que a compõem sabem muito bem o que devem pensar do Espiritismo, mas ostensivamente o condenam por motivos de interesse pessoal. Não há o que dizer deles, como não há com eles o que fazer.

O puro materialista tem para o seu engano a escusa da boa-fé; possível será desenganá-lo, provando-se-lhe o erro em que labora. No outro, há uma determinação assentada, contra a qual todos os argumentos irão chocar-se em vão. O tempo se encarregará de lhe abrir os olhos e de lhe mostrar, quiçá à custa própria, onde estavam seus verdadeiros interesses, porquanto, não podendo impedir que a verdade se expanda, ele será arrastado pela torrente, bem como os interesses que julgava salvaguardar.

24. Além dessas diversas categorias de opositores, muitos há de uma infinidade de matizes, entre os quais se podem incluir: *os incrédulos por pusilanimidade,* que terão coragem, quando virem que os outros não se queimam; *os incrédulos por escrúpulos religiosos,* aos quais um estudo esclarecido ensinará que o Espiritismo repousa sobre as bases fundamentais da religião e respeita todas as crenças; que um de seus efeitos é incutir sentimentos religiosos nos que os não possuem, fortalecê-los nos que os tenham vacilantes. Depois, vêm os incrédulos por orgulho, por espírito de contradição, por negligência, por leviandade etc.

25. Não podemos omitir uma categoria a que chamaremos *incrédulos por decepções.* Abrange os que passaram de uma confiança exagerada à incredulidade, porque sofreram desenganos. Então, desanimados, tudo abandonaram, tudo rejeitaram. Estão no caso de um que negasse a boa-fé, por haver sido ludibriado.

Ainda aí o que há é o resultado de incompleto estudo do Espiritismo e de falta de experiência. Aquele a quem os Espíritos mistificam, geralmente é mistificado por lhes perguntar o que eles não devem ou não podem dizer, ou porque não se acha bastante instruído sobre o assunto, para distinguir da impostura a verdade.

Muitos, aos demais, só veem no Espiritismo um novo meio de adivinhação e imaginam que os Espíritos existem para predizer a sorte de cada um. Ora, os Espíritos leviosos e zombeteiros não perdem ocasião de se divertirem à custa dos que pensam desse modo. E assim que anunciarão maridos às moças; ao ambicioso, honras, heranças, tesouros ocultos etc. Daí, muitas vezes, desagradáveis decepções, das quais, entretanto, o homem sério e prudente sempre sabe preservar-se.

26. Uma classe muito numerosa, a mais numerosa mesmo de todas, mas que não poderia ser incluída entre as dos opositores, é a *dos incertos*. São, em geral, espiritualistas por princípio. Na maioria deles, há uma vaga intuição das ideias espíritas, uma aspiração de qualquer coisa que não podem definir. Não lhes falta aos pensamentos senão serem coordenados e formulados. O Espiritismo lhes é como que um traço de luz: a claridade que dissipa o nevoeiro. Por isso mesmo o acolhem pressurosos, porque ele os livra das angústias da incerteza.

27. Se, daí, projetarmos o olhar sobre as diversas categorias de *crentes,* depararemos primeiro com os que são *espíritas sem o saberem.* Propriamente falando, estes constituem uma variedade, ou um matiz da classe precedente. Sem jamais terem ouvido tratar da Doutrina Espírita, possuem o sentimento inato dos grandes princípios que dela decorrem e esse sentimento se reflete em algumas passagens de seus escritos e de seus discursos, a ponto de suporem, os que os ouvem, que eles são completamente iniciados. Numerosos exemplos de tal fato se encontram nos escritores profanos e sagrados, nos poetas, oradores, moralistas e filósofos, antigos e modernos.

28. Entre os que se convenceram por um estudo direto, podem destacar-se:

1º Os que creem pura e simplesmente nas manifestações. Para eles, o Espiritismo é apenas uma ciência de observação, uma série de fatos mais ou menos curiosos. Chamar-lhes-emos *espíritas experimentadores.*

2º Os que no Espiritismo veem mais do que fatos; compreendem-lhe a parte filosófica; admiram a moral daí decorrente, mas não a praticam. Insignificante ou nula é a influência que lhes exerce nos caracteres. Em nada alteram seus hábitos e não se privariam de um só gozo que fosse. O avarento continua a sê-lo, o orgulhoso se conserva cheio de si, o invejoso e o cioso sempre hostis. Consideram a caridade cristã apenas uma bela máxima. São os *espíritas imperfeitos.*

3º Os que não se contentam com admirar a moral espírita, que a praticam e lhe aceitam todas as consequências. Convencidos de que a existência terrena é uma prova passageira, tratam de aproveitar os seus breves instantes para avançar pela senda do progresso, única que os pode elevar na hierarquia do mundo dos Espíritos, esforçando-se por fazer o bem e coibir seus maus pendores. As relações com eles sempre oferecem segurança, porque a convicção que nutrem os preserva de pensarem em praticar o mal. A caridade é, em tudo, a regra de proceder a que obedecem. São os *verdadeiros espíritas,* ou melhor, os *espíritas cristãos.*

4º Há, finalmente, os *espíritas exaltados.* A espécie humana seria perfeita, se sempre tomasse o lado bom das coisas. Em tudo, o exagero é prejudicial. Em Espiritismo, infunde confiança demasiado cega e frequentemente pueril, no tocante ao mundo invisível, e leva a aceitar-se, com extrema facilidade e sem verificação, aquilo cujo absurdo, ou impossibilidade a reflexão e o exame demonstrariam. O entusiasmo, porém, não reflete, deslumbra. Esta espécie de adeptos é mais nociva do que útil à causa do Espiritismo. São os menos aptos para convencer a quem quer que seja, porque todos, com razão, desconfiam dos julgamentos deles. Graças à sua boa-fé, são iludidos, assim, por Espíritos mistificadores, como por homens que procuram explorar-lhes a credulidade. Meio mal apenas haveria, se só eles tivessem que sofrer as consequências. O pior é que, sem o quererem, dão armas aos incrédulos, que antes buscam ocasião de zombar, do que se convencerem e que não deixam de imputar a todos o ridículo de alguns. Sem dúvida que isto não é justo, nem racional; mas, como se sabe, os adversários do Espiritismo só consideram de bom quilate a razão de que desfrutam, e conhecer a fundo aquilo sobre que discorrem é o que menos cuidado lhes dá.

29. Os meios de convencer variam extremamente, conforme os indivíduos. Oque persuade a uns nada produz em outros; este se convenceu observando algumas manifestações materiais, aquele por efeito de comunicações inteligentes, o maior número pelo raciocínio. Podemos até dizer que, para a maioria dos que se não preparam pelo raciocínio, os fenômenos materiais quase nenhum peso têm. Quanto mais extraordinários são esses fenômenos, quanto mais se afastam das leis conhecidas, maior oposição encontram e isto por uma razão

muito simples: é que todos somos levados naturalmente a duvidar de uma coisa que não tem sanção racional. Cada um a considera do seu ponto de vista e a explica a seu modo: o materialista a atribui a uma causa puramente física ou a embuste; o ignorante e o supersticioso a uma causa diabólica ou sobrenatural, ao passo que uma explicação prévia produz o efeito de destruir as ideias preconcebidas e de mostrar, senão a realidade, pelo menos a possibilidade da coisa, que, assim, é compreendida antes de ser vista. Ora, desde que se reconhece a possibilidade de um fato, três quartos da convicção estão conseguidos.

30. Convirá se procure convencer a um incrédulo obstinado? Já dissemos que isso depende das causas e da natureza da sua incredulidade. Muitas vezes, a insistência em querer persuadi-lo o leva a crer em sua importância pessoal, o que, a seu ver, constitui razão para ainda mais se obstinar. Com relação ao que se não convenceu pelo raciocínio, nem pelos fatos, a conclusão a tirar-se é que ainda lhe cumpre sofrer a prova da incredulidade. Deve-se deixar à Providência o encargo de lhe preparar circunstâncias mais favoráveis. Não faltam os que anseiam pelo recebimento da luz, para que se esteja a perder tempo com os que a repelem.

Dirigi-vos, portanto, aos de boa vontade, cujo número é maior do que se pensa, e o exemplo de suas conversões, multiplicando-se, mais do que simples palavras, vencerá as resistências. O verdadeiro espírita jamais deixará de fazer o bem. Lenir corações aflitos; consolar, acalmar desesperos, operar reformas morais, essa a sua missão. E nisso também que encontrará satisfação real. O Espiritismo anda no ar; difunde-se pela força mesma das coisas, porque toma felizes os que o professam. Quando o ouvirem repercutir em tomo de si mesmos, entre seus próprios amigos, os que o combatem por sistema compreenderão o insulamento em que se acham e serão forçados a calar-se, ou a render-se.

31. Para, no ensino do Espiritismo, proceder-se como se procederia com relação ao das ciências ordinárias, preciso fora passar revista a toda a série dos fenômenos que possam produzir-se, começando pelos mais simples, para chegar sucessivamente aos mais complexos.

Ora, isso não é possível, porque possível não é fazer-se um curso de Espiritismo experimental, como se faz um curso de Física ou de Química. Nas ciências naturais, opera-se sobre a matéria bruta, que se manipula à vontade, tendo-se quase sempre a certeza de poderem regular-se os efeitos. No Espiritismo, temos que lidar com inteligências que gozam de liberdade e que a cada instante nos provam não estar submetidas aos nossos caprichos. Cumpre, pois, observar, aguardar os resultados e colhê-los à passagem. Daí o declararmos abertamente que *quem quer que blasone de os obter à vontade não pode deixar de ser ignorante ou impostor.* Daí vem que o *verdadeiro Espiritismo* jamais se dará em espetáculo, nem subirá ao tablado das feiras.

Há mesmo qualquer coisa de ilógico em supor-se que Espíritos venham exibir-se e submeter-se a investigações, como objetos de curiosidade. Portanto, pode suceder que os fenômenos não se deem quando mais desejados sejam, ou que se apresentem numa ordem muito diversa da que se quereria. Acrescentemos mais que, para serem obtidos, precisa se faz a intervenção de pessoas dotadas de faculdades especiais e que estas faculdades variam ao infinito, de acordo com as aptidões dos indivíduos. Ora, sendo extremamente raro que a mesma pessoa tenha todas as aptidões, isso constitui uma nova dificuldade, porquanto mister seria ter-se sempre à mão uma coleção completa de médiuns, o que absolutamente não é possível.

O meio, aliás, muito simples, de se obviar a este inconveniente, consiste em se começar pela teoria. Aí todos os fenômenos são apreciados, explicados, de modo que o estudante vem a conhecê-los, a lhes compreender a possibilidade, a saber em que condições podem produzir-se e quais os obstáculos que podem encontrar. Então, qualquer que seja a ordem em que se apresentem, nada terão que surpreenda. Este caminho ainda oferece outra vantagem: a de poupar uma imensidade de decepções àquele que queira operar por si mesmo. Precavido contra as dificuldades, ele saberá manter-se em guarda e evitar a conjuntura de adquirir a experiência à sua própria custa.

Ser-nos-ia difícil dizer quantas as pessoas que, desde quando começamos a ocupar-nos com o Espiritismo, hão vindo ter conosco e quantas delas vimos que se conservaram indiferentes ou incrédulas diante dos fatos mais positivos e só posteriormente se convenceram, mediante uma explicação racional; quantas outras que se predispuseram à convicção, pelo raciocínio; quantas, enfim, que se persuadiram, sem nada nunca terem visto, unicamente porque haviam compreendido. Falamos, pois, por experiência e, assim, também, é por experiência que dizemos consistir o melhor método de ensino espírita em se dirigir, aquele que ensina, antes à razão do que aos olhos. Esse o método que seguimos nas nossas lições e pelo qual somente temos que nos felicitar.*

32. Ainda outra vantagem apresenta o estudo prévio da teoria — a de mostrar imediatamente a grandeza do objetivo e o alcance desta ciência. Aquele que começa por ver uma mesa a girar, ou a bater, se sente mais inclinado ao gracejo, porque dificilmente imaginará que de uma mesa possa sair uma doutrina regeneradora da humanidade. Temos notado sempre que os que creem, antes de haver visto, apenas porque leram e compreenderam, longe de se conservarem superficiais, são, ao contrário, os que mais refletem. Dando maior atenção ao fundo do que à forma, veem na parte filosófica o principal, considerando como acessório os fenômenos propriamente ditos. Declaram então que, mesmo quando estes fenômenos não existissem, ainda ficava uma filosofia que só ela resolve problemas até hoje insolúveis; que só ela apresenta a teoria mais racional do passado do homem e do seu futuro. Ora, como é natural, preferem eles uma doutrina que explica, às que não explicam, ou explicam mal.

Quem quer que reflita compreende perfeitamente bem que se poderia abstrair das manifestações, sem que a Doutrina deixasse de subsistir. As manifestações a corroboram, confirmam, porém, não lhe constituem a base essencial. O observador criterioso não as repele; ao contrário, aguarda circunstâncias favoráveis, que lhe permitam testemunhá-las. A prova do que avançamos é que grande número de pessoas, antes de ouvirem falar das manifestações, tinham

---

* O nosso ensino teórico e prático é sempre gratuito.

a intuição desta Doutrina, que não fez mais do que lhes dar corpo, conexão às ideias.

33. Demais, fora inexato dizer-se que os que começam pela teoria se privam do objeto das observações práticas. Pelo contrário, não só lhes não faltam os fenômenos, como ainda os de que eles dispõem maior peso mesmo têm aos seus olhos, do que os que pudessem vir a operar-se em sua presença. Referimo-nos aos copiosos fatos de *manifestações espontâneas,* de que falaremos nos capítulos seguintes. Raros serão os que delas não tenham conhecimento, quando nada, por ouvir dizer. Outros conhecem algumas, consigo mesmo ocorridas, mas a que não prestaram quase nenhuma atenção. A teoria lhes vem dar a explicação. E afirmamos que esses fatos têm grande peso, quando se apoiam em testemunhos irrecusáveis, porque não se pode supô-los devidos a arranjos, nem a conivências. Mesmo que não houvesse os fenômenos provocados, nem por isso deixaria de haver os espontâneos e já seria muito que ao Espiritismo coubesse apenas lhes oferecer uma solução racional. Assim, os que leem previamente reportam suas recordações a esses fatos, que se lhes apresentam como uma confirmação da teoria.

34. Singularmente se equivocaria, quanto à nossa maneira de ver, quem supusesse que aconselhamos se desprezem os fatos. Pelos fatos foi que chegamos à teoria. É certo que para isso tivemos de nos consagrar a assíduo trabalho durante muitos anos e de fazer milhares de observações. Mas, pois que os fatos nos serviram e servem todos os dias, seríamos inconsequentes conosco mesmo se lhes contestássemos a importância, sobretudo quando compomos um livro para torná-los conhecidos de todos. Dizemos apenas que, sem o raciocínio, eles não bastam para determinar a convicção; que uma explicação prévia, pondo termo às prevenções e mostrando que os fatos em nada são contrários à razão, *dispõe* o indivíduo a aceitá-los.

Tão verdade é isto que, em dez pessoas completamente novatas no assunto, que assistam a uma sessão de experimentação, ainda que das mais satisfatórias na opinião dos adeptos, nove sairão sem estar convencidas e algumas mais incrédulas do que antes, por não terem as experiências correspondido ao que esperavam. O inverso se dará com as que puderem compreender os fatos, mediante antecipado conhecimento teórico. Para estas pessoas, a teoria constitui um meio de verificação, sem que coisa alguma as surpreenda, nem mesmo o insucesso, porque sabem em que condições os fenômenos se produzem e que não se lhes deve pedir o que não podem dar. Assim, pois, a inteligência prévia dos fatos não só as coloca em condições de se aperceberem de todas as anomalias, mas também de apreenderem um sem-número de particularidades, de matizes, às vezes muito delicados, que escapam ao observador ignorante. Tais os motivos que nos forçam a não admitir, em nossas sessões experimentais, senão quem possua suficientes noções preparatórias, para compreender o que ali se faz, persuadido de que os que lá fossem, carentes dessas noções, perderiam o seu tempo, ou nos fariam perder o nosso.

35. Aos que quiserem adquirir essas noções preliminares, pela leitura das nossas obras, aconselhamos que as leiam nesta ordem:

1º — *O que é o Espiritismo?* Esta brochura, de uma centena de páginas somente, contém sumária exposição dos princípios da Doutrina Espírita, um apanhado geral desta, permitindo ao leitor apreender-lhe o conjunto dentro de um quadro restrito. Em poucas palavras ele lhe percebe o objetivo e pode julgar do seu alcance. Aí se encontram, além disso, respostas às principais questões ou objeções que os novatos se sentem naturalmente propensos a fazer. Esta primeira leitura, que muito pouco tempo consome, é uma introdução que facilita um estudo mais aprofundado.

2º — *O livro dos espíritos.* Contém a doutrina completa, como a ditaram os próprios Espíritos, com toda a sua filosofia e todas as suas consequências morais. E a revelação do destino do homem, a iniciação no conhecimento da natureza dos Espíritos e nos mistérios da vida de além-túmulo. Quem o lê compreende que o Espiritismo objetiva um fim sério, que não constitui frívolo passatempo.

3º — *O Livro dos Médiuns.* Destina-se a guiar os que queiram entregar-se à prática das manifestações, dando-lhes conhecimento dos meios próprios para se comunicarem com os Espíritos. E um guia, tanto para os médiuns, como para os evocadores, e o complemento de *O livro dos espíritos*.

4º — A *Revue Spirite*. Variada coletânea de fatos, de explicações teóricas e de trechos isolados, que completam o que se encontra nas duas obras precedentes, formando-lhes, de certo modo, a aplicação. Sua leitura pode fazer-se simultaneamente com a daquelas obras, porém, mais proveitosa será, e, sobretudo, mais inteligível, se for feita depois de *O livro dos espíritos*.*

Isto pelo que nos diz respeito. Os que desejem tudo conhecer de uma ciência devem necessariamente ler tudo o que se ache escrito sobre a matéria, ou, pelo menos, o que haja de principal, não se limitando a um único autor. Devem mesmo ler o pró e o contra, as críticas como as apologias, inteirar-se dos diferentes sistemas, a fim de poderem julgar por comparação.

Por esse lado, não preconizamos, nem criticamos obra alguma, visto não querermos, de nenhum modo, influenciar a opinião que dela se possa formar. Trazendo nossa pedra ao edifício, colocamo-nos nas fileiras. Não nos cabe ser juiz e parte e não alimentamos a ridícula pretensão de ser o único distribuidor da luz. Toca ao leitor separar o bom do mau, o verdadeiro do falso.

---

* N. E.: de Kardec são ainda as obras: *O Evangelho segundo o Espiritismo*; *O Céu e o Inferno*; *A Gênese*; *Obras Póstumas*.

CAPÍTULO IV
DOS SISTEMAS

36. Quando começaram a produzir-se os estranhos fenômenos do Espiritismo, ou, dizendo melhor, quando esses fenômenos se renovaram nestes últimos tempos, o primeiro sentimento que despertaram foi o da dúvida, quanto à realidade deles e, mais ainda, quanto à causa que lhes dava origem. Uma vez certificados, por testemunhos irrecusáveis e pelas experiências que todos hão podido fazer, sucedeu que cada um os interpretou a seu modo, de acordo com suas ideias pessoais, suas crenças, ou suas prevenções. Daí, muitos sistemas, a que uma observação mais atenta viria dar o justo valor.

Julgaram os adversários do Espiritismo encontrar um argumento nessa divergência de opiniões, dizendo que os próprios espíritas não se entendiam entre si. A pobreza de semelhante razão prontamente se patenteia, desde que se reflita que os passos de qualquer ciência nascente são necessariamente incertos, até que o tempo haja permitido se colecionem e coordenem os fatos sobre que possa firmar-se a opinião.

À medida que os fatos se completam e vão sendo mais bem observados, as ideias prematuras se apagam e a unidade se estabelece, pelo menos com relação aos pontos fundamentais, senão a todos os pormenores. Foi o que se deu com o Espiritismo, que não podia fugir à lei comum e tinha mesmo, por sua natureza, que se prestar, mais do que qualquer outro assunto, à diversidade das interpretações. Pode-se, aliás, dizer que, a este respeito, ele andou mais depressa do que outras ciências mais antigas, do que a medicina, por exemplo, que ainda traz divididos os maiores sábios.

37. Seguindo metódica ordem, para acompanhar a marcha progressiva das ideias, convém sejam colocados na primeira linha dos sistemas os que se podem classificar como *sistemas de negação,* isto é, os dos adversários do Espiritismo. Já lhes refutamos as objeções, na introdução e na conclusão de *O livro dos espíritos,* assim como no volumezinho que intitulamos: *O que é o Espiritismo.* Fora supérfluo insistir nisso aqui. Limitar-nos-emos a lembrar, em duas palavras, os motivos em que eles se fundam.

De duas espécies são os fenômenos espíritas: efeitos físicos e efeitos inteligentes. Não admitindo a existência dos Espíritos, por não admitirem coisa alguma fora da matéria, concebe-se que neguem os efeitos inteligentes. Quanto aos efeitos físicos, eles os comentam do ponto de vista em que se colocam e seus argumentos se podem resumir nos quatro sistemas seguintes:

38. *Sistema do charlatanismo.* — Entre os antagonistas do Espiritismo, muitos atribuem aqueles efeitos ao embuste, pela razão de que alguns puderam ser imitados. Segundo tal suposição, todos os espíritas seriam indivíduos embaídos e todos os médiuns seriam embaidores, de nada valendo a posição, o caráter, o saber e a honradez das pessoas. Se isto merecesse resposta, diríamos que alguns fenômenos da Física também são imitados pelos prestidigitadores, o que nada prova contra a verdadeira ciência. Demais, pessoas há, cujo caráter afasta toda suspeita de fraude e preciso é não saber absolutamente viver e carecer de toda urbanidade, para que alguém ouse vir dizer-lhe na face que são cúmplices de charlatanismo.

Num salão muito respeitável, um senhor, que se dizia bem educado, tendo-se permitido fazer uma reflexão dessa natureza, ouviu da dona da casa o seguinte: "Senhor, pois que não estais satisfeito, à porta vos será restituído o que pagastes." E, com um gesto, lhe indicou o que de melhor tinha a fazer. Dever-se-á por isso afirmar que nunca houve abuso? Para crê-lo, fora mister admitir-se que os homens são perfeitos. De tudo se abusa, até das coisas mais santas. Por que não abusariam do Espiritismo? Porém, o mau uso que de uma coisa se faça não autoriza que ela seja prejulgada desfavoravelmente. Para chegar-se à verificação, que se pode obter, da boa-fé com que obram as pessoas, deve-se atender aos motivos que lhes determinam o procedimento. O charlatanismo não tem cabimento onde não há especulação.

39. *Sistema da loucura.* — Alguns, por condescendência, concordam em pôr de lado a suspeita de embuste. Pretendem então que os que não iludem são iludidos, o que equivale a qualificá-los de imbecis. Quando os incrédulos se abstêm de usar de circunlóquios, declaram, pura e simplesmente, que os que creem são loucos, atribuindo-se a si mesmos, desse modo e sem cerimônias, o privilégio do bom-senso. Esse o argumento formidável dos que nenhuma razão plausível encontram para apresentar.

Afinal, semelhante maneira de atacar se tornou ridícula, tal a sua banalidade, e não merece que se perca tempo em refutá-la. Acresce que os espíritas não se alteram com isso; tomam corajosamente o seu partido e se consolam, lembrando-se de que têm por companheiros de infortúnio muitas pessoas de mérito incontestável.

Efetivamente, forçoso será convir em que essa loucura, se loucura existe, apresenta uma característica muito singular: a de atingir de preferência a classe instruída, em cujo seio conta o Espiritismo, até ao presente, a imensa maioria de seus adeptos. Se entre estes algumas excentricidades se manifestam, elas nada provam contra a Doutrina, do mesmo modo que os loucos religiosos nada provam contra a religião, nem os loucos melamos contra a música, ou os loucos matemáticos contra a matemática, Todas as ideias sempre tiveram fanáticos exagerados e é preciso se seja dotado de muito obtuso juízo, para confundir a exageração de uma coisa com a coisa mesma.

Para mais amplas explicações a este respeito, recomendamos ao leitor a nossa brochura: *O que é o Espiritismo* e *O livro dos espíritos* (Introdução, § 15).

40. *Sistema da alucinação.* — Outra opinião, menos ofensiva essa, por trazer um ligeiro colorido científico, consiste em levar os fenômenos à conta de ilusão dos sentidos. Assim, o observador estaria de muito boa-fé; apenas, julgaria ver o que não vê. Quando diz que viu uma mesa levantar-se e manter-se no ar, sem ponto de apoio, a verdade é que a mesa não se mexeu. Ele a viu no ar, por efeito de uma espécie de miragem, ou por uma refração, qual a que nos faz ver, na água, um astro, ou um objeto qualquer, fora da sua posição real. Isto, a rigor, seria possível; mas os que já testemunharam fenômenos espíritas hão podido certificar-se do isolamento da mesa suspensa, passando por debaixo dela, o que parece difícil de se conseguir, caso o móvel não se houvesse despregado do solo. Por outro lado, muitas vezes tem sucedido quebrar-se a mesa ao cair. Dar-se-á que também aí nada mais haja do que simples efeito de ótica?

É fora de dúvida que uma causa fisiológica bem conhecida pode fazer que uma pessoa julgue ver em movimento um objeto que não se moveu, ou que suponha estar ela própria a mover-se, quando permanece imóvel. Mas, quando, rodeando uma mesa, muitas pessoas a veem arrastada por um movimento tão rápido que difícil se lhes torna acompanhá-la, ou que mesmo deita algumas delas ao chão, poder-se-á dizer que todas se acham tomadas de vertigem, como o bêbedo, que acredita estar vendo a casa em que mora passar-lhe por diante dos olhos?

41. *Sistema do músculo estalante.* — Sendo assim, pelo que toca à visão, de outro modo não poderia ser, pelo que concerne à audição. Quando as pancadas são ouvidas por todas as pessoas reunidas em determinado lugar, não há como atribuí-las razoavelmente a uma ilusão. Pomos de parte, está claro, toda ideia de fraude e supomos que uma atenta observação tenha verificado não serem as pancadas atribuíveis a qualquer causa fortuita ou material.

É certo que um sábio médico deu desse fenômeno uma explicação, ao seu parecer, peremptória.* "A causa, disse ele, reside nas contrações voluntárias, ou involuntárias, do tendão do músculo curto-perônio." A este propósito, desce às mais completas minúcias anatômicas, para demonstrar por que mecanismo pode esse tendão produzir os ruídos de que se trata, imitar os rufos do tambor e, até, executar árias ritmadas. Conclui daí que os que julgam ouvir pancadas numa mesa são vítimas de uma mistificação, ou de uma ilusão.

O fato, em si mesmo, não é novo. Infelizmente para o autor dessa pretendida descoberta, sua teoria é incapaz de explicar todos os casos. Digamos, antes de tudo, que os que gozam da estranha faculdade de fazer que o seu músculo curto-perônio, ou qualquer outro, estale à vontade, da de executar árias por esse meio, são indivíduos excepcionais, enquanto muito comum é fazer-se que uma mesa dê pancadas e que nem todos, dado que algum exista, dos que gozam desta última faculdade, possuem a primeira.

Em segundo lugar, o sábio doutor esqueceu de explicar como o estalido muscular de uma pessoa imóvel e afastada da mesa pode produzir nesta vibrações sensíveis a quem a toque; como pode esse ruído repercutir, à vontade dos assistentes, nas diferentes partes da mesa, nos outros móveis, nas paredes, no forro etc.; como, finalmente, a ação daquele músculo pode atingir uma mesa em que ninguém toca e fazê-la mover-se. Em suma, a explicação a que nos reportamos, se de fato o fosse, apenas infirmaria o fenômeno das pancadas, nada adiantando com relação a qualquer dos outros muitos modos de comunicação.

Reconheçamos, pois, que ele julgou sem ter visto, ou sem ter observado tudo e observado bem. E sempre de lamentar que homens

---

* Foi o sr. Jobert (de Lamballe). Para sermos justos, devemos dizer que a descoberta é devida ao sr. Schiff. O sr. Jobert lhe deduziu as consequências perante a Academia de Medicina, pretendendo dar assim o golpe de morte nos Espíritos batedores. Na *Revue Spirite*, do mês de junho de 1859, encontrar-se-ão todos os pormenores da explicação do sr. Jobert.

de ciência se afoitem a dar, do que não conhecem, explicações que os fatos podem desmentir. O próprio saber que possuem devera torná-los tanto mais circunspectos em seus juízos, quanto é certo que esse saber afasta deles os limites do desconhecido.

42. *Sistema das causas físicas.* — Aqui, estamos fora do sistema da negação absoluta. Averiguada a realidade dos fenômenos, a primeira ideia que naturalmente acudiu ao espírito dos que os verificaram foi a de atribuir os movimentos ao magnetismo, à eletricidade, ou à ação de um fluido qualquer; numa palavra, a uma causa inteiramente física e material. Nada apresentava de irracional esta opinião e teria prevalecido, se o fenômeno houvera ficado adstrito a efeitos puramente mecânicos. Uma circunstância parecia mesmo corroborá-la: a do aumento que, em certos casos, experimentava a força atuante, na razão direta do número das pessoas presentes. Assim, cada uma destas podia ser considerada como um dos elementos de uma pilha elétrica humana. Já dissemos que o que caracteriza uma teoria verdadeira é poder dar a razão de tudo. Se, porém, um só fato que seja a contradiz, é que ela é falsa, incompleta, ou por demais absoluta. Ora, foi o que não tardou a reconhecer-se, quanto a esta.

Os movimentos e as pancadas deram sinais inteligentes, obedecendo à vontade e respondendo ao pensamento. Haviam, pois, de originar-se de uma causa inteligente. Desde que o efeito deixava de ser puramente físico, outra, por isso mesmo, tinha que ser a causa. Tanto assim, que o sistema da ação *exclusiva* de um agente material foi abandonado, para só ser esposado ainda pelos que julgam *a priori*, sem haver visto coisa alguma. O ponto capital, portanto, está em verificar-se a ação inteligente, de cuja realidade se pode convencer quem quiser dar-se ao trabalho de observar.

43. *Sistema do reflexo.* — Reconhecida a ação inteligente, restava saber donde provinha essa inteligência. Julgou-se que bem podia ser a do médium, ou a dos assistentes, a se refletirem, como a luz ou os raios sonoros. Era possível: só a experiência poderia dizer a última palavra. Mas notemos, antes de tudo, que este sistema já se afasta por completo da ideia puramente materialista. Para que a inteligência

dos assistentes pudesse reproduzir-se por via indireta, preciso era se admitisse existir no homem um princípio exterior do organismo.

Se o pensamento externado fora sempre o dos assistentes, a teoria da reflexão estaria confirmada. Mas, embora reduzido a estas proporções, já não seria do mais alto interesse o fenômeno? Já não seria coisa bastante notável o pensamento a repercutir num corpo inerte e a se traduzir pelo movimento e pelo ruído? Já não haveria aí o que excitasse a curiosidade dos sábios? Por que então a desprezaram eles, que se afadigam na pesquisa de uma fibra nervosa?

Só a experiência, dizemos, podia confirmar ou condenar essa teoria, e a experiência a condenou, porquanto demonstra a todos os momentos, e com os mais positivos fatos, que o pensamento expresso, não somente pode ser estranho ao dos assistentes, mas que lhes é, muitas vezes, contrário; que contradiz todas as ideias preconcebidas e frustra todas as previsões. Com efeito, difícil me é acreditar que a resposta provenha de mim mesmo, quando, a pensar no branco, se me fala em preto.

Em apoio da teoria que apreciamos, costumam invocar certos casos em que são idênticos o pensamento manifestado e o dos assistentes. Mas que prova isso, senão que estes podem pensar como a inteligência que se comunica? Não há por que pretender-se que as duas opiniões devam ser sempre opostas. Quando, no curso de uma conversação, o vosso interlocutor emite um pensamento análogo ao que vos está na mente, direis, por isso, que de vós mesmos vem o seu pensamento? Bastam alguns exemplos em contrário, bem comprovados, para que positivado fique não ser absoluta esta teoria.

Como explicar, pela reflexão do pensamento, as escritas feitas por pessoas que não sabem escrever; as respostas do mais alto alcance filosófico, obtidas por indivíduos iletrados; as respostas dadas a perguntas mentais, ou em língua que o médium desconhece e mil outros fatos que não permitem dúvida sobre a independência da inteligência que se manifesta? A opinião oposta não pode deixar de resultar de falta de observação.

Provada, como está, moralmente, pela natureza das respostas, a presença de uma inteligência diversa da do médium e da dos assistentes, provada também o está, materialmente, pelo fato da escrita direta, isto é, da escrita obtida espontaneamente, sem lápis, nem pena, sem contato e mau grado a todas as precauções tomadas contra qualquer subterfúgio. O caráter inteligente do fenômeno não pode ser posto em dúvida: logo, há nele mais alguma coisa do que uma ação fluídica. Depois, a espontaneidade do pensamento expresso contra toda expectativa e sem que alguma questão tenha sido formulada, não consente se veja nele um reflexo do dos assistentes.

Em alguns casos, o sistema do reflexo é bastante descortês. Quando, numa reunião de pessoas honestas, surge inopinadamente uma dessas comunicações de revoltante grosseria, fora desatencioso, para com os assistentes, pretender-se que ela haja provindo de um deles, sendo provável que cada um se daria pressa em repudiá-la. (Vede *O livro dos espíritos*, "Introdução", § 16.)

44. *Sistema da alma coletiva.* — Constitui uma variante do precedente. Segundo este sistema, apenas a alma do médium se manifesta, porém, identificada com a de muitos outros vivos, presentes ou ausentes, e formando um *todo coletivo,* em que se acham reunidas as aptidões, a inteligência e os conhecimentos de cada um. Conquanto se intitule *A Luz,** a brochura onde esta teoria vem exposta, muito obscuro se nos afigura o seu estilo. Confessamos não ter logrado compreendê-la e dela falamos unicamente de memória. E, em suma, como tantas outras, uma opinião individual, que conta poucos prosélitos. Pelo nome de *Emah Tirpsé,* o autor designa o ser coletivo criado pela sua imaginação. Por epígrafe, tomou a seguinte sentença: *Nada há oculto que não deva ser conhecido.* Esta proposição é evidentemente falsa, porquanto uma imensidade há de coisas que o homem não pode e não tem que saber. Bem presunçoso seria aquele que pretendesse devassar todos os segredos de Deus.

---

* Comunhão. A luz do fenômeno do Espírito. Mesas falantes, sonâmbulos, médiuns, milagres. Magnetismo espiritual: poder da prática da fé. Por Emah Tirpsé, uma alma coletiva que escreve por intermédio de uma prancheta. Bruxelas, 1858, casa Dewoye.

45. *Sistema sonambúlico.* — Mais adeptos teve este, que ainda conta alguns. Admite, como o anterior, que todas as comunicações inteligentes provêm da alma ou Espírito do médium. Mas, para explicar o fato de o médium tratar de assuntos que estão fora do âmbito de seus conhecimentos, em vez de supor a existência, nele, de uma alma múltipla, atribui essa aptidão a uma sobre-excitação momentânea de suas faculdades mentais, a uma espécie de estado sonambúlico, ou extático, que lhe exalta e desenvolve a inteligência. Não há negar, em certos casos, a influência desta causa. Porém, a quem tenha observado como opera a maioria dos médiuns, essa observação basta para lhe tornar evidente que aquela causa não explica todos os fatos, que ela constitui exceção e não regra.

Poder-se-ia acreditar que fosse assim, se o médium tivesse sempre ar de inspirado ou de extático, aspecto que, aliás, lhe seria fácil aparentar perfeitamente, se quisesse representar uma comédia. Como, porém, se há de crer na inspiração, quando o médium escreve como uma máquina, sem ter a mínima consciência do que está obtendo, sem a menor emoção, sem se ocupar com o que faz, distraído, rindo e conversando de uma coisa e de outra? Concebe-se a sobre-excitação das ideias, mas não se compreende possa fazer que uma pessoa escreva sem saber escrever e, ainda menos, quando as comunicações são transmitidas por pancadas, ou com o auxílio de uma prancheta, de uma cesta.

No curso desta obra, teremos ocasião de mostrar a parte que se deve atribuir à influência das ideias do médium. Todavia, tão numerosos e evidentes são os fatos em que a inteligência estranha se revela por meio de sinais incontestáveis, que não pode haver dúvida a respeito. O erro da maior parte dos sistemas, que surgiram nos primeiros tempos do Espiritismo, está em haverem deduzido, de fatos insulados, conclusões gerais.

46. *Sistema pessimista, diabólico ou demoníaco.* — Entramos aqui numa outra ordem de ideias. Comprovada a intervenção de uma inteligência estranha, tratava-se de saber de que natureza era essa inteligência. Sem dúvida que o meio mais simples consistia em

lhe perguntar isso. Algumas pessoas, contudo, entenderam que esse processo não oferecia garantias bastantes e assentaram de ver em todas as manifestações, unicamente, uma obra diabólica. Segundo essas pessoas, só o diabo, ou os demônios, podem comunicar-se. Conquanto fraco eco encontre hoje este sistema, é inegável que gozou, por algum tempo, de certo crédito, devido mesmo ao caráter dos que tentaram fazer que ele prevalecesse. Faremos, entretanto, notar que os partidários do sistema demoníaco não devem ser classificados entre os adversários do Espiritismo: ao contrário. Sejam demônios ou anjos, os seres que se comunicam são sempre seres incorpóreos. Ora, admitir a manifestação dos demônios é admitir a possibilidade da comunicação do mundo visível com o mundo invisível, ou, pelo menos, com uma parte deste último.

Compreende-se que a crença na comunicação exclusiva dos demônios, por muito irracional que seja, não houvesse parecido impossível, quando se consideravam os Espíritos como seres criados fora da humanidade. Mas, desde que se sabe que os Espíritos são simplesmente as almas dos que hão vivido, ela perdeu todo o seu prestígio e pode-se dizer que toda a verossimilhança, porquanto, admitida, o que se seguiria é que todas essas almas eram demônios, embora fossem as de um pai, de um filho, ou de um amigo e que nós mesmos, morrendo, nos tomaríamos demônios, doutrina pouco lisonjeira e nada consoladora para muita gente. Bem difícil será persuadir a uma mãe de que o filho querido, que ela perdeu e que lhe vem dar, depois da morte, provas de sua afeição e de sua identidade, é um suposto satanás. Sem dúvida, entre os Espíritos, há-os muito maus e que não valem mais do que os chamados *demônios,* por uma razão bem simples: a de que há homens muito maus que, pelo fato de morrerem, não se tomam bons. A questão está em saber se só eles podem comunicar-se conosco. Aos que assim pensem, dirigimos as seguintes perguntas:

1º Há ou não Espíritos bons e maus?

2º Deus é ou não mais poderoso do que os maus Espíritos, ou do que os demônios, se assim lhes quiserdes chamar?

3º Afirmar que só os maus se comunicam é dizer que os bons não o podem fazer.

Sendo assim, uma de duas: ou isto se dá pela vontade, ou contra a vontade de Deus. Se contra a Sua vontade, é que os maus Espíritos podem mais do que Ele; se, por vontade Sua, por que, em Sua bondade, não permitiria Ele que os bons fizessem o mesmo, para contrabalançar a influência dos outros?

4º Que provas podeis apresentar da impossibilidade em que estão os bons Espíritos de se comunicarem?

5º Quando se vos opõe a sabedoria de certas comunicações, respondeis que o demônio usa de todas as máscaras para melhor seduzir. Sabemos, com efeito, haver Espíritos hipócritas, que dão à sua linguagem um verniz de sabedoria; mas admitis que a ignorância pode falsificar o verdadeiro saber e uma natureza má imitar a verdadeira virtude, sem deixar vestígio que denuncie a fraude?

6º Se só o demônio se comunica, sendo ele o inimigo de Deus e dos homens, por que recomenda que se ore a Deus, que nos submetamos à vontade de Deus, que suportemos sem queixas as tribulações da vida, que não ambicionemos as honras, nem as riquezas, que pratiquemos a caridade e todas as máximas do Cristo, numa palavra: que façamos tudo o que é preciso para lhe destruir o império, dele, demônio? Se tais conselhos o demônio é quem os dá, forçoso será convir em que, por muito manhoso que seja, bastante inábil é ele, fornecendo armas contra si mesmo.[*]

7º Pois que os Espíritos se comunicam, é que Deus o permite. Em presença das boas e das más comunicações, não será mais lógico admitir-se que umas Deus as permite para nos experimentar e as outras para nos aconselhar ao bem?

8º Que direis de um pai que deixasse o filho à mercê dos exemplos

---

[*] Esta questão foi tratada em *O livro dos espíritos* (números 128 e seguintes); mas, com relação a este assunto, como acerca de tudo o que respeita à parte religiosa, recomendamos a brochura intitulada: *Carta de um católico sobre o Espiritismo*, do dr. Grand, ex-cônsul da França.

e dos conselhos perniciosos, e que o afastasse de si; que o privasse do contato com as pessoas que o pudessem desviar do mal? Ser-nos-á lícito supor que Deus procede como um bom pai não procederia, e que, sendo ele a bondade por excelência, faça menos do que faria um homem?

9º A Igreja reconhece como autênticas certas manifestações da Virgem e de outros santos, em aparições, visões, comunicações orais etc. Essa crença não está em contradição com a doutrina da comunicação exclusiva dos demônios?

Acreditamos que algumas pessoas hajam professado de boa-fé essa teoria; mas também cremos que muitas a adotaram unicamente com o fito de fazer que outras fugissem de ocupar-se com tais coisas, pelo temor das comunicações más, a cujo recebimento todos estão sujeitos. Dizendo que só o diabo se manifesta, quiseram aterrorizar, quase como se faz com uma criança a quem se diz: não toques nisto, porque queima. A intenção pode ter sido louvável; porém, o objetivo falhou, porquanto a só proibição basta para excitar a curiosidade e bem poucos são aqueles a quem o medo do diabo tolhe a iniciativa. Todos querem vê-lo, quando mais não seja para saber como é feito e muito espantados ficam por não o acharem tão feio como o imaginavam.

E não se poderia achar também outro motivo para essa teoria exclusiva do diabo? Gente há, para quem todos os que não lhe são do mesmo parecer estão em erro. Ora, os que pretendem que todas as comunicações provêm do demônio não serão a isso induzidos pelo receio de que os Espíritos não estejam de acordo com eles sobre todos os pontos, mais ainda sobre os que se referem aos interesses deste mundo, do que sobre os que concernem aos do outro? Não podendo negar os fatos, entenderam de apresentá-los sob forma apavorante. Esse meio, entretanto, não produziu melhor resultado do que os outros. Onde o temor do ridículo se mostre impotente, forçoso é se deixem passar as coisas.

O muçulmano, que ouvisse um Espírito falar contra certas leis do Alcorão, certamente acreditaria tratar-se de um mau Espírito. O mesmo se daria com um judeu, pelo que toca a certas práticas da lei de Moisés. Quanto aos católicos, de um ouvimos que o Espírito que se comunica não podia deixar de ser o *diabo*, porque se permitira a liberdade de pensar de modo diverso do dele, acerca do poder temporal, se bem que, em suma, o Espírito não houvesse pregado senão a caridade, a tolerância, o amor do próximo e a abnegação das coisas deste mundo, preceitos todos ensinados pelo Cristo.

Não sendo os Espíritos mais do que as almas dos homens e não sendo estes perfeitos, o que se segue é que há Espíritos igualmente imperfeitos, cujos caracteres se refletem nas suas comunicações. E fato incontestável haver, entre eles, maus, astuciosos, profundamente hipócritas, contra os quais preciso se faz que estejamos em guarda. Mas porque se encontram no mundo homens perversos, é isto motivo para nos afastarmos de toda a sociedade? Deus nos outorgou a razão e o discernimento para apreciarmos, assim os Espíritos, como os homens. O melhor meio de se obviar aos inconvenientes da prática do Espiritismo não consiste em proibi-la, mas em fazê-lo compreendido. Um receio imaginário apenas por um instante impressiona e não atinge a todos. A realidade claramente demonstrada, todos a compreendem.

47. *Sistema otimista.* — Ao lado dos que nestes fenômenos unicamente veem a ação do demônio, estão outros que tão-somente hão visto a dos bons Espíritos. Supuseram que, estando liberta da matéria a alma, nenhum véu mais lhe encobre coisa alguma, devendo ela, portanto, possuir a ciência e a sabedoria supremas. A confiança cega, nessa superioridade absoluta dos seres do mundo invisível, tem sido, para muitos, a causa de não poucas decepções. Esses aprenderão à sua custa a desconfiar de certos Espíritos, quanto de certos homens.

48. *Sistema unispírita, ou monoespírita.* — Como variedade do sistema otimista, temos o que se baseia na crença de que um único Espírito se comunica com os homens, sendo esse Espírito o *Cristo*, que é o protetor da Terra. Diante das comunicações da mais baixa trivialidade, de revoltante grosseria, impregnadas de malevolência e de maldade, haveria profanação e impiedade em supor-se que pudessem emanar do Espírito do bem por excelência. Se os que assim o creem

nunca tivessem obtido senão comunicações inatacáveis, ainda se lhes conceberia a ilusão. A maioria deles, porém, concordam em que têm recebido algumas muito ruins, o que explicam dizendo ser uma prova a que o bom Espírito os sujeita, com o lhes ditar coisas absurdas. Assim, enquanto uns atribuem todas as comunicações ao diabo, que pode dizer coisas excelentes para tentar, pensam outros que só Jesus se manifesta e que pode dizer coisas detestáveis, para experimentar os homens. Entre estas duas opiniões tão opostas, quem sentenciará? O bom-senso e a experiência. Dizemos: a experiência, por ser impossível que os que professam ideias tão exclusivas tudo tenham visto e visto bem.

Quando se lhes objeta com os fatos de identidade, que atestam, por meio de manifestações escritas, visuais, ou outras, a presença de parentes ou conhecidos dos circunstantes, respondem que é sempre o mesmo Espírito, o diabo, segundo aqueles, o Cristo, segundo estes, que toma todas as formas. Porém, não nos dizem por que motivo os outros Espíritos não se podem comunicar, com que fim o Espírito da Verdade nos viria enganar, apresentando-se sob falsas aparências, iludir uma pobre mãe, fazendo-lhe crer que tem ao seu lado o filho por quem derrama lágrimas. A razão se nega a admitir que o Espírito, entre todos santo, desça a representar semelhante comédia. Demais, negar a possibilidade de qualquer outra comunicação não importa em subtrair ao Espiritismo o que este tem de mais suave: a consolação dos aflitos? Digamos, pura e simplesmente, que tal sistema é irracional e não suporta exame sério.

49. *Sistema multispírita ou polispírita.* — Todos os sistemas a que temos passado revista, sem excetuar os que se orientam no sentido de negar, fundam-se em algumas observações, porém, incompletas ou mal interpretadas. Se uma casa for vermelha de um lado e branca do outro,' aquele que a houver visto apenas por um lado afirmará que ela é branca, outro declarará que é vermelha. Ambos estarão em erro 'e terão razão. No entanto, aquele que a tenha visto dos dois lados dirá que a casa é branca e vermelha e só ele estará com a verdade. O mesmo sucede com a opinião que se forme do Espiritismo: pode

ser verdadeira, a certos respeitos, e falsa, se se, generalizar o que é parcial, se se tomar como regra o que constitui exceção, como o todo o que é apenas a parte. Por isso dizemos que quem deseje estudar esta ciência deve observar muito e durante muito tempo. Só o tempo lhe permitirá apreender os pormenores, notar os matizes delicados, observar uma imensidade de fatos característicos, que lhe serão outros tantos raios de luz. Se, porém, se detiver na superfície, expõe-se a formular juízo prematuro e, conseguintemente, errôneo.

Eis aqui as consequências gerais deduzidas de uma observação completa e que agora formam a crença, pode-se dizer, da universalidade dos espíritas, visto que os sistemas restritivos ano passam de opiniões insuladas:

1º Os fenômenos espíritas são produzidos por inteligências extracorpóreas, às quais também se dá o nome de Espíritos.

2º Os Espíritos constituem o mundo invisível; estão em toda parte; povoam infinitamente os espaços; temos muitos, de contínuo, em torno de nós, com os quais nos achamos em contato.

3º Os Espíritos reagem incessantemente sobre o mundo físico e sobre o mundo moral e são uma das potências da Natureza.

4º Os Espíritos não são seres à parte, dentro da criação, mas as almas dos que hão vivido na Terra, ou em outros mundos, e que despiram o invólucro corpóreo; donde se segue que as almas dos homens são Espíritos encarnados e que nós, morrendo, nos tornamos Espíritos.

5º Há Espíritos de todos os graus de bondade e de malícia, de saber e de ignorância.

6º Todos estão submetidos à lei do progresso e podem todos chegar à perfeição; mas, como têm livre-arbítrio, lá chegam em tempo mais ou menos longo, conforme seus esforços e vontade.

7º São felizes ou infelizes, de acordo com o bem ou o mal que praticaram durante a vida e com o grau de adiantamento que alcançaram. A felicidade perfeita e sem mescla é partilha unicamente dos Espíritos que atingiram o grau supremo da perfeição.

8º Todos os Espíritos, em dadas circunstâncias, podem manifestar-se aos homens; indefinido é o número dos que podem comunicar-se.

9º Os Espíritos se comunicam por médiuns, que lhes servem de instrumentos e intérpretes.

10º Reconhecem-se a superioridade ou a inferioridade dos Espíritos pela linguagem de que usam; os bons só aconselham o bem e só dizem coisas proveitosas; tudo neles lhes atesta a elevação; os maus enganam e todas as suas palavras trazem o cunho da imperfeição e da ignorância.

Os diferentes graus por que passam os Espíritos se acham indicados na *Escala Espírita (O livro dos espíritos,* parte II, capítulo I, n. 100). O estudo dessa classificação é indispensável para se apreciar a natureza dos Espíritos que se manifestam, assim como suas boas e más qualidades.

50. *Sistema da alma material.* — Consiste apenas numa opinião particular sobre a natureza íntima da alma. Segundo esta opinião, a alma e o perispírito não seriam distintos uma do outro, ou, melhor, o perispírito seria a própria alma, a se depurar gradualmente por meio de transmigrações diversas, como o álcool se depura por meio de diversas destilações, ao passo que a Doutrina Espírita considera o perispírito simplesmente como o envoltório fluídico da alma, ou do Espírito. Sendo matéria o perispírito, se bem que muito etérea, a alma seria de uma natureza material mais ou menos essencial, de acordo com o grau da sua purificação.

Este sistema não infirma qualquer dos princípios fundamentais da Doutrina Espírita, pois que nada altera com relação ao destino da alma; as condições de sua felicidade futura são as mesmas; formando a alma e o perispírito um todo, sob a denominação de Espírito, como o gérmen e o perisperma o formam sob a de fruto, toda a questão se reduz a considerar homogêneo o todo, em vez de considerá-lo formado de duas partes distintas.

Como se vê, isto não leva a consequência alguma e de tal opinião não houvéramos falado, se não soubéssemos de pessoas inclinadas a ver uma nova escola no que não é, em definitivo, mais do que simples interpretação de palavras. Semelhante Opinião, restrita, aliás, mesmo que se achasse mais generalizada, não constituiria uma cisão entre os espíritas, do mesmo modo que as duas teorias da emissão e das ondulações da luz não significam uma cisão entre os físicos. Os que se decidissem a formar grupo à parte, por uma questão assim pueril, provariam, só com isso, que ligam mais importância ao acessório do que ao principal e que se acham compelidos à desunião por Espíritos que não podem ser bons, visto que os bons Espíritos jamais insuflam a acrimônia, nem a cizânia. Daí o concitarmos todos os verdadeiros espíritas a se manterem em guarda contra tais sugestões e a não darem a certos pormenores mais importância do que merecem. O essencial é o fundo.

Julgamo-nos, entretanto, na obrigação de dizer algumas palavras acerca dos fundamentos em que repousa a opinião dos que consideram distintos a alma e o perispírito. Ela se baseia no ensino dos Espíritos, que nunca divergiam a esse respeito. Referimo-nos aos esclarecidos, porquanto, entre os Espíritos em geral, muitos há que não sabem mais, que sabem mesmo menos do que os homens, ao passo que a teoria contraria é de concepção humana. Não inventamos, nem imaginamos o perispírito, para explicar os fenômenos. Sua existência nos foi revelada pelos Espíritos e a experiência no-la confirmou *(O livro dos espíritos,* n. 93). Apoia-se também no estudo das sensações dos Espíritos *(O livro dos espíritos,* n. 257*)* e, sobretudo, no fenômeno das aparições tangíveis, fenômeno que, de conformidade com a opinião que estamos apreciando, implicaria a solidificação e a desagregação das partes constitutivas da alma e, pois, a sua desorganização.

Fora mister, além disso, admitir-se que esta matéria, que pode ser percebida pelos nossos sentidos, é, ela própria, o princípio inteligente, o que não nos parece mais racional do que confundir o corpo com a alma, ou a roupa com o corpo. Quanto à natureza íntima da alma, essa desconhecemo-la. Quando se diz que a alma é *imaterial,* deve-se entendê-lo em sentido relativo, não em sentido absoluto, por isso que a imaterialidade absoluta seria o nada. Ora, a alma, ou o Espírito, são alguma coisa. Qualificando-a de imaterial, quer-se dizer que sua essência é de tal modo superior, que nenhuma analogia tem com o que chamamos matéria e que, assim, para nós, ela é imaterial. *(O livro dos espíritos,* ns. 23 e 82).

51. Eis aqui a resposta que, sobre este assunto, deu um Espírito: "O que uns chamam *perispírito* não é senão o que outros chamam envoltório material fluídico. Direi, de modo mais lógico, para me fazer compreendido, que esse fluido é a perfectibilidade dos sentidos, a extensão da vista e das ideias. Falo aqui dos Espíritos elevados. Quanto aos Espíritos inferiores, os fluidos terrestres ainda lhes são de todo inerentes; logo, são, como vedes, matéria. Daí os sofrimentos da fome, do frio etc., sofrimentos que os Espíritos superiores não podem experimentar, visto que os fluidos terrestres se acham depurados em torno do pensamento, isto é, da alma. Esta, para progredir, necessita sempre de um agente; sem agente, ela nada é, para vós, ou, melhor, não a podeis conceber. O perispírito, para nós outros Espíritos errantes, é o agente por meio do qual nos comunicamos convosco, quer indiretamente, pelo vosso corpo ou pelo vosso perispírito, quer diretamente, pela vossa alma; donde, infinitas modalidades de médiuns e de comunicações.

"Agora o ponto de vista científico, ou seja: a essência mesma do perispírito. Isso é outra questão. Compreendei primeiro moralmente. Resta apenas uma discussão sobre a natureza dos fluidos, coisa por ora inexplicável. A ciência ainda não sabe bastante, porém lá chegará, se quiser caminhar com o Espiritismo. O perispírito pode variar e mudar ao infinito. A alma é o pensamento: não muda de natureza. Não vades mais longe, por este lado; trata-se de um ponto que não pode ser explicado. Supondes que, como vós, também eu não perquiro? Vós pesquisais o perispírito; nós outros, agora, pesquisamos a alma. Esperai, pois."

LAMENNAIS.

Assim, Espíritos, que podemos considerar adiantados, ainda não conseguiram sondar a natureza da alma. Como poderíamos nós fazê-lo? E, portanto, perder tempo querer perscrutar o princípio das coisas que, como foi dito em *O livro dos espíritos* (ns. 17 e 49), está nos segredos de Deus. Pretender esquadrinhar, com o auxílio do Espiritismo, o que escapa à alçada da humanidade, é desviá-lo do seu verdadeiro objetivo, é fazer como a criança que quisesse saber tanto quanto o velho. Aplique o homem o Espiritismo em aperfeiçoar-se moralmente, eis o essencial. O mais não passa de curiosidade estéril e muitas vezes orgulhosa, cuja satisfação não o faria adiantar um passo. O único meio de nos adiantarmos consiste em nos tornarmos melhores. Os Espíritos que ditaram o livro que lhes traz o nome demonstraram a sua sabedoria, mantendo-se, pelo que concerne ao princípio das coisas, dentro dos limites que Deus não permite sejam ultrapassados e deixando aos Espíritos sistemáticos e presunçosos a responsabilidade das teorias prematuras e errôneas, mais sedutoras do que sólidas, e que um dia virão a cair, ante a razão, como tantas outras surgidas dos cérebros humanos. Eles, ao justo, só disseram o que era preciso para que o homem compreendesse o futuro que o aguarda e para, por essa maneira, animá-lo à prática do bem. (Vede, aqui, adiante, na 2ª parte, o cap. 1º: *Da ação dos Espíritos sobre a matéria.*)

SEGUNDA PARTE
DAS MANIFESTAÇÕES ESPÍRITAS

CAPÍTULO I
DA AÇÃO DOS ESPÍRITOS SOBRE A MATÉRIA

52. Posta de lado a opinião materialista, porque condenada pela razão e pelos fatos, tudo se resume em saber se a alma, depois da morte, pode manifestar-se aos vivos. Reduzida assim à sua expressão mais singela, a questão fica extraordinariamente desembaraçada. Caberia, antes de tudo, perguntar por que não poderiam seres inteligentes, que de certo modo vivem no nosso meio, se bem que invisíveis por natureza, atestar-nos de qualquer forma sua presença. A simples razão diz que nisto nada absolutamente há de impossível, o que já é alguma coisa. Demais, esta crença tem a seu favor o assentimento de todos os povos, porquanto com ela deparamos em toda parte e em todas as épocas. Ora, nenhuma intuição pode mostrar-se tão generalizada, nem sobreviver ao tempo, se não tiver algum fundamento. Acresce que se acha sancionada pelo testemunho dos livros sagrados e pelo dos Pais da Igreja, tendo sido preciso o cepticismo e o materialismo do nosso século para que fosse lançada ao rol das ideias supersticiosas.

Se estamos em erro, aquelas autoridades o estão igualmente.

Mas isso não passa de considerações de ordem moral. Uma causa, especialmente, há contribuído para fortalecer a dúvida, numa época tão positiva como a nossa, em que toda gente faz questão de se inteirar de tudo, em que se quer saber o porquê e o como de todas as coisas. Essa causa é a ignorância da natureza dos Espíritos e dos meios pelos quais se podem manifestar. Adquirindo o conhecimento daquela natureza e destes meios, as manifestações nada mais apresentam de espantosas e entram no cômputo dos fatos naturais.

53. A ideia que geralmente se faz dos Espíritos torna à primeira vista incompreensível o fenômeno das manifestações. Como estas não podem dar-se, senão exercendo o Espírito ação sobre a matéria, os que julgam que a ideia de Espírito implica a de ausência completa de tudo o que seja matéria perguntam, com certa aparência de razão, como pode ele obrar materialmente. Ora, aí o erro, pois que o Espírito não é uma abstração, é um ser definido, limitado e circunscrito. O Espírito encarnado no corpo constitui a alma. Quando o deixa, por ocasião da morte, não sai dele despido de todo o envoltório. Todos nos dizem que conservam a forma humana e, com efeito, quando nos aparecem, trazem as que lhes conhecíamos.

Observemo-los atentamente, no instante em que acabem de deixar a vida; acham-se em estado de perturbação; tudo se lhes apresenta confuso, em torno; veem perfeito ou mutilado, conforme o gênero da morte, o corpo que tiveram; por outro lado se reconhecem e sentem vivos; alguma coisa lhes diz que aquele corpo lhes pertence e não compreendem como podem estar separados dele. Continuam a ver-se sob a forma que tinham antes de morrer e esta visão, nalguns, produz, durante certo tempo, singular ilusão: a de se crerem ainda vivos. Falta-lhes a experiência do novo estado em que se encontram, para se convencerem da realidade. Passado esse primeiro momento de perturbação, o corpo se lhes torna uma veste imprestável de que se despiram e de que não guardam saudades. Sentem-se mais leves e como que aliviados de um fardo. Não mais experimentam as dores físicas e se consideram felizes por poderem elevar-se, transpor o espaço, como tantas vezes o fizeram em sonho, quando vivos.* Entretanto, mau grado à falta do corpo, comprovam suas personalidades; têm uma forma, mas que os não importuna nem os embaraça; têm, finalmente, a consciência de seu *eu* e de sua individualidade. Que devemos concluir daí? Que a alma não deixa tudo no túmulo, que leva consigo alguma coisa.

54. Numerosas observações e fatos irrecusáveis, de que mais tarde falaremos, levaram à consequência de que há no homem três componentes: 1º, a alma, ou Espírito, princípio inteligente, onde tem sua sede o senso moral; 2º, o corpo, invólucro grosseiro, material, de que ele se revestiu temporariamente, em cumprimento de certos desígnios providenciais; 3º, o perispírito, envoltório fluídico, semimaterial, que serve de ligação entre a alma e o corpo.

A morte é a destruição, ou, antes, a desagregação do envoltório grosseiro, do invólucro que a alma abandona. O outro se desliga deste e acompanha a alma que, assim, fica sempre com um envoltório. Este último, ainda que fluídico, etéreo, vaporoso, invisível, para nós, em seu estado normal, não deixa de ser matéria, embora até ao presente não tenhamos podido assenhorear-nos dela e submetê-la à análise.

Esse segundo invólucro da alma, ou *perispírito*, existe, pois, durante a vida corpórea; é o intermediário de todas as sensações que o Espírito percebe e pelo qual transmite sua vontade ao exterior e atua sobre os órgãos do corpo. Para nos servirmos de uma comparação material, diremos que é o fio elétrico condutor, que serve para a recepção e a transmissão do pensamento; é, em suma, esse agente misterioso, imperceptível, conhecido pelo nome de fluido nervoso,

---

* Quem se quiser reportar a tudo o que dissemos em *O livro dos espíritos* sobre os sonhos e o estado do Espírito durante o sono (n. 400 a 418), conceberá que esses sonhos que quase toda gente tem, em que nos vemos transportados através do espaço e como que voando, são mera recordação do que o nosso Espírito experimentou, quando, durante o sono, deixara momentaneamente o corpo material, levando consigo apenas o corpo fluídico, o que ele conservará depois da morte. Esses sonhos, pois, nos podem dar uma ideia do estado do Espírito, quando se houver desembaraçado dos entraves que o retêm preso ao solo.

que desempenha tão grande papel na economia orgânica e que ainda não se leva muito em conta nos fenômenos fisiológicos e patológicos.

Tomando em consideração apenas o elemento material ponderável, a Medicina, na apreciação dos fatos, se priva de uma causa incessante de ação. Não cabe, aqui, porém, o exame desta questão. Somente faremos notar que no conhecimento do perispírito está a chave de inúmeros problemas até hoje insolúveis.

O perispírito não constitui uma dessas hipóteses de que a ciência costuma valer-se, para a explicação de um fato. Sua existência não foi apenas revelada pelos Espíritos, resulta de observações, como teremos ocasião de demonstrar. Por ora e por nos não antecipármos, no tocante aos fatos que havemos de relatar, limitar-nos-emos a dizer que, quer durante a sua união com o corpo, quer depois de separar-se deste, a alma nunca está desligada do seu perispírito.

55. Hão dito que o Espírito é uma chama, uma centelha. Isto se deve entender com relação ao Espírito propriamente dito, como princípio intelectual e moral, a que se não poderia atribuir forma determinada. Mas qualquer que seja o grau em que se encontre, o Espírito está sempre revestido de um envoltório, ou perispírito, cuja natureza se eteriza, à medida que ele se depura e eleva na hierarquia espiritual. De sorte que, para nós, a ideia de forma é inseparável da de Espírito e não concebemos uma sem a outra. O perispírito faz, portanto, parte integrante do Espírito, como o corpo o faz do homem. Porém, o perispírito, só por só, não é o Espírito, do mesmo modo que só o corpo não constitui o homem, porquanto o perispírito não pensa. Ele é para o Espírito o que o corpo é para o homem: o agente ou instrumento de sua ação.

56. Ele tem a forma humana e, quando nos aparece, é geralmente com a que revestia o Espírito na condição de encarnado. Daí se poderia supor que o perispírito, separado de todas as partes do corpo, se modela, de certa maneira, por este e lhe conserva o tipo; entretanto, não parece que seja assim. Com pequenas diferenças quanto às particularidades e exceção feita das modificações orgânicas exigidas pelo meio no qual o ser tem que viver, a forma humana se

nos depara entre os habitantes de todos os globos. Pelo menos, é o que dizem os Espíritos. Essa igualmente a forma de todos os Espíritos não encarnados, que só têm o perispírito; a com que, em todos os tempos, se representaram os anjos, ou Espíritos puros. Devemos concluir de tudo isto que a forma humana é a forma tipo de todos os seres humanos, seja qual foro grau de evolução em que se achem. Mas a matéria sutil do perispírito não possui a tenacidade, nem a rigidez da matéria compacta do corpo; é, se assim nos podemos exprimir, flexível e expansível, donde resulta que a forma que toma, conquanto decalcada na do corpo, não é absoluta, amolga-se à vontade do Espírito, que lhe pode dar a aparência que entenda, ao passo que o invólucro sólido lhe oferece invencível resistência.

Livre desse obstáculo que o comprimia, o perispírito se dilata ou contrai, se transforma: presta-se, numa palavra, a todas as metamorfoses, de acordo com a vontade que sobre ele atua. Por efeito dessa propriedade do seu envoltório fluídico, é que o Espírito que quer dar-se a conhecer pode, em sendo necessário, tomar a aparência exata que tinha quando vivo, até mesmo com os acidentes corporais que possam constituir sinais para o reconhecerem.

Os Espíritos, portanto, são, como se vê, seres semelhantes a nós, constituindo, ao nosso derredor, toda urna população, invisível no estado normal. Dizemos no estado normal, porque, conforme veremos, essa invisibilidade nada tem de absoluta.

57. Voltemos à natureza do perispírito, pois que isto é essencial para a explicação que temos de dar. Dissemos que, embora fluídico, o perispírito não deixa de ser uma espécie de matéria, o que decorre do fato das aparições tangíveis, a que volveremos. Sob a influência de certos médiuns, tem-se visto aparecerem mãos com todas as propriedades de mãos vivas, que, como estas, denotam calor, podem ser palpadas, oferecem a resistência de um corpo sólido, agarram os circunstantes e, de súbito, se dissipam, quais sombras. A ação inteligente dessas mãos, que evidentemente obedecem a uma vontade, executando certos movimentos, tocando até melodias num instrumento, prova que elas são parte visível de um ser inteligente

invisível. A tangibilidade que revelam, a temperatura, a impressão, em suma, que causam aos sentidos, porquanto se há verificado que deixam marcas na pele, que dão pancadas dolorosas, que acariciam delicadamente, provam que são de uma matéria qualquer. Seus desaparecimentos repentinos provam, além disso, que essa matéria é eminentemente sutil e se comporta como certas substâncias que podem alternativamente passar do estado sólido ao estado fluídico e vice-versa.

58. A natureza íntima do Espírito propriamente dito, isto é, do ser pensante, desconhecemo-la por completo. Apenas pelos seus atos ele se nos revela e seus atos não nos podem impressionar os sentidos, a não ser por um intermediário material. O Espírito precisa, pois, de matéria, para atuar sobre a matéria. Tem por instrumento direto de sua ação o perispírito, como o homem tem o corpo. Ora, o perispírito é matéria, conforme acabamos de ver. Depois, serve-lhe também de agente intermediário o fluido universal, espécie de veículo sobre que ele atua, como nós atuamos sobre o ar, para obter determinados efeitos, por meio da dilatação, da compressão, da propulsão, ou das vibrações.

Considerada deste modo, facilmente se concebe a ação do Espírito sobre a matéria. Compreende-se, desde então, que todos os efeitos que daí resultam cabem na ordem dos fatos naturais e nada têm de maravilhosos. Só pareceram sobrenaturais, porque se lhes não conhecia a causa. Conhecida esta, desaparece o maravilhoso e essa causa se inclui toda nas propriedades semimateriais do perispírito. E uma ordem nova de fatos que uma nova lei vem explicar e dos quais, dentro de algum tempo, ninguém mais se admirará como ninguém se admira hoje de se corresponder com outra pessoa, a grande distância, em alguns minutos, por meio da eletricidade.

59. Perguntar-se-á, talvez, como pode o Espírito, com o auxílio de matéria tão sutil, atuar sobre corpos pesados e compactos, suspender mesas etc. Semelhante objeção certo que não será formulada por um homem de ciência, visto que, sem falar das propriedades desconhecidas que esse novo agente pode possuir, não temos exemplos análogos sob

as vistas? Não é nos gases mais rarefeitos, nos fluidos imponderáveis que a indústria encontra os seus mais possantes motores? Quando vemos o ar abater edifícios, o vapor deslocar enormes massas, a pólvora gaseificada levantar rochedos, a eletricidade lascar árvores e fender paredes, que dificuldades acharemos em admitir que o Espírito, com o auxílio do seu perispírito, possa levantar uma mesa, sobretudo sabendo que esse perispírito pode tornar-se visível, tangível e comportar-se como um corpo sólido?

CAPÍTULO II
DAS MANIFESTAÇÕES FÍSICAS. — DAS MESAS GIRANTES

60. Dá-se o nome de manifestações físicas às que se traduzem por efeitos sensíveis, tais como ruídos, movimentos e deslocação de corpos sólidos. Umas são espontâneas, isto é, independentes da vontade de quem quer que seja; outras podem ser provocadas. Primeiramente, só falaremos destas últimas.

O efeito mais simples, e um dos primeiros que foram observados, consiste no movimento circular impresso a uma mesa, Este efeito igualmente se produz com qualquer outro objeto, mas sendo a mesa o móvel com que, pela sua comodidade, mais se tem procedido a tais experiências, a designação de *mesas girantes* prevaleceu, para indicar esta espécie de fenômenos.

Quando dizemos que este efeito foi um dos que primeiro se observaram, queremos dizer nos últimos tempos, pois não há dúvida de que todos os gêneros de manifestações eram conhecidos desde os tempos mais longínquos. Visto que são efeitos naturais, necessariamente se produziram em todas as épocas. Tertuliano trata, em termos explícitos, das mesas girantes e falantes.

Durante algum tempo esse fenômeno entreteve a curiosidade dos salões. Depois, aborreceram-se dele e passaram a cultivar outras distrações, porquanto apenas o consideravam como simples distração. Duas causas contribuíram para que pusessem de parte as mesas girantes. Pelo que toca à gente frívola, a causa foi a moda, que não lhe permite conservar por dois invernos seguidos o mesmo divertimento, mas que, no entanto, consentiu que em três ou quatro predominasse o de que tratamos, coisa que a tal gente deve ter parecido prodigiosa. Quanto às pessoas criteriosas e observadoras, o que as fez desprezar as mesas girantes foi que, tendo visto nascer delas algo de sério, destinado a prevalecer, passaram a ocupar-se com as consequências a que o fenômeno dava lugar, bem mais importantes em seus resultados. Deixaram o alfabeto pela ciência, tal o segredo desse aparente abandono com que tanta bulha fazem os motejadores.

Como quer que seja, as mesas girantes representarão sempre o ponto de partida da Doutrina Espírita e, por essa razão, algumas explicações lhes devemos, tanto mais que, mostrando os fenômenos na sua maior simplicidade, o estudo das causas que os produzem ficará facilitado e, uma vez firmada, a teoria nos fornecerá a chave para a decifração dos efeitos mais complexos.

61. Para que o fenômeno se produza, faz-se mister a intervenção de uma ou muitas pessoas dotadas de especial aptidão, que se designam pelo nome de *médiuns*. O número dos cooperadores em nada influi, a não ser que entre eles se encontrem alguns médiuns ignorados. Quanto aos que não têm mediunidade, a presença desses nenhum resultado produz, pode mesmo ser mais prejudicial do que útil pela disposição de espírito em que se achem.

Sob este aspecto, os médiuns gozam de maior ou menor poder, produzindo, por conseguinte, efeitos mais ou menos pronunciados. Muitas vezes, um poderoso médium produzirá sozinho mais do que vinte outros juntos. Basta-lhe colocar as mãos na mesa para que, no mesmo instante, ela se mova, erga, revire, dê saltos, ou gire com violência.

62. Nenhum indício há pelo qual se reconheça a existência da faculdade mediúnica. Só a experiência pode revelá-la. Quando, numa reunião, se quer experimentar, devem todos, muito simplesmente, sentar-se ao derredor da mesa e colocar-lhe em cima, espalmadas, as mãos, sem pressão, nem esforço muscular. A princípio, como se ignorassem as causas do fenômeno, recomendavam muitas precauções, que depois se verificou serem absolutamente inúteis. Tal, por exemplo, a alternação dos sexos; tal, também, o contato entre os dedos mínimos das diferentes pessoas, de modo a formar uma cadeia ininterrupta. Esta última precaução parecia necessária, quando se acreditava na ação de uma espécie de corrente elétrica. Depois, a experiência lhe demonstrou a inutilidade.

A única prescrição de rigor obrigatório é o recolhimento, absoluto silêncio e, sobretudo, a paciência, caso o efeito se faça esperar. Pode acontecer que ele se produza em alguns minutos, como pode tardar meia hora ou uma hora. Isso depende da força mediúnica dos coparticipantes.

63. Acrescentemos que a forma da mesa, a substância de que é feita, a presença de metais, da seda nas roupas dos assistentes, os dias, as horas, a obscuridade, ou a luz etc., são indiferentes como a chuva ou o bom tempo. Apenas o volume da mesa deve ser levado em conta, mas tão-somente no caso em que a força mediúnica seja insuficiente para vencer-lhe a resistência. No caso contrário, uma pessoa só, até uma criança, pode fazer que uma mesa de cem quilos se levante, ao passo que, em condições menos favoráveis, doze pessoas não conseguirão que uma mesinha de centro se mova.

Estando as coisas neste pé, quando o efeito começa a produzir-se, geralmente se ouve um pequeno estalido na mesa; sente-se como que um frêmito, que é o prelúdio do movimento. Tem-se a impressão de que ela se esforça por despregar-se do chão; depois, o movimento de rotação se acentua e acelera ao ponto de adquirir tal rapidez, que os assistentes se veem nas maiores dificuldades para acompanhá-lo. Uma vez acentuado o movimento, podem eles afastar-se da mesa, que esta continua a mover-se em todos os sentidos, sem contato.

Doutras vezes, ela se agita e ergue, ora num pé, ora noutro, e, em seguida, retoma suavemente a sua posição natural. Doutras, entra a oscilar, imitando o duplo balanço de um navio. Doutras, afinal, mas para isto necessário se faz considerável força mediúnica, se destaca completamente do solo e se mantém equilibrada no espaço, sem nenhum ponto de apoio, chegando mesmo, não raro, a elevar-se até o forro da casa, de modo a ser possível passar-se-lhe por baixo. Depois, desce lentamente, baloiçando-se como o faria uma folha de papel, ou, senão, cai violentamente e se quebra, o que prova de modo patente que os que presenciam o fenômeno não são vítimas de uma ilusão de ótica.

64. Outro fenômeno que se produz com frequência, de acordo com a natureza do médium, é o das pancadas no próprio tecido da madeira, sem que a mesa faça qualquer movimento. Essas pancadas, às vezes muito fracas, outras vezes muito fortes, se fazem também ouvir nos outros móveis do compartimento, nas paredes e no forro. Dentro em pouco voltaremos a esta questão. Quando as pancadas se dão na mesa, produzem nesta uma vibração muito apreciável por meio dos dedos e que se distingue perfeitamente, aplicando-se-lhe o ouvido.

CAPÍTULO III
DAS MANIFESTAÇÕES INTELIGENTES

65. No que acabamos de ver, nada certamente revela a intervenção de uma potência oculta e os efeitos que passamos em revista poderiam explicar-se perfeitamente pela ação de uma corrente magnética, ou elétrica, ou, ainda, pela de um fluido qualquer. Tal foi, precisamente, a primeira solução dada a tais fenômenos e que, com razão, podia passar por muito lógica. Teria, não há dúvida, prevalecido, se outros fatos não tivessem vindo demonstrá-la insuficiente. Estes fatos são as provas de inteligência que eles deram. Ora, como todo efeito inteligente há de por força derivar de uma causa inteligente, ficou evidenciado que, mesmo admitindo-se, em tais casos, a intervenção da eletricidade, ou de qualquer outro fluido, outra causa a essa se achava associada. Qual era ela? Qual a inteligência? Foi o que o seguimento das observações mostrou.

66. Para uma manifestação ser inteligente, indispensável não é que seja eloquente, espirituosa, ou sábia; basta que prove ser um ato

livre e voluntário, exprimindo uma intenção, ou respondendo a um pensamento. Decerto, quando uma ventoinha se move, toda gente sabe que apenas obedece a uma impulsão mecânica: à do vento; mas, se se reconhecessem nos seus movimentos sinais de serem eles intencionais, se ela girasse para a direita ou para a esquerda, depressa ou devagar, conforme se lhe ordenasse, forçoso seria admitir-se, não que a ventoinha era inteligente, porém, que obedecia a uma inteligência. Isso o que se deu com a mesa.

67. Vimo-la mover-se, levantar-se, dar pancadas, sob a influência de um ou de muitos médiuns. O primeiro efeito inteligente observado foi o obedecerem esses movimentos a uma determinação. Assim é que, sem mudar de lugar, a mesa se erguia alternativamente sobre o pé que se lhe indicava; depois, caindo, batia um número determinado de pancadas, respondendo a uma pergunta. Doutras vezes, sem o contato de pessoa alguma, passeava sozinha pelo aposento, indo para a direita, ou para a esquerda, para diante, ou para trás, executando movimentos diversos, conforme o ordenavam os assistentes. Está bem visto que pomos de parte qualquer suposição de fraude; que admitimos a perfeita lealdade das testemunhas, atestada pela honradez e pelo absoluto desinteresse de todas. Falaremos mais tarde dos embustes contra os quais manda a prudência que se esteja precavido.

68. Por meio de pancadas e, sobretudo, por meio dos estalidos, de que há pouco tratamos, produzidos no interior da mesa, obtêm-se efeitos ainda mais inteligentes, como sejam: a imitação dos rufos do tambor, da fuzilaria de descarga por fila ou por pelotão, de um canhoneio; depois, a do ranger da serra, dos golpes de martelo, do ritmo de diferentes árias etc. Era, como bem se compreende, um vasto campo a ser explorado. Raciocinou-se que, se naquilo havia uma inteligência oculta, forçosamente lhe seria possível responder a perguntas e ela de fato respondeu, por um sim, por um não, dando o número de pancadas que se convencionara para um caso e outro.

Por serem muito insignificantes essas respostas, surgiu a ideia de fazer-se que a mesa indicasse as letras do alfabeto e compusesse assim palavras e frases.

69. Estes fatos, repetidos à vontade por milhares de pessoas e em todos os países, não podiam deixar dúvida sobre a natureza inteligente das manifestações. Foi então que apareceu um novo sistema, segundo o qual essa inteligência seria a do médium, do interrogante, ou mesmo dos assistentes. A dificuldade estava em explicar como semelhante inteligência podia refletir-se na mesa e se expressar por pancadas. Averiguado que estas não eram dadas pelo médium, deduziu-se que, então, o eram pelo pensamento. Mas o pensamento a dar pancadas constituía fenômeno ainda mais prodigioso do que todos os que haviam sido observados. Não tardou que a experiência demonstrasse a inadmissibilidade de tal opinião. Efetivamente, as respostas muito amiúde se achavam em oposição formal às ideias dos assistentes, fora do alcance intelectual do médium e eram até dadas em línguas que este ignorava, ou referia fatos que todos desconheciam. São tão numerosos os exemplos, que quase impossível é não ter sido disso testemunha muitas vezes quem quer que já um pouco se ocupou com as manifestações Espíritas. Citaremos apenas um, que nos foi relatado por uma testemunha ocular.

70. Num navio da marinha imperial francesa, estacionado nos mares da China, toda a equipagem, desde os marinheiros até o estado-maior, se ocupava em fazer que as mesas falassem. Tiveram a ideia de evocar o Espírito de um tenente que pertencera à guarnição do mesmo navio e que morrera havia dois anos. O Espírito veio e, depois de várias comunicações que a todos encheram de espanto, disse o que segue, por meio de pancadas: "Peço-vos instantemente que mandeis pagar ao capitão a soma de... (indicava a cifra), que lhe devo e que lamento não ter podido restituir-lhe antes de minha morte." Ninguém conhecia o fato: o próprio capitão esquecera esse débito, aliás mínimo. Mas, procurando nas suas contas, encontrou uma nota da dívida do tenente, de importância exatamente idêntica à que o Espírito indicara. Perguntamos: do pensamento de quem podia essa indicação ser o reflexo?

71. Aperfeiçoou-se a arte de obter comunicações pelo processo das pancadas alfabéticas, mas o meio continuava a ser muito moroso.

Algumas, entretanto, se obtiveram de certa extensão, assim como interessantes revelações sobre o mundo dos Espíritos. Estes indicaram outros meios e a eles se deve o das comunicações escritas.

Receberam-se as primeiras deste gênero, adaptando-se um lápis ao pé de uma mesa leve, colocada sobre uma folha de papel. Posta em movimento pela influência de um médium, a mesa começou a traçar caracteres, depois palavras e frases. Simplificou-se gradualmente o processo, pelo emprego de mesinhas do tamanho de uma mão, construídas expressamente para isso; em seguida, pelo de cestas, de caixas de papelão e, afinal, pelo de simples pranchetas. A escrita saía tão corrente, tão rápida e tão fácil como com a mão. Porém, reconheceu-se mais tarde que todos aqueles objetos não passavam, em definitiva, de apêndices, de verdadeiras lapiseiras, de que se podia prescindir, segurando o médium, com sua própria mão, o lápis. Forçada a um movimento involuntário, a mão escrevia sob o impulso que lhe imprimia o Espírito e sem o concurso da vontade, nem do pensamento do médium. A partir de então, as comunicações de além-túmulo se tornaram sem limites, como o é a correspondência habitual entre os vivos.

Voltaremos a tratar destes diferentes meios, a fim de explicá-los minuciosamente. Por ora, limitamo-nos a esboçá-los, para mostrar os fatos sucessivos que levaram os observadores a reconhecer, nestes fenômenos, a intervenção de inteligências ocultas, ou, por outra, dos Espíritos.

CAPÍTULO IV
DA TEORIA DAS MANIFESTAÇÕES FÍSICAS

72. Demonstrada, pelo raciocínio e pelos fatos, a existência dos Espíritos, assim como a possibilidade que têm de atuar sobre a matéria, trata-se agora de saber como se efetua essa ação e como procedem eles para fazer que se movam as mesas e outros corpos inertes.

Uma ideia se apresenta muito naturalmente e nós a tivemos. Dando-nos outra explicação muito diversa, pela qual longe estávamos de esperar, os Espíritos a combateram, constituindo isto uma prova de que a teoria deles não era efeito da nossa opinião. Ora, essa primeira ideia todos a podiam ter, como nós; quanto à teoria dos Espíritos, não cremos que jamais haja acudido à mente de quem quer que seja. Sem dificuldade se reconhecerá quanto é superior à que esposávamos, se bem que menos simples, porque dá solução a inúmeros outros fatos que, com a nossa, não encontravam explicação satisfatória.

73. Desde que se tornaram conhecidas a natureza dos Espíritos, sua forma humana, as propriedades semimateriais do perispírito,

a ação mecânica que este pode exercer sobre a matéria; desde que, em casos de aparição, se viram mãos fluídicas e mesmo tangíveis tomar dos objetos e transportá-los, julgou-se, como era natural, que o Espírito se servia muito simplesmente de suas próprias mãos para fazer que a mesa girasse e que à força de braço é que ela se erguia no espaço. Mas, então, sendo assim, que necessidade havia de médium? Não pode o Espírito atuar só por si? Porque, é evidente que o médium, que as mais das vezes põe as mãos sobre a mesa em sentido contrário ao do seu movimento, ou que mesmo não coloca ali as mãos, não pode secundar o Espírito por meio de uma ação muscular qualquer. Deixemos, porém, que primeiro falem os Espíritos a quem interrogamos sobre esta questão.

74. As respostas seguintes nos foram dadas pelo Espírito São Luís. Muitos outros, depois, as confirmaram.

I. Será o fluido universal uma emanação da divindade?
"Não."

II. Será uma criação da divindade?
"Tudo é criado, exceto Deus."

III. O fluido universal será ao mesmo tempo o elemento universal?
"Sim, é o princípio elementar de todas as coisas."

IV. Alguma relação tem ele com o fluido elétrico, cujos efeitos conhecemos?
"E o seu elemento."

V. Em que estado o fluido universal se nos apresenta, na sua maior simplicidade?
"Para o encontrarmos na sua simplicidade absoluta, precisamos ascender aos Espíritos puros. No vosso mundo, ele sempre se acha mais ou menos modificado, para formar a matéria compacta que vos cerca. Entretanto, podeis dizer que o estado em que se encontra mais próximo daquela simplicidade é o do fluido a que chamais *fluido magnético animal.*"

VI. Já disseram que o fluido universal é a fonte da vida. Será ao mesmo tempo a fonte da inteligência?

"Não, esse fluido apenas anima a matéria."

VII. Pois que é desse fluido que se compõe o perispírito, parece que, neste, ele se acha como num estado de condensação, que o aproxima, até certo ponto, da matéria propriamente dita?

"Até certo ponto, como dizes, porquanto não tem todas as propriedades da matéria. É mais ou menos condensado, conforme os mundos."

VIII. Como pode um Espírito produzir o movimento de um corpo sólido?

"Combinando uma parte do fluido universal com o fluido, próprio àquele efeito, que o médium emite."

IX. Será com os seus próprios membros, de certo modo solidificados, que os Espíritos levantam a mesa?

"Esta resposta ainda não te levará até onde desejas. Quando, sob as vossas mãos, uma mesa se move, o Espírito haure no fluido universal o que é necessário para lhe dar uma vida factícia. Assim preparada a mesa, o Espírito a atrai e move sob a influência do fluido que de si mesmo desprende, por efeito da sua vontade. Quando quer pôr em movimento uma massa por demais pesada para suas forças, chama em seu auxílio outros Espíritos, cujas condições sejam idênticas às suas. Em virtude da sua natureza etérea, o Espírito, propriamente dito, não pode atuar sobre a matéria grosseira, sem intermediário, isto é, sem o elemento que o liga à matéria. Esse elemento, que constitui o que chamais perispírito, vos faculta a chave de todos os fenômenos espíritas de ordem material. Julgo ter-me explicado muito claramente, para ser compreendido."

NOTA. Chamamos a atenção para a seguinte frase, primeira da resposta acima:

Esta resposta AINDA *te não levará até onde desejas.*

O Espírito compreendera perfeitamente que todas as questões precedentes só haviam sido formuladas para chegarmos a esta última e alude ao nosso pensamento que, com efeito, esperava por outra resposta muito diversa, isto é, pela confirmação da ideia que tínhamos sobre a maneira por que o Espírito obtém o movimento da mesa.

X. Os Espíritos, que aquele que deseja mover um objeto chama em seu auxílio, são-lhe inferiores? Estão-lhe sob as ordens?

"São-lhe iguais, quase sempre. Muitas vezes acodem espontaneamente."

XI. São aptos, todos os Espíritos, a produzir fenômenos deste gênero?

"Os que produzem efeitos desta espécie são sempre Espíritos inferiores, que ainda se não desprenderam inteiramente de toda a influência material."

XII. Compreendemos que os Espíritos superiores não se ocupam com coisas que estão muito abaixo deles. Mas perguntamos se, uma vez que estão mais desmaterializados, teriam o poder de fazê-lo, dado que o quisessem?

"Os Espíritos superiores têm a força moral, como os outros têm a força física. Quando precisam desta força, servem-se dos que a possuem. Já não se vos disse que eles se servem dos Espíritos inferiores, como vós vos servis dos carregadores?"

NOTA. Já foi explicado que a densidade do perispírito, se assim se pode dizer, varia de acordo com o estado dos mundos. Parece que também varia, em um mesmo mundo, de indivíduo para indivíduo. Nos Espíritos *moralmente adiantados,* é mais sutil e se aproxima da dos Espíritos elevados; nos Espíritos inferiores, ao contrário, aproxima-se da matéria e é o que faz que os Espíritos de baixa condição conservem por muito tempo as ilusões da vida terrestre. Esses pensam e obram como se ainda fossem vivos; experimentam os mesmos desejos e quase que se poderia dizer a mesma sensualidade. Esta grosseria do perispírito, dando-lhe mais *afinidade* com a matéria, torna os Espíritos inferiores mais aptos às manifestações físicas. Pela mesma razão é que um homem de sociedade, habituado aos trabalhos da inteligência, franzino e delicado de corpo, não pode suspender fardos pesados, como o faz um carregador. Nele, a matéria é, de certa maneira, menos compacta, menos resistentes os órgãos; há menos fluido nervoso. Sendo o perispírito, para o Espírito, o que o corpo é para o homem e como à sua maior densidade corresponde menor inferioridade espiritual, essa densidade substitui no Espírito a força muscular, isto é, dá-lhe, sobre os fluidos necessários às manifestações, um poder maior do que o de que dispõem aqueles cuja natureza é mais etérea. Querendo um Espírito elevado produzir tais efeitos, faz o que entre nós fazem as pessoas delicadas: chama para executá-los um *Espírito do ofício*.

XIII. Se compreendemos bem o que disseste, o princípio vital reside no fluido universal; o Espírito tira deste fluido o envoltório semimaterial que constitui o seu perispírito e é ainda por meio deste fluido que ele atua sobre a matéria inerte. É assim?

"É. Quer dizer: ele empresta à matéria uma espécie de vida factícia; a matéria se anima da vida animal. A mesa, que se move debaixo das vossas mãos, vive como animal; obedece por si mesma ao ser inteligente. Não é este quem a impele, como faz o homem com um fardo. Quando ela se eleva, não é o Espírito quem a levanta, com o esforço do seu braço: é a própria mesa que, animada, obedece à impulsão que lhe dá o Espírito."

XIV. Que papel desempenha o médium nesse fenômeno?

"Já eu disse que o fluido próprio do médium se combina com o fluido universal que o Espírito acumula. E necessária a união desses dois fluidos, isto é, do fluido animalizado e do fluido universal para dar vida à mesa. Mas nota bem que essa vida é apenas momentânea, que se extingue com a ação e, às vezes, antes que esta termine, logo que a quantidade de fluido deixa de ser bastante para a animar."

XV. Pode o Espírito atuar sem o concurso de um médium?

"Pode atuar à revelia do médium. Quer isto dizer que muitas pessoas, sem que o suspeitem, servem de auxiliares aos Espíritos. Delas haurem os Espíritos, como de uma fonte, o fluido animalizado de que necessitem. Assim é que o concurso de um médium, tal como o entendeis, nem sempre é preciso, o que se verifica. Principalmente nos fenômenos espontâneos."

XVI. Animada, atua a mesa com inteligência? Pensa?

"Pensa tanto quanto a bengala com que fazes um sinal inteligente. Mas a vitalidade de que se acha animada lhe permite obedecer à impulsão de uma inteligência. Fica, pois, sabendo que a mesa que se move não se torna *Espírito* e que não tem, em si mesma, capacidade de pensar, nem de querer."

NOTA. Muito amiúde, na linguagem usual, servimo-nos de uma expressão análoga. Diz-se de uma roda, que gira velozmente, que está *animada* de um movimento rápido.

XVII. Qual a causa preponderante, na produção desse fenômeno: o Espírito, ou o fluido?

"O Espírito é a causa, o fluido o instrumento, ambos são necessários."

XVIII. Que papel, nesse caso, desempenha a vontade do médium?

"O de atrair os Espíritos e secundá-los no impulso que dão ao fluido."

a) É sempre indispensável a ação da vontade?

"Aumenta a força, mas nem sempre é necessária, pois que o movimento pode produzir-se contra essa vontade, ou a seu malgrado, e isso prova haver uma causa independente do médium."

NOTA. Nem sempre o contato das mãos é necessário para que um objeto se mova. As mais das vezes esse contato só se faz preciso para dar o primeiro impulso; porém, desde que o objeto está animado, pode obedecer à vontade do Espírito, Sem contato material. Depende isto, ou da potencialidade do médium, ou da natureza do Espírito. Nem sempre mesmo é indispensável um primeiro contato, do que são provas os movimentos e deslocamentos espontâneos, que ninguém cogitou de provocar.

XIX. Por que é que nem toda gente pode produzir o mesmo efeito e não têm todos os médiuns o mesmo poder?

"Isto depende da organização e da maior ou menor facilidade com que se pode operar a combinação dos fluidos. Influi também a maior ou menor simpatia do médium para com os Espíritos que encontram nele a força fluídica necessária. Dá-se com esta força o que se verifica com a dos magnetizadores, que não é igual em todos. A esse respeito, há mesmo pessoas que são de todo refratárias; outras com as quais a combinação só se opera por um esforço de vontade da parte delas; outras, finalmente, com quem a combinação dos fluidos se efetua tão natural e facilmente, que elas nem dão por isso e servem de instrumento a seu mau grado, como atrás dissemos." (Vede aqui adiante o capítulo das *Manifestações espontâneas*.)

NOTA. Estes fenômenos têm sem dúvida por princípio o magnetismo, porém, não como geralmente o entendem. A prova está na existência de poderosos magnetizadores que não conseguiram fazer que uma pequenina mesa se movesse e na de pessoas que não logram magnetizar a ninguém, nem mesmo a uma criança, às quais, no entanto, basta que ponham os dedos sobre uma mera pesada, para que esta se agite. Assim, desde que a força mediúnica não guarda proporção com a força magnética, é que outra causa existe.

XX. As pessoas qualificadas de elétricas podem ser consideradas médiuns?

"Essas pessoas tiram de si mesmas o fluido necessário à produção do fenômeno e podem operar sem o concurso de outros Espíritos. Não são, portanto, médiuns, no sentido que se atribui a esta palavra. Mas também pode dar-se que um Espírito as assista e se aproveite de suas disposições naturais."

NOTA. Sucede com essas pessoas o que ocorre com os sonâmbulos, que podem operar com ou sem o concurso de Espíritos estranhos. (Veja-se, no capítulo dos *Médiuns,* o artigo relativo aos médiuns sonambúlicos.)

XXI. O Espírito que atua sobre os corpos sólidos, para movê-los, se coloca na substância mesma dos corpos, ou fora dela?

"Dá-se uma e outra coisa. Já dissemos que a matéria não constitui obstáculos para os Espíritos. Em tudo eles penetram. Uma porção do perispírito se identifica, por assim dizer, com o objeto em que penetra."

XXII. Como faz o Espírito para bater? Serve-se de algum objeto material?

"Tanto quanto dos braços para levantar a mesa. Sabes perfeitamente que nenhum martelo tem o Espírito à sua disposição. Seu martelo é o fluido que, combinado, ele põe em ação, pela sua vontade, para mover ou bater. Quando move um objeto, a luz vos dá a percepção do movimento; quando bate, o ar vos traz o som."

XXIII. Concebemos que seja assim, quando o Espírito bate num corpo duro; mas como pode fazer que se ouçam ruídos, ou sons articulados na massa instável do ar?

"Pois que é possível atuar sobre a matéria, tanto pode ele atuar sobre uma mesa, como sobre o ar. Quanto aos sons articulados, pode imitá-los, como o pode fazer com quaisquer outros ruídos."

XXIV. Dizes que o Espírito não se serve de suas mãos para deslocar a mesa. Entretanto, já se tem visto, em certas manifestações visuais, aparecerem mãos a dedilhar um teclado, a percutir as teclas e a tirar dali sons. Neste caso, o movimento das teclas não será devido, como parece, à pressão dos dedos? E não é também direta e real essa pressão, quando se faz sentir sobre nós, quando as mãos que a exercem deixam marcas na pele?

"Não podeis compreender a natureza dos Espíritos nem a maneira por que atuam, senão mediante comparações, que de uma e outra coisa apenas vos dão ideia incompleta, e errareis sempre que quiserdes assimilar aos vossos os processos de que eles usam. Estes, necessariamente, hão de corresponder à organização que lhes é própria. Já te não disse eu que o fluido do perispírito penetra a matéria e com ela se identifica, que a anima de uma vida factícia? Pois bem! Quando o Espírito põe os dedos sobre as teclas, realmente os põe e de fato as movimenta. Porém, não é por meio da força muscular que exerce a pressão. Ele as anima, como o faz com a mesa, e as teclas, obedecendo-lhe à vontade, se abaixam e tangem as cordas do piano. Em tudo isto uma coisa ainda se dá, que difícil vos será compreender: é que alguns Espíritos tão pouco adiantados se encontram e, em comparação com os Espíritos elevados, tão materiais se conservam, que guardam as ilusões da vida terrena e julgam obrar como quando tinham o corpo de carne. Não percebem a verdadeira causa dos efeitos que produzem, mais do que um camponês compreende a teoria dos sons que articula. Perguntai-lhes como é que tocam piano e vos responderão que batendo com os dedos nas teclas, porque julgam ser assim que o fazem. O efeito se produz instintivamente neles, sem que saibam como, se bem lhes resulte da ação da vontade. O mesmo ocorre, quando se exprimem por palavras.

NOTA. Destas explicações decorre que os Espíritos podem produzir todos os efeitos que nós outros homens produzimos, mas por meios apropriados à sua organização. Algumas forças, que lhes são próprias, substituem os músculos de que precisamos para atuar, da mesma maneira que, para um mudo, o gesto substitui a palavra que lhe falta.

XXV. Entre os fenômenos que se apontam como probantes da ação de uma potência oculta, alguns há evidentemente contrários a todas as conhecidas leis da Natureza. Nesses casos, não será legítima a dúvida?

"É que o homem está longe de conhecer todas as leis da Natureza. Se as conhecesse todas, seria Espírito superior. Cada dia que se passa desmente os que, supondo tudo saberem, pretendem impor limites à Natureza, sem que por isso, entretanto, se tornem menos orgulhosos. Desvendando-lhe, incessantemente, novos mistérios, Deus adverte o homem de que deve desconfiar de suas próprias luzes, porquanto dia virá em que a *ciência do mais sábio será confundida*. Não tendes todos os dias, sob os olhos, exemplos de corpos animados de um movimento que domina a força da gravitação? Uma pedra, atirada para o ar, não sobrepuja momentaneamente aquela força? Pobres homens, que vos considerais muito sábios e cuja tola vaidade a todos os momentos está sendo desbancada, ficai sabendo que ainda sois muito pequeninos."

75. Estas explicações são claras, categóricas e isentas de ambiguidade. Delas ressalta, como ponto capital, que o fluido universal, onde se contém o princípio da vida, é o agente principal das manifestações, agente que recebe impulsão do Espírito, seja encarnado, seja errante. Condensado, esse fluido constitui o perispírito, ou invólucro semimaterial do Espírito. Encarnado este, o perispírito se acha unido à matéria do corpo; estando o Espírito na erraticidade, ele se encontra livre. Quando o Espírito está encarnado, a substância do

perispírito se acha mais ou menos ligada, mais ou menos aderente, se assim nos podemos exprimir. Em algumas pessoas se verifica, por efeito de suas organizações, uma espécie de emanação desse fluido e é isso, propriamente falando, o que constitui o médium de influências físicas. A emissão do fluido animalizado pode ser mais ou menos abundante, como mais ou menos fácil a sua combinação, donde os médiuns mais ou menos poderosos. Essa emissão, porém, não é permanente, o que explica a intermitência do poder mediúnico.

76. Façamos uma comparação. Quando se tem vontade de atuar materialmente sobre um ponto colocado a distância, quem quer é o pensamento, mas o pensamento por si só não irá percutir o ponto; é-lhe preciso um intermediário, posto sob a sua direção: uma vara, um projetil, uma corrente de ar etc. Notai também que o pensamento não atua diretamente sobre a vara, porquanto, se esta não for tocada, não se moverá. O pensamento, que não é senão o Espírito encarnado, está unido ao corpo pelo perispírito e não pode atuar sobre o corpo sem o perispírito, como não o pode sobre a vara sem o corpo. Atua sobre o perispírito, por ser esta a substância com que tem mais afinidade; o perispírito atua sobre os músculos, os músculos tomam a vara e a vara bate no ponto visado. Quando o Espírito não está encarnado, faz-se-lhe mister um auxiliar estranho e este auxiliar é o fluido, mediante o qual torna ele o objeto, sobre que quer atuar, apto a lhe obedecer à impulsão da vontade.

77. Assim, quando um objeto é posto em movimento, levantado ou atirado para o ar, não é que o Espírito o tome, empurre e suspenda, como o faríamos com a mão. O Espírito o *satura,* por assim dizer, do seu fluido, combinado com o do médium, e o objeto, momentaneamente vivificado desta maneira, obra como o faria um ser vivo, com a diferença apenas de que, não tendo vontade própria, segue o impulso que lhe dá a vontade do Espírito.

Pois que o fluido vital, que o Espírito, de certo modo, emite, dá vida factícia e momentânea aos corpos inertes; pois que o perispírito não é mais do que esse mesmo fluido vital, segue-se que, quando o Espírito está encarnado, é ele próprio quem dá vida ao seu corpo, por meio do seu perispírito, conservando-se unido a esse corpo, enquanto a organização deste o permite. Quando se retira, o corpo morre. Agora, se, em vez de uma mesa, esculpirmos uma estátua de madeira e sobre ela atuarmos, como sobre a mesa, teremos uma estátua que se moverá, que baterá, que responderá com os seus movimentos e pancadas. Teremos, em suma, uma estátua animada momentaneamente de uma vida artificial. Em lugar de mesas falantes, ter-se-iam estátuas falantes. Quanta luz esta teoria não projeta sobre uma imensidade de fenômenos até agora sem solução! Quantas alegorias e efeitos misteriosos ela não explica!

78. Os incrédulos ainda objetam que o fenômeno da suspensão das mesas, sem ponto de apoio, é impossível, por ser contrário à lei de gravitação. Responder-lhes-emos que, em primeiro lugar, a negativa não constitui uma prova; em segundo lugar, que, sendo real o fato, pouco importa contrarie ele todas as leis conhecidas, circunstância que só provaria uma coisa: que ele decorre de uma lei desconhecida e os negadores não podem alimentar a pretensão de conhecerem todas as leis da Natureza.

Acabamos de explicar uma dessas leis, mas isso não é razão para que eles a aceitem, precisamente porque ela nos é revelada por Espíritos que despiram a veste terrena, em vez de o ser por Espíritos que ainda trazem essa veste e têm assento na Academia. De modo que, se o Espírito de Arago, vivo na Terra, houvesse enunciado essa lei, eles a teriam admitido de olhos fechados; mas, desde que vem do Espírito de Arago, morto, é uma utopia. Por que isto? Porque acreditam que, tendo Arago morrido, tudo o que nele havia também morreu. Não temos a presunção de os dissuadir; entretanto, como tal objeção pode causar embaraço a algumas pessoas, tentaremos dar-lhes resposta, colocando-nos no ponto de vista em que eles se colocam, isto é, abstraindo, por instante, da teoria da animação factícia.

79. Quando se produz o vácuo na campânula da máquina pneumática, essa campânula adere com força tal ao seu suporte, que impossível se torna suspendê-la, devido ao peso da coluna de ar que sobre ela faz pressão. Deixe-se entrar o ar e a campânula

pode ser levantada com a maior facilidade, porque o ar que lhe fica por baixo contrabalança o ar que, pela parte exterior, a comprime. Contudo, se ninguém lhe tocar, ela permanecerá assente no suporte, por efeito da lei de gravidade. Agora, comprima-se-lhe o ar no interior, dê-se-lhe densidade maior que a do que está por fora, e a campânula se erguerá, apesar da gravidade. Se a corrente de ar for violenta e rápida, a mesma campânula se manterá suspensa no espaço, sem nenhum ponto *visível* de apoio, à guisa desses bonecos que se fazem rodopiar em cima de um repuxo d'água. Por que então o fluido universal, *que é o elemento de toda a Natureza,* acumulado em torno da mesa, não poderia ter a propriedade de lhe diminuir ou aumentar o peso específico relativo, como faz o ar com a campânula da máquina pneumática, como faz o gás hidrogênio com os balões, sem que para isso seja necessária a derrogação da lei de gravidade? Conheceis, porventura, todas as propriedades e todo o poder desse fluido? Não. Pois, então, não negueis a realidade de um fato, apenas por não o poderdes explicar.

80. Voltemos à teoria do movimento da mesa. Se, pelo meio indicado, o Espírito pode suspender uma mesa, também pode suspender qualquer outra coisa: uma poltrona, por exemplo. Se pode levantar uma poltrona, também pode, tendo força suficiente, levantá-la com uma pessoa assentada nela. Aí está a explicação do fenômeno que o sr. Home produziu inúmeras vezes consigo mesmo e com outras pessoas. Repetiu-o durante uma viagem a Londres e, para provar que os espectadores não eram joguetes de uma ilusão de ótica, fez no forro, enquanto suspenso, uma marca a lápis e que muitas pessoas lhe passassem por baixo. Sabe-se que o sr. Home é um poderoso médium de efeitos físicos. Naquele caso, era ao mesmo tempo a causa eficiente e o objeto.

81. Falamos, há pouco, do possível aumento de peso. Efetivamente, esse é um fenômeno que às vezes se produz e que nada apresenta de mais anormal do que a prodigiosa resistência da campânula, sob a pressão da coluna atmosférica. Têm-se visto, sob a influência de certos médiuns, objetos muito leves oferecerem idêntica resistência

e, em seguida, cederem de repente ao menor esforço. Na experiência de que acima tratamos, a campânula não se torna realmente mais nem menos pesada em si mesma; mas parece ter maior peso, por efeito da causa exterior que sobre ela atua. O mesmo provavelmente se dá aqui. A mesa tem sempre o mesmo peso intrínseco, porquanto sua massa não aumentou; porém, uma força estranha se lhe opõe ao movimento e essa causa pode residir nos fluidos ambientes que a penetram, como reside no ar a que aumenta ou diminui o peso aparente da campânula. Fazei a experiência da campânula pneumática diante de um campônio ignorante, incapaz de compreender que o que atua é o ar, que ele não vê, e não vos será difícil persuadi-lo de que aquilo é obra do diabo.

Dirão talvez que, sendo imponderável esse fluido, um acúmulo dele não pode aumentar o peso de qualquer objeto. De acordo; mas notai que, se nos servimos do termo acúmulo, foi por comparação, não por que assimilemos em absoluto aquele fluido ao ar. Ele é imponderável: seja. Entretanto, nada prova que o é. Desconhecemos a sua natureza íntima e estamos longe de lhe conhecer todas as propriedades. Antes que se houvesse experimentado a gravidade do ar, ninguém suspeitava dos efeitos dessa mesma gravidade. Também a eletricidade se classifica entre os fluidos imponderáveis; no entanto, um corpo pode ser fixado por uma corrente elétrica e oferecer grande resistência a quem queira suspendê-lo. Tornou-se, assim, aparentemente mais pesado. Fora ilógico afirmar-se que o suporte não existe, simplesmente por não ser visível. O Espírito pode ter alavancas que nos sejam desconhecidas: a Natureza nos prova todos os dias que o seu poder ultrapassa os limites do testemunho dos sentidos.

Só por uma causa semelhante se pode explicar o singular fenômeno, tantas vezes observado, de uma pessoa fraca e delicada levantar com dois dedos, sem esforço e como se se tratasse de uma pena, um homem forte e robusto, juntamente com a cadeira em que está assentado. As intermitências da faculdade provam que a causa é estranha a pessoa que produz o fenômeno.

CAPÍTULO V
DAS MANIFESTAÇÕES FÍSICAS ESPONTÂNEAS

82. São provocados os fenômenos de que acabamos de falar. Sucede, porém, às vezes, produzirem-se espontaneamente, sem intervenção da vontade, até mesmo contra a vontade, pois que frequentemente se tornam muito importunos. Além disso, para excluir a suposição de que possam ser efeito de imaginação sobre-excitada pelas ideias espíritas, há a circunstância de que se produzem entre pessoas que nunca ouviram falar disso e exatamente quando menos por semelhante coisa esperavam.

Tais fenômenos, a que se poderia dar o nome de Espiritismo prático natural, são muito importantes, por não permitirem a suspeita de conivência. Por isso mesmo, recomendamos, às pessoas que se ocupam com os fatos Espíritas, que registrem todos os desse gênero, que lhes cheguem ao conhecimento, mas, sobretudo, que lhes verifiquem cuidadosamente a realidade, mediante pormenorizado estudo das circunstâncias, a fim de adquirirem a certeza de que não são joguetes de uma ilusão, ou de uma mistificação.

83. De todas as manifestações espíritas, as mais simples e mais frequentes são os ruídos e as pancadas. Neste caso, principalmente, é que se deve temer a ilusão, porquanto uma infinidade de causas naturais pode produzi-los: o vento que sibila ou que agita um objeto, um corpo que se move por si mesmo sem que ninguém perceba, um efeito acústico, um animal escondido, um inseto etc., até mesmo a malícia dos brincalhões de mau gosto. Aliás, os ruídos espíritas apresentam um caráter especial, revelando intensidade e timbre muito variado, que os tornam facilmente reconhecíveis e não permitem sejam confundidos com os estalidos da madeira, com as crepitações do fogo, ou com o tique-taque monótono do relógio. São pancadas secas, ora surdas, fracas e leves, ora claras, distintas, às vezes retumbantes, que mudam de lugar e se repetem sem nenhuma regularidade mecânica. De todos os meios de verificação, o mais eficaz, o que não pode deixar dúvida quanto à origem do fenômeno, é a obediência deste à vontade de quem o observa. Se as pancadas se fizerem ouvir num lugar determinado, se responderem, pelo seu número, ou pela sua intensidade, ao pensamento, não se lhes pode deixar de reconhecer uma causa inteligente. Todavia, a falta de obediência nem sempre constitui prova em contrário.

84. Admitamos agora que, por uma comprovação minuciosa, se adquira a certeza de que os ruídos, ou outros efeitos quaisquer, são manifestações reais: será racional que se lhes tenha medo? Não, decerto; porquanto, em caso algum, nenhum perigo haverá nelas. Só os que se persuadem de que é o diabo que as produz podem ser por elas abalados de modo deplorável, como o são as crianças a quem se mete medo com o lobisomem, ou o papão. Essas manifestações tomam às vezes, forçoso é convir, proporções e persistências desagradáveis, causando aos que as experimentam o desejo muito natural de se verem livres delas. A este propósito, uma explicação se faz necessária.

85. Dissemos atrás que as manifestações físicas têm por fim chamar-nos a atenção para alguma coisa e convencer-nos da presença de uma força superior ao homem. Também dissemos que os Espíritos elevados não se ocupam com esta ordem de manifestações; que se

servem dos Espíritos inferiores para produzi-las, como nos utilizamos dos nossos serviçais para os trabalhos pesados, e isso com o fim que vamos indicar.

Alcançado esse fim, cessa a manifestação material, por desnecessária. Um ou dois exemplos farão melhor compreender a coisa.

86. Há muitos anos, quando ainda iniciava meus estudos sobre o Espiritismo, estando certa noite entregue a um trabalho referente a esta matéria, pancadas se fizeram ouvir em torno de mim, durante quatro horas consecutivas. Era a primeira vez que tal coisa me acontecia. Verifiquei não serem devidas a nenhuma causa acidental, mas, na ocasião, foi só o que pude saber. Por essa época, tinha eu frequentes ensejos de estar com um excelente médium escrevente. No dia seguinte, perguntei ao Espírito, que por seu intermédio se comunicava, qual a causa daquelas pancadas. *Era*, respondeu-me ele, *o teu Espírito familiar que te desejava falar.* — Que queria de mim? Resp.: Ele está aqui, pergunta-lhe. — Tendo-o interrogado, aquele Espírito se deu a conhecer sob um nome alegórico. (Vim a saber depois, por outros Espíritos, que pertence a uma categoria muito elevada e que desempenhou na Terra importante papel.) Apontou erros no meu trabalho, indicando-me *as linhas* onde se encontravam; deu-me úteis e sábios conselhos e acrescentou que estaria sempre comigo e atenderia ao meu chamado todas as vezes que o quisesse interrogar. A partir de então, com efeito, esse Espírito nunca mais me abandonou. Dele recebi muitas provas de grande superioridade e sua intervenção *benévola e eficaz* me foi manifesta, assim nos assuntos da vida material, como no tocante às questões metafísicas. Desde a nossa primeira entrevista, as pancadas cessaram. De fato, que desejava ele? Pôr-se em comunicação regular comigo; mas, para isso, precisava de me avisar. Dado e explicado o aviso, estabelecidas as relações regulares, as pancadas se tornaram inúteis. Daí o cessarem. O tambor deixa de tocar, para despertar os soldados, logo que estes se acham todos de pé.

Fato quase semelhante sucedeu a um dos nossos amigos. Havia algum tempo, no seu quarto se ouviam ruídos diversos, que já se iam tornando fatigantes. Apresentando-lhe ocasião de interrogar o Espírito de seu pai, por um médium escrevente, soube o que queriam dele, fez o que foi recomendado e daí em diante nada mais ouviu. Deve-se notar que as manifestações deste gênero são mais raras para as pessoas que dispõem de meio regular e fácil de comunicação com os Espíritos, e isso se concebe.

87. As manifestações espontâneas nem sempre se limitam a ruídos e pancadas. Degeneram, por vezes, em verdadeiro estardalhaço e em perturbações. Móveis e objetos diversos são derribados, projetis de toda sorte são atirados de fora para dentro, portas e janelas são abertas e fechadas por mãos invisíveis, ladrilhos são quebrados, o que não se pode levar à conta da ilusão.

Muitas vezes o derribamento se dá, de fato; doutras, porém, só se dá na aparência. Ouvem-se vozerios em aposentos contíguos, barulho de louça que cai e se quebra com estrondo, cepos que rolam pelo assoalho. Acorrem as pessoas da casa e encontram tudo calmo e em ordem. Mal saem, recomeça o tumulto.

88. As manifestações desta espécie não são raras, nem novas. Poucas serão as crônicas locais que não encerrem alguma história desta natureza. E fora de dúvida que o medo tem exagerado muitos fatos que, passando de boca em boca, assumiram proporções gigantescamente ridículas. Com o auxílio da superstição, as casas onde eles ocorrem foram tidas como assombradas pelo diabo e daí todos os maravilhosos ou terríveis contos de fantasmas. Por outro lado, a velhacaria não consentiu em perder tão bela ocasião de explorar a credulidade e quase sempre para satisfação de interesses pessoais. Aliás, facilmente se concebe que impressão podem fatos desta ordem produzir, mesmo dentro dos limites da realidade, em pessoas de caracteres fracos e predispostas, pela educação, a alimentar ideias supersticiosas. O meio mais seguro de obviar aos inconvenientes que possam trazer, visto não ser possível impedir-se que se deem, consiste em tornar conhecida a verdade. Em coisas terríficas se convertem as mais simples, quando se lhes desconhecem as causas. Ninguém mais terá medo dos Espíritos, quando todos estiverem familiarizados com

eles e quando os a quem eles se manifestam já não acreditem que estão às voltas com uma legião de demônios.

Na *Revue Spirite* se encontram narrados muitos fatos autênticos deste gênero, entre outros a história do Espírito batedor de Bergzabern, cuja ação durou oito anos (números de maio, junho e julho de 1858); a de Dibbelsdorff (agosto de 1858); a do padeiro das Grandes-Vendas, perto de Dièppe (março de 1860); a da rua des Noyers, em Paris (agosto de 1860); a do Espírito de Castelnaudary, sob o título de *História de um danado* (fevereiro de 1860); a do fabricante de São Petersburgo (abril de 1860) e muitas outras.

89. Tais fatos assumem, não raro, o caráter de verdadeiras perseguições. Conhecemos seis irmãs que moravam juntas e que, durante muitos anos, todas as manhãs encontravam suas roupas espalhadas, rasgadas e cortadas em pedaços, por mais que tomassem a precaução de guardá-las à chave. A muitas pessoas tem acontecido que, estando deitadas, *mas completamente acordadas,* lhes sacudam os cortinados da cama, tirem com violência as cobertas, levantem os travesseiros e mesmo as joguem fora do leito. Fatos destes são muito mais frequentes do que se pensa; porém, as mais das vezes, os que deles são vítimas nada ousam dizer, de medo do ridículo. Somos sabedores de que, por causa desses fatos, se tem pretendido curar, como atacados de alucinações, alguns indivíduos, submetendo-as ao tratamento a que se sujeitam os alienados, o que os torna realmente loucos. A Medicina não pode compreender estas coisas, por não admitir, entre as causas que as determinam, senão o elemento material; donde, erros frequentemente funestos. A história descreverá um dia certos tratamentos em uso no século dezenove, como se narram hoje certos processos de cura da Idade Média.

Admitimos perfeitamente que alguns casos são obra da malícia ou da malvadez. Porém, se tudo bem averiguado, provado ficar que não resultam da ação do homem, dever-se-á convir em que são obra, ou do diabo, como dirão uns, ou dos Espíritos, como dizemos nós. Mas de que Espíritos?

90. Os Espíritos superiores, do mesmo modo que, entre nós, os homens retos e sérios, não se divertem a fazer charivaris. Temos por

diversas vezes chamado àqueles Espíritos, para lhes perguntar por que motivo perturbam assim a tranquilidade dos outros. Na sua maioria, fazem-no apenas para se divertirem. São mais levianos do que maus, que se riem dos terrores que causam e das pesquisas inúteis que se empreendem para a descoberta da causa do tumulto. Agarram-se com frequência a um indivíduo, comprazendo-se em o atormentarem e perseguirem de casa em casa. Doutras vezes, apegam-se a um lugar, por mero capricho. Também, não raro, exercem por essa forma uma vingança, como teremos ocasião de ver.

Em alguns casos, mais louvável é a intenção a que cedem. procuram chamar a atenção e pôr-se em comunicação com certas pessoas, quer para lhes darem um aviso proveitoso, quer com o fim de lhes pedirem qualquer coisa para si mesmos. Muitos temos visto que pedem preces; outros que solicitam o cumprimento, em nome deles, de votos que não puderam cumprir; outros, ainda, que desejam, no interesse do próprio repouso, reparar uma ação má que praticaram quando vivos.

Em geral, é um erro ter-se medo. A presença desses Espíritos pode ser importuna, porém, não perigosa. Concebe-se, aliás, que toda gente deseja ver-se livre deles; mas, geralmente, as que isso desejam fazem o contrário do que deveriam fazer para consegui-lo. Se se trata de Espíritos que se divertem, quanto mais ao sério se tomarem as coisas, tanto mais eles persistirão, como crianças travessas, que tanto mais molestam as pessoas, quanto mais estas se impacientam, e que metem medo aos poltrões. Se todos tomassem o alvitre sensato de rir das suas partidas, eles acabariam por se cansar e ficar quietos. Conhecemos alguém que, longe de se irritar, os excitava, desafiando-os a fazerem tal ou tal coisa, de modo que, ao cabo de poucos dias, não mais voltaram.

Porém, como dissemos acima, alguns há que assim procedem por motivo menos frívolo. Daí vem que é sempre bom saber-se o que querem. Se pedem qualquer coisa, pode-se estar certo de que, satisfeitos os seus desejos, não renovarão as visitas. O melhor meio de nos informarmos a tal respeito consiste em evocarmos o Espírito, por um bom médium escrevente. Pelas suas respostas, veremos imediatamente com quem estamos às voltas e obraremos de conformidade com o esclarecimento colhido. Se se trata de um Espírito infeliz, manda a caridade que lhe dispensemos as atenções que mereça. Se é um engraçado de mau gosto, podemos proceder desembaraçadamente com ele. Se um malvado, devemos rogar a Deus que o torne melhor. Qualquer que seja o caso, a prece nunca deixa de dar bom resultado. As fórmulas graves de exorcismo, essas os fazem rir; nenhuma importância lhes ligam. Sendo possível entrar em comunicação com eles, deve-se sempre desconfiar dos qualificativos burlescos, ou apavorantes, que dão a si mesmos, para se divertirem com a credulidade dos que acolhem como verdadeiros tais qualificativos.

Nos capítulos referentes aos *lugares assombrados e às obsessões,* consideraremos com mais pormenores este assunto e as causas da ineficácia das preces em muitos casos.

91. Estes fenômenos, conquanto operados por Espíritos inferiores, são com frequência provocados por Espíritos de ordem mais elevada, com o fim de demonstrarem a existência de seres incorpóreos e de uma potência superior ao homem. A repercussão que eles têm, o próprio temor que causam, chamam a atenção e acabarão por fazer que se rendam os mais incrédulos. Acham estes mais simples lançar os fenômenos a que nos referimos à conta da imaginação, explicação muito cômoda e que dispensa outras. Todavia, quando objetos vários são sacudidos ou atirados à cabeça de uma pessoa, bem complacente imaginação precisaria ela ter, para fantasiar que tais coisas sejam reais, quando não o são.

Desde que se nota um efeito qualquer, ele tem necessariamente uma causa. Se uma observação fria e calma nos demonstra que esse efeito independe de toda vontade humana e de toda causa material; se, demais nos dá *evidentes* sinais de inteligência e de vontade livre, *o que constitui o traço mais característico,* forçoso será atribuí-lo a uma, inteligência oculta. Que seres misteriosos, são esses? E o que os estudos espíritas nos ensinam do modo menos contestável, pelos meios que nos facultam de nos comunicarmos com eles.

Esses estudos, além disso, nos ensinam a distinguir o que é real do que é falso, ou exagerado, nos fenômenos de que não fomos testemunha. Se um efeito insólito se produz: ruído, movimento, mesmo aparição, a primeira ideia que se deve ter é a de que provém de uma causa inteiramente natural, por ser a mais provável. Tem-se então que buscar essa causa com o maior cuidado e não admitir a intervenção dos Espíritos, senão muito cientemente. Esse o meio de se evitar toda ilusão. Um, por exemplo, que, sem se haver aproximado de quem quer que fosse, recebesse uma bofetada, ou bengalada nas costas, como tem acontecido, não poderia duvidar da presença de um invisível.

Cada um deve estar em guarda, não somente contra narrativas que possam ser, quando menos, acoimadas de exagero, mas também contra as próprias impressões, cumprindo não atribuir origem oculta a tudo o que não compreenda. Uma infinidade de causas muito simples e muito naturais pode produzir efeitos à primeira vista estranhos e seria verdadeira superstição ver por toda parte Espíritos ocupados em derribar móveis, quebrar louças, provocar, enfim, as mil e uma perturbações que ocorrem nos lares, quando mais racional é atribuí-las ao desazo.

92. A explicação dada do movimento dos corpos inertes se aplica naturalmente a todos os efeitos espontâneos a que acabamos de passar revista. Os ruídos, embora mais fortes do que as pancadas na mesa, procedem da mesma causa. Os objetos derribados, ou deslocados, o são pela mesma força que levanta qualquer objeto. Há mesmo aqui uma circunstância que apoia esta teoria. Poder-se-ia perguntar onde, nessa circunstância, o médium. Os Espíritos nos disseram que, em tal caso, há sempre alguém cujo poder se exerce à sua revelia. As manifestações espontâneas muito raramente se dão em lugares ermos; quase sempre se produzem nas casas habitadas e por motivo da presença de certas pessoas que exercem influência, sem que o queiram. Essas pessoas ignoram possuir faculdades mediúnicas, razão por que lhes chamamos *médiuns naturais*. São, com relação aos outros médiuns, o que os sonâmbulos naturais são relativamente aos sonâmbulos magnéticos e tão dignos, como aqueles, de observação.

93. A intervenção voluntária ou involuntária de uma pessoa dotada de aptidão especial para a produção destes fenômenos parece

necessária, na maioria dos casos, embora alguns haja em que, ao que se afigura, o Espírito obra por si só. Mas, então, poderá dar-se que ele tire de algures o fluido animalizado, que não de uma pessoa presente. Isto explica por que os Espíritos, que constantemente nos cercam, não produzem perturbação a todo instante. Primeiro, é preciso que o Espírito queira, que tenha um objetivo, um motivo, sem o que nada faz. Depois, é necessário, muitas vezes, que encontre exatamente no lugar onde queira operar uma pessoa apta a secundá-lo, coincidência que só muito raramente ocorre. Se essa pessoa aparece inopinadamente, ele dela se aproveita.

Mesmo quando todas as circunstâncias sejam favoráveis, ainda poderia acontecer que o Espírito se visse tolhido por uma vontade superior, que não lhe permitisse proceder a seu bel-prazer. Pode também dar-se que só lhe seja permitido fazê-lo dentro de certos limites e no caso de serem tais manifestações julgadas úteis, quer como meio de convicção, quer como provação para a pessoa por ele visada.

94. A este respeito, apenas citaremos o diálogo provocado a propósito dos fatos ocorridos em junho de 1860, na rua des Noyers, em Paris. Encontrar-se-ão os pormenores do caso na *Revue Spirite*, número de agosto de 1860.

1ª *(A São Luís)*. Quererias ter a bondade de nos dizer se são reais os fatos que se dizem passados na rua des Noyers? Quanto à possibilidade deles se darem, disso não duvidamos.

"São reais esses fatos; simplesmente, a imaginação dos homens os exagerará, seja por medo, seja por ironia. Mas, repito, são reais. Produz essas manifestações um Espírito que se diverte um pouco à custa dos habitantes do lugar."

2ª Haverá na casa alguma pessoa que dê causa a tais manifestações?

"Elas são sempre causadas pela presença da pessoa visada. É que o Espírito perturbador não gosta do habitante do lugar onde ele se acha; trata então de fazer-lhe maldades, ou mesmo procura obrigá-lo a mudar-se."

3ª Perguntamos se, entre os moradores da casa, alguém há que seja causador desses fenômenos, por efeito de uma influência mediúnica espontânea e involuntária?

"Necessariamente assim é, *pois, sem isso,* o fato *não poderia dar-se.*

Um Espírito vive num lugar que lhe é predileto; conserva-se inativo, enquanto nesse lugar não se apresenta uma pessoa que lhe convenha. Desde que essa pessoa surge, começa ele a divertir-se quanto pode."

4ª Será indispensável a presença dessa pessoa no próprio lugar?

"Esse o caso mais comum e é o que se verifica no de que tratas. Por isso foi que' eu disse que, a não ser assim, o fato não teria podido produzir-se. Mas não pretendi generalizar. Há casos em que a presença imediata não é necessária."

5ª Sendo sempre de ordem inferior esses Espíritos, constituirá presunção desfavorável a uma pessoa a aptidão que revele para lhes servir de auxiliar? Isto não denuncia, da parte dele, uma simpatia para com os seres dessa natureza?

"Não é precisamente assim, porquanto essa aptidão se acha ligada a uma disposição física. Contudo, denuncia frequentemente uma tendência material, que seria preferível não existisse, visto que, quanto mais elevado moralmente é o homem, tanto mais atrai a si os bons Espíritos que, necessariamente, afastam os maus."

6ª Onde vai o Espírito buscar os projetis de que se serve?

"Os diversos objetos que lhe servem de projetis são, as mais das vezes, apanhados nos próprios lugares dos fenômenos, ou nas proximidades. Uma força provinda do Espírito os lança no espaço e eles vão cair no ponto que o mesmo Espírito indica."

7ª Pois que as manifestações espontâneas são muitas vezes permitidas e até provocadas para convencer os homens, parece-nos que, se fossem pessoalmente atingidos por elas, alguns incrédulos se veriam forçados a render-se à evidência. Eles costumam queixar-se de não serem testemunhas de fatos concludentes. Não está no poder dos Espíritos dar-lhes uma prova sensível?

"Os ateus e os materialistas não são a todo instante testemunhas dos efeitos do poder de Deus e do pensamento? Isso não impede que neguem Deus e a alma. Os milagres de Jesus converteram todos os seus contemporâneos? Aos fariseus, que lhe diziam: "Mestre, faze-nos ver algum prodígio", não se assemelham os que hoje vos pedem lhes façais presenciar algumas manifestações? Se não se converteram pelas maravilhas da criação, também não se converterão, ainda quando os Espíritos lhes aparecessem do modo mais inequívoco, porquanto o orgulho os torna quais alimárias empacadoras. Se procurassem de boa-fé, não lhes faltaria ocasião de ver; por isso, não julga Deus conveniente fazer por eles mais do que faz pelos que sinceramente buscam instruir-se, pois que o Pai só concede recompensa aos homens de boa vontade. A incredulidade deles não obstará a que a vontade de Deus se cumpra. Bem vedes que não obstou a que a doutrina se difundisse. Deixai, portanto, de inquietar-vos com a oposição que vos movem. Essa oposição é, para a doutrina, o que a sombra é para o quadro: maior relevo lhe dá. Que mérito teriam eles, se fossem convencidos à força? Deus lhes deixa toda a responsabilidade da teimosia em que se conservam e essa responsabilidade é mais terrível do que podeis supor. Felizes os que creem sem ter visto' disse Jesus, porque esses não duvidam do poder de Deus."

8ª Achas que convém evoquemos o Espírito a que nos temos referido, para lhe pedirmos algumas explicações?

"Evoca-o, se quiseres, mas é um Espírito inferior, que só te dará respostas muito insignificantes."

95. Diálogo com o Espírito perturbador da rua des Noyers:

1ª Evocação.

"Que tinhas de me chamar? Queres umas pedradas? Então é que se havia de ver um bonito salve-se quem puder, não obstante o teu ar de valentia."

2ª Quando mesmo nos atirasses pedras aqui, isso não nos amedrontaria; até te pedimos positivamente que, se puderes, nos atires algumas.

"Aqui talvez eu não pudesse, porque tens um guarda a velar por ti."

3ª Havia, na rua des Noyers, alguém que, como auxiliar, te facilitava as partidas que pregavas aos moradores da casa?

"Certamente; achei um bom instrumento e não havia nenhum Espírito douto, sábio e virtuoso para me embaraçar. Porque, sou alegre; gosto às vezes de me divertir."

4ª Qual a pessoa que te serviu de instrumento?

"Uma criada."

5ª Era mau grado seu que ela te auxiliava?
"Ah! sim; pobre! era a que mais medo tinha!"
6ª Procedias assim com algum propósito hostil?
"Eu, não. Nenhum propósito hostil me animava. Mas os homens, que de tudo se apoderam, farão que os fatos redundem em seu proveito."
7ª Que queres dizer com isso? Não te compreendemos.
"Eu só cuidava de me divertir; vós outros, porém, estudareis a coisa e tereis mais um fato a mostrar que nós existimos."
8ª Dizes que não alimentavas nenhum propósito hostil; entretanto, quebraste todo o ladrilho da casa. Causaste assim um prejuízo real.
"É um acidente."
9ª Onde foste buscar os objetos que atiraste?
"São objetos muito comuns. Achei-os no pátio e nos jardins próximos."
10ª Achaste-os *todos,* ou fabricaste algum? (Ver adiante o cap. VIII.)
"Não criei, nem compus coisa alguma."
11ª E, se os não houvesse encontrado, terias podido fabricá-los?
"Fora mais difícil. Porém, a rigor, misturam-se matérias e isso faz um todo qualquer."
12ª Agora, dize-nos; como os atiraste?
"Ah! isto é mais difícil de explicar. Busquei auxílio na natureza elétrica daquela rapariga, juntando-a à minha, que é menos material. Pudemos assim os dois transportar os diversos objetos."
13ª Vais dar-nos de boa vontade, assim o esperamos, algumas informações acerca da tua pessoa. Dize-nos, primeiramente, se já morreste há muito tempo.
"Há muito tempo; há bem cinquenta anos."
14ª Que eras quando vivo?
"Não era lá grande coisa; simples trapeiro naquele quarteirão; às vezes me diziam tolices, porque eu gostava muito do licor vermelho do bom velho Noé. Por isso mesmo, queria pô-los todos dali para fora."
15ª Foi por ti mesmo e de bom grado que respondeste às nossas perguntas?
"Eu tinha um mestre."

16ª Quem é esse mestre?

"O vosso bom rei Luís."

NOTA. Motivou esta pergunta a natureza de algumas respostas dadas, que nos pareceram acima da capacidade desse Espírito, pela substância das ideias e mesmo pela forma da linguagem. Nada, pois, de admirar é que ele tenha sido ajudado por um Espírito mais esclarecido, que quis aproveitar a ocasião para nos instruir. É este um fato muito comum, mas o que nesta circunstância constitui notável particularidade é que a influência do outro Espírito se fez sentir na própria caligrafia. A das respostas em que ele interveio é mais regular e mais corrente, a do trapeiro é angulosa, grossa, irregular, às vezes pouco legível, denotando caráter muito diferente.

17ª Que fazes agora? Ocupas-te com o teu futuro?

"Ainda não; vagueio. Pensam tão pouco em mim na Terra, que ninguém roga por mim. Ora, não tendo quem me ajude, não trabalho."

NOTA. Ver-se-á, mais tarde, quanto se pode contribuir para o progresso e o alívio dos Espíritos inferiores, por meio da prece e dos conselhos.

18ª Como te chamavas quando vivo?

"Jeannet."

19ª Está bem, Jeannet! oraremos por ti. Dize-nos se a nossa evocação te deu prazer ou te contrariou?

"Antes prazer, pois que sois bons rapazes, viventes alegres, embora um pouco austeros. Não importa: ouviste-me, estou contente."

Fenômeno de transporte

96. Este fenômeno não difere do de que vimos falar, senão pela intenção benévola do Espírito que o produz, pela natureza dos objetos, quase sempre graciosos, de que ele se serve e pela maneira suave, delicada mesmo, por que são trazidos. Consiste no trazimento espontâneo de objetos inexistentes no lugar onde estão os observadores. São quase sempre flores, não raro frutos, confeitos, joias etc.

97. Digamos, antes de tudo, que este fenômeno é dos que melhor se prestam à imitação e que, por conseguinte, devemos estar de

sobreaviso contra o embuste. Sabe-se até onde pode ir a arte da prestidigitação, em se tratando de experiências deste gênero. Porém, mesmo sem que tenhamos de nos haver com um verdadeiro prestidigitador, poderemos ser facilmente enganados por uma manobra hábil e interessada. A melhor de todas as garantias se encontra no *caráter, na honestidade notória, no absoluto desinteresse* das pessoas que obtêm tais efeitos. Vem depois, como meio de resguardo, o exame atento de todas as circunstâncias em que os fatos se produzem; e, finalmente, o conhecimento esclarecido do Espiritismo poderá descobrir o que fosse suspeito.

98. A teoria do fenômeno dos transportes e das manifestações físicas em geral se acha resumida, de maneira notável, na seguinte dissertação feita por um Espírito, cujas comunicações todas trazem o cunho incontestável de profundeza e lógica. Com muitas delas deparará o leitor no curso desta obra. Ele se dá a conhecer pelo nome de *Erasto,* discípulo de São Paulo, e como protetor do médium que lhe serviu de instrumento:

"Quem deseja obter fenômeno desta ordem precisa ter consigo médiuns a que chamarei *sensitivos,* isto é, dotados, no mais alto grau, das faculdades mediúnicas de expansão e de penetrabilidade, porque o sistema nervoso facilmente excitável de tais médiuns lhes permite, por meio de certas vibrações, projetar abundantemente, em torno de si, o fluido animalizado que lhes é próprio.

"As naturezas impressionáveis, as pessoas cujos nervos vibram à menor impressão, à mais insignificante sensação; as que a influência moral ou física, interna ou externa, sensibiliza são muito aptas a se tornarem excelentes médiuns, para os efeitos físicos de tangibilidade e de transportes. Efetivamente, quase de todo desprovido do invólucro refratário, que, na maioria dos outros encarnados, o isola, o sistema nervoso dessas pessoas as capacita para a produção destes diversos fenômenos. Assim, com um indivíduo de tal natureza e cujas outras faculdades não sejam hostis à mediunidade, facilmente se obterão os fenômenos de tangibilidade, as pancadas nas paredes e nos móveis, os movimentos *inteligentes* e mesmo a suspensão, no espaço, da mais pesada matéria inerte. *A fortiori,* os mesmos resultados se conseguirão se, em vez de um médium, o experimentador dispuser de muitos, igualmente bem dotados.

"Mas da produção de tais fenômenos à obtenção dos de transporte há um mundo de permeio, porquanto, neste caso, não só o trabalho do Espírito é mais complexo, mais difícil, como, sobretudo, ele não pode operar, senão por meio de um único aparelho mediúnico, isto é, muitos médiuns não podem concorrer simultaneamente para a produção do mesmo fenômeno. Sucede até que, ao contrário, a presença de algumas pessoas antipáticas ao Espírito que opera lhe obsta radicalmente à operação. A estes motivos a que, como vedes, não falta importância, acrescentemos que os transportes reclamam sempre maior concentração e, ao mesmo tempo, maior difusão de certos fluidos, que não podem ser obtidos senão com médiuns superiormente dotados, com aqueles, numa palavra, cujo aparelho *eletromediúnico* é o que melhores condições oferece.

"Em geral, os fatos de transporte são e continuarão a ser extremamente raros. Não preciso demonstrar porque são e serão menos frequentes do que os outros fenômenos de tangibilidade; do que digo, vós mesmos podeis deduzi-lo. Demais, estes fenômenos são de tal natureza, que nem todos os médiuns servem para produzi-los. Com efeito, é necessário que entre o Espírito e o médium influenciado exista certa afinidade, certa analogia; em suma: certa semelhança capaz de permitir que a parte expansível do fluido *perispirítico** do encarnado se misture, se una, se combine com o do Espírito que queira fazer um transporte. Deve ser tal esta fusão, que a força resultante dela se torne, por assim dizer, *uma:* do mesmo modo que, atuando sobre o carvão, uma corrente elétrica produz um só foco, uma só

---

* Vê-se que, quando se trata de exprimir uma ideia nova, para a qual faltam termos na língua, os Espíritos sabem perfeitamente criar neologismos. Estas palavras: eletromediúnico, perispiritico, não são de invenção nossa. Os que nos tem criticado por havermos criado os termos espírita, espiritismo, perispírito, que tinham análogos, poderão fazer também a mesma crítica aos Espíritos.

claridade. Por que essa união, essa fusão, perguntareis? É que, para que estes fenômenos se produzam, necessário se faz que as propriedades essenciais do Espírito motor se aumentem com algumas das do médium; é que o *fluido vital,* indispensável à produção de todos os fenômenos mediúnicos, é apanágio *exclusivo* do encarnado e que, por conseguinte, o Espírito operador fica obrigado a se impregnar dele. Só então pode, mediante certas propriedades, que desconheceis, do vosso meio ambiente, isolar, tornar invisíveis e fazer que se movam alguns objetos materiais e mesmo os encarnados.

"Não me é permitido, por enquanto, desvendar-vos as leis particulares que governam os gases e os fluidos que vos cercam; mas, antes que alguns anos tenham decorrido, antes que uma existência de homem se tenha esgotado, a explicação destas leis e destes fenômenos vos será revelada e vereis surgir e produzir-se uma variedade nova de médiuns, que agirão num estado cataléptico especial, desde que sejam mediunizados.

"Vedes, assim, quantas dificuldades cercam a produção do fenômeno dos transportes. Muito logicamente podeis concluir daí que os fenômenos desta natureza são extremamente raros, como eu disse acima, e com tanto mais razão, quanto os Espíritos muito pouco se prestam a produzi-los, porque isso dá lugar, da parte deles, a um trabalho quase material, o que lhes acarreta aborrecimento e fadiga. Por outro lado, ocorre também que, frequentemente, não obstante a energia e a vontade que os animem, o estado do próprio médium lhes opõe intransponível barreira.

"Evidente é, pois, e o vosso raciocínio, estou certo, o sancionará, que os fatos de tangibilidade, como pancadas, suspensão e movimentos, são fenômenos simples, que se operam mediante a concentração e a dilatação de certos fluidos e que podem ser provocados e obtidos pela vontade e pelo trabalho dos médiuns aptos a isso, quando secundados por Espíritos amigos e benevolentes, ao passo que os fatos de transporte são múltiplos, complexos, exigem um concurso de circunstâncias especiais, não se podem operar senão por um único Espírito e um único médium e necessitam, além do que a tangibilidade reclama, uma combinação muito especial, para isolar e tornar invisíveis o objeto, ou os objetos destinados ao transporte.

"Todos vós espíritas compreendeis as minhas explicações e perfeitamente apreendeis o que seja essa concentração de fluidos especiais, para a locomoção e a tatilidade da matéria inerte. Acreditais nisso, como acreditais nos fenômenos da eletricidade e do magnetismo, com os quais os fatos mediúnicos têm grande analogia e de que são, por assim dizer, a confirmação e o desenvolvimento. Quanto aos incrédulos e aos sábios, piores estes do que aqueles, não me compete convencê-los e com eles não me ocupo. Convencer-se-ão um dia, por força da evidência, pois que forçoso será se curvem diante do testemunho dos fatos espíritas, como forçoso foi que o fizessem diante de outros fatos, que a princípio repeliram.

"Resumindo: os fenômenos de tangibilidade são frequentes, mas os de transporte são muito raros, porque muito difíceis de se realizar são as condições em que se produzem. Conseguintemente, nenhum médium pode dizer: a tal hora, em tal momento, obterei um transporte, visto que muitas vezes o próprio Espírito se vê obstado na execução da sua obra. Devo acrescentar que esses fenômenos são duplamente difíceis em público, porque quase sempre, entre este, se encontram elementos energicamente refratários, que paralisam os esforços do Espírito e, com mais forte razão, a ação do médium. Tende, ao contrário, como certo que, na intimidade, os ditos fenômenos se produzem quase sempre espontaneamente, as mais das vezes à revelia dos médiuns e sem premeditação, sendo muito raros quando esses se acham prevenidos. Deveis deduzir daí que há motivo de suspeição todas as vezes que um médium se lisonjeia de os obter à vontade, ou, por outra, de dar ordens aos Espíritos, como a servos seus, o que é simplesmente absurdo. Tende ainda como regra geral que os fenômenos espíritas não se produzem para constituir espetáculo e para divertir os curiosos. Se alguns Espíritos se prestam a tais coisas, só pode ser para a produção de fenômenos simples, não para os que, como os de transporte e outros semelhantes, exigem condições excepcionais.

"Lembrai-vos, espíritas, de que, se é absurdo repelir sistematicamente todos os fenômenos de além-túmulo, também não é de bom aviso aceitá-los todos, cegamente. Quando um fenômeno de tangibilidade, de visibilidade, ou de transporte se opera espontaneamente e de modo instantâneo, aceitai-o. Porém, nunca. o repetirei demasiado, não aceiteis coisa alguma às cegas. Seja cada fato submetido a um exame minucioso, aprofundado e severo, porquanto, crede, o Espiritismo, tão rico em fenômenos sublimes e grandiosos, nada tem que ganhar com essas pequenas manifestações, que prestidigitadores hábeis podem imitar.

"Bem sei que ides dizer: é que estes são úteis para convencer os incrédulos. Mas, ficai sabendo, se não houvésseis disposto de outros meios de convicção, não contaríeis hoje a centésima parte dos espíritas que existem. Falai ao coração; por aí é que fareis maior número de conversões sérias. Se julgardes conveniente, para certas pessoas, valer-vos dos fatos materiais, ao menos apresentai-os em circunstâncias tais, que não possam permitir nenhuma interpretação falsa e, sobretudo, não vos afasteis das condições normais dos mesmos fatos, porque, apresentados em más condições, eles fornecem argumentos aos incrédulos, em vez de convencê-los.

ERASTO."

99. O fenômeno de transporte apresenta uma particularidade notável, e é que alguns médiuns só o obtêm em estado sonambúlico, o que facilmente se explica. Há no sonâmbulo um desprendimento natural, uma espécie de isolamento do Espírito e do perispírito, que deve facilitar a combinação dos fluidos necessários. Tal o caso dos transportes de que temos sido testemunha.

As perguntas que se seguem foram dirigidas ao Espírito que os operara, mas as respostas se ressentem por vezes da deficiência dos seus conhecimentos. Submetemo-las ao Espírito *Erasto,* muito mais instruído do ponto de vista teórico, e ele as completou, aditando-lhes notas muito judiciosas. Um é o artista, o outro o sábio, constituindo a própria comparação dessas inteligências um estudo instrutivo, porquanto prova que não basta ser Espírito para tudo saber.

1ª Dize-nos, peço, por que os transportes que acabaste de executar só se produzem estando o médium em estado sonambúlico?

"Isto se prende à natureza do médium. Os fatos que produzo, quando o meu está adormecido, poderia produzi-los igualmente com outro médium em estado de vigília."

2ª Por que fazes demorar tanto a trazida dos objetos e por que é que avivas a cobiça do médium, excitando-lhe o desejo de obter o objeto prometido?

"O tempo me é necessário a preparar os fluidos que servem para o transporte. Quanto à excitação, essa só tem por fim, as mais das vezes, divertir as pessoas presentes e o sonâmbulo."

NOTA DE ERASTO. O Espírito que responde não sabe mais do que isso; não percebe o motivo dessa cobiça, que ele instintivamente aguça, sem lhe compreender o efeito. Julga proporcionar um divertimento, enquanto, na realidade, provoca, sem o suspeitar, uma emissão maior de fluido. É uma consequência da dificuldade que o fenômeno apresenta, dificuldade sempre maior quando ele não é espontâneo, sobretudo com certos médiuns.

3ª Depende da natureza especial do médium a produção do fenômeno e poderia produzir-se por outros médiuns com mais facilidade e presteza?

"A produção depende da natureza do médium e o fenômeno não se pode produzir, senão por meio de naturezas correspondentes. Pelo que toca à presteza, o hábito que adquirimos, comunicando-nos frequentemente com o mesmo médium, nos é de grande vantagem."

4ª As pessoas presentes influem alguma coisa no fenômeno?

"Quando há da parte delas incredulidade, oposição, muito nos podem embaraçar. Preferimos apresentar nossas provas aos crentes e a pessoas versadas no Espiritismo. Não quero, porém, dizer com isso que a má vontade consiga paralisar-nos inteiramente."

5ª Onde foste buscar as flores e os confeitos que trouxeste para aqui?

"As flores, tomo-as aos jardins, onde bem me parece."

6ª E os confeitos? Devem ter feito falta ao respectivo negociante.

"Tomo-os onde me apraz. O negociante nada absolutamente percebeu, porque pus outros no lugar dos que tirei."

7ª Mas os anéis têm valor. Onde os foste buscar? Não terás com isso causado prejuízo àquele de quem os tiraste?

"Tirei-os de lugares que todos desconhecem e fi-lo por maneira que daí não resultará prejuízo para ninguém."

NOTA DE ERASTO. Creio que o fato foi explicado de modo incompleto, em virtude da deficiência da capacidade do Espírito que respondeu. Sim, de fato, pode resultar prejuízo real; mas o Espírito não quis passar por haver desviado o que quer que fosse. Um objeto só pode ser substituído por outro objeto idêntico, da mesma forma, do mesmo valor. Conseguintemente, se um Espírito tivesse a faculdade de substituir, por outro objeto igual, um de que se apodera, já não teria razão para se apossar deste, visto que poderia dar o de que se iria servir para substituir o objeto retirado.

8ª Será possível trazer flores de outro planeta?

"Não; a mim não me é possível."

— *(A Erasto)* Teriam outros Espíritos esse poder?

"Não, isso não é possível, em virtude da diferença dos meios ambientes."

9ª Poderias trazer-nos flores de outro hemisfério; dos trópicos, por exemplo? "Desde que seja da Terra, posso."

10ª Poderias fazer que os objetos trazidos nos desaparecessem da vista e levá-los novamente?

"Assim como os trouxe aqui, posso levá-los, à minha vontade."

11ª A produção do fenômeno dos transportes não é de alguma forma penosa, não te causa qualquer embaraço?

"Não nos é penosa em nada, quando temos permissão para operá-los. Poderia ser-nos grandemente penosa, se quiséssemos produzir efeitos para os quais não estivéssemos autorizados."

NOTA DE ERASTO. Ele não quer convir em que isso lhe é penoso, embora o seja realmente, pois que se vê forçado a executar uma operação por assim dizer material.

12ª Quais são as dificuldades que encontras?

"Nenhuma outra, além das más disposições fluídicas, que nos podem ser contrárias."

13ª Como trazes o objeto? Será segurando-o com as mãos?

"Não; envolvo-o em mim mesmo."

NOTA DE ERASTO. A resposta não explica de modo claro a operação. Ele não envolve o objeto com a sua própria personalidade; mas, como o seu fluido pessoal é dilatável, combina uma parte desse fluido com o fluido animalizado do médium e é nesta combinação que oculta e transporta o objeto que escolheu para transportar. Ele, pois, não exprime com justeza o fato, dizendo que envolve em si o objeto.

14ª Trazes com a mesma facilidade um objeto de peso considerável, de cinquenta quilos por exemplo?

"O peso nada é para nós. Trazemos flores, porque agrada mais do que um volume pesado."

NOTA DE ERASTO. É exato. Pode trazer objetos de cem ou duzentos quilos, por isso que a gravidade, existente para vós, é anulada para os Espíritos. Mas, ainda aqui, ele oito percebe bem o que se passa, A massa dos fluidos combinados é proporcional à dos objetos. Numa palavra, a força deve estar em proporção com a resistência; donde se segue que, se o Espírito apenas traz uma flor ou um objeto leve, é muitas vezes porque não encontra no médium, ou em si mesmo, os elementos necessários para um esforço mais considerável.

15ª Poder-se-ão imputar aos Espíritos certas desaparições de objetos, cuja causa permanece ignorada?

"Isso se dá com frequência; com mais frequência do que supondes; mas isso se pode remediar, pedindo ao Espírito que traga de novo o objeto desaparecido.»

NOTA DE ERASTO. É certo. Mas, às vezes, o que é subtraído, muito bem subtraído fica, pois que para muito longe são levados os objetos que desaparecem de uma casa e que o dono não mais consegue achar. Entretanto, como a subtração dos objetos exige quase que as mesmas condições fluídicas que o trazimento deles reclama, ela só se pode dar com o concurso de médiuns dotados de faculdades especiais. Por isso, quando alguma coisa desapareça, é mais provável que o fato seja devido a descuido vosso, do que à ação dos Espíritos.

16ª Serão devidos à ação de certos Espíritos alguns efeitos que se consideram como fenômenos naturais?

"Nos dias que correm, abundam fatos dessa ordem, fatos que não percebeis, porque neles não pensais, mas que, com um pouco de reflexão, se vos tornariam patentes."

NOTA DE ERASTO. Não atribuais aos Espíritos o que é obra do homem; mas crede na influência deles, oculta, constante, a criar em torno de vós mil circunstâncias, mil incidentes necessários ao cumprimento dos vossos atos, da vossa existência.

17ª Entre os objetos que os Espíritos costumam trazer, não haverá alguns que eles próprios possam fabricar, isto é. produzidos espontaneamente pelas modificações que os Espíritos possam operar no fluido, ou no elemento universal?

"Por mim, não, que não tenho permissão para isso. Só um Espírito elevado o pode fazer."

18ª Como conseguiste outro dia introduzir aqueles objetos, estando fechado o aposento?

"Fi-los entrar comigo, envoltos, por assim dizer, na minha substância. Nada mais posso dizer, por não ser explicável o fato."

19ª Como fizeste para tornar visíveis estes objetos que, um momento antes, eram invisíveis?

"Tirei a matéria que os envolvia."

NOTA DE ERASTO. O que os envolve não é matéria propriamente dita, mas um fluido tirado, metade, do perispírito do médium e, metade, do Espírito que opera.

20ª *(A Erasto)* Pode um objeto ser trazido a um lugar inteiramente fechado? Numa palavra: pode o Espírito espiritualizar um objeto material, de maneira que se torne capaz de penetrar a matéria?

"É complexa esta questão. O Espírito pode tornar invisíveis, porém, não penetráveis, os objetos que ele transporte; não pode quebrar a agregação da matéria, porque seria a destruição do objeto. Tornando este invisível, o Espírito o pode transportar quando queira e não o libertar senão no momento oportuno, para fazê-lo aparecer. De modo diverso se passam as coisas, com relação aos que compomos. Como nestes só introduzimos os elementos da matéria, como esses elementos são essencialmente penetráveis e, ainda, como nós mesmos penetramos e atravessamos os corpos mais condensados, com a mesma facilidade com que os raios sol ares atravessam uma placa de vidro, podemos perfeitamente dizer que introduzimos o objeto num lugar que esteja hermeticamente fechado, mas isso somente neste caso.

NOTA. Quanto à teoria da formação espontânea dos objetos, veja-se adiante o capítulo intitulado: "Laboratório do mundo invisível".

CAPÍTULO VI
DAS MANIFESTAÇÕES VISUAIS

100. De todas as manifestações espíritas, as mais interessantes, sem contestação possível, são aquelas por meio das quais os Espíritos se tornam visíveis. Pela explicação deste fenômeno se verá que ele não é mais sobrenatural do que os outros. Vamos apresentar primeiramente as respostas que os Espíritos deram acerca do assunto:

1ª Podem os Espíritos tornar-se visíveis?

"Podem, sobretudo, durante o sono. Entretanto algumas pessoas os veem quando acordadas, porém, isso é mais raro."

NOTA. Enquanto o corpo repousa, o Espírito se desprende dos laços materiais; fica mais livre e pode mais facilmente ver os outros Espíritos, entrando com eles em comunicação. O sonho não é senão a recordação desse estado. Quando de nada nos lembramos, diz-se que não sonhamos, mas nem por isso a alma deixou de ver e de gozar da sua liberdade. Aqui nos ocupamos especialmente com as aparições no estado de vigília.*

2ª Pertencem mais a uma categoria do que a outra os Espíritos que se manifestam fazendo-se visíveis?

"Não; podem pertencer a todas as classes, assim às mais elevadas, como as mais inferiores."

3ª A todos os Espíritos é dado manifestarem-se visivelmente?

"Todos o podem; mas. nem sempre têm permissão para fazê-lo, ou o querem."

4ª Que fim objetivam os Espíritos que se manifestam visivelmente?

"Isso depende; de acordo com as suas naturezas, o fim pode ser bom, ou mau."

5ª Como lhes pode ser permitido manifestar-se, quando para mau fim?

"Nesse caso é para experimentar os a quem eles aparecem. Pode ser má a intenção do Espírito e bom o resultado."

6ª Qual pode ser o fim que tem em vista o Espírito que se torna visível com má intenção?

"Amedrontar e muitas vezes vingar-se."

a) Que visam os que vêm com boa intenção?

"Consolar as pessoas que deles guardam saudades, provar-lhes que existem e estão perto delas; dar conselhos e, algumas vezes, pedir para si mesmos assistência."

7ª Que inconveniente haveria em ser permanente e geral entre os homens a possibilidade de verem os Espíritos? Não seria esse um meio de tirar a dúvida aos mais incrédulos?

"Estando o homem constantemente cercado de Espíritos, o vê-los a todos os instantes o perturbaria, embaraçar-lhe-ia os atos e tirar-lhe-ia a iniciativa na maioria dos casos, ao passo que, julgando-se só, ele age mais livremente. Quanto aos incrédulos, de muitos meios dispõem para se convencerem, se desses meios quiserem aproveitar-se e não estiverem cegos pelo orgulho. Sabes multo bem existirem pessoas

---

* Ver, para maiores particularidades sobre o estado do Espírito durante o sono, *O livro dos espíritos*, cap. "Da emancipação da alma", n. 409.

que hão visto e que nem por isso creem, pois dizem que são ilusões. Com esses não te preocupes; deles se encarrega Deus."

NOTA. Tantos inconvenientes haveria em vermos constantemente os Espíritos, como em vermos o ar que nos cerca e as miríades de animais microscópicos que sobre nós e em torno de nós pululam. Donde devemos concluir que o que Deus faz é bem feito e que Ele sabe melhor do que nós o que nos convém.

8ª Uma vez que há inconveniente em vermos os Espíritos, por que, em certos casos, é isso permitido?

"Para dar ao homem uma prova de que nem tudo morre com o corpo, que a alma conserva a sua Individualidade após a morte. A visão passageira basta para essa prova e para atestar a presença de amigos ao vosso lado e não oferece os Inconvenientes da visão constante."

9ª Nos mundos mais adiantados que o nosso, os Espíritos são vistos com mais frequência do que entre nós?

"Quanto mais o homem se aproxima da natureza espiritual, tanto mais facilmente se põe em comunicação com os Espíritos. A grosseria do vosso envoltório é que dificulta e torna rara a percepção dos seres etéreos."

10ª Será racional assustarmo-nos com a aparição de um Espírito?

"Quem refletir deverá compreender que um Espírito, qualquer que seja, é menos perigoso do que um vivo. Demais, podendo os Espíritos, como podem, ir a toda parte, não se faz preciso que uma pessoa os veja para saber que alguns estão a seu lado. O Espírito que queira causar dano pode fazê-lo, e até com mais segurança, sem se dar a ver. Ele não é perigoso pelo fato de ser Espírito, mas, sim, pela influência que pode exercer sobre o homem, desviando-o do bem e impelindo-o ao mal."

NOTA. As pessoas que, quando se acham na solidão ou na obscuridade, se enchem de medo raramente se apercebem da causa de seus pavores. Não seriam capazes de dizer de que é que têm medo. Muito mais deveriam temer o encontro com homens do que com Espíritos, porquanto um malfeitor é bem mais perigoso quando vivo, do que depois de morto. Uma senhora do nosso conhecimento teve uma noite, em seu quarto, uma aparição tão bem caracterizada, que ela julgou estar em sua presença uma pessoa e a sua primeira sensação foi de terror. Certificada de que não havia pessoa alguma, disse: "Parece que é *apenas um Espírito*; posso dormir tranquila."

11ª Poderá aquele a quem um Espírito apareça travar com ele conversação?

"Perfeitamente e é mesmo o que se deve fazer em tal caso, perguntando ao Espírito quem ele é, o que deseja e em que se lhe pode ser útil. Se se tratar de um Espírito infeliz e sofredor, a comiseração que se lhe testemunhar o aliviará. Se for um Espírito bondoso, pode acontecer que traga a intenção de dar bons conselhos."

a) Como pode o Espírito, nesse caso, responder?

"Algumas vezes o faz por meio de sons articulados, como o faria uma pessoa viva. Na maioria dos casos, porém, pela transmissão dos pensamentos."

12ª Os Espíritos que aparecem com asas têm-nas realmente, ou essas asas são apenas uma aparência simbólica?

"Os Espíritos não têm asas, nem de tal coisa precisam, visto que podem ir a toda parte como Espíritos. Aparecem da maneira por que precisam impressionar a pessoa a quem se mostram. Assim é que uns aparecerão em trajes comuns, outros envoltos em amplas roupagens, alguns com asas, como atributo da categoria espiritual a que pertencem."

13ª As pessoas que vemos em sonho são sempre as que parecem ser pelo seu aspecto?

"Quase sempre são mesmo as que os vossos Espíritos buscam, ou que vêm ao encontro deles."

14ª Não poderiam os Espíritos zombeteiros tomar as aparências das pessoas que nos são caras, para nos induzirem em erro?

"*Somente* para se divertirem à vossa custa tomam eles aparências fantásticas. Há coisas, porém, com que não lhes é lícito brincar."

15ª Compreende-se que, sendo uma espécie de evocação, o pensamento faça com que se apresente o Espírito em quem se pensa. Como é, entretanto, que muitas vezes as pessoas em quem mais pensamos, que ardentemente desejamos tornar a ver, jamais se nos apresentam em sonho, ao passo que vemos outras que nos são indiferentes e nas quais nunca pensamos?

"Os Espíritos nem sempre podem manifestar-se visivelmente, mesmo em sonho e mau grado ao desejo que tenhais de vê-los. Pode dar-se que obstem a isso causas independentes da vontade deles. Frequentemente, é também uma prova, de que não consegue triunfar o mais ardente desejo. Quanto às pessoas que vos são indiferentes, se é certo que nelas não pensais, bem pode acontecer que elas em vós pensem. Aliás, não podeis formar ideia das relações no mundo dos Espíritos. Lá tendes uma multidão de conhecimentos íntimos, antigos ou recentes, de que não suspeitais quando despertos."

NOTA. Quando nenhum meio tenhamos de verificar a realidade das visões ou aparições, podemos sem dúvida lançá-las à conta da alucinação. Quando, porém, os sucessos as confirmam, ninguém tem o direito de atribuí-las à imaginação. Tais, por exemplo, as aparições, que temos em sonho ou em estado de vigília, de pessoas em quem absolutamente não pensávamos e que, produzindo-as no momento em que morrem, vem, por meio de sinais diversos, revelar as circunstâncias totalmente ignoradas em que faleceram. Têm-se visto cavalos empinarem e recusarem caminhar para a frente, por motivo de aparições que assustam os cavaleiros que os montam. Embora se admita que a imaginação desempenhe aí algum papel, quando o fato se passa com os homens, ninguém, certamente, negará que ela nada tem que ver com o caso, quando este se dá com os animais. Acresce que, se fosse exato que as imagens que vemos em sonho são sempre efeito das nossas preocupações quando acordados, não haveria como explicar que nunca sonhemos, conforme se verifica frequentemente, com aquilo em que mais pensamos.

16ª Por que razão certas visões ocorrem com mais frequência quando se está doente?

"Elas ocorrem do mesmo modo quando estais de perfeita saúde. Simplesmente, no estado de doença, os laços materiais se afrouxam; a fraqueza do corpo permite maior liberdade ao Espírito, que, então, se põe mais facilmente em comunicação com os outros Espíritos."

17ª As aparições espontâneas parecem mais frequentes em certos países. Será que alguns povos estão mais bem dotados do que outros para receberem esta espécie de manifestações?

"Dar-se-á tenhais um registro histórico de cada aparição? As aparições, como os ruídos e todas as manifestações, produzem-se igualmente em todos os pontos da Terra; apresentam, porém, caracteres distintos, de conformidade com o povo em cujo seio se verificam. Nuns, por exemplo, onde o uso da escrita está pouco espalhado, não há médiuns escreventes; noutros, abundam os médiuns desta natureza; entre outros, observam-se mais os ruídos e os movimentos do que as manifestações inteligentes, por serem estas menos apreciadas e procuradas."

18ª Por que é que as aparições se dão de preferência à noite? Não indica isso que elas são efeito do silêncio e da obscuridade sobre a imaginação?

"Pela mesma razão por que vedes, durante a noite, as estrelas e não as divisais em pleno dia. A grande claridade pode apagar uma aparição ligeira; mas errôneo é supor-se que a noite tenha qualquer coisa com isso. Inquiri os que têm tido visões e verificareis que são em maior número os que as tiveram de dia."

NOTA. Muito mais frequentes e gerais do que se julga são as aparições; porém, muitas pessoas deixam de torná-las conhecidas, por medo do ridículo, e outras as atribuem à ilusão. Se parecem mais numerosas entre alguns povos, é isso devido a que aí se conservam com mais cuidado as tradições verdadeiras, ou falsas, quase sempre ampliadas pelo poder de sedução do maravilhoso a que mais ou menos se preste o aspecto das localidades. A credulidade então faz que se vejam efeitos sobrenaturais nos mais vulgares fenômenos: o silêncio da solidão, o escarpamento das quebradas, o mugido da floresta, as rajadas da tempestade, o eco das montanhas, a forma fantástica das nuvens, as sombras, as miragens, tudo enfim se presta à ilusão, para imaginações simples e ingênuas, que de boa-fé narram o que viram, ou julgaram ver. Porém, ao lado da ficção, há a realidade. O estudo sério do Espiritismo leva precisamente o homem a se desembaraçar de todas as superstições ridículas.

19ª A visão dos Espíritos se produz no estado normal, ou só estando o vidente num estado extático?

"Pode produzir-se achando-se este em condições perfeitamente normais. Entretanto, as pessoas que os veem se encontram muito amiúde num estado próximo do de êxtase, estado que lhes faculta uma espécie de dupla vista." (*O livro dos espíritos,* n. 447.)

20ª Os que veem os Espíritos veem-nos com os olhos?

"Assim o julgam; mas, na realidade, é a alma quem vê e o que o prova e que os podem ver com os olhos fechados."

21ª Como pode o Espírito fazer-se visível?

"O princípio é o mesmo de todas as manifestações, reside nas propriedades do perispírito, que pode sofrer diversas modificações, ao sabor do Espírito."

22ª Pode o Espírito propriamente dito fazer-se visível, ou só o pode com o auxílio do perispírito?

"No estado material em que vos achais, só com o auxílio de seus invólucros semimateriais podem os Espíritos manifestar-se. Esse invólucro é o intermediário por meio do qual eles atuam sobre os vossos sentidos. Sob esse envoltório é que aparecem, às vezes, com uma forma humana, ou com outra qualquer, seja nos sonhos, seja no estado de vigília, assim em plena luz, como na obscuridade."

23ª Poder-se-á dizer que é pela condensação do fluido do perispírito que o Espírito se torna visível?

"Condensação não é o termo. Essa palavra apenas pode ser usada para estabelecer uma comparação, que vos faculte compreender o fenômeno, porquanto não há realmente condensação. Pela combinação dos fluidos, o perispírito toma uma disposição especial, sem analogia para vós outros, disposição que o torna perceptível."

24ª Os Espíritos que aparecem são sempre inapreensíveis e imperceptíveis ao tato?

"Em seu estado normal, são inapreensíveis, como num sonho. Entretanto, podem tornar-se capazes de produzir impressão ao tato, de deixar vestígios de sua presença e até, em certos casos, de tornar-se momentaneamente tangíveis, o que prova haver matéria entre vós e eles."

25ª Toda gente tem aptidão para ver os Espíritos?

"Durante o sono, todos têm; em estado de vigília, não. Durante o sono, a alma vê sem intermediário; no estado de vigília, acha-se sempre mais ou menos influenciada pelos órgãos. Daí vem não serem totalmente idênticas as condições nos dois casos."

26ª De que depende, para o homem, a faculdade de ver os Espíritos, em estado de vigília?

"Depende da organização física. Reside na maior ou menor facilidade que tem o fluido do vidente para se combinar com o do Espírito. Assim, não basta que o Espírito queira mostrar-se, é preciso também que encontre a necessária aptidão na pessoa a quem deseje fazer-se visível."

a) Pode essa faculdade desenvolver-se pelo exercício?

"Pode, como todas as outras faculdades; mas pertence ao número daquelas com relação às quais é melhor que se espere o desenvolvimento natural, do que provocá-lo, para não sobre-excitar a imaginação. A de ver os Espíritos, em geral e permanentemente, constitui uma faculdade excepcional e não está nas condições normais do homem."

27ª Pode-se provocar a aparição dos Espíritos?

"Isso algumas vezes é possível, porém, muito raramente. A aparição é quase sempre espontânea. Para que alguém veja os Espíritos, precisa ser dotado de uma faculdade especial."

28ª Podem os Espíritos tomar-se visíveis sob outra aparência que não a da forma humana?

"A humana é a forma normal. O Espírito pode variar-lhe a aparência, mas sempre com o tipo humano."

a) Não podem manifestar-se sob a forma de chama?

"Podem produzir chamas, clarões, como todos os outros efeitos, para atestar sua presença; mas não são os próprios Espíritos que assim aparecem. A chama não passa muitas vezes de uma miragem, ou de uma emanação do perispírito. Em todo caso, nunca é mais do que uma parcela deste. O perispírito não se mostra integralmente nas visões."

29ª Que se deve pensar da crença que atribui os fogos-fátuos à presença de almas ou Espíritos?

"Superstição produzida pela ignorância. Bem conhecida é a causa física dos fogos-fátuos."

a) A chama azul que, segundo dizem, apareceu sobre a cabeça de Sérvius Túlius, quando menino, é uma fábula, ou foi real?

"Era real e produzida por um Espírito familiar, que desse modo dava um aviso à mãe do menino. Médium vidente, essa mãe percebeu uma irradiação do Espírito protetor de seu filho. Assim como os médiuns escreventes não escrevem todos a mesma coisa, também, nos médiuns videntes, não é em todos do mesmo grau a vidência. Ao passo que aquela mãe viu apenas uma chama, outro médium teria podido ver o próprio corpo do Espírito."

30ª Poderiam os Espíritos apresentar-se sob a forma de animais?

"Isso pode dar-se; mas somente Espíritos muito inferiores tomam essas aparências. Em caso algum, porém, será mais do que uma aparência momentânea. Fora absurdo acreditar-se que um qualquer animal verdadeiro pudesse ser a encarnação de um Espírito. Os animais são sempre animais e nada mais do que isto."

NOTA. Somente a superstição pode fazer crer que certos animais são animados por Espíritos. É preciso uma imaginação muito complacente, ou muito impressionada para ver qualquer coisa de sobrenatural nas circunstâncias um pouco extravagantes em que eles algumas vezes se apresentam. O medo faz que amiúde se veja o que não existe.

Mas não só no medo tem sua origem essa ideia. Conhecemos uma senhora, muito inteligente aliás, que consagrava desmedida afeição a um gato preto, porque acreditava ser ele de natureza *sobreanimal*. Entretanto, essa senhora jamais ouvira falar do Espiritismo. Se o houvesse conhecido, ele lhe teria feito compreender o ridículo da causa de sua predileção pelo animal, provando-lhe a impossibilidade de tal metamorfose.

Ensaio teórico sobre as aparições

101. As manifestações aparentes mais comuns se dão durante o sono, por meio dos sonhos: são as visões. Os limites deste estudo não comportam o exame de todas as particularidades que os sonhos podem apresentar. Resumiremos tudo, dizendo que eles podem ser: uma visão atual das coisas presentes, ou ausentes; uma visão retrospectiva do passado e, em alguns casos excepcionais, um pressentimento do futuro. Também muitas vezes são quadros alegóricos que os Espíritos nos põem sob as vistas, para dar-nos úteis avisos e salutares conselhos, se se trata de Espíritos bons; para induzir-nos em erro e nos lisonjear as paixões, se são Espíritos imperfeitos os que no-lo apresentam. A teoria que se segue aplica-se aos sonhos, como a todos os outros casos de aparições. (Veja-se: *O livro dos espíritos,* ns. 400 e seguintes.)

Temos para nós que faríamos uma injúria aos nossos leitores, se nos propuséssemos a demonstrar o que há de absurdo e ridículo no que vulgarmente se chama a interpretação dos sonhos.

102. As aparições propriamente ditas se dão quando o vidente se acha em estado de vigília e no gozo da plena e inteira liberdade das suas faculdades. Apresentam-se, em geral, sob uma forma vaporosa e diáfana, às vezes vaga e imprecisa. A princípio é, quase sempre, uma claridade esbranquiçada, cujos contornos pouco a pouco se vão desenhando. Doutras vezes, as formas se mostram nitidamente acentuadas, distinguindo-se os menores traços da fisionomia, a ponto de se tornar possível fazer-se da aparição uma descrição completa. Os ademanes, o aspecto, são semelhantes aos que tinha o Espírito quando vivo.

Podendo tomar todas as aparências, o Espírito se apresenta sob a que melhor o faça reconhecível, se tal é o seu desejo. Assim, embora como Espírito nenhum defeito corpóreo tenha, ele se mostrará estropiado, coxo, corcunda, ferido, com cicatrizes, se isso for necessário à prova da sua identidade. Esopo, por exemplo, como Espírito, não é disforme; porém, se o evocarem como Esopo, ainda que muitas existências tenha tido depois da em que assim se chamou, ele aparecerá feio e corcunda, com os seus trajes tradicionais.

Coisa interessante é que, salvo em circunstâncias especiais, as partes menos acentuadas são os membros inferiores, enquanto a cabeça, o tronco, os braços e as mãos são sempre claramente desenhados. Daí vem que quase nunca são vistos a andar, mas a deslizar como sombras. Quanto às vestes, compõem-se ordinariamente de um amontoado de pano, terminando em longo preguedo flutuante. Com uma cabeleira ondulante e graciosa se apresentam os Espíritos que nada conservam das coisas terrenas. Os Espíritos vulgares, porém, os que aqui conhecemos aparecem com os trajos que usavam no último período de sua existência.

Frequentemente, mostram atributos característicos da elevação que alcançaram, como uma auréola, ou asas, os que possam ser tidos por anjos, ao passo que outros trazem os sinais indicativos de suas ocupações terrenas. Assim, um guerreiro aparecerá com a sua armadura, um sábio com livros, um assassino com um punhal etc. Os Espíritos superiores têm uma figura bela, nobre e serena; os mais inferiores denotam alguma coisa de feroz e bestial, não sendo raro revelarem ainda os vestígios dos crimes que praticaram, ou dos suplícios que padeceram. A questão do traje e dos objetos acessórios com que os Espíritos aparecem é talvez a que mais espanto causa. Voltaremos a essa questão em capítulo especial, porque ela se liga a outros fatos muito importantes.

103. Dissemos que as aparições têm algo de vaporoso. Em certos casos, poder-se-ia compará-las à imagem que se reflete num espelho sem aço e que, não obstante a sua nitidez, não impede se vejam os objetos que lhe estão por detrás. Geralmente, é assim que os médiuns videntes as percebem. Eles as veem ir e vir, entrar num aposento, sair dele, andar por entre os vivos com ares, pelo menos se se trata de Espíritos comuns, de participarem ativamente de tudo o que os homens fazem ao derredor deles, de se interessarem por tudo isso, de ouvirem o que dizem os humanos. Com frequência são vistos a se aproximar de uma pessoa, a lhe insuflar ideias, a influenciá-la, a consolá-la, se pertencem à categoria dos bons, a escarnecê-la, se são malignos, a se mostrar tristes ou satisfeitos com os resultados que logram. Numa palavra: constituem como que o forro do mundo corpóreo.

Tal é esse mundo oculto que nos cerca, dentro do qual vivemos sem o percebermos, como vivemos, também sem darmos por isso, em meio das miríades de seres do mundo microscópico. O microscópio nos revelou o mundo dos infinitamente pequenos, de cuja existência não suspeitávamos; o Espiritismo, com o auxílio dos médiuns videntes, nos revelou o mundo dos Espíritos, que, por seu lado, também constitui uma das forças ativas da Natureza. Com o concurso dos médiuns videntes, possível nos foi estudar o mundo invisível, conhecer-lhe os costumes, como um povo de cegos poderia estudar o mundo visível com o auxílio de alguns homens que gozassem da faculdade de ver. (Veja-se adiante, no capítulo referente aos médiuns, o parágrafo que trata dos médiuns videntes.)

104. O Espírito, que quer ou pode fazer-se visível, reveste às vezes uma forma ainda mais precisa, com todas as aparências de um corpo sólido, ao ponto de causar completa ilusão e dar a crer, aos que observam a aparição, que têm diante de si um ser corpóreo. Em alguns casos, finalmente, e sob o império de certas circunstâncias, a tangibilidade se pode tornar real, isto é, possível se torna ao observador tocar, palpar, sentir, na aparição, a mesma resistência, o mesmo calor que num corpo vivo, o que não impede que a tangibilidade se desvaneça com a rapidez do relâmpago. Nesses casos, já não é somente com o olhar que se nota a presença do Espírito, mas também pelo sentido tátil.

Dado se possa atribuir à ilusão ou a uma espécie de fascinação a aparição simplesmente visual, o mesmo já não ocorre quando se consegue segurá-la, palpá-la, quando ela própria segura o observador e o abraça, circunstâncias em que nenhuma dúvida mais é lícita.

Os fatos de aparições tangíveis são os mais raros; porém, os que se têm dado nestes últimos tempos, pela influência de alguns médiuns de grande poder[*] e absolutamente autenticados por testemunhos irrecusáveis, provam e explicam o que a história refere acerca de pessoas que, depois de mortas, se mostraram com todas as aparências da realidade.

Todavia, conforme já dissemos, por mais extraordinários que sejam, tais fenômenos perdem inteiramente todo caráter de maravilhosos, quando conhecida a maneira por que se produzem e quando se

---

[*] Entre outros, o sr. Home.

compreende que, longe de constituírem uma derrogação das leis da Natureza, são apenas efeito de uma aplicação dessas leis.

105. Por sua natureza e em seu estado normal, o perispírito é invisível e tem isto de comum com uma imensidade de fluidos que sabemos existir, sem que, entretanto, jamais os tenhamos visto. Mas, também, do mesmo modo que alguns desses fluidos, pode ele sofrer modificações que o tornem perceptível à vista, quer por meio de uma espécie de condensação, quer por meio de uma mudança na disposição de suas moléculas. Aparece-nos então sob uma forma vaporosa.

A condensação (preciso é que não se tome esta palavra na sua significação literal; empregamo-la apenas por falta de outra e a título de comparação), a condensação, dizemos, pode ser tal que o perispírito adquira as propriedades de um corpo sólido e tangível, conservando, porém, a possibilidade de retomar instantaneamente seu estado etéreo e invisível. Podemos apreender esse efeito, atentando no vapor, que passa do de invisibilidade ao estado brumoso, depois ao estado líquido, em seguida ao sólido e *vice-versa*.

Esses diferentes estados do perispírito resultam da vontade do Espírito e não de uma causa física exterior, como se dá com os nossos gases. Quando o Espírito nos aparece, é que pôs o seu perispírito no estado próprio a torná-lo visível. Mas, para isso, não basta a sua vontade, porquanto a modificação do perispírito se opera mediante sua combinação com o fluido peculiar ao médium. Ora, esta combinação nem sempre é possível, o que explica não ser generalizada a visibilidade dos Espíritos. Assim, não basta que o Espírito queira mostrar-se; não basta tão pouco que uma pessoa queira vê-lo; é necessário que os dois fluidos possam combinar-se, que entre eles haja uma espécie de afinidade e também, porventura, que a emissão do fluido da pessoa seja suficientemente abundante para operar a transformação do perispírito e, provavelmente, que se verifiquem ainda outras condições que desconhecemos. É necessário, enfim, que o Espírito tenha a permissão de se fazer visível a tal pessoa, o que nem sempre lhe é concedido, ou só o é em certas circunstâncias, por motivos que não podemos apreciar.

106. Outra propriedade do perispírito inerente à sua natureza etérea é a penetrabilidade. Matéria nenhuma lhe opõe obstáculo: ele as atravessa todas, como a luz atravessa os corpos transparentes. Daí vem não haver tapagem capaz de obstar à entrada dos Espíritos. Eles visitam o prisioneiro no seu calabouço, com a mesma facilidade com que visitam uma pessoa que esteja em pleno campo.

107. Não são raras, nem constituem novidades as aparições no estado de vigília. Elas se produziram em todos os tempos. A história as registra em grande número. Não precisamos, porém, remontar ao passado, tão frequentes são nos dias de hoje e muitas pessoas há que as têm visto e que as tomaram, no primeiro momento, pelo que se convencionou chamar alucinações. São frequentes, sobretudo, nos casos de morte de pessoas ausentes, que vêm visitar seus parentes ou amigos. Muitas vezes, as aparições não trazem um fim muito determinado, mas pode dizer-se que, em geral, os Espíritos que assim aparecem são atraídos pela simpatia. Interrogue cada um as suas recordações e poucos serão os que não conheçam alguns fatos desse gênero, cuja autenticidade não se poderia pôr em dúvida.

108. Às considerações precedentes acrescentaremos o exame de alguns efeitos de ótica, que deram lugar ao singular sistema dos *Espíritos glóbulos*.

Nem sempre é absoluta a limpidez do ar e ocasiões há em que são perfeitamente visíveis as correntes das moléculas aeriformes e a agitação em que as põe o calor. Algumas pessoas tomaram isto por aglomerações de Espíritos a se agitarem no espaço. Basta se cite esta opinião, para que ela fique desde logo refutada. Há, porém, outra espécie de ilusão não menos estranha, contra a qual bom é também se esteja precavido.

O humor aquoso do olho apresenta pontos quase imperceptíveis, que hão perdido alguma coisa da sua natural transparência. Esses pontos são como corpos opacos em suspensão no líquido, cujos movimentos eles acompanham. Produzem no ar ambiente e a distância, por efeito do aumento e da refração, a aparência de pequenos discos, cujos diâmetros variam de um a dez milímetros e que parecem nadar na atmosfera. Pessoas conhecemos que tomaram esses discos por Espíritos que as seguiam e acompanhavam a toda parte. Essas pessoas, no seu entusiasmo, tomavam como figuras os matizes da irisação, o que é quase tão racional como ver uma figura na Lua. Uma simples observação, fornecida por essas pessoas mesmo, as reconduzirá ao terreno da realidade.

Os aludidos discos ou medalhões, dizem elas, não só as acompanham, como lhes seguem todos os movimentos, vão para a direita, para a esquerda, para cima, para baixo, ou param, conforme o movimento que elas fazem com a cabeça. Isto nada tem de surpreendente. Uma vez que a sede da aparência é no globo ocular, tem ela que acompanhar todos os movimentos do olho. Se fossem Espíritos, forçoso seria convir em estarem eles adstritos a um papel por demais mecânico para seres inteligentes e livres, papel bem fastidioso, mesmo para Espíritos inferiores e, pois, com mais forte razão, incompatível com a ideia que fazemos dos Espíritos superiores.

Verdade é que alguns tomam por maus Espíritos os pontos escuros ou moscas amauróticas. Esses discos, do mesmo modo que as manchas negras, têm um movimento ondulatório, cuja amplitude não vai além da de um certo ângulo, concorrendo para a ilusão a circunstância de não acompanharem bruscamente os movimentos da linha visual. Bem simples é a razão desse fato. Os pontos opacos do humor aquoso, causa primária do fenômeno, se acham, conforme dissemos, como que em suspensão e tendem sempre a descer. Quando sobem, é que são solicitados pelo movimento dos olhos, de baixo para cima; chegados, porém, a certa altura, se o olho se torna fixo, nota-se que os discos descem por si mesmos e depois se imobilizam. Extrema é a mobilidade deles, porquanto basta um movimento imperceptível do olho para fazê-los mudar de direção e percorrer rapidamente toda a amplitude do arco, no espaço em que se produz a imagem. Enquanto não se provar que uma imagem tem movimento próprio, espontâneo e inteligente, ninguém poderá enxergar no fato de que tratamos mais do que um simples fenômeno ótico ou fisiológico.

O mesmo se dá com as centelhas que se produzem algumas vezes em feixes mais ou menos compactos, pela contração do músculo do olho, e são devidas, provavelmente, à eletricidade fosforescente da íris, pois que são geralmente adstritas à circunferência do disco desse órgão.

Tais ilusões não podem provir senão de uma observação incompleta. Quem quer que tenha estudado a natureza dos Espíritos, por todos os meios que a ciência prática *faculta*, compreenderá tudo o que elas têm de pueril. Do mesmo modo que combatemos as aventurosas teorias com que se atacam as manifestações, quando essas teorias assentam na ignorância dos fatos, também devemos procurar destruir as ideias falsas, que indicam mais entusiasmo do que reflexão e que, por isso mesmo, mais dano do que bem causam, com relação aos incrédulos, já de si tão dispostos a buscar o lado ridículo.

109. O perispírito, como se vê, é o princípio de todas as manifestações. O conhecimento dele foi a chave da explicação de uma imensidade de fenômenos e permitiu que a ciência espírita desse largo passo, fazendo-a enveredar por nova senda, tirando-lhe todo o cunho de maravilhosa. Dos próprios Espíritos, porquanto notai bem que foram eles que nos ensinaram o caminho, tivemos a explicação da ação do Espírito sobre a matéria, do movimento dos corpos inertes, dos ruídos e das aparições. Aí encontraremos ainda a de muitos outros fenômenos que examinaremos antes de passarmos ao estudo das comunicações propriamente ditas. Tanto melhor as compreenderemos, quanto mais conhecedores nos acharmos das causas primárias. Quem haja compreendido bem aquele princípio, facilmente, por si mesmo, o aplicará aos diversos fatos que se lhe possam oferecer à observação.

110. Longe estamos de considerar como absoluta e como sendo a última palavra a teoria que apresentamos. Novos estudos sem dúvida a completarão, ou retificarão mais tarde; entretanto, por mais incompleta ou imperfeita que seja ainda hoje, sempre pode auxiliar o estudioso a reconhecer a possibilidade dos fatos, por efeito de causas que nada têm de sobrenaturais. Se é uma hipótese, não se lhe

pode, contudo, negar o mérito da racionalidade e da probabilidade e, como tal, vale tanto, pelo menos, quanto todas as explicações que os negadores formulam, para provar que nos fenômenos espíritas só há ilusão, fantasmagoria e subterfúgios.

Teoria da alucinação

111. Os que não admitem o mundo Incorpóreo e invisível julgam tudo explicar com a palavra *alucinação*. Toda gente conhece a definição desta palavra. Ela exprime o erro, a ilusão de uma pessoa que julga ter percepções que realmente não tem. Origina-se do latim *hallucinari*, errar, que vem de *ad lucem*. Mas, que saibamos, os sábios ainda não apresentaram a razão fisiológica desse fato.

Não tendo a ótica e a fisiologia, ao que parece, mais segredos para eles, como é que ainda não explicaram a natureza e a origem das imagens que se mostram ao Espírito em dadas circunstâncias?

Tudo querem explicar pelas leis da matéria; seja. Forneçam então, com o auxílio dessas leis, uma teoria, boa ou má, da alucinação. Sempre será uma explicação.

112. A causa dos sonhos nunca a ciência a explicou. Atribui-os a um efeito da imaginação; mas não nos diz o que é a imaginação, nem como esta produz as imagens tão claras e tão nítidas que às vezes nos aparecem. Consiste isso em explicar uma coisa, que não é conhecida, por outra que ainda o é menos. A questão permanece de pé.

Dizem ser uma recordação das preocupações da véspera. Porém, mesmo que se admita esta solução, que não o é, ainda restaria saber qual o espelho mágico que conserva assim a impressão das coisas. Como se explicarão, sobretudo, essas visões de coisas reais que a pessoa nunca viu no estado de vigília e nas quais jamais, sequer, pensou? Só o Espiritismo nos podia dar a chave desse estranho fenômeno, que passa despercebido, por causa da sua mesma vulgaridade, como sucede com todas as maravilhas da Natureza, que calcamos aos pés.

Os sábios desdenharam de ocupar-se com a alucinação. Quer seja real, quer não, ela constitui um fenômeno que a Fisiologia tem que se mostrar capaz de explicar, sob pena de confessar a sua insuficiência.

Se, um dia, algum sábio se abalançar a dar desse fenômeno, não uma definição, entendamo-nos bem, mas uma explicação fisiológica, veremos se a sua teoria resolve todos os casos. Sobretudo, que ele não omita os fatos, tão comuns, de aparições de pessoas no momento de morrerem; que diga donde vem a coincidência da aparição com a morte da pessoa. Se este fosse um fato insulado, poder-se-ia atribuí-lo ao acaso; é, porém, muito frequente para ser devido ao acaso, que não tem dessas reincidências.

Se, ao menos, aquele que viu a aparição tivesse a imaginação despertada pela ideia de que a pessoa que lhe apareceu havia de morrer, vá. Mas, quase sempre, a que aparece é a em quem menos pensava a que a vê. Logo, a imaginação não entra aí de forma alguma. Ainda menos se podem explicar pela imaginação as circunstâncias, de que nenhuma ideia se tem, em que se deu a morte da pessoa que aparece.

Dirão, porventura, os alucinacionistas que a alma (se é que admitem uma alma) tem momentos de sobre-excitação em que suas faculdades se exaltam. Estamos de acordo; porém, quando é real o que ela vê, não há ilusão. Se, na sua exaltação, a alma vê uma coisa que não está presente, é que ela se transporta; mas, se nossa alma pode transportar-se para junto de uma pessoa ausente, por que não poderia a alma dessa pessoa transportar-se para junto de nós? Dignem-se eles de levar em conta estes fatos, na sua teoria da alucinação, e não esqueçam que uma teoria a que se podem opor fatos que a contrariam é necessariamente falsa, ou incompleta.

Aguardando a explicação que venham a oferecer, vamos tentar emitir algumas ideias a esse respeito.

113. Provam os fatos que há aparições verdadeiras, que a teoria espírita explica perfeitamente e que só podem ser negadas pelos que nada admitem fora do organismo. Mas, a par das visões reais, haverá alucinações, no sentido em que esse termo se emprega? E fora de dúvida. Donde se originam? Os Espíritos é que vão esclarecer-nos sobre isso, porquanto a explicação, parece-nos, está toda nas respostas dadas às seguintes perguntas:

a) São sempre reais as visões? Não serão, algumas vezes, efeito da alucinação? Quando, em sonho, ou de modo diverso, se veem, por exemplo, o diabo, ou outras coisas fantásticas, que não existem, não será isso um produto da imaginação?

"Sim, algumas vezes; quando dá muita atenção a certas leituras, ou a histórias de sortilégios, que impressionam, a pessoa, lembrando-se mais tarde dessas coisas, julga ver o que não existe. Mas, também, já temos dito que o Espírito, sob o seu envoltório semimaterial, pode tomar todas as espécies de formas, para se manifestar. Pode, pois, um Espírito zombeteiro aparecer com chifres e garras, se assim lhe aprouver, para divertir-se à custa da credulidade daquele que o vê, do mesmo modo que um Espírito bom pode mostrar-se com asas e com uma figura radiosa."

b) Poder-se-ão considerar como aparições as figuras e outras imagens que se apresentam a certas pessoas, quando estão meio adormecidas, ou quando apenas fecham os olhos?

"Desde que os sentidos entram em torpor, o Espírito se desprende e pode ver longe, ou perto, aquilo que lhe não seria possível ver com os olhos. Muito frequentemente, tais imagens são visões, mas também podem ser efeito das impressões que a vista de certos objetos deixou no cérebro, que lhes conserva os vestígios, como conserva os dos sons. Desprendido, o Espírito vê nos seu próprio cérebro as impressões que aí se fixaram como numa chapa daguerreotípica. A variedade e o baralhamento das impressões formam os conjuntos estranhos e fugidios, que se apagam quase imediatamente, ainda que se façam os maiores esforços para retê-los. A uma causa idêntica se devem atribuir certas aparições fantásticas' que nada têm de reais e que muitas vezes se produzem durante uma enfermidade."

É corrente ser a memória o resultado das impressões que o cérebro conserva. Mas por que singular fenômeno essas impressões, tão variadas, tão múltiplas, não se confundem? Mistério impenetrável, porém, não mais estranhável do que o das ondulações sonoras que se cruzam no ar e que, no entanto, se conservam distintas. Num cérebro são e bem organizado, essas impressões se revelam nítidas e precisas; num estado menos favorável, elas se apagam e confundem; daí a perda da memória, ou a confusão das ideias. Ainda menos extraordinário parecerá isto, se se admitir, como se admite, em frenologia, uma destinação especial a cada parte e, até, a cada fibra do cérebro.

Assim, pois, as imagens que, através dos olhos, vão ter ao cérebro, deixam aí uma impressão, em virtude da qual uma pessoa se lembra de um quadro, como se o tivera diante de si Nunca, porém, há nisso mais do que uma questão de memória. Ora, em certos estados de emancipação, a alma vê o que está no cérebro, onde torna a encontrar aquelas imagens, sobretudo as que mais o chocaram, segundo a natureza das preocupações, ou as disposições de espírito. E assim que lá encontra de novo a impressão de cenas religiosas, diabólicas, dramáticas, mundanas, figuras de animais esquisitos, que ela viu noutra época em pinturas, ou mesmo em narrações, porquanto também as narrativas deixam impressões. De sorte que a alma vê realmente; mas vê apenas uma imagem fotografada no cérebro. No estado normal, essas imagens são fugidias, efêmeras, porque todas as partes cerebrais funcionam livremente, ao passo que, no estado de moléstia, o cérebro sempre está mais ou menos enfraquecido, o equilíbrio entre todos os órgãos deixa de existir, conservando somente alguns a sua atividade, enquanto outros se acham de certa forma paralisados. Daí a permanência de determinadas imagens, que as preocupações da vida exterior não mais conseguem apagar, como se dá no estado normal. Essa a verdadeira alucinação e causa primária das ideias fixas.

Conforme se vê, explicamos esta anomalia por meio de uma muito conhecida lei. inteiramente fisiológica, a das impressões cerebrais. Porém, preciso nos foi sempre fazer intervir a alma. Ora, se os materialistas ainda não puderam apresentar, deste fenômeno, uma explicação satisfatória, é porque não querem admitir a alma. Por isso mesmo, dirão que a nossa explicação é má, pela razão de erigirmos em princípio o que é contestado. Contestado por quem? Por eles, mas admitido pela imensa maioria dos homens, desde que houve homens na Terra. Ora, a negação de alguns não pode constituir lei.

É boa a nossa explicação? Damo-la pelo que possa valer, em falta de outra, e, se quiserem, a título de simples hipótese, enquanto outra melhor não aparece. Qual ela é, dá a razão de ser de todos os casos de visão? Certamente que não. Contudo, desafiamos todos os fisiologistas a que apresentem uma que abranja todos os casos, porquanto nenhuma dão, quando pronunciam as palavras sacramentais — sobre-excitação e exaltação. Assim sendo, desde que todas as teorias da alucinação se mostram incapazes de explicar os fatos, é que alguma outra coisa há, que não a alucinação propriamente dita. Seria falsa a nossa teoria, se a aplicássemos a todos os casos de visão, pois que alguns a contraditariam. E legítima, se restringida a alguns efeitos.

CAPÍTULO VII
DA BICORPOREIDADE E DA TRANSFIGURAÇÃO

114. Estes dois fenômenos são variedades do das manifestações visuais e, por multo maravilhosos que pareçam à primeira vista, facilmente se reconhecerá, pela explicação que deles se pode dar, que não estão fora da ordem dos fenômenos naturais. Assentam ambos no princípio de que tudo o que ficou dito, das propriedades do perispírito após a morte, se aplica ao perispírito dos vivos. Sabemos que durante o sono o Espírito readquire parte da sua liberdade, isto é, isola-se do corpo e é nesse estado que, em muitas ocasiões, se tem ensejo de observá-lo. Mas o Espírito, quer o homem esteja vivo, quer morto, traz sempre o envoltório semimaterial que, pelas mesmas causas de que já tratamos, pode tornar-se visível e tangível. Há fatos muito positivos, que nenhuma dúvida permitem a tal respeito. Citaremos apenas alguns exemplos, de que temos conhecimento pessoal e cuja exatidão podemos garantir, sendo que a todos é possível registrar outros análogos, consultando suas próprias reminiscências.

115. A mulher de um dos nossos amigos viu repetidas vezes entrar no seu quarto, durante a noite, houvesse ou não luz, uma vendedora de frutas que ela conhecia de vista, residente nas cercanias, mas com quem jamais falara. Grande terror lhe causou essa aparição, não só porque, na época em que se deu, ela ainda nada conhecia do Espiritismo, como também porque se produzia com multa frequência. Ora, a vendedora de frutas estava perfeitamente viva e, àquelas horas, provavelmente dormia. Assim, enquanto, na sua casa, seu corpo material repousava, seu Espírito, com o respectivo corpo fluídico, ia à casa da senhora em questão. Por que motivo? É o que se não sabe. Diante de fato de tal natureza, um espírita, iniciado nessa espécie de fenômenos, ter-lho-ia perguntado; disso, porém, nenhuma ideia teve a senhora. De todas as vezes, a aparição se eclipsava, sem que ela soubesse como, e, de todas igualmente, após a desaparição, cuidou de se certificar de que as portas estavam bem fechadas, de modo a não poder ninguém penetrar-lhe no aposento. Esta precaução lhe deu a prova de estar sempre completamente acordada na ocasião e de não haver sido joguete de um sonho.

De outras vezes, viu, da mesma maneira, um homem que lhe era desconhecido e, certo dia, viu seu próprio irmão, que se achava na Califórnia. Este se lhe apresentou com a aparência tão perfeita de uma pessoa real, que, no primeiro momento, acreditou que ele houvesse regressado e quis dirigir-lhe a palavra. Logo, entretanto, o vulto desapareceu, sem lhe dar tempo a isso. Uma carta, que posteriormente lhe chegou, trouxe-lhe a prova de que o irmão, que ela vira, não morrera. Essa senhora era o que se pode chamar um médium vidente natural. Mas, então, como acima dissemos, ainda nunca ouvira falar em médiuns.

116. Outra senhora, residente na província, estando gravemente enferma, viu certa noite, por volta das dez horas, um senhor idoso, que residia na mesma cidade e com quem ela se encontrava às vezes na sociedade, mas sem que existissem relações estreitas entre ambos. Viu-o perto de sua cama, sentado numa poltrona e a tomar, de quando em quando, uma pitada de rapé. Tinha ares de vigiá-la.

Surpreendida com semelhante visita a tais horas, quis perguntar-lhe por que motivo ali estava, mas o senhor lhe *fez* sinal que não falasse e tratasse de dormir. De todas as vezes que ela intentou dirigir-lhe a palavra, o mesmo gesto a impediu de fazê-lo. A senhora acabou por adormecer. Passados alguns dias, tendo-se restabelecido, recebeu a visita do dito senhor, mas em hora mais própria, sendo que dessa vez era ele realmente quem lá 'estava. Trazia a mesma roupa, a mesma caixa de rapé e os modos eram os mesmos. Persuadida de que ele a visitara durante sua enfermidade, agradeceu-lhe o incômodo a que se dera. O homem, muito espantado, declarou que havia longo tempo não tinha a satisfação de vê-la. A senhora, conhecedora que era dos fenômenos espíritas, compreendeu o de que se tratava: mas não querendo entrar em explicações, limitou-se a dizer que provavelmente fora um sonho.

É o mais provável, dirão os incrédulos, os «espíritos fortes», o que, para eles mesmos, é sinônimo de pessoas de espírito. O certo, entretanto, é que a senhora de quem falamos, do mesmo modo que a outra, não dormia. — Então, é que sonhara acordada, ou, por outra, tivera uma alucinação. — Aí está a palavra mágica, a explicação universal de tudo o que se não compreende. Como, porém, já rebatemos suficientemente essa explicação, prosseguiremos, dirigindo-nos aos que nos podem compreender.

117. Eis aqui agora outro fato ainda mais característico e grande curiosidade teríamos de ver como poderiam explicá-lo unicamente por meio da imaginação.

Trata-se de um senhor provinciano, que jamais quisera casar-se, mau grado às instâncias de sua família, que muito insistira notadamente a favor de uma moça residente em cidade próxima e que ele jamais vira. Um dia, estando no seu quarto, teve a enorme surpresa de se ver em presença de uma donzela vestida de branco e com a cabeça ornada por uma coroa de flores. Disse-lhe que era sua noiva, estendeu-lhe a mão, que ele tomou nas suas, vendo-lhe num dos dedos um anel. Ao cabo de alguns instantes, desapareceu tudo. Surpreendido com aquela aparição, depois de se haver certificado de estar perfeitamente acordado, inquiriu se alguém lá estivera durante o dia. Responderam-lhe que na casa pessoa alguma fora vista. Decorrido um ano, cedendo a novas solicitações de uma parenta, resolveu-se a ir ver a moça que lhe propunham. Chegou à cidade onde ela morava, no dia da festa de Corpus-Christi. Voltaram todos da procissão e uma das primeiras pessoas que lhe surgiram ante os olhos, ao entrar ele na casa aonde ia, foi uma moça que lhe não custou reconhecer como a mesma que lhe aparecera. Trajava tal qual a aparição, porquanto esta se verificara também num dia de Corpus-Christi. Ficou atônito e a mocinha, por seu lado, soltou um grito e sentiu-se mal. Voltando a si, disse já ter visto aquele senhor, um ano antes, em dia igual ao em que estavam. Realizou-se o casamento. Isso ocorreu em *1835,* época em que ainda se não cogitava de Espíritos, acrescendo que ambos os protagonistas do episódio são extremamente positivistas e possuidores da imaginação menos exaltada que há no mundo.

Dirão talvez que ambos tinham o espírito despertado pela ideia da união proposta e que essa preocupação determinou uma alucinação. Importa, porém, não esquecer que o marido se conservara tão indiferente a isso, que deixou passar um ano sem ir ver a sua pretendida. Mesmo, todavia, que se admita esta hipótese, ainda ficaria pendendo de explicação a aparição dupla, a coincidência do vestuário com o do dia de Corpus-Christi e, por fim, o reconhecimento físico, reciprocamente ocorrido entre pessoas que nunca se viram, circunstâncias que não podem ser produto da imaginação.

118. Antes de irmos adiante, devemos responder imediatamente a uma questão que não deixará de ser formulada: como pode o corpo viver, enquanto está ausente o Espírito? Poderíamos dizer que o corpo vive a vida orgânica, que independe do Espírito, e a prova é que as plantas vivem e não têm Espírito. Mas precisamos acrescentar que, durante a vida, nunca o Espírito se acha completamente separado do corpo. Do mesmo modo que alguns médiuns videntes, os Espíritos reconhecem o Espírito de uma pessoa viva, por um rastro luminoso, que termina no corpo, fenômeno que absolutamente não se dá quando este está morto, porque, então, a separação é completa. Por meio dessa comunicação,

entre o Espírito e o corpo, é que aquele recebe aviso, qualquer que seja a distância a que se ache do segundo, da necessidade que este possa experimentar da sua presença, caso em que volta ao seu invólucro com a rapidez do relâmpago. Daí resulta que o corpo não pode morrer durante a ausência do Espírito e que não pode acontecer que este, ao regressar, encontre fechada a porta, conforme hão dito alguns romancistas, em histórias compostas para recrear. (*O livro dos espíritos,* ns. 400 e seguintes.)

119. Voltemos ao nosso assunto. Isolado do corpo, o Espírito de um vivo pode, como o de um morto, mostrar-se com todas as aparências da realidade. Demais, pelas mesmas causas que hemos exposto, pode adquirir momentânea tangibilidade. Este fenômeno, conhecido pelo nome de *bicorporeidade,* foi que deu azo às histórias de homens duplos, isto é, de Indivíduos cuja presença simultânea em dois lugares diferentes se chegou a comprovar. Aqui vão dois exemplos, tirados, não das lendas populares, mas da história eclesiástica.

Santo Afonso de Liguori foi canonizado antes do tempo prescrito, por se haver mostrado simultaneamente em dois sítios diversos, o que passou por milagre.

Santo Antônio de Pádua estava pregando na Itália, quando seu pai, em Lisboa, ia ser suliciado, sob a acusação de haver cometido um assassínio.* No momento da execução, Santo Antônio aparece e demonstra a Inocência do acusado. Comprovou-se que, naquele Instante, Santo Antônio pregava na Itália, na cidade de Pádua.

Por nós evocado e interrogado, acerca do fato acima, Santo Afonso respondeu do seguinte modo:

---

* N. E.: O fato histórico está correto. No entanto, no original francês, foi ele narrado por Kardec sob a versão seguinte: "Santo Antônio de Pádua achava-se na Espanha e, no instante em que predicava, seu pai, que estava em Pádua, era levado ao suplício sob a acusação de homicídio. Nesse momento, Santo Antônio aparece, demonstra a inocência de seu pai e revela o verdadeiro criminoso, mais tarde punido. Comprovou-se que nesse momento Santo Antônio não havia deixado a Espanha."

Kardec louvou-se em compêndio de autor que evidentemente se equivocou, como a outros escritores, relativamente a esse fato, sucedeu à sua época.

1ª Poderias explicar-nos esse fenômeno?
"Perfeitamente. Quando o homem, por suas virtudes, chegou a desmaterializar-se completamente; quando conseguiu elevar sua alma para Deus, pode aparecer em dois lugares ao mesmo tempo. Eis como: o Espírito encarnado, ao sentir que lhe vem o sono, pode pedir a Deus lhe seja permitido transportar-se a um lugar qualquer. Seu Espírito, ou sua alma, como quiseres, abandona então o corpo, acompanhado de uma *parte* do seu perispírito, e deixa a matéria imunda num estado próximo do da morte. Digo *próximo* do da morte, porque no corpo ficou um laço que liga o perispírito e a alma à matéria, laço este que não pode ser definido. O corpo aparece, então, no lugar desejado. Creio ser isto o que queres saber."

2ª Isso não nos dá a explicação da visibilidade e da tangibilidade do perispírito.

"Achando-se desprendido da matéria, conformemente ao grau de sua elevação, pode o Espírito tornar-se tangível à matéria."

3ª Será indispensável o sono do corpo, para que o Espírito apareça noutros lugares?

"A alma pode dividir-se, quando se sinta atraída para lugar diferente daquele onde se acha seu corpo. Pode acontecer que o corpo não se ache adormecido, se bem seja isto muito raro; mas, em todo caso, não se encontrará num estado perfeitamente normal; será sempre um estado mais ou menos extático."

NOTA. A alma não se divide, no sentido literal do termo: irradia-se para diversos lados e pode assim manifestar-se em muitos pontos, sem se haver fracionado. Dá-se o que se dá com a luz, que pode refletir-se simultaneamente em muitos espelhos.

4ª Que sucederia se, estando o homem a dormir, enquanto seu Espírito se mostra noutra parte, alguém de súbito o despertasse?

"Isso não se verificaria, porque, se alguém tivesse a intenção de o despertar, o Espírito retornaria ao corpo, prevendo a intenção, porquanto o Espírito lê os pensamentos."

NOTA. Explicação inteiramente idêntica nos deram, muitas vezes, Espíritos de pessoas mortas, ou vivas. Santo Afonso explica o fato da dupla presença, mas não a teoria da visibilidade e da tangibilidade.

120. Tácito refere um fato análogo:

Durante os meses que Vespasiano passou em Alexandria, aguardando a volta dos ventos estivais e da estação em que o mar oferece segurança, muitos prodígios ocorreram, pelos quais se manifestaram a proteção do céu e o interesse que os deuses tomavam por aquele príncipe...

Esses prodígios redobraram o desejo, que Vespasiano alimentava, de visitar a sagrada morada do deus, para consultá-lo sobre as coisas do império. Ordenou que o templo se conservasse fechado para quem quer que fosse e, tendo nele entrado, estava todo atento ao que ia dizer o oráculo, quando percebeu, por detrás de si, um dos mais eminentes Egípcios, chamado Basílide, que ele sabia estar doente, em lugar distante muitos dias de Alexandria. Inquiriu dos sacerdotes se Basílide viera naquele dia ao templo; inquiriu dos transeuntes se o tinham visto na cidade; por fim, despachou alguns homens a cavalo, para saberem de Basílide e veio a certificar-se de que, no momento em que este lhe aparecera, estava a oitenta milhas de distância. Desde então, não mais duvidou de que tivesse sido sobrenatural a visão e o nome de Basílide lhe ficou valendo por um oráculo. (Tácito: *Histórias*, liv. IV, caps. LXXXI e LXXXII. Tradução de Burnouf.)

121. Tem, pois, dois corpos o indivíduo que se mostra simultaneamente em dois lugares diferentes. Mas, desses dois corpos, um somente é real, o outro é simples aparência. Pode-se dizer que o primeiro tem a vida orgânica e que o segundo tem a vida da alma. Ao despertar o indivíduo, os dois corpos se reúnem e a vida da alma volta ao corpo material. Não parece possível, pelo menos não conhecemos disso exemplo algum, e a razão, ao nosso ver, o demonstra, que, no estado de separação, possam os dois corpos gozar, simultaneamente e no mesmo grau, da vida ativa e inteligente. Demais, do que acabamos de dizer ressalta que o corpo real não poderia morrer, enquanto o corpo aparente se conservasse visível, porquanto a aproximação da morte sempre atrai o Espírito para o corpo, ainda que apenas por um instante. Daí resulta igualmente que o corpo aparente não poderia

ser morto, porque não é orgânico, não é formado de carne e osso. Desapareceria, no momento em que o quisessem matar.*

122. Passemos ao segundo fenômeno, o da *transfiguração*. Consiste na mudança do aspecto de um corpo vivo. Aqui está um fato dessa natureza cuja perfeita autenticidade podemos garantir, ocorrido durante os anos de 1858 e 1859, nos arredores de Saint-Etienne.

Uma mocinha, de mais ou menos quinze anos, gozava da singular faculdade de se transfigurar, isto é, de tomar, em dados momentos, todas as aparências de certas pessoas mortas. Tão completa era a ilusão, que os que assistiam ao fenômeno julgavam ter diante de si a própria pessoa, cuja aparência ela tomava, tal a semelhança dos traços fisionômicos, do olhar, do som da voz e, até, da maneira particular de falar. Esse fenômeno se repetiu centenas de vezes sem que a vontade da mocinha ali interferisse. Tomou, em várias ocasiões, a aparência de seu irmão, que morrera alguns anos antes. Reproduzia-lhe não somente o semblante, mas também o porte e a corpulência. Um médico do lugar, testemunha que fora, muitas vezes, desses estranhos efeitos, querendo certificar-se de que não havia naquilo ilusionismo, fez a experiência que vamos relatar. Conhecemos os fatos, pelo que nos referiram ele próprio, o pai da moça e diversas outras testemunhas oculares, muito honradas e dignas de crédito. Veio a esse médico a ideia de pesar a moça no seu estado normal e de fazer-lhe o mesmo no de transfiguração, quando apresentava a aparência do irmão, que contava, ao morrer, vinte e tantos anos, e era mais alto do que ela e de compleição mais forte. Pois bem! verificou que, no segundo estado, o peso da moça era quase duplo do seu peso normal. Concludente se mostra a experiência, tornando impossível atribuir-se aquela aparência a uma simples ilusão de ótica.

---

* (1) Ver na *Revue Spirite*, janeiro de 1859: *O Duende de Baiona*; fevereiro de 1859: *Os agêneres; meu amigo Hermann*; maio de 1859: *O laço que prende o Espírito ao corpo*; novembro de 1859: *A alma errante*; janeiro de 1860: *O Espírito de um lado e o corpo do outro*; março de 1860: *Estudos sobre o Espírito de pessoas vivas; O doutor V. e a senhorita I.*; abril de 1860: *O fabricante de São Petersburgo; Aparições tangíveis*; novembro de 1860: *História de Maria Agreda*; julho de 1861: *Uma aparição providencial*.

Tentemos explicar esse fato, que noutro tempo teria sido qualificado de milagre e a que hoje chamamos muito simplesmente fenômeno.

123. A transfiguração, em certos casos, pode originar-se de uma simples contração muscular, capaz de dar à fisionomia expressão muito diferente da habitual, ao ponto de tornar quase irreconhecível a pessoa. Temo-lo observado frequentemente com alguns sonâmbulos; mas, nesse caso, a transformação não é radical. Uma mulher poderá parecer jovem ou velha, bela ou feia, mas será sempre uma mulher e, sobretudo, seu peso não aumentará, nem diminuirá. No fenômeno com que nos ocupamos, há mais alguma coisa. A teoria do perispírito nos vai esclarecer.

Está, em princípio, admitido que o Espírito pode dar ao seu perispírito todas as aparências; que, mediante uma modificação na disposição molecular, pode dar-lhe a visibilidade, a tangibilidade e, conseguintemente, a *opacidade;* que o perispírito de uma pessoa viva, isolado do corpo, é passível das mesmas transformações; que essa mudança de estado se opera pela combinação dos fluidos. Figuremos agora o perispírito de uma pessoa viva, não isolado, mas irradiando-se em volta do corpo, de maneira a envolvê-lo numa espécie de vapor. Nesse estado, passível se torna das mesmas modificações de que o seria, se o corpo estivesse separado. Perdendo ele a sua transparência, o corpo pode desaparecer, tornar-se invisível, ficar velado, como se mergulhado numa bruma. Poderá então o perispírito mudar de aspecto, fazer-se brilhante, se tal for a vontade do Espírito e se este dispuser de poder para tanto. Um outro Espírito, combinando seus fluidos com os do primeiro, poderá, a essa combinação de fluidos, imprimir a aparência que lhe é própria, de tal sorte, que o corpo real desapareça sob o envoltório fluídico exterior, cuja aparência pode variar à vontade do Espírito. Esta parece ser a verdadeira causa do estranho fenômeno e raro, cumpra se diga, da transfiguração.

Quanto à diferença de peso, explica-se da mesma maneira por que se explica com relação aos corpos inertes. O peso intrínseco do corpo não variou, pois que não aumentou nele a quantidade de matéria. Sofreu, porém, a influência de um agente exterior, que lhe pode aumentar ou diminuir o peso relativo, conforme explicamos acima, ns. 78 e seguintes. Provável é, portanto, que, se a transformação se produzir, tomando a pessoa o aspecto de uma criança, o peso diminua proporcionalmente.

124. Concebe-se que o corpo possa tomar outra aparência de dimensão igual ou maior do que a que lhe é própria. Como, porém, lhe será possível tomar uma de dimensão menor, a de uma criança, conforme acabamos de dizer? Neste caso, não será de prever que o corpo real ultrapasse os limites do corpo aparente?

Por isso mesmo que tal se pode dar, não dizemos que o fato se tenha produzido. Apenas, reportando-nos à teoria do peso específico, quisemos fazer sentir que o peso aparente houvera podido diminuir. Quanto ao fenômeno em si, não afirmamos nem a sua possibilidade, nem a sua impossibilidade. Dado, entretanto, que ocorra, a circunstância de se lhe não oferecer uma solução satisfatória de nenhum modo o infirmaria. Importa se não esqueça que nos achamos nos primórdios da ciência e que ela está longe de haver dito a última palavra sobre esse ponto, como sobre muitos outros. Aliás, as partes excedentes poderiam ser perfeitamente tornadas invisíveis.

A teoria do fenômeno da invisibilidade ressalta muito naturalmente das explicações precedentes e das que foram ministradas a respeito do fenômeno dos transportes, ns. 96 e seguintes.

125. Resta-nos falar do singular fenômeno dos *agêneres* que, por muito extraordinário que pareça à primeira vista, não é mais sobrenatural do que os outros. Porém, como o explicamos na *Revue Spirite* (fevereiro de 1859), julgamos inútil tratar dele aqui pormenorizadamente. Diremos tão-somente que é uma variedade da aparição tangível. E o estado de certos Espíritos que podem revestir momentaneamente as formas de uma pessoa viva, ao ponto de causar completa ilusão. (Do grego *a* privativo, e *geine, geinomaï*, gerar: que não foi gerado.)

CAPÍTULO VIII
DO LABORATÓRIO DO MUNDO INVISÍVEL

126. Temos dito que os Espíritos se apresentam vestidos de túnicas, envoltos em largos panos, ou mesmo com os trajes que usavam em vida. O envolvimento em panos parece costume geral no mundo dos Espíritos. Mas onde irão eles buscar vestuários semelhantes em tudo aos que traziam quando vivos, com todos os acessórios que os completavam? E fora de qualquer dúvida que não levaram consigo esses objetos, pois que os objetos reais temo-los ainda sob as vistas. Donde então provêm os de que usam no outro mundo? Esta questão deu sempre muito que pensar. Para muitas pessoas, porém, era simples motivo de curiosidade. A ocorrência, todavia, confirmava uma questão de princípio, de grande importância, porquanto sua solução nos fez entrever uma lei geral, que também encontra aplicação no nosso mundo corpóreo. Múltiplos fatos a vieram complicar e demonstrar a insuficiência das teorias com que tentaram explicá-la.

Até certo ponto, poder-se-ia compreender a existência do traje, por ser possível considerá-lo como, de alguma sorte, fazendo parte do indivíduo. O mesmo, porém, não se dá com os objetos acessórios, qual, por exemplo, a caixa de rapé do visitante da senhora doente, de quem falamos no n. 116. Notemos, a este propósito, que ali não se tratava de um morto, mas de um vivo, e que tal senhor, quando voltou em pessoa, trazia na mão uma caixa de rapé semelhante em tudo à da aparição. Onde encontrara seu Espírito a que tinha consigo, quando sentado junto ao leito da doente? Poderíamos citar grande número de casos em que Espíritos, de mortos ou de vivos, apareceram com diversos objetos, tais como bengalas, armas, cachimbos, lanternas, livros etc.

Veio-nos então uma ideia: a de que, possivelmente, aos corpos inertes da terra correspondem outros, análogos, porém etéreos, no mundo invisível; de que a matéria condensada, que forma os objetos, pode ter uma parte quintessenciada, que nos escapa aos sentidos. Não era destituída de verossimilhança esta teoria, mas se mostrava impotente para explicar todos os fatos. Um há, sobretudo, que parecia destinado a frustrar todas as interpretações.

Até então, não se tratara senão de imagens, ou aparências. Vimos perfeitamente bem que o perispírito pode adquirir as propriedades da matéria e tornar-se tangível, mas essa tangibilidade é apenas momentânea e o corpo sólido se desvanece qual sombra. Já é um fenômeno muito extraordinário; porém, o que o é ainda mais é produzir-se matéria sólida persistente, conforme o provam numerosos fatos autênticos, notadamente o da escrita direta, de que falaremos minuciosamente em capítulo especial. Todavia, como este fenômeno se liga intimamente ao assunto de que agora tratamos, constituindo uma de suas mais positivas aplicações, antecipar-nos-emos, colocando-o antes do lugar em que, pela ordem, deveria ser explanado.

127. A escrita direta, ou *pneumatografia,* é a que se produz espontaneamente, sem o concurso, nem da mão do médium, nem do lápis. Basta tomar-se de uma folha de papel branco, o que se pode fazer com todas as precauções necessárias, para se ter a certeza da ausência de qualquer fraude, dobrá-la e depositá-la em qualquer

parte, numa gaveta, ou simplesmente sobre um móvel. Feito isso, se a pessoa estiver nas devidas condições, ao cabo de mais ou menos longo tempo encontrar-se-ão, traçados no papel, letras, sinais diversos, palavras, frases e até dissertações, as mais das vezes com uma substância acinzentada, análoga à plumbagina, doutras vezes com lápis vermelho, tinta comum e, mesmo, tinta de imprimir.

Eis o fato em toda a sua simplicidade e cuja reprodução, se bem pouco comum, não é, contudo, muito rara, porquanto pessoas há que a obtêm com grande facilidade. Se ao papel se juntasse um lápis, poder-se-ia supor que o Espírito se servira deste para escrever. Mas, desde que o papel é deixado inteiramente só, evidente se torna que a escrita se formou por meio de uma matéria depositada sobre ele. De onde tirou o Espírito essa matéria? Tal o problema, a cuja solução fomos levados pela caixa de rapé a que há pouco nos referíamos.

128. Foi o Espírito São Luís quem nos deu essa solução, mediante as respostas seguintes:

1ª Citamos um caso de aparição do Espírito de uma pessoa viva. Esse Espírito tinha uma caixa de rapé, do qual tomava pitadas. Experimentava ele a sensação que experimenta um indivíduo que faz o mesmo?

"Não."

2ª Aquela caixa de rapé tinha a forma da de que ele se servia habitualmente e que se achava guardada em sua casa. Que era a dita caixa nas mãos da aparição?

"Uma aparência. Era para que a circunstância fosse notada, como realmente foi, e não tomassem a aparição por uma alucinação devida ao estado de saúde da vidente. O Espírito queria que a senhora em questão acreditasse na realidade da sua presença e, para isso, tomou todas as aparências da realidade."

3ª Dizes que era uma aparência; mas uma aparência nada tem de real, é como uma ilusão de ótica. Desejáramos saber se aquela caixa de rapé era apenas uma imagem sem realidade, ou se nela havia alguma coisa de material?

"Certamente. E com o auxílio deste princípio material que o

perispírito toma a aparência de vestuários semelhantes aos que o Espírito usava quando vivo."

NOTA. É evidente que a palavra aparência deve ser aqui tomada no sentido de aspecto, imitação. A caixa de rapé real não estava lá; a que o Espírito deixava ver era apenas a representação daquela: era, pois, com relação ao original, uma simples aparência, embora formada de um princípio material.

A experiência ensina que nem sempre se deve dar significação literal a certas expressões de que usam os Espíritos. Interpretando-as de acordo com as nossas ideias, expomo-nos a grandes equívocos. Daí a necessidade de aprofundar-se o sentido de suas palavras, todas as vezes que apresentem a menor ambiguidade. É esta uma recomendação que os próprios Espíritos constantemente fazem. Sem a explicação que provocamos, o termo *aparência,* que de contínuo se reproduz nos casos análogos, poderia prestar-se a uma interpretação falsa.

4ª Dar-se-á que a matéria inerte se desdobre? Ou que haja no mundo invisível uma matéria essencial, capaz de tomar a forma dos objetos que vemos? Numa palavra, terão estes um *duplo etéreo* no mundo invisível como os homens são nele representados pelos Espíritos?

"Não é assim que as coisas se passam. Sobre os elementos materiais disseminados por todos os pontos do espaço, na vossa atmosfera, têm os Espíritos um poder que estais longe de suspeitar. Podem, pois, eles concentrar à sua vontade esses elementos e dar-lhes a forma aparente que corresponda à dos objetos materiais."

NOTA. Esta pergunta, como se pode ver, era a tradução do nosso pensamento, isto é, da ideia que formávamos da natureza de tais objetos. Se as respostas, conforme alguns o pretendem, fossem o reflexo do pensamento, houvéramos obtido a confirmação da nossa teoria e não uma teoria contrária.

5ª Formulo novamente a questão, de modo categórico, a fim de evitar todo e qualquer equívoco:

São alguma coisa as vestes de que os Espíritos se cobrem?

"Parece-me que a minha resposta precedente resolve a questão. Não sabes que o próprio perispírito é alguma coisa?"

6ª Resulta, desta explicação, que os Espíritos fazem passar a matéria etérea pelas transformações que queiram e que, portanto, com relação à caixa de rapé, o Espírito não a encontrou completamente feita, fê-la ele próprio, no momento em que teve necessidade dela, por ato de sua vontade. E, do mesmo modo que a fez, pôde desfazê-la. Outro tanto naturalmente se dá com todos os demais objetos, como vestuários, joias etc. Será assim?

"Mas evidentemente."

7ª A caixa de rapé se tornou tão visível para a senhora de que se trata, que lhe produziu a ilusão de uma tabaqueira material. Teria o Espírito podido torná-la tangível para a mesma senhora?

"Teria."

8ª Tê-la-ia a senhora podido tomar nas mãos, crente de estar segurando uma caixa de rapé verdadeira?

"Sim."

9ª Se a abrisse, teria achado nela rapé? E, se aspirasse esse rapé, ele a faria espirrar?

"Sem dúvida."

10ª Pode então o Espírito dar a um objeto, não só a forma, mas também propriedades especiais?

"Se o quiser. Baseado neste princípio foi que respondi afirmativamente às perguntas anteriores. Tereis provas da poderosa ação que os Espíritos exercem sobre a matéria, ação que estais longe de suspeitar, como eu disse há pouco.

11ª Suponhamos, então, que quisesses fazer uma substância venenosa. Se uma pessoa a ingerisse, ficaria envenenada?

"Teria podido, mas não faria, por não lhe ser isso permitido."

12ª Poderá fazer uma substância salutar e própria para curar uma enfermidade? E já se terá apresentado algum caso destes?

"Já, muitas vezes."

13ª Então, poderia também fazer uma substância alimentar? Suponhamos que tenha feito uma fruta, uma iguaria qualquer: se alguém pudesse comer a fruta ou a iguaria, ficaria saciado?

"Ficaria, sim; mas não procures tanto para achar o que é tão fácil de compreender. Um raio de sol basta para tornar perceptíveis aos vossos órgãos grosseiros essas partículas materiais que enchem o espaço onde viveis. Não sabes que o ar contém vapores d'água? Condensa-os e os farás voltar ao estado normal. Priva-as de calor e eis que essas moléculas impalpáveis e invisíveis se tornarão um corpo sólido e bem sólido, e, assim, muitas outras substâncias de que os químicos tirarão maravilhas ainda mais espantosas. Simplesmente, o Espírito dispõe de instrumentos mais perfeitos do que os vossos: a vontade e a permissão de Deus.»

NOTA. A questão da saciedade é aqui muito importante. Como pode produzir a saciedade uma substância cuja existência e propriedades são meramente temporárias e, de certo modo, convencionais? O que se dá é que essa substância, pelo seu contato com o estômago, produz a *sensação* da saciedade, mas não a saciedade que resulta da plenitude. Desde que uma substância dessa natureza pode atuar sobre a economia e modificar um estado mórbido, também pode, perfeitamente. atuar sobre o estômago e produzir a' a impressão da saciedade. Rogamos, todavia, aos senhores farmacêuticos e inventores de reconstituintes que não se encham de zelos, nem creiam que os Espíritos lhes venham fazer concorrência. Esses casos são raros, excepcionais e nunca dependem da vontade. Doutro modo, toda a gente se alimentaria e curaria a preço baratíssimo.

14ª Os objetos que, pela vontade do Espírito, se tornam tangíveis, poderiam permanecer com esse caráter e tornarem-se de uso?

"Isso poderia dar-se, *mas não se faz.* Está fora das leis."

15ª Têm todos os Espíritos, no mesmo grau, o poder de produzir objetos tangíveis?

"É fora de dúvida que quanto mais elevado é o Espírito, tanto mais facilmente o consegue. Porém, ainda aqui, tudo depende das circunstâncias. Desse poder também podem dispor os Espíritos inferiores."

16ª O Espírito tem sempre o conhecimento exato do modo por que compõe suas vestes, ou os objetos cuja aparência ele faz visível?

"Não; muitas vezes concorre para a formação de todas essas coisas, praticando um ato instintivo, que ele próprio não compreende, se já não estiver bastante esclarecido para isso."

17ª Uma vez que o Espírito pode extrair do elemento universal os materiais que lhe são necessários à produção de todas essas coisas e dar-lhes uma realidade temporária, com as propriedades que lhes são peculiares, também poderá tirar dali o que for preciso para escrever, possibilidade que nos daria a explicação do fenômeno da escrita direta?

"Até que, afinal, chegaste ao ponto."

NOTA. Era, com efeito, aí que queríamos chegar com todas as nossas questões preliminares. A resposta prova que o Espírito lera o nosso pensamento.

18ª Pois que a matéria de que se serve o Espírito carece de persistência, como é que não desaparecem os traços da escrita direta?

"Não faças jogo de palavras. Primeiramente, não empreguei o termo nunca. Tratava-se de um objeto material volumoso, ao passo que aqui se trata de sinais que, por ser útil conservá-los, são conservados. O que quis dizer foi que os objetos assim compostos pelos Espíritos não poderiam tornar-se objetos de uso comum por não haver neles, realmente, agregação de matéria, como nos vossos corpos sólidos."

129. A teoria acima se pode resumir desta maneira: o Espírito atua sobre a matéria; da matéria cósmica universal tira os elementos de que necessite para formar, a seu bel-prazer, objetos que tenham a aparência dos diversos corpos existentes na Terra. Pode igualmente, pela ação da sua vontade, operar na matéria elementar uma transformação íntima, que lhe confira determinadas propriedades. Esta faculdade é inerente à natureza do Espírito, que muitas vezes a exerce de modo instintivo, quando necessário, sem disso se aperceber. Os objetos que o Espírito forma, têm existência temporária, subordinada à sua vontade, ou a uma necessidade que ele experimenta. Pode fazê-los e desfazê-los livremente. Em certos casos, esses objetos, aos olhos de pessoas vivas, podem apresentar todas as aparências da realidade, isto é, tornarem-se momentaneamente visíveis e até mesmo tangíveis. Há formação; porém, não criação, atento que do nada o Espírito nada pode tirar.

130. A existência de uma matéria elementar única está hoje quase

geralmente admitida pela Ciência, e os Espíritos, como se acaba de ver, a confirmam. Todos os corpos da Natureza nascem dessa matéria que, pelas transformações por que passa, também produz as diversas propriedades desses mesmos corpos. Daí vem que uma substância salutar pode, por efeito de simples modificação, tornar-se venenosa, fato de que a Química nos oferece numerosos exemplos. Toda gente sabe que, combinadas em certas proporções, duas substâncias inocentes podem dar origem a uma que seja deletéria. Uma parte de oxigênio e duas de hidrogênio, ambos inofensivos, formam a água. Juntai um átomo de oxigênio e tereis um líquido corrosivo. Sem mudança nenhuma das proporções, às vezes, a simples alteração no modo de agregação molecular basta para mudar as propriedades. Assim é que um corpo opaco pode tornar-se transparente e vice-versa. Pois que ao Espírito é possível tão grande ação sobre a matéria elementar, concebe-se que lhe seja dado não só formar substâncias, mas também modificar-lhes as propriedades, fazendo para isto a sua vontade o efeito de reativo.

131. Esta teoria nos fornece a solução de um fato bem conhecido em magnetismo, mas inexplicado até hoje: o da mudança das propriedades da água, por obra da vontade. O Espírito atuante é o do magnetizador, quase sempre assistido por outro Espírito. Ele opera uma transmutação por meio do fluido magnético que, como atrás dissemos, é a substância que mais se aproxima da matéria cósmica, ou elemento universal. Ora, desde que ele pode operar uma modificação nas propriedades da água, pode também produzir um fenômeno análogo com os fluidos do organismo, donde o efeito curativo da ação magnética, convenientemente dirigida.

Sabe-se que papel capital desempenha a vontade em todos os fenômenos do magnetismo. Porém, como se há de explicar a ação material de tão sutil agente? A vontade não é um ser, uma substância qualquer; não é, sequer, uma propriedade da matéria mais etérea que exista. A vontade é atributo essencial do Espírito, isto é, do ser pensante. Com o auxílio dessa alavanca, ele atua sobre a matéria elementar e, por uma ação consecutiva, reage sobre seus compostos, cujas propriedades íntimas vêm assim a ficar transformadas.

Tanto quanto do Espírito errante, a vontade é igualmente atributo do Espírito encarnado; daí o poder do magnetizador, poder que se sabe estar na razão direta da força de vontade. Podendo o Espírito encarnado atuar sobre a matéria elementar, pode do mesmo modo mudar-lhe as propriedades, dentro de certos limites. Assim se explica a faculdade de cura pelo contato e pela imposição das mãos, faculdade que algumas pessoas possuem em grau mais ou menos elevado. (Veja-se, no capítulo dos *Médiuns*, o parágrafo referente aos *Médiuns curadores*. Veja-se também a *Revue Spirite*, de julho de 1859, págs. 184 e 189: *O zuavo de Magenta; Um oficial do exército da Itália*.)

CAPÍTULO IX
DOS LUGARES ASSOMBRADOS

132. As manifestações espontâneas, que em todos os tempos se hão produzido, e a persistência de alguns Espíritos em darem mostras ostensivas de sua presença em certas localidades, constituem a fonte de origem da crença na existência de lugares mal-assombrados. As respostas que se seguem foram dadas a perguntas feitas sobre este assunto:

1ª Os Espíritos se apegam unicamente às pessoas, ou também às coisas?

"Depende da elevação deles. Alguns Espíritos podem apegar-se aos objetos terrenos. Os avarentos, por exemplo, que esconderam seus tesouros e que ainda não estão bastante desmaterializados, muitas vezes se obstinam em vigiá-los e montar-lhes guarda."

2ª Têm os Espíritos errantes lugares de sua predileção?

"O princípio ainda é aqui o mesmo. Os Espíritos que já se não acham apegados à Terra vão para onde se lhes oferece ensejo de praticar o amor. São atraídos mais pelas pessoas do que pelos objetos materiais. Contudo, pode dar-se que dentre eles alguns tenham, durante certo tempo, preferência por determinados lugares. Esses, porém, são sempre Espíritos inferiores."

3ª O apego dos Espíritos a uma localidade, sendo sinal de inferioridade, constituirá igualmente prova de serem eles maus?

"Certamente que não. Pode um Espírito ser pouco adiantado, sem que por isso seja mau. Não se observa o mesmo entre os homens?"

4ª Tem qualquer fundamento a crença de que os Espíritos frequentam de preferência as ruínas?

"Nenhum. Os Espíritos vão a tais lugares, como a todos os outros. A imaginação dos homens é que, despertada pelo aspecto lúgubre de certos sítios, atribui à presença dos Espíritos o que não passa, quase sempre, de efeito muito natural. Quantas vezes o medo não tem feito que se tome por fantasma a sombra de uma árvore e por espectros o grito de um animal, ou o sopro do vento? Os Espíritos gostam da presença dos homens; daí o preferirem os lugares habitados, aos lugares desertos."

a) Contudo, pelo que sabemos da diversidade dos caracteres entre os Espíritos, podemos inferir a existência de Espíritos misantropos, que prefiram a solidão.

"Por isso mesmo, não respondi de modo absoluto à questão. Disse que eles podem vir aos lugares desertos, como a toda parte. É evidente que, se alguns se conservam insulados, é porque assim lhes apraz. Isso, porém, não constitui motivo para que forçosamente tenham predileção pelas ruínas. Em muito maior número os há nas cidades e nos palácios, do que no interior dos bosques."

5ª Em geral, as crenças populares guardam um fundo de verdade. Qual terá sido a origem da crença em lugares mal-assombrados?

"O fundo de verdade está na manifestação dos Espíritos, na qual o homem instintivamente acreditou desde todos os tempos. Mas, conforme disse acima, o aspecto lúgubre de certos lugares lhe fere a imaginação e esta o leva naturalmente a colocar nesses lugares os seres que ele considera sobrenaturais. Demais, a entreter essa crença supersticiosa, aí estão as narrativas poéticas e os contos fantásticos com que o acalentam na infância."

6ª Há, para os Espíritos que costumam reunir-se, dias e horas em que prefiram fazê-lo?

"Não. Os dias e as horas são medidas de tempo para uso dos homens e para a vida corpórea, das quais os Espíritos nenhuma necessidade sentem e nenhum caso fazem."

7ª Donde nasceu a ideia de que os Espíritos vêm preferentemente durante a noite?

"Da impressão que o silêncio e a obscuridade produzem na imaginação. Todas essas crenças são superstições que o conhecimento racional do Espiritismo destruirá. O mesmo se dá com os dias e as horas que muitos julgam lhes serem mais favoráveis. Fica certo de que a influência da meia-noite nunca existiu, senão nos contos."

a) Sendo assim, por que é então que alguns Espíritos anunciam sua vinda e suas manifestações para certos e determinados dias, como a sexta-feira, por exemplo?

"Isso fazem Espíritos que aproveitam a credulidade dos homens para se divertirem. Pela mesma razão, há os que se dizem o diabo, ou dão a si mesmos nomes infernais. Mostrai-lhes que não vos deixais enganar e não mais voltarão."

8ª Preferem os Espíritos frequentar os túmulos onde repousam seus corpos?

"O corpo era uma simples vestidura. Do mesmo modo que o prisioneiro nenhuma atração sente pelas correntes que o prendem, os Espíritos nenhuma experimentam pelo envoltório que os fez sofrer. A lembrança das pessoas que lhes são caras é a única coisa que para eles tem valor."

a) São-lhes mais agradáveis, do que quaisquer outras, as preces que por eles se façam junto dos túmulos de seus corpos?

"A prece, bem o sabes, é uma evocação que atrai os Espíritos. Tanto maior ação terá, quanto mais fervorosa e sincera for. Ora, junto de um túmulo venerado, sempre se está em maior recolhimento, do que algures, e a conservação de estimadas relíquias é em testemunho de afeição dado ao Espírito e que nunca deixa de o sensibilizar. O que atua sobre o Espírito é sempre o pensamento e não os objetos materiais. Mais influência, do que sobre o Espírito, exercem esses objetos sobre aquele que ora, porque lhe fixam a atenção."

9ª A vista disso, parece que não se deve considerar absolutamente falsa a crença em lugares mal-assombrados?

"Dissemos que certos Espíritos podem sentir-se atraídos por coisas materiais. Podem sê-lo por determinados lugares, onde parecem estabelecer domicílio, até que desapareçam as circunstâncias que os faziam buscar esses lugares. "

a) Que circunstâncias podem induzi-los a buscar tais lugares?

"A simpatia por algumas das pessoas que os frequentam, ou o desejo de com elas se comunicarem. Entretanto, nem sempre os animam intenções louváveis. Quando são Espíritos maus, podem pretender tirar vingança de pessoas de quem guardam queixas. A permanência em determinado lugar também pode ser, para alguns, uma punição que lhes é infligida, sobretudo se ali cometeram um crime, a fim de que o tenham constantemente diante dos olhos."*

10ª Os lugares assombrados sempre o são por antigos habitantes deles?

"Sempre, não — às vezes, porquanto, se o antigo habitante de um desses lugares é Espírito elevado, tão pouco se preocupará com a sua habitação terrena, quanto com o seu corpo. Os Espíritos que assombram certos lugares muitas vezes não têm, para assim procederem, outro motivo que não simples capricho, a menos que para lá sejam atraídos pela simpatia que lhes inspirem determinadas pessoas."

a) Podem estabelecer-se num lugar desses com o fito de protegerem uma pessoa, ou a própria família?

"Certamente, se forem Espíritos bons; porém, neste caso, nunca manifestam sua presença por meios desagradáveis."

11ª Haverá alguma coisa de real na história da 'Dama Branca'?

"Mero conto, extraído de mil fatos verdadeiros."

---

* Ver *Revue Spirite*, de fevereiro de 1860: "História de um danado".

12ª Será racional temerem-se os lugares assombrados por Espíritos?
"Não. Os Espíritos que frequentam certos lugares, produzindo neles desordens, antes querem divertir-se à custa da credulidade e da poltronaria dos homens, do que lhes fazer mal. Aliás, deveis lembrar-vos de que em toda parte há Espíritos e de que, assim, onde quer que estejais, os tereis ao vosso lado, ainda mesmo nas mais tranquilas habitações. Quase sempre, eles só assombram certas casas, porque encontram ensejo de manifestarem sua presença nelas."

13ª Haverá meios de os expulsar?
"Há; porém, as mais das vezes o que fazem, para isso, os atrai, em vez de os afastar. O melhor meio de expulsar os maus Espíritos consiste em atrair os bons. Atraí, pois, os bons Espíritos, praticando todo o bem que puderdes, e os maus desaparecerão, visto que o bem e o mal são incompatíveis. Sede sempre bons e somente bons Espíritos tereis junto de vós."

a) Há, no entanto, pessoas muito bondosas que vivem às voltas com as tropelias dos maus Espíritos. Por quê?
"Se essas pessoas são realmente boas, isso acontece talvez como prova, para lhes exercitar a paciência e concitá-las a se tornarem ainda melhores. Fica certo, porém, de que não são os que continuamente falam das virtudes os que mais as possuem. Aquele que é possuidor de qualidades reais quase sempre o ignora, ou delas nunca fala."

14ª Que se deve pensar com relação à eficácia dos exorcismos, para expelir dos lugares mal-assombrados os maus Espíritos?
"Já tiveste ocasião de verificar a eficácia desse processo? Não tens visto, ao contrário, as tropelias redobrarem de intensidade, depois das cerimônias do exorcismo? É que os Espíritos que as causam se divertem com o serem tomados pelo diabo.

"Também, os que se não apresentam com intenções malévolas podem manifestar sua presença por meio de arruídos e até tornando-se visíveis, mas nunca praticam desordens, nem incômodos. São, frequentemente, Espíritos sofredores, cujos sofrimentos podeis aliviar orando por eles. Outras vezes, são mesmo Espíritos benfazejos, que vos querem provar estarem junto de vós, ou, então, Espíritos leviano

que brincam. Como quase sempre os que perturbam o repouso são Espíritos que se divertem, o que de melhor têm a fazer, os que se veem perseguidos, é rir do que lhes sucede. Os perturbadores se cansam, verificando que não conseguem meter medo, nem impacientar."
(Veja-se atrás o capítulo V: *Das manifestações espontâneas.*)

Resulta das explicações acima haver Espíritos que se prendem a certos lugares, preferindo permanecer neles, sem que, entretanto, tenham necessidade de manifestar sua presença por meio de efeitos sensíveis. Qualquer lugar pode constituir morada obrigatória, ou predileta de um Espírito, embora mau, sem que jamais qualquer manifestação se produza.

Os que se prendem a certas localidades, ou a certas coisas materiais nunca são Espíritos superiores. Contudo, mesmo que não pertençam a esta categoria, pode dar-se que não sejam maus e nenhuma intenção má alimentem. Não raro, são até comensais mais úteis do que prejudiciais, porquanto, desde que se interessam pelas pessoas, podem protegê-las.

CAPÍTULO X
DA NATUREZA DAS COMUNICAÇÕES

133. Dissemos que todo efeito, que revela, na sua causalidade, um ato, ainda que insignificantíssimo, de livre vontade, atesta, por essa circunstância, a existência de uma causa inteligente. Assim, um simples movimento de mesa, que responda ao nosso pensamento, ou manifeste caráter intencional, pode ser considerado uma manifestação inteligente. Se a isso houvesse de ficar circunscrito o resultado, só muito secundário interesse nos despertaria. Contudo, já seria alguma coisa o dar-nos a prova de que, em tais fenômenos, há mais do que uma ação puramente material. Nula, ou, pelo menos, muito restrita seria a utilidade prática que daí decorreria. O caso, porém, muda inteiramente de figura, quando essa inteligência ganha um desenvolvimento tal, que permite regular e contínua troca de ideias. Já não há então simples manifestações inteligentes, mas verdadeiras *comunicações*. Os meios de que hoje dispomos permitem que as obtenhamos tão extensas, tão explícitas e tão rápidas, como as que mantemos com os homens.

Quem estiver bem compenetrado, segundo a *escala espírita* (*O livro dos espíritos*, n. 100), da variedade infinita que apresentam os Espíritos, sob o duplo aspecto da inteligência e da moralidade, facilmente se convencerá de que há de haver diferença entre as suas comunicações; que estas hão de refletir a elevação, ou a baixeza de suas ideias, o saber e a ignorância deles, seus vícios e suas virtudes; que, numa palavra, elas não se hão de assemelhar mais do que as dos homens, desde os selvagens até o mais ilustrado europeu. Em quatro categorias principais se podem grupar os matizes que apresentam. Segundo seus caracteres mais acentuados, elas se dividem em: *grosseiras, frívolas, sérias* e *instrutivas*.

134. *Comunicações grosseiras* são as concebidas em termos que chocam o decoro. Só podem provir de Espíritos de baixa estofa, ainda cobertos de todas as impurezas da matéria, e em nada diferem das que provenham de homens viciosos e grosseiros. Repugnam a quem quer que não seja inteiramente baldo de toda a delicadeza de sentimentos, pela razão de que, acordemente com o caráter dos Espíritos, elas serão triviais, ignóbeis, obscenas, insolentes, arrogantes, malévolas e mesmo ímpias.

135. *As comunicações frívolas* emanam de Espíritos levianos, zombeteiros, ou brincalhões, antes maliciosos do que maus, e que nenhuma importância ligam ao que dizem. Como nada de indecoroso encerram, essas comunicações agradam a certas pessoas, que com elas se divertem, porque encontram prazer nas confabulações fúteis, em que muito se fala para nada dizer. Tais Espíritos saem-se às vezes com tiradas espirituosas e mordazes e, por entre facécias vulgares, dizem não raro duras verdades, que quase sempre ferem com justeza. Em torno de nós pululam os Espíritos levianos, que de todas as ocasiões aproveitam para se intrometerem nas comunicações. A verdade é o que menos os preocupa; daí o maligno encanto que acham em mistificar os que têm a fraqueza e mesmo a presunção de neles crer sob palavra. As pessoas que se comprazem nesse gênero de comunicações naturalmente dão acesso aos Espíritos levianos e falaciosos. Delas se afastam os Espíritos sérios, do mesmo modo que na sociedade

humana os homens sérios evitam a companhia dos doidivanas.

136. *As comunicações sérias* são ponderosas quanto ao assunto e elevadas quanto à forma. Toda comunicação que, isenta de frivolidade e de grosseria, objetiva um fim útil, ainda que de caráter particular, é, por esse simples fato, uma comunicação séria. Nem todos os Espíritos sérios são igualmente esclarecidos; há muita coisa que eles ignoram e sobre que podem enganar-se de boa-fé. Por isso é que os Espíritos verdadeiramente superiores nos recomendam de contínuo que submetamos todas as comunicações ao crivo da razão e da mais rigorosa lógica.

No tocante a comunicações *sérias,* cumpre se distingam as *verdadeiras das falsas,* o que nem sempre é fácil, porquanto, exatamente à sombra da elevação da linguagem, é que certos Espíritos presunçosos, ou pseudossábios, procuram conseguir a prevalência das mais falsas ideias e dos mais absurdos sistemas. E, para melhor acreditados se fazerem e maior importância ostentarem, não escrupulizam de se adornarem com os mais respeitáveis nomes e até com os mais venerados. Esse um dos maiores escolhos da ciência prática; dele trataremos mais adiante, com todos os desenvolvimentos que tão importante assunto reclama, ao mesmo tempo que daremos a conhecer os meios de premonição contra o perigo das falsas comunicações.

137. *Instrutivas* são as comunicações sérias cujo principal objeto consiste num ensinamento qualquer, dado pelos Espíritos, sobre as ciências, a moral, a filosofia etc. São mais ou menos profundas, conforme o grau de elevação e de *desmaterialização* do Espírito. Para se retirarem frutos reais dessas comunicações, preciso é que elas sejam regulares e continuadas com perseverança. Os Espíritos sérios se ligam aos que desejam instruir-se e lhes secundam os esforços, deixando aos Espíritos levianos a tarefa de divertirem os que em tais manifestações só veem passageira distração. Unicamente pela regularidade e frequência daquelas comunicações se pode apreciar o valor moral e intelectual dos Espíritos que as dão e a confiança que eles merecem. Se, para julgar os homens, se necessita de experiência, muito mais ainda é esta necessária, para se julgarem os Espíritos.

Qualificando de *instrutivas* as comunicações, supomo-las *verdadeiras*, pois o que não for *verdadeiro* não pode ser *instrutivo*, ainda que dito na mais imponente linguagem. Nessa categoria, não podemos, conseguintemente, incluir certos ensinos que de sério apenas têm a forma, muitas vezes empolada e enfática, com que os Espíritos que os ditam, mais presunçosos do que instruídos, contam iludir os que os recebem. Mas, não podendo suprir a substância que lhes falta, são incapazes de sustentar por muito tempo o papel que procuram desempenhar. A breve trecho, traem-se, pondo a nu a sua fraqueza, desde que alguma sequência tenham os seus ditados, ou que eles sejam levados aos seus últimos redutos.

138. São variadíssimos os meios de comunicação. Atuando sobre os nossos órgãos e sobre todos os nossos sentidos, podem os Espíritos manifestar-se à nossa visão, por meio das aparições; ao nosso tato, por impressões tangíveis, visíveis ou ocultas; à audição pelos ruídos; ao olfato por meio de odores sem causa conhecida. Este último modo de manifestação, se bem muito real, é, incontestavelmente, o mais incerto, pelas múltiplas causas que podem induzir em erro. Daí o não nos demorarmos em tratar dele. O que devemos examinar com cuidado são os diversos meios de se obterem comunicações, isto é, uma permuta regular e continuada de pensamentos. Esses meios são: *as pancadas, a palavra* e *a escrita*. Estudá-los-emos em capítulos especiais.

CAPÍTULO XI
DA SEMATOLOGIA E DA TIPTOLOGIA

139. As primeiras comunicações inteligentes foram obtidas por meio de pancadas, ou da tiptologia. Muito limitados eram os recursos que oferecia esse meio primitivo, que se ressentia de estar na infância a arte, tudo se reduzindo, nas comunicações, a respostas monossilábicas, por — *sim*, ou — *não*, mediante convencionado número de pancadas. Mais tarde, foi aperfeiçoado, como já dissemos.

De duas maneiras se obtêm as pancadas, com médiuns especiais. Esse modo de operar demanda certa aptidão para as manifestações físicas. A primeira, a que se poderia chamar *tiptologia por meio de básculo,* consiste no movimento da mesa, que se levanta de um só lado e cai batendo com um dos pés. Basta para isso que o médium lhe ponha a mão na borda. Se se quiser confabular com determinado Espírito, será necessário evocá-lo. No caso contrário, manifesta-se o primeiro que chegue, ou o que tenha o costume de apresentar-se. Tendo convencionado, por exemplo, que uma pancada significará

— *sim* e duas pancadas — *não,* ou vice-versa, indiferentemente, o experimentador dirigirá ao Espírito as perguntas que quiser. Veremos adiante quais as de que cumpre se abstenha. O inconveniente está na brevidade das respostas e na dificuldade de formular a pergunta de modo a dar lugar a um sim, ou a um não. Suponhamos se pergunte ao Espírito: que desejas? Ele não poderá responder senão com uma frase. Será preciso então dizer: desejas isto? Não. — Aquilo? Sim. Assim por diante.

140. É de notar-se que, quando se emprega esse meio, o Espírito usa também de uma espécie de *mímica,* isto é, exprime a energia da afirmação ou da negação pela força das pancadas. Também exprime a natureza dos sentimentos que o animam: a violência, pela brusquidão dos movimentos; a cólera e a impaciência, batendo repetidamente fortes pancadas, como uma pessoa que bate arrebatadamente com os pés, chegando às vezes a atirar ao chão a mesa. Se é amável e delicado, inclina, no começo e no fim da sessão, a mesa, à guisa de saudação. Se quer dirigir-se diretamente a um dos assistentes, para ele encaminha a mesa com brandura, ou violência, conforme deseje testemunhar-lhe afeição, ou antipatia. Essa, propriamente falando, a *sematologia,* ou linguagem dos sinais como a *tiptologia* é a linguagem das pancadas. Eis aqui um exemplo notável do emprego espontâneo da sematologia.

Um dia, na sua sala de visitas, onde muitas pessoas se ocupavam com as manifestações, um senhor do nosso conhecimento recebeu uma carta nossa. Enquanto a lia, a mesa que servia para as experiências veio repentinamente colocar-se-lhe ao lado. Concluída a leitura da carta, ele a foi colocar sobre uma outra mesa, do lado oposto da sala. Aquela mesa o acompanhou e se dirigiu para onde estava a carta. Surpreendido com essa coincidência, calculou o destinatário da carta que entre esta e aquele movimento alguma relação havia e interrogou a respeito o Espírito, que respondeu ser o nosso Espírito familiar. Informado do ocorrido, perguntamos, por nossa vez, a esse Espírito qual o motivo da visita que fizera àquele senhor. A resposta foi: "É natural que eu visite as pessoas com que te achas em relações, a fim de poder, se for preciso, dar-te, assim como a elas, os avisos necessários."

É, pois, evidente que o Espírito quisera chamar a atenção da pessoa a quem nos referimos e procurava uma ocasião de cientificá-la de que estava lá. Um mudo não se houvera conduzido melhor.

141. Não tardou que a tiptologia se aperfeiçoasse e enriquecesse com um meio de comunicação mais completo, o da *tiptologia alfabética,* que consiste em serem as letras do alfabeto indicadas por pancadas. Podem obter-se então palavras, frases e até discursos inteiros. De acordo com o método adotado, a mesa dará tantas pancadas quantas forem necessárias para indicar cada letra, isto é, uma pancada para o *a,* duas pancadas para o *b,* e assim por diante. Enquanto isto, uma pessoa irá escrevendo as letras, à medida que forem sendo designadas. O Espírito faz sentir que terminou, usando de um sinal que se haja convencionado.

Como se vê, este modo de operar é muito lento e consome longo tempo para as comunicações de certa extensão. Entretanto, pessoas há que têm tido a paciência de se utilizarem dele, para obter ditados de muitas páginas. Porém, a prática levou à descoberta de abreviaturas, que permitiram trabalhar-se com maior rapidez. A de uso mais frequente consiste em colocar o experimentador, diante de si, um alfabeto e a série dos algarismos indicadores das unidades. Estando o médium à mesa, uma outra pessoa percorre sucessivamente as letras do alfabeto, se se trata de obter uma palavra, ou a série dos algarismos, se de um número. Apontada a letra que serve, a mesa, por si mesma, bate uma pancada e escreve-se a letra. Recomeça-se a operação para obter-se a segunda, depois a terceira letra e assim sucessivamente. Se tiver havido engano em alguma letra, o Espírito previne, fazendo a mesa dar repetidas pancadas, ou produzir um movimento especial, e recomeça-se. Com o hábito, chega-se a andar bem depressa. Mas, adivinhando o fim de uma palavra começada e com a qual se pode atinar pelo sentido da frase, é como, sobretudo, se consegue abreviar de muito a comunicação. Em havendo incerteza, pergunta-se ao Espírito se foi esta ou aquela palavra a que ele quis empregar e o Espírito responde sim ou não.

142. Todos os efeitos que acabamos de indicar podem obter-se de maneira ainda mais simples, por meio de pancadas produzidas

na própria madeira da mesa, sem nenhuma espécie de movimento, processo que já descrevemos no capítulo das manifestações físicas, número 64. É a *tiptologia interior*. Nem todos os médiuns são igualmente aptos às manifestações deste último gênero. Muitos há que só obtêm as pancadas pelo movimento basculatório da mesa. Contudo, exercitando-se, podem eles, em sua maioria, chegar a consegui-las daquela maneira, que tem a dupla vantagem de ser mais rápida e de oferecer menos azo à suspeita do que o básculo, que se pode atribuir a uma pressão voluntária. Verdade é que as pancadas no interior da madeira também podem ser imitadas por médiuns de má-fé. As melhores coisas podem ser simuladas, o que, aliás, nada prova contra elas. (Veja-se, no fim deste volume, o capítulo intitulado: *Fraudes e embustes*.)

Quaisquer, porém, que sejam os aperfeiçoamentos que se possam introduzir nessa maneira de proceder, jamais se conseguirá fazê-la alcançar a rapidez e a facilidade que apresenta a escrita, razão por que, presentemente, já é pouco empregada. Ela, no entanto, é, às vezes, interessantíssima, do ponto de vista do fenômeno, sobretudo para os novatos, e tem, principalmente, a vantagem de provar, de forma peremptória, a absoluta independência do pensamento do médium. Assim se obtém, não raro, respostas tão imprevistas, de ato flagrantes a propósito, que só uma prevenção bastante determinada será capaz de impedir que os assistentes se rendam à evidência. Daí vem que esse processo constitui, para muitas pessoas, forte motivo de convicção. Mas, seja ele o empregado, seja qualquer outro, em caso algum os Espíritos se mostram dispostos a prestar-se aos caprichos dos curiosos, que pretendam experimentá-los por meio de questões despropositadas.

143. Com o fim de melhor garantir a independência ao pensamento do médium, imaginaram-se diversos instrumentos em forma de quadrantes, sobre os quais se traçam as letras, à maneira dos quadrantes do telégrafo elétrico. Uma agulha móvel, que a influência do médium põe em movimento, mediante um fio condutor e uma polia, indica as letras. Esses instrumentos só os conhecemos pelos desenhos e

descrições que têm sido publicados na América. Nada, pois, podemos dizer do valor deles; temos porém, para nós, que a só complicação que denotam constitui um inconveniente; que a independência do médium se comprova perfeitamente pelas pancadas interiores e, ainda melhor, pelo imprevisto das respostas, do que por todos os meios materiais. Acresce que os incrédulos, sempre dispostos que estão a ver por toda parte artifícios e arranjos, muito mais inclinados hão de estar a supô-los num mecanismo especial, do que na primeira mesa de que se lance mão, livre de todo e qualquer acessório.

144. Um aparelho mais simples, porém, do qual a má-fé pode abusar facilmente, conforme veremos no capítulo das *Fraudes,* é o que designaremos sob o nome de *Mesa-Girardin,* tendo em atenção o uso que fazia dele a sra. Emílio de Girardin nas numerosas comunicações que obtinha como médium. Porque, essa senhora, se bem fosse uma mulher de espírito, tinha a fraqueza de crer nos Espíritos e nas suas manifestações. Consiste o instrumento num tampo móvel de mesa, com o diâmetro de trinta a quarenta centímetros, girando livre e facilmente em torno de um eixo, como uma roleta. Sobre sua superfície e acompanhando-lhe a circunferência, se acham traçados, como sobre um quadrante, as letras do alfabeto, os algarismos e as palavras *sim* e *não.* Ao centro existe uma agulha fixa. Pousando o médium os dedos na borda do disco móvel, este gira e para, quando a letra desejada está sob a agulha. Escrevem-se, umas após outras, as letras indicadas e formam-se assim, muito rapidamente, as palavras e as frases.

É de notar-se que o disco não desliza sob os dedos do médium; que os seus dedos, conservando-se apoiados nele, lhe acompanham o movimento. Talvez que um médium poderoso consiga obter um movimento independente. Julgamo-lo possível, mas nunca o observamos. Se se pudesse fazer a experiência dessa maneira, infinitamente mais probante ela seria, porque eliminaria toda possibilidade de embuste.

145. Resta-nos destruir um erro assaz espalhado: o de confundirem-se com os Espíritos batedores todos os Espíritos que se comunicam por meio de pancadas. A tiptologia constitui um meio

de comunicação como qualquer outro, e que não é, mais do que o da escrita, ou da palavra, indigno dos Espíritos elevados. Todos os Espíritos, bons e maus, podem servir-se dele, como dos diversos outros existentes. O que caracteriza os Espíritos superiores é a elevação das ideias e não o instrumento de que se utilizem para exprimi-las. Sem dúvida, eles preferem os meios mais cômodos e, sobretudo, mais rápidos; mas, em falta de lápis e papel, não escrupulizarão de valer-se da vulgar mesa falante e a prova é que, por esse meio, se obtém os mais sublimes ditados. Se dele não nos servimos, não é porque o consideremos desprezível, porém unicamente porque, como fenômeno, já nos ensinou tudo o que pudéramos vir a saber, nada mais lhe sendo possível acrescentar às nossas convicções, e porque a extensão das comunicações que recebemos exige uma rapidez com a qual é incompatível a tiptologia.

Assim, pois, nem todos os Espíritos que se manifestam por pancadas são batedores. Este qualificativo deve ser reservado para os que poderíamos chamar batedores de profissão e que, por este meio, se deleitam em pregar partidas, para divertimentos de umas tantas pessoas, em aborrecer com as suas importunações. Pode-se esperar que algumas vezes deem coisas espirituosas; porém, coisas profundas, nunca. Seria, conseguintemente, perder tempo formular-lhes questões de certo porte científico, ou filosófico. A ignorância e a inferioridade que lhes são peculiares deram motivo a que, com justeza, os outros Espíritos os qualificassem de palhaços, ou saltimbancos do mundo espírita. Acrescentemos que, além de agirem quase sempre por conta própria, também são amiúde instrumentos de que lançam mão os Espíritos superiores, quando querem produzir efeitos materiais.

CAPÍTULO XII
DA PNEUMATOGRAFIA OU ESCRITA DIRETA. DA PNEUMATOFONIA

Escrita direta

146. *A pneumatografia é a* escrita produzida diretamente pelo Espírito, sem intermediário algum; difere da *psicografia,* por ser esta a transmissão do pensamento do Espírito, mediante a escrita feita com a mão do médium.

O fenômeno da escrita direta é, não há negar, um dos mais extraordinários do Espiritismo; mas, por multo anormal que pareça, à primeira vista, constitui hoje fato averiguado e incontestável. A teoria, sempre necessária, para nos inteirarmos da possibilidade dos fenômenos espíritas em geral, talvez mais necessária ainda se faz neste caso que, sem contestação, é um dos mais estranhos que se possam apresentar, porém que deixa de parecer sobrenatural, desde que se lhe compreenda o princípio.

Da primeira vez que este fenômeno se produziu, a da dúvida foi a impressão dominante que deixou. Logo acudiu aos que o presenciaram a ideia de um embuste. Toda gente, com efeito, conhece a ação das tintas chamadas simpáticas, cujos traços, a princípio completamente invisíveis, aparecem ao cabo de algum tempo. Podia, pois, dar-se que houvessem, por esse meio, abusado da credulidade dos assistentes e longe nos achamos de afirmar que nunca o tenham feito. Estamos até convencidos de que algumas pessoas, seja com intuitos mercantis, seja apenas por amor-próprio e para fazer acreditar nas suas faculdades, hão empregado subterfúgios. (Veja-se o capítulo das *Fraudes*).

Entretanto, do fato de se poder imitar uma coisa, fora absurdo concluir-se pela sua inexistência. Nestes últimos tempos, não se há encontrado meio de imitar a lucidez sonambúlica, ao ponto de causar ilusão? Mas por que esse processo de escamoteação se tenha exibido em todas as feiras, dever-se-á concluir que não haja verdadeiros sonâmbulos? Por que certos comerciantes vendem vinho falsificado, será uma razão para que não haja vinho puro? O mesmo sucede com a escrita direta. Bem simples e fáceis eram, aliás, as precauções a serem tomadas para garantir da realidade do fato e, graças a essas precauções, já hoje ele não pode constituir objeto da mais ligeira dúvida.

147. Uma vez que a possibilidade de escrever sem intermediário representa um dos atributos do Espírito; uma vez que os Espíritos sempre existiram desde todos os tempos e que desde todos os tempos se hão produzindo os diversos fenômenos que conhecemos, o da escrita direta igualmente se há de ter operado na antiguidade, tanto quanto nos dias atuais. Deste modo é que se pode explicar o aparecimento das três palavras célebres, na sala do festim de Baltazar. A Idade Média, tão fecunda em prodígios ocultos, mas que eram abafados por meio das fogueiras, também conheceu necessariamente a escrita direta, e possível é que. na teoria das modificações por que os Espíritos podem fazer passar a matéria, teoria que desenvolvemos no capítulo VIII, se encontre o fundamento da crença na transmutação dos metais.

Todavia, quaisquer que tenham sido os resultados obtidos em diversas épocas, só depois de vulgarizadas as manifestações espíritas foi que se tomou a sério a questão da escrita direta. Ao que parece, o primeiro a torná-la conhecida, estes últimos anos, em Paris, foi o barão de Guldenstubbe, que publicou sobre o assunto uma obra muito interessante, com grande número de *fac similes* das escritas que obteve.* O fenômeno já era conhecido na América, havia algum tempo. A posição social do sr. Guldenstubbe, sua independência, a consideração de que goza nas mais elevadas rodas incontestavelmente afastam toda suspeita de fraude intencional, porquanto nenhum motivo de interesse havia a que ele obedecesse. Quando muito, o que se poderia supor, é que fora vítima de uma ilusão; a isto, porém, um fato responde peremptoriamente: o de haverem outras pessoas obtido o mesmo fenômeno, cercadas de todas as precauções necessárias para evitar qualquer embuste e qualquer causa de erro.

148. A escrita direta se obtém, como, em geral, a maior parte das manifestações espíritas *não espontâneas,* por meio da concentração, da prece e da evocação. Têm-se produzido em igrejas, sobre túmulos, no sopé de estátuas, ou imagens de personagens evocadas. Evidente, porém, é que o local nenhuma outra influência exerce, além da de facultar maior recolhimento espiritual e maior concentração dos pensamentos; porquanto, provado está que o fenômeno se obtém, igualmente, sem esses acessórios e nos lugares mais comuns, sobre um simples móvel caseiro, desde que os que desejam obtê-lo se achem nas devidas condições morais e que entre esses se encontre quem possua a necessária faculdade mediúnica.

Julgou-se, a princípio, ser preciso colocar-se aqui ou ali um lápis com o papel. O fato então podia, até certo ponto, explicar-se. É sabido que os Espíritos produzem o movimento e a deslocação dos objetos; que, algumas vezes, os tomam e atiram longe. Bem podiam, pois, tomar também do lápis e servir-se dele para traçar letras. Visto que o impulsionam, utilizando-se da mão do médium, de uma prancheta etc., podiam, do mesmo modo, impulsioná-lo

---

* *A realidade dos Espíritos e de suas manifestações* demonstrada mediante o fenômeno da escrita direta pelo barão de Guldenstubbe, 1 vol. in-8°, com 15 estampas e 93 *fac similes.*

diretamente. Não tardou, porém, se reconhecesse que o lápis era dispensável, que bastava um pedaço de papel, dobrado ou não, para que, ao cabo de alguns minutos, se achassem nele grafadas letras. Aqui, já o fenômeno muda completamente de aspecto e nos transporta a uma ordem inteiramente nova de coisas. As letras hão de ter sido traçadas com uma substância qualquer. Ora, sendo certo que ninguém forneceu ao Espírito essa substância, segue-se que ele próprio a compôs. Donde a tirou? Esse o problema.

Quem queira reportar-se às explicações dadas no capítulo VIII, ns. 127 e 128, encontrará completa a teoria do fenômeno. Para escrever dessa maneira, o Espírito não se serve das nossas substâncias, nem dos nossos instrumentos. Ele próprio fabrica a matéria e os instrumentos de que há mister, tirando, para isso, os materiais precisos, do elemento primitivo universal que, pela ação da sua vontade, sofre as modificações necessárias à produção do efeito desejado. Possível lhe é, portanto, fabricar tanto o lápis vermelho, a tinta de imprimir, a tinta comum, como o lápis preto, ou, até, caracteres tipográficos bastante resistentes para darem relevo à escrita, conforme temos tido ensejo de verificar. A filha de um senhor que conhecemos, menina de 12 a 13 anos, obteve páginas e páginas escritas com uma substância análoga ao pastel.

149. Tal o resultado a que nos conduziu o fenômeno da tabaqueira, descrito no capítulo VII, n. 116, e sobre o qual nos estendemos longamente, porque nele percebemos oportunidade para perscrutarmos uma das mais importantes leis do Espiritismo, lei cujo conhecimento pode esclarecer mais de um mistério, mesmo do mundo visível. Assim é que, de um fato aparentemente vulgar, pode sair a luz. Tudo está em observar com cuidado e isso todos podem fazer como nós, desde que se não limitem a observar efeitos, sem lhes procurarem as causas. Se a nossa fé se fortalece de dia para dia, é porque compreendemos. Tratai, pois, de compreender, se quiserdes fazer prosélitos sérios. Ainda outro resultado decorre da compreensão das causas: o de deixar riscada uma linha divisória entre a verdade e a superstição.

Considerando a escrita direta do ponto de vista das vantagens que possa oferecer, diremos que, até ao presente, sua principal utilidade há consistido na comprovação material de um fato sério: a intervenção de um poder oculto que, nesse fenômeno, tem mais um meio de se manifestar. Todavia, raramente são extensas as comunicações que por essa forma se obtêm. Em geral espontâneas, elas se reduzem a algumas palavras ou proposições e, às vezes, a sinais ininteligíveis. Têm sido dadas em todas as línguas: em grego, em latim, em sírio, em caracteres hieroglíficos etc., mas ainda se não prestaram às dissertações seguidas e rápidas, como permite a psicografia ou a escrita pela mão do médium.

Pneumatofonia

150. Dado que podem produzir ruídos e pancadas, os Espíritos podem igualmente fazer se ouçam gritos de toda espécie e sons vocais que imitam a voz humana, assim ao nosso lado, como nos ares. A este fenômeno é que damos o nome de *pneumatofonia*. Pelo que sabemos da natureza dos Espíritos, podemos supor que, dentre eles, alguns, de ordem inferior, se iludem e julgam falar como quando vivos. (Veja-se *Revue Spirite,* fevereiro de 1858: *História da aparição de Mlle. Clairon.)*

Devemos, entretanto, preservar-nos de tomar por vozes ocultas todos os sons que não tenham causa conhecida, ou simples zumbidos, e, sobretudo, de dar o menor crédito à crença vulgar de que, quando o ouvido nos zune, é que nalguma parte estão falando de nós. Aliás, nenhuma significação tem esses zunidos, cuja causa é puramente fisiológica, ao passo que os sons pneumatofônicos exprimem pensamentos e nisso está o que nos faz reconhecer que são devidos a uma causa inteligente e não acidental. Pode-se estabelecer, como princípio, que os efeitos *notoriamente inteligentes* são os únicos capazes de atestar a intervenção dos Espíritos. Quanto aos outros, há pelo menos cem probabilidades contra uma de serem oriundos de causas fortuitas.

151. Acontece frequentemente ouvirmos, de modo distinto, quando nos achamos meio adormecidos, palavras, nomes, às vezes frases inteiras, ditas com tal intensidade que nos despertam,

espantados. Se bem nalguns casos possa haver aí, na realidade, uma manifestação, esse fenômeno nada de bastante positivo apresenta, para que também possa ser atribuído a uma causa análoga à que estudamos desenvolvidamente na teoria da alucinação, capítulo VI, ns. 111 e seguintes. Demais, nenhuma sequência tem o que de tal maneira se escuta. O mesmo, no entanto, não acontece, quando se está inteiramente acordado, porque, então, se é um Espírito que se faz ouvir, quase sempre se podem trocar ideias com ele e travar uma conversação regular.

Os sons espíritas, os pneumatofônicos se produzem de duas maneiras distintas: às vezes, é uma voz interior que repercute no nosso foro íntimo, nada tendo, porém, de material as palavras, conquanto sejam claramente perceptíveis; outras vezes, são exteriores e nitidamente articuladas, como se proviessem de uma pessoa que nos estivesse ao lado.

De um modo, ou de outro, o fenômeno da pneumatofonia é quase sempre espontâneo e só muito raramente pode ser provocado.

CAPÍTULO XIII
DA PSICOGRAFIA

152. A ciência espírita há progredido como todas as outras e mais rapidamente do que estas. Alguns anos apenas nos separam da época em que se empregavam esses meios primitivos e incompletos, a que trivialmente se dava o nome de "mesas falantes", e já nos achamos em condições de comunicar com os Espíritos tão fácil e rapidamente, como o fazem os homens entre si e pelos mesmos meios: a escrita e a palavra. A escrita, sobretudo, tem a vantagem de assinalar, de modo mais material, a intervenção de uma força oculta e de deixar traços que se podem conservar, como fazemos com a nossa correspondência. O primeiro meio de que se usou foi o das pranchas e cestas munidas de lápis, com a disposição que passamos a descrever.

153. Já dissemos que uma pessoa, dotada de aptidão especial, pode imprimir movimento de rotação a uma mesa, ou a outro objeto qualquer. Tomemos, em vez de uma mesa, uma cestinha de quinze a vinte centímetros de diâmetro (de madeira ou de vime, a

substância pouco importa). Se fizermos passar pelo fundo dessa cesta um lápis e o prendermos bem, com a ponta de fora e para baixo; se mantivermos o aparelho assim formado em equilíbrio sobre a ponta do lápis, apoiado este sobre uma folha de papel, e apoiarmos os dedos nas bordas da cesta, ela se porá em movimento; mas, em vez de girar, fará que o lápis percorra, em diversos sentidos, o papel, traçando ou riscos sem significação, ou letras. Se se evocar um Espírito que queira comunicar-se, ele responderá não mais por meio de pancadas, como na tiptologia, porém, escrevendo palavras. O movimento da cesta já não é automático, como no caso das mesas girantes; torna-se inteligente. Com esse dispositivo, o lápis, ao chegar à extremidade da linha, não volta ao ponto de partida para começar outra; continua a mover-se circularmente, de sorte que a linha escrita forma uma espiral, tornando necessário voltar muitas vezes o papel para se ler o que está grafado. Nem sempre é muito legível a escrita assim feita, por não ficarem separadas as palavras. Entretanto, o médium, por uma espécie de intuição, facilmente a decifra. Por economia, o papel e o lápis comum podem ser substituídos por uma lousa com o respectivo lápis. Designaremos este gênero de cesta pelo nome de *cesta-pião*. Às vezes, em lugar da cesta, emprega-se um papelão muito semelhante às caixas de pastilhas, formando-lhe o lápis o eixo, como no brinquedo chamado carrapeta.

154. Muitos outros dispositivos se têm imaginado para a obtenção do mesmo resultado. O mais cômodo é o a que chamaremos *cesta de bico* e que consiste em adaptar-se à cesta uma haste inclinada, de madeira, prolongando-se dez a quinze centímetros para o lado de fora, na posição do mastro de gurupés, numa embarcação. Por um buraco aberto na extremidade dessa haste, ou bico, passa-se um lápis bastante comprido para que sua ponta assente no papel. Pondo o médium os dedos na borda da cesta, o aparelho todo se agita e o lápis escreve, como no caso anterior, com a diferença, porém, de que, em geral, a escrita é mais legível, com as palavras separadas e as linhas sucedendo-se paralelas, como na escrita comum, por poder o médium levar facilmente o lápis de uma linha a outra. Obtêm-se

assim dissertações de muitas páginas, tão rapidamente como se se escrevesse com a mão.

155. Ainda por outros sinais inequívocos se manifesta amiúde a inteligência que atua. Chegando ao fim da página, o lápis faz espontaneamente um movimento para virar o papel. Se ele se quer reportar a uma passagem já escrita, na mesma página, ou noutra, procura-a com a ponta do lápis, como qualquer pessoa o faria com a ponta do dedo, e sublinha-a. Se, enfim, o Espírito quer dirigir-se a alguém, a extremidade da haste de madeira se dirige para esse alguém. Por abreviar, exprimem-se frequentemente as palavras *sim* e *não*, pelos sinais de afirmação e negação que fazemos com a cabeça. Se o Espírito quer exprimir cólera, ou impaciência, bate repetidas pancadas com a ponta do lápis e não raro a quebra.

156. Em vez de cesta, algumas pessoas se servem de uma espécie de mesa pequenina, feita de propósito, tendo de doze a quinze centímetros de comprimento, por cinco a seis de altura, e três pés a um dos quais se adapta um lápis. Os dois outros são arredondados, ou munidos de uma bola de marfim, para deslizar mais facilmente sobre o papel. Outros se utilizam apenas de uma *prancheta* de quinze a vinte centímetros quadrados, triangular, oblonga, ou oval. Num dos bordos, há um furo *oblíquo* para introduzir-se o lápis. Colocada em posição de escrever, ela fica inclinada e se apoia por um dos lados no papel. Algumas trazem desse lado rodízios para lhe facilitarem o movimento. E de ver-se, em suma, que todos esses dispositivos nada têm de absoluto. O melhor é o que for mais cômodo.

Com qualquer desses aparelhos, quase sempre é preciso que os operadores sejam dois; mas não é necessário que ambos sejam dotados de faculdades mediúnicas. Um serve unicamente para manter o equilíbrio e poupar ao médium excesso de fadiga.

157. Chamamos *psicografia indireta* à escrita assim obtida, em contraposição à *psicografia direta* ou *manual*, obtida pelo próprio médium. Para se compreender este último processo, é mister levar em conta o que se passa na operação. O Espírito que se comunica atua sobre o médium que, debaixo dessa influência, move *maquinalmente*

o braço e a mão para escrever, sem ter (é pelo menos o caso mais comum) a menor consciência do que escreve; a mão atua sobre a cesta e a cesta sobre o lápis. Assim, *não é a cesta que se torna inteligente;* ela não passa de um instrumento manejado por uma inteligência; não passa, realmente, de uma lapiseira, de um apêndice da mão, de um intermediário, entre a mão e o lápis. Suprima-se esse intermediário, coloque-se o lápis na mão e o resultado será o mesmo, com um mecanismo muito mais simples, pois que o médium escreve como o faz nas condições ordinárias. De sorte que toda pessoa que escreve com o concurso de uma cesta, prancheta, ou qualquer outro objeto, pode escrever diretamente.

De todos os meios de comunicação, a *escrita manual,* que alguns denominam *escrita involuntária,* é, sem contestação, a mais simples, a mais fácil e a mais cômoda, porque nenhum preparativo exige e se presta, como a escrita corrente, aos maiores desenvolvimentos. Dela tornaremos a falar, quando tratarmos dos médiuns.

158. Nos primeiros tempos das manifestações, quando ainda ninguém tinha sobre o assunto ideias exatas, muitos escritos foram publicados com este título: *Comunicações de uma mesa, de uma cesta, de uma prancheta etc.* Hoje, bem se percebe o que tais expressões têm de impróprias, ou errôneas, abstração feita do caráter pouco sério que revelam. Efetivamente, como acabamos de ver, as mesas, pranchetas e cestas não são mais do que instrumentos *inteligentes,* embora animados, por instantes, de uma vida fictícia, que nada podem comunicar por si mesmos. Dizer o contrário é tomar o efeito pela causa, o instrumento pelo princípio. Fora o mesmo que um autor declarar, no título da sua obra, tê-la escrito com uma pena metálica ou com uma pena de pato. Esses instrumentos, ao demais, não são exclusivos. Conhecemos alguém que, em vez da *cesta-pião,* que acima descrevemos, se servia de um funil, em cujo gargalo introduzia o lápis. Ter-se-ia então podido receber comunicações de um funil, do mesmo modo que de uma caçarola ou de uma saladeira. Se elas são obtidas por meio de pancadas com uma cadeira, ou uma bengala, já não há uma mesa falante, mas uma cadeira ou uma bengala falante.

O que importa se conheça não é a natureza do instrumento e, sim, o modo de obtenção. Se a comunicação vem por meio da escrita, qualquer que seja o aparelho que sustente o lápis, o que há, para nós, é *psicografia; tiptologia,* se por meio de pancadas. Tomando o Espiritismo as proporções de uma ciência, indispensável se lhe torna uma linguagem científica.

CAPÍTULO XIV
DOS MÉDIUNS

159. Todo aquele que sente, num grau qualquer, a influência dos Espíritos é, por esse fato, médium. Essa faculdade é inerente ao homem; não constitui, portanto, um privilégio exclusivo. Por isso mesmo, raras são as pessoas que dela não possuam alguns rudimentos. Pode, pois, dizer-se que todos são, mais ou menos, médiuns. Todavia, usualmente, assim só se qualificam aqueles em quem a faculdade mediúnica se mostra bem caracterizada e se traduz por efeitos patentes, de certa intensidade, o que então depende de uma organização mais ou menos sensitiva. E de notar-se, além disso, que essa faculdade não se revela, da mesma maneira, em todos. Geralmente, os médiuns têm uma aptidão especial para os fenômenos desta, ou daquela ordem, donde resulta que formam tantas variedades, quantas são as espécies de manifestações. As principais são: *a dos médiuns de efeitos físicos; a dos médiuns sensitivos, ou impressionáveis; a dos audientes; a dos videntes; a dos sonambúlicos; a dos curadores; a dos pneumatógrafos; a dos escreventes, ou psicógrafos.*

1. Médiuns de efeitos físicos

160. Os *médiuns de efeitos físicos* são particularmente aptos a produzir fenômenos materiais, como os movimentos dos corpos inertes, ou ruídos etc. Podem dividir-se em *médiuns facultativos* e *médiuns involuntários*. (Veja-se a 2ª parte, caps. II e IV.)

Os *médiuns facultativos* são os que têm consciência do seu poder e que produzem fenômenos espíritas por ato da própria vontade. Conquanto inerente à espécie humana, conforme já dissemos, semelhante faculdade longe está de existir em todos no mesmo grau. Porém, se poucas pessoas há em quem ela seja absolutamente nula, mais raras ainda são as capazes de produzir os grandes efeitos tais como a suspensão de corpos pesados, a translação aérea e, sobretudo, as aparições. Os efeitos mais simples são a rotação de um objeto, pancadas produzidas mediante o levantamento desse objeto, ou na sua própria substância. Embora não demos importância capital a esses fenômenos, recomendamos, contudo, que não sejam desprezados. Podem proporcionar ensejo a observações interessantes e contribuir para a convicção dos que os observem. Cumpre, entretanto, ponderar que a faculdade de produzir efeitos materiais raramente existe nos que dispõem de mais perfeitos meios de comunicação, quais a escrita e a palavra. Em geral, a faculdade diminui num sentido à proporção que se desenvolve em outro.

161. Os *médiuns involuntários* ou *naturais* são aqueles cuja influência se exerce a seu mau grado. Nenhuma consciência têm do poder que possuem e, muitas vezes, o que de anormal se passa em torno deles não se lhes afigura de modo algum extraordinário. Isso faz parte deles, exatamente como se dá com as pessoas que, sem o suspeitarem, são dotadas de dupla vista. São muito dignos de observação esses indivíduos e ninguém deve descuidar-se de recolher e estudar os fatos deste gênero que lhe cheguem ao conhecimento. Manifestam-se em todas as idades e, frequentemente, em crianças ainda muito novas. (Veja-se acima, o capítulo V, *Das manifestações físicas espontâneas.*)

Tal faculdade não constitui, em si mesma, indício de um estado patológico, porquanto não é incompatível com uma saúde perfeita. Se sofre aquele que a possui, esse sofrimento é devido a uma causa estranha, donde se segue que os meios terapêuticos são impotentes para fazê-la desaparecer. Nalguns casos, pode ser consequente de uma certa fraqueza orgânica, porém, nunca é causa eficiente. Não seria, pois, razoável tirar dela um motivo de inquietação, do ponto de vista higiênico. Só poderia acarretar inconveniente, se aquele que a possui abusasse dela, depois de se haver tornado médium facultativo, porque então se verificaria nele uma emissão demasiado abundante de fluido vital e, por conseguinte, enfraquecimento dos órgãos.

162. A razão se revolta à lembrança das torturas morais e corporais a que a ciência tem por vezes sujeitado criaturas fracas e delicadas, para se certificar da existência de fraude da parte delas. Tais *experimentações*, amiúde feitas maldosamente, são sempre prejudiciais às organizações sensitivas, podendo mesmo dar lugar a graves desordens na economia orgânica. Fazer semelhantes experiências é brincar com a vida. O observador de boa-fé não precisa lançar mão desses meios. Aquele que está familiarizado com os fenômenos desta espécie sabe, aliás, que eles são mais de ordem moral, do que de ordem física e que será inútil procurar-lhes uma solução nas nossas ciências exatas.

Por isso mesmo que tais fenômenos são mais de ordem moral, deve-se evitar com escrupuloso cuidado tudo o que possa sobre-excitar a imaginação. Sabe-se que de acidentes pode o medo ocasionar e muito menos imprudências se cometiam, se se conhecessem todos os casos de loucura e de epilepsia, cuja origem se encontra nos contos de lobisomens e papões. Que não será, se se generalizar a persuasão de que o agente dos aludidos fenômenos é o *diabo?* Os que espelham semelhantes ideias não sabem a responsabilidade que assumem: *podem matar*. Ora, o perigo não existe apenas para o paciente, mas também para os que o cercam, os quais podem ficar aterrorizados, ao pensarem que a casa onde moram se tornou um covil de demônios. Esta crença funesta é que foi causa de tantos atos de atrocidade nos tempos de ignorância. Entretanto, se houvesse um pouco mais de discernimento, teria ocorrido aos que os praticaram que não queimavam o diabo, por queimarem o corpo que supunham possesso do diabo. Desde que do diabo é que queriam livrar-se, ao diabo é que era preciso matassem. Esclarecendo-nos sobre a verdadeira causa de todos esses fenômenos, a Doutrina Espírita lhe dá o golpe de misericórdia. *Longe, pois, de concorrer para que tal ideia se forme, todos devem, e este é um dever de moralidade e de humanidade, combatê-la onde exista.*

O que há a fazer-se, quando uma faculdade dessa natureza se desenvolve espontaneamente num indivíduo, é deixar que o fenômeno siga o seu curso natural: a Natureza é mais prudente do que os homens. Acresce que a Providência tem seus desígnios e aos maiores destes pode servir de instrumento a mais pequenina das criaturas. Porém, forçoso é convir, o fenômeno assume por vezes proporções fatigantes e importunas para toda gente.* Eis, então, o que em todos os casos importa fazer-se. No capítulo V — *Das manifestações físicas espontâneas,* já demos alguns conselhos a este respeito, dizendo ser preciso entrar em comunicação com o Espírito, para dele saber-se o que quer. O meio seguinte também se funda na observação.

Os seres invisíveis, que revelam sua presença por efeitos sensíveis,

---

* Um dos fatos mais extraordinários desta natureza, pela variedade e singularidade dos fenômenos, é, sem contestação, o que ocorreu em 1852, no Palatinado (Baviera renana), em Bergzabern, perto de Wissemburg. É tanto mais notável, quanto denota, reunidos no mesmo indivíduo, quase todos os gêneros de manifestações espontâneas: estrondos de abalar a casa, derribamento dos móveis, arremesso de objetos ao longe por mãos invisíveis, visões e aparições, sonambulismo, êxtase, catalepsia, atração elétrica, gritos e sons aéreos, instrumentos tocando sem contato, comunicações inteligentes etc. e, o que não é de menos importância, a comprovação destes fatos, durante quase dois anos, por inúmeras testemunhas oculares, dignas de crédito pelo saber e pelas posições sociais que ocupavam. A narração autêntica dos aludidos fenômenos foi publicada, naquela época, em muitos jornais alemães e, especialmente, numa brochura hoje esgotada e raríssima. Na *Revue Spirite* de 1858 se encontra a tradução completa dessa brochura, com os comentários e explicações indispensáveis. Essa, que saibamos, é a única publicação feita em francês do folheto a que nos referimos. Além do empolgante interesse que tais fenômenos despertam, eles são eminentemente instrutivos, do ponto de vista do estudo prático do Espiritismo.

são, em geral, Espíritos de ordem inferior e que podem ser dominados pelo ascendente moral. A aquisição deste ascendente é o que se deve procurar.

Para alcançá-lo, preciso é que o indivíduo passe do estado de *médium natural* ao de *médium voluntário*. Produz-se, então, efeito análogo ao que se observa no sonambulismo. Como se sabe, o sonambulismo natural cessa geralmente, quando substituído pelo sonambulismo magnético. Não se suprime a faculdade, que tem a alma, de emancipar-se; dá-se-lhe outra diretriz. O mesmo acontece com a faculdade mediúnica. Para isso, em vez de pôr óbices ao fenômeno, coisa que raramente se consegue e que nem sempre deixa de ser perigosa, o que se tem de fazer é concitar o médium a produzi-los à sua vontade, impondo-se ao Espírito. Por esse meio, chega o médium a sobrepujá-lo e, de um dominador às vezes tirânico, faz um ser submisso e, não raro, dócil. Fato digno de nota e que a experiência confirma é que, em tal caso, uma criança tem tanta e, por vezes, mais autoridade que um adulto: mais uma prova a favor deste ponto capital da Doutrina, que o Espírito só é criança pelo corpo; que tem por si mesmo um desenvolvimento necessariamente anterior à sua encarnação atual, desenvolvimento que lhe pode dar ascendente sobre Espíritos que lhe são inferiores.

A moralização de um Espírito, pelos conselhos de uma terceira pessoa influente e experiente, não estando o médium em estado de o fazer, constitui frequentemente meio muito eficaz. Mais tarde voltaremos a tratar dele.

163. Nesta categoria parece, à primeira vista, se deviam incluir as pessoas dotadas de certa dose de eletricidade natural, verdadeiros *torpedos* humanos*, a produzirem, por simples contato, todos os efeitos de atração e repulsão. Errado, porém, fora considerá-las *médiuns,*

---

* N. E.: No original francês está no grifo. *"Torpilles humaines"*. Torpille é um peixe semelhante à raia, ou arraia, que tem órgãos capazes de emitir descargas elétricas. É o *peixe-torpedo*, à semelhança das denominações que damos, de «enguia-elétrica» ou «peixe-elétrico», ao peixe *poraquê* amazônico.

porquanto a vera mediunidade supõe a intervenção direta de um Espírito. Ora, no caso de que falamos, concludentes experiências hão provado que a eletricidade é o agente único desses fenômenos. Esta estranha faculdade, que quase se poderia considerar uma enfermidade, pode às vezes estar aliada à mediunidade, como é fácil de verificar-se na história do *Espírito batedor de Bergzabern*. Porém, as mais das vezes, de todo independe de qualquer faculdade mediúnica. Conforme já dissemos, a única prova da intervenção dos Espíritos é o caráter inteligente das manifestações. Desde que este caráter não exista, fundamento há para serem atribuídas a causas puramente físicas. A questão é saber se as *pessoas elétricas* estarão ou não mais aptas, do que quaisquer outras, a tornar-se *médiuns de efeitos físicos*. Cremos que sim, mas só a experiência poderia demonstrá-lo.

2. Médiuns sensitivos, ou impressionáveis
164. Chamam-se assim às pessoas suscetíveis de sentir a presença dos Espíritos por uma impressão vaga, por uma espécie de leve roçadura sobre todos os seus membros, sensação que elas não podem explicar. Esta variedade não apresenta caráter bem definido. Todos os médiuns são necessariamente impressionáveis, sendo assim a impressionabilidade mais uma qualidade geral do que especial. É a faculdade rudimentar indispensável ao desenvolvimento de todas as outras. Difere da impressionabilidade puramente física e nervosa, com a qual preciso é não seja confundida, porquanto, pessoas há que não têm nervos delicados e que sentem mais ou menos o efeito da presença dos Espíritos, do mesmo modo que outras, muito irritáveis, absolutamente não os pressentem.

    Esta faculdade se desenvolve pelo hábito e pode adquirir tal sutileza, que aquele que a possui reconhece, pela impressão que experimenta, não só a natureza, boa ou má, do Espírito que lhe está ao lado, mas até a sua individualidade, como o cego reconhece, por um certo não sei quê, a aproximação de tal ou tal pessoa. Torna-se, com relação aos Espíritos, verdadeiro sensitivo. Um bom Espírito produz sempre uma impressão suave e agradável; a de um mau Espírito, ao contrário, é penosa, angustiosa, desagradável. Há como que um cheiro de impureza.

3. Médiuns audientes

165. Estes ouvem a voz dos Espíritos. É, como dissemos ao falar da pneumatofonia, algumas vezes uma voz interior, que se faz ouvir no foro íntimo; doutras vezes, é uma voz exterior, clara e distinta, qual a de uma pessoa viva. Os médiuns audientes podem, assim, travar conversação com os Espíritos. Quando têm o hábito de se comunicar com determinados Espíritos, eles os reconhecem imediatamente pela natureza da voz. Quem não seja dotado desta faculdade pode, igualmente, comunicar com um Espírito, se tiver, a auxiliá-lo, um médium audiente, que desempenhe a função de intérprete.

Esta faculdade é muito agradável, quando o médium só ouve Espíritos bons, ou unicamente aqueles por quem chama. Assim, entretanto, já não é, quando um Espírito mau se lhe agarra, fazendo-lhe ouvir a cada instante as coisas mais desagradáveis e não raro as mais inconvenientes. Cumpre-lhe, então, procurar livrar-se desses Espíritos, pelos meios que indicaremos no capítulo da *Obsessão*.

4. Médiuns falantes

166. Os médiuns audientes, que apenas transmitem o que ouvem, não são, a bem dizer, *médiuns falantes*. Estes últimos, as mais das vezes, nada ouvem. Neles, o Espírito atua sobre os órgãos da palavra, como atua sobre a mão dos médiuns escreventes. Querendo comunicar-se, o Espírito se serve do órgão que se lhe depara mais flexível no médium. A um, toma da mão; a outro, da palavra; a um terceiro, do ouvido. O médium falante geralmente se exprime sem ter consciência do que diz e muitas vezes diz coisas completamente estranhas às suas ideias habituais, aos seus conhecimentos e, até, fora do alcance de sua inteligência. Embora se ache perfeitamente acordado e em estado normal, raramente guarda lembrança do que diz. Em suma, nele, a palavra é um instrumento de que se serve o

Espírito, com o qual uma terceira pessoa pode comunicar-se, como pode com o auxílio de um médium audiente.

Nem sempre, porém, é tão completa a passividade do médium falante. Alguns há que têm a intuição do que dizem, no momento mesmo em que pronunciam as palavras. Voltaremos a ocupar-nos com esta espécie de médiuns, quando tratarmos dos médiuns intuitivos.

5. Médiuns videntes

167. Os médiuns videntes são dotados da faculdade de ver os Espíritos. Alguns gozam dessa faculdade em estado normal, quando perfeitamente acordados, e conservam lembrança precisa do que viram. Outros só a possuem em estado sonambúlico, ou próximo do sonambulismo. Raro é que esta faculdade se mostre permanente; quase sempre é efeito de uma crise passageira. Na categoria dos médiuns videntes se podem incluir todas as pessoas dotadas de dupla vista. A possibilidade de ver em sonho os Espíritos resulta, sem contestação, de uma espécie de mediunidade, mas não constitui, propriamente falando, o que se chama médium vidente. Explicamos esse fenômeno no capítulo VI — *Das manifestações visuais*.

O médium vidente julga ver com os olhos, como os que são dotados de dupla vista; mas, na realidade, é a alma quem vê e por isso é que eles tanto veem com os olhos fechados, como com os olhos abertos; donde se conclui que um cego pode ver os Espíritos, do mesmo modo que qualquer outro que tem perfeita a vista. Sobre este último ponto caberia fazer-se interessante estudo, o de saber se a faculdade de que tratamos é mais frequente nos cegos. Espíritos que na Terra foram cegos nos disseram que, quando vivos, tinham, pela alma, a percepção de certos objetos e que não se encontravam imersos em *negra escuridão*.

168. Cumpre distinguir as aparições acidentais e espontâneas da faculdade propriamente dita de ver os Espíritos. As primeiras são frequentes, sobretudo no momento da morte das pessoas que aquele que vê amou ou conheceu e que o vêm prevenir de que já não são

deste mundo. Há inúmeros exemplos de fatos deste gênero, sem falar das visões durante o sono. Doutras vezes, são, do mesmo modo, parentes, ou amigos que, conquanto mortos há mais ou menos tempo, aparecem, ou para avisar de um perigo, ou para dar um conselho, ou, ainda, para pedir um serviço. O serviço que o Espírito pode solicitar é, em geral, a execução de uma coisa que lhe não foi possível fazer em vida, ou o auxílio das preces. Estas aparições constituem fatos isolados, que apresentam sempre um caráter individual e pessoal, e não efeito de uma faculdade propriamente dita. A faculdade consiste na possibilidade, senão permanente, pelo menos muito frequente de ver qualquer Espírito que se apresente, ainda que seja absolutamente estranho ao vidente. A posse desta faculdade é o que constitui, propriamente falando, o médium vidente.

Entre esses médiuns, alguns há que só veem os Espíritos evocados e cuja descrição podem fazer com exatidão minuciosa. Descrevem-lhes, com as menores particularidades, os gestos, a expressão da fisionomia, os traços do semblante, as vestes e, até, os sentimentos de que parecem animados. Outros há em quem a faculdade da vidência é ainda mais ampla: veem toda a população espírita ambiente, a se mover em todos os sentidos, cuidando, poder-se-ia dizer, de seus afazeres.

169. Assistimos uma noite à representação da ópera *Oberon,* em companhia de um médium vidente muito bom. Havia na sala grande número de lugares vazios, muitos dos quais, no entanto, estavam ocupados por Espíritos, que pareciam interessar-se pelo espetáculo. Alguns se colocavam junto de certos espectadores, como que a lhes escutar a conversação. Cena diversa se desenrolava no palco: por detrás dos atores muitos Espíritos, de humor jovial, se divertiam em arremedá-los, imitando-lhes os gestos de modo grotesco; outros, mais sérios, pareciam inspirar os cantores e fazer esforços por lhes dar energia. Um deles se conservava sempre junto de uma das principais cantoras. Julgando-o animado de intenções um tanto levianas e tendo-o evocado após a terminação do ato, ele acudiu ao nosso chamado e nos reprochou, com severidade, o temerário juízo: "Não sou o que julgas, disse; sou o seu guia e seu Espírito protetor; sou

encarregado de dirigi-la." Depois de alguns minutos de uma palestra muito séria, deixou-nos, dizendo: "Adeus; ela está em seu camarim; é preciso que vá vigiá-la." Em seguida, evocamos o Espírito Weber, autor da ópera, e lhe perguntamos o que pensava da execução da sua obra. "Não de todo má; porém, frouxa; os atores cantam, eis tudo. Não há inspiração. Espera, acrescentou, vou tentar dar-lhes um pouco do fogo sagrado." Foi visto, daí a nada, no palco, pairando acima dos atores. Partindo dele, um como eflúvio se derramava sobre os intérpretes. Houve, então, nestes, visível recrudescência de energia.

170. Outro fato que prova a influência que os Espíritos exercem sobre os homens, à revelia destes: Assistíamos, como nessa noite, a uma representação teatral, com outro médium vidente. Travando conversação com um *Espírito espectador*, disse-nos ele: "Vês aquelas duas damas sós, naquele camarote da primeira ordem? Pois bem, estou esforçando-me por fazer que deixem a sala." Dizendo isso, o médium o viu ir colocar-se no camarote em questão e falar às duas. De súbito, estas, que se mostravam muito atentas ao espetáculo, se entreolharam, parecendo consultar-se mutuamente. Depois, vão-se e não mais voltam. O Espírito nos fez então um gesto cômico, querendo significar que cumprira o que dissera. Não o tornamos a ver, para pedir-lhe explicações mais amplas, assim que muitas vezes fomos testemunhas do papel que os Espíritos desempenham entre os vivos. Observamo-los em diversos lugares de reunião, em bailes, concertos, sermões, funerais, casamentos etc., e por toda parte os encontramos atiçando paixões más, soprando discórdias, provocando rixas e rejubilando-se com suas proezas. Outros, ao contrário, combatiam essas influências perniciosas, porém, raramente eram atendidos.

171. A faculdade de ver os Espíritos pode, sem dúvida, desenvolver-se, mas é uma das de que convém esperar o desenvolvimento natural, sem o provocar, em não se querendo ser joguete da própria imaginação. Quando o gérmen de uma faculdade existe, ela se manifesta de si mesma. Em princípio, devemos contentar-nos com as que Deus nos outorgou, sem procurarmos o impossível, por isso que,

pretendendo ter muito, corremos o risco de perder o que possuímos.

Quando dissemos serem frequentes os casos de aparições espontâneas (n. 107), não quisemos dizer que são muito comuns. Quanto aos médiuns videntes, propriamente ditos, ainda são mais raros e há muito que desconfiar dos que se inculcam possuidores dessa faculdade. E prudente não se lhes dar crédito, senão diante de provas positivas. Não aludimos sequer aos que se dão à ilusão ridícula de ver os Espíritos glóbulos, que descrevemos no n. 108; falamos apenas dos que dizem ver os Espíritos de modo racional. E fora de dúvida que algumas pessoas podem enganar-se de boa-fé, porém, outras podem também simular esta faculdade por amor-próprio, ou por interesse. Neste caso, é preciso, muito especialmente, levarem conta o caráter, a moralidade e a sinceridade habituais; todavia, nas particularidades, sobretudo, é que se encontram meios de mais segura verificação, porquanto algumas há que não podem deixar suspeita, como, por exemplo, a exatidão no retratar Espíritos que o médium jamais conheceu quando encamados. Pertence a esta categoria o fato seguinte:

Uma senhora, viúva, cujo marido se comunica frequentemente com ela, estava certa vez em companhia de um médium vidente, que não a conhecia, como não lhe conhecia a família. Disse-lhe o médium, em dado momento: "Vejo um Espírito perto da senhora." — "Ah! disse esta por sua vez: E com certeza meu marido, que quase nunca me deixa." — "Não, respondeu o médium, é uma mulher de certa idade; está penteada de modo singular; traz um bandó branco sobre a fronte."

Por essa particularidade e outros detalhes descritos, a senhora reconheceu, sem haver possibilidade de engano, sua avó, em quem naquele instante absolutamente não pensava. Se o médium houvesse querido simular a faculdade, fácil lhe fora acompanhar o pensamento da dama. Entretanto, em vez do marido, com quem ela se achava preocupada, ele vê uma mulher, com uma particularidade no penteado, da qual coisa alguma lhe podia dar ideia. Este fato prova também que a vidência, no médium, não era reflexo de qualquer pensamento estranho. (Veja-se o n. 102.)

6. Médiuns sonambúlicos

172. Pode considerar-se o sonambulismo uma variedade da faculdade mediúnica, ou, melhor, são duas ordens de fenômenos que frequentemente se acham reunidos. O sonâmbulo age sob a influência do seu próprio Espírito; é sua alma que, nos momentos de emancipação, vê, ouve e percebe, fora dos limites dos sentidos. O que ele externa tira-o de si mesmo; suas ideias são, em geral, mais justas do que no estado normal, seus conhecimentos mais dilatados, porque tem livre a alma. Numa palavra, ele vive antecipadamente a vida dos Espíritos. O médium, ao contrário, é instrumento de uma inteligência estranha; é passivo e o que diz não vem de si. Em resumo, o sonâmbulo exprime o seu próprio pensamento, enquanto o médium exprime o de outrem. Mas o Espírito que se comunica com um médium comum também o pode fazer com um sonâmbulo; dá-se mesmo que, muitas vezes, o estado de emancipação da alma facilita essa comunicação. Muitos sonâmbulos veem perfeitamente os Espíritos e os descrevem com tanta precisão, como os médiuns videntes. Podem confabular com eles e transmitir-nos seus pensamentos. O que dizem, fora do âmbito de seus conhecimentos pessoais, lhes é com frequência sugerido por outros Espíritos. Aqui está um exemplo notável, em que a dupla ação do Espírito do sonâmbulo e de outro Espírito se revela e de modo inequívoco.

173. Um de nossos amigos tinha como sonâmbulo um rapaz de 14 a 15 anos, de inteligência muito vulgar e instrução extremamente escassa. Entretanto, no estado de sonambulismo, deu provas de lucidez extraordinária e de grande perspicácia. Excedia, sobretudo, no tratamento das enfermidades e operou grande número de curas consideradas impossíveis. Certo dia, dando consulta a um doente, descreveu a enfermidade com absoluta exatidão. Não basta, disseram-lhe, agora é preciso que indiques o remédio. Não posso, respondeu, *meu anjo doutor não está aqui.* Quem é esse anjo doutor de quem falas? — O que dita os remédios. — Não és tu, então, que vês os remédios? — Oh! Não; estou a dizer que é o meu anjo doutor quem os dita.

Assim, nesse sonâmbulo, a ação de *ver* o mal era do seu próprio Espírito que, para isso, não precisava de assistência alguma; a indicação, porém, dos remédios lhe era dada por outro. Não estando presente esse outro, ele nada podia dizer. Quando só, era apenas *sonâmbulo;* assistido por aquele a quem chamava seu anjo doutor, era *sonâmbulo-médium.*

174. A lucidez sonambúlica é uma faculdade que se radica no organismo e que independe, em absoluto, da elevação, do adiantamento e mesmo do estado moral do indivíduo. Pode, pois, um sonâmbulo ser muito lúcido e ao mesmo tempo incapaz de resolver certas questões, desde que seu Espírito seja pouco adiantado. O que fala por si próprio pode, portanto, dizer coisas boas ou más, exatas ou falsas, demonstrar mais ou menos delicadeza e escrúpulo nos processos de que use, conforme o grau de elevação, ou de inferioridade do seu próprio Espírito. A assistência então de outro Espírito pode suprir-lhe as deficiências. Mas um sonâmbulo, tanto como os médiuns, pode ser assistido por um Espírito mentiroso, leviano, ou mesmo mau. AI, sobretudo, é que as qualidades morais exercem grande influência, para atraírem os bons Espíritos. (Veja-se: *O livro dos espíritos,* "Sonambulismo", n. 425, e, aqui, adiante, o capítulo sobre a "Influência moral do médium".)

7. Médiuns curadores

175. Unicamente para não deixar de mencioná-la, falaremos aqui desta espécie de médiuns, porquanto o assunto exigiria desenvolvimento excessivo para os limites em que precisamos ater-nos. Sabemos, ao demais, que um de nossos amigos, médico, se propõe a tratá-lo em obra especial sobre a medicina intuitiva. Diremos apenas que este gênero de mediunidade consiste, principalmente, no dom que possuem certas pessoas de curar pelo simples toque, pelo olhar, mesmo por um gesto, sem o concurso de qualquer medicação. Dir-se-á, sem dúvida, que isso mais não é do que magnetismo. Evidentemente, o fluido magnético desempenha aí importante papel; porém, quem examina cuidadosamente o fenômeno sem dificuldade reconhece

que há mais alguma coisa. A magnetização ordinária é um verdadeiro tratamento seguido, regular e metódico; no caso que apreciamos, as coisas se passam de modo inteiramente diverso. Todos os magnetizadores são mais ou menos aptos a curar, desde que saibam conduzir-se convenientemente, ao passo que nos médiuns curadores a faculdade é espontânea e alguns até a possuem sem jamais terem ouvido falar de magnetismo. A intervenção de uma potência oculta, que é o que constitui a mediunidade, se faz manifesta, em certas circunstâncias, sobretudo se considerarmos que a maioria das pessoas que podem, com razão, ser qualificadas de médiuns curadores recorre à prece, que é uma verdadeira evocação. (Veja-se atrás o n. 131.)

176. Eis aqui as respostas que nos deram os Espíritos às perguntas que lhes dirigimos sobre este assunto:

1ª Podem considerar-se as pessoas dotadas de força magnética como formando uma variedade de médiuns?

"Não há que duvidar."

2ª Entretanto, o médium é um intermediário entre os Espíritos e o homem; ora, o magnetizador, haurindo em si mesmo a força de que se utiliza, não parece que seja intermediário de nenhuma potência estranha.

"É um erro; a força magnética reside, sem dúvida, no homem, mas é aumentada pela ação dos Espíritos que ele chama em seu auxílio. Se magnetizas com o propósito de curar, por exemplo, e invocas um bom Espírito que se interessa por ti e pelo teu doente, ele aumenta a tua força e a tua vontade, dirige o teu fluido e lhe dá as qualidades necessárias."

3ª Há, entretanto, bons magnetizadores que não creem nos Espíritos?

"Pensas então que os Espíritos só atuam nos que creem neles? Os que magnetizam para o bem são auxiliados por bons Espíritos. Todo homem que nutre o desejo do bem os chama, sem dar por isso, do mesmo modo que, pelo desejo do mal e pelas más intenções, chama os maus."

4ª Agiria com maior eficácia aquele que, tendo a força magnética, acreditasse na intervenção dos Espíritos?

"Faria coisas que consideraríeis milagre."

5ª Há pessoas que verdadeiramente possuem o dom de curar pelo simples contato, sem o emprego dos passes magnéticos?

"Certamente; não tens disso múltiplos exemplos?"

6ª Nesse caso, há também ação magnética, ou apenas influência dos Espíritos?

"Uma e outra coisa. Essas pessoas são verdadeiros médiuns, pois que atuam sob a influência dos Espíritos; isso, porém, não quer dizer que sejam quais médiuns curadores, conforme o entendes."

7ª Pode transmitir-se esse poder?

"O poder, não; mas o conhecimento de que necessita, para exercê-lo, quem o possua. Não falta quem não suspeite sequer de que tem esse poder, se não acreditar que lhe foi transmitido."

8ª Podem obter-se curas unicamente por meio da prece?

"Sim, desde que Deus o permita; pode dar-se, no entanto, que o bem do doente esteja em sofrer por mais tempo e então julgais que a vossa prece não foi ouvida."

9ª Haverá para isso algumas fórmulas de prece mais eficazes do que outras?

"Somente a superstição pode emprestar virtudes quaisquer a certas palavras e somente Espíritos ignorantes, ou mentirosos podem alimentar semelhantes ideias, prescrevendo fórmulas. Pode, entretanto, acontecer que, em se tratando de pessoas pouco esclarecidas e incapazes de compreender as coisas puramente espirituais, o uso de determinada fórmula contribua para lhes infundir confiança. Neste caso, porém, não é na fórmula que está a eficácia, mas na fé, que aumenta por efeito da ideia ligada ao uso da fórmula."

8. Médiuns pneumatógrafos

177. Dá-se este nome aos médiuns que têm aptidão para obter a escrita direta, o que não é possível a todos os médiuns escreventes. Esta faculdade, até agora, se mostra muito rara. Desenvolve-se, provavelmente, pelo exercício; mas, como dissemos, sua utilidade prática se limita a uma comprovação patente da intervenção de uma

força oculta nas manifestações. Só a experiência é capaz de dar a ver a qualquer pessoa se a possui Pode-se, portanto, experimentar, como também se pode inquirir a respeito um Espírito protetor, pelos outros meios de comunicação. Conforme seja maior ou menor o poder do médium, obtêm-se simples traços, sinais, letras, palavras, frases e mesmo páginas inteiras. Basta de ordinário colocar uma folha de papel dobrada num lugar qualquer, ou indicado pelo Espírito, durante dez minutos, ou um quarto de hora, às vezes mais. A prece e o recolhimento são condições essenciais; é por isso que se pode considerar impossível a obtenção de coisa alguma, numa reunião de pessoas pouco sérias, ou não animadas de sentimentos de simpatia e benevolência. (Veja-se a teoria da escrita direta, capítulo VIII, *Laboratório do mundo invisível*, n. 127 e seguintes, e capítulo XII, *Pneumatografia.)*

Trataremos de modo especial dos médiuns escreventes nos capítulos que se seguem.

CAPÍTULO XV
DOS MÉDIUNS ESCREVENTES OU PSICÓGRAFOS

178. De todos os meios de comunicação, a escrita manual é o mais simples, mais cômodo e, sobretudo, mais completo. Para ele devem tender todos os esforços, porquanto permite se estabeleçam, com os Espíritos, relações tão continuadas e regulares, como as que existem entre nós. Com tanto mais afinco deve ser empregado, quanto é por ele que os Espíritos revelam melhor sua natureza e o grau do seu aperfeiçoamento, ou da sua inferioridade. Pela facilidade que encontram em exprimir-se por esse meio, eles nos revelam seus mais íntimos pensamentos e nos facultam julgá-los e apreciar-lhes o valor. Para o médium, a faculdade de escrever é, além disso, a mais suscetível de desenvolver-se pelo exercício.

Médiuns mecânicos
179. Quem examinar certos efeitos que se produzem nos movimentos da mesa, da cesta, ou da prancheta que escreve não poderá duvidar

de uma ação diretamente exercida pelo Espírito sobre esses objetos. A cesta se agita por vezes com tanta violência, que escapa das mãos do médium e não raro se dirige a certas pessoas da assistência para nelas bater. Outras vezes, seus movimentos dão mostra de um sentimento afetuoso. O mesmo ocorre quando o lápis está colocado na mão do médium; frequentemente é atirado longe com força, ou, então, a mão, bem como a cesta, se agitam convulsivamente e batem na mesa de modo colérico, ainda quando o médium está possuído da maior calma e se admira de não ser senhor de si Digamos, de passagem, que tais efeitos demonstram sempre a presença de Espíritos imperfeitos; os Espíritos superiores são constantemente calmos, dignos e benévolos; se não são escutados convenientemente, retiram-se e outros lhes tomam o lugar. Pode, pois, o Espírito exprimir diretamente suas ideias, quer movimentando um objeto a que a mão do médium serve de simples ponto de apoio, quer acionando a própria mão.

Quando atua diretamente sobre a mão, o Espírito lhe dá uma impulsão de todo independente da vontade deste último. Ela se move sem interrupção e sem embargo do médium, enquanto o Espírito tem alguma coisa que dizer, e para, assim ele acaba.

Nesta circunstância, o que caracteriza o fenômeno é que o médium não tem a menor consciência do que escreve. Quando se dá, no caso, a inconsciência absoluta; têm-se os médiuns chamados *passivos* ou *mecânicos*. E preciosa esta faculdade, por não permitir dúvida alguma sobre a independência do pensamento daquele que escreve.

Médiuns intuitivos
180. A transmissão do pensamento também se dá por meio do Espírito do médium, ou, melhor, de sua alma, pois que por este nome designamos o Espírito encarnado. O Espírito livre, neste caso, não atua sobre a mão, para fazê-la escrever; não a toma, não a guia. Atua sobre a alma, com a qual se identifica. A alma, sob esse impulso, dirige a mão e esta dirige o lápis. Notemos aqui uma coisa importante: é que o Espírito livre não se substitui à alma, visto que não a pode deslocar. Domina-a, mau grado seu, e lhe imprime a sua

vontade. Em tal circunstância, o papel da alma não é o de inteira passividade; ela recebe o pensamento do Espírito livre e o transmite. Nessa situação, o médium tem consciência do que escreve, embora não exprima o seu próprio pensamento. E o que se chama *médium intuitivo*.

Mas, sendo assim, dir-se-á, nada prova seja um Espírito estranho quem escreve e não o do médium. Efetivamente, a distinção é às vezes difícil de fazer-se, porém, pode acontecer que isso pouca importância apresente. Todavia, é possível reconhecer-se o pensamento sugerido, por não ser nunca preconcebido; nasce *à* medida que a escrita vai sendo traçada e, amiúde, é contrário *à* ideia que antecipadamente se formara. Pode mesmo estar fora dos limites dos conhecimentos e capacidades do médium.

O papel do médium mecânico é o de uma máquina; o médium intuitivo age como o faria um intérprete. Este, de fato, para transmitir o pensamento, precisa compreendê-lo, apropriar-se dele, de certo modo, para traduzi-lo fielmente e, no entanto, esse pensamento não é seu, apenas lhe atravessa o cérebro. Tal precisamente o papel do médium intuitivo.

Médiuns semimecânicos
181. No médium puramente mecânico, o movimento da mão independe da vontade; no médium intuitivo, o movimento é voluntário e facultativo. O médium semimecânico participa de ambos esses gêneros. Sente que à sua mão uma impulsão é dada, mau grado seu, mas, ao mesmo tempo, tem consciência do que escreve, à medida que as palavras se formam. No primeiro o pensamento vem depois do ato da escrita; no segundo, precede-o; no terceiro, acompanha-o. Estes últimos médiuns são os mais numerosos.

Médiuns inspirados
182. Todo aquele que, tanto no estado normal, como no de êxtase, recebe, pelo pensamento, comunicações estranhas às suas ideias preconcebidas, pode ser incluído na categoria dos médiuns inspirados.

Estes, como se vê, formam uma variedade da mediunidade intuitiva, com a diferença de que a intervenção de uma força oculta é aí muito menos sensível, por isso que, ao inspirado, ainda é mais difícil distinguir o pensamento próprio do que lhe é sugerido. A espontaneidade é o que, sobretudo, caracteriza o pensamento deste último gênero. A inspiração nos vem dos Espíritos que nos influenciam para o bem, ou para o mal, porém, procede, principalmente, dos que querem o nosso bem e cujos conselhos muito amiúde cometemos o erro de não seguir. Ela se aplica, em todas as circunstâncias da vida, às resoluções que devamos tomar. Sob esse aspecto, pode dizer-se que todos são médiuns, porquanto não há quem não tenha seus Espíritos protetores e familiares, a se esforçarem por sugerir aos protegidos salutares ideias. Se todos estivessem bem compenetrados desta verdade, ninguém deixaria de recorrer com frequência à inspiração do seu anjo de guarda, nos momentos em que se não sabe o que dizer, ou fazer. Que cada um, pois, o invoque com *fervor e confiança,* em caso de necessidade, e muito frequentemente se admirará das ideias que lhe surgem como por encanto, quer se trate de uma resolução a tomar, quer de alguma coisa a compor. Se nenhuma ideia surge, é que é preciso esperar. A prova de que a ideia que sobrevém é estranha à pessoa de quem se trate esta em que, se tal ideia lhe existira na mente, essa pessoa seria senhora de, a qualquer momento, utilizá-la e não haveria razão para que ela se não manifestasse à vontade. Quem não é cego nada mais precisa fazer do que abrir os olhos, para ver quando quiser. Do mesmo modo, aquele que possui ideias próprias tem-nas sempre à disposição. Se elas não lhes vêm quando quer, é que está obrigado a buscá-las algures, que não no seu íntimo.

Também se podem incluir nesta categoria as pessoas que, sem serem dotadas de inteligência fora do comum e sem saírem do estado normal, têm relâmpagos de uma lucidez intelectual que lhes dá momentaneamente desabitual facilidade de concepção e de elocução e, em certos casos, o pressentimento de coisas futuras. Nesses momentos, que com acerto se chamam de inspiração, as ideias abundam, sob um impulso involuntário e quase febril. Parece que uma inteligência superior nos vem ajudar e que o nosso espírito se desembaraçou de um fardo.

183. Os homens de gênio, de todas as espécies, artistas, sábios, literatos, são sem dúvida Espíritos adiantados, capazes de compreender por si mesmos e de conceber grandes coisas. Ora, precisamente porque os julgam capazes, é que os Espíritos, quando querem executar certos trabalhos, lhes sugerem as ideias necessárias e assim é que eles, as mais das vezes, são *médiuns sem o saberem*. Têm, no entanto, vaga intuição de uma assistência estranha, visto que todo aquele que apela para a inspiração, mais não faz do que uma evocação. Se não esperasse ser atendido, por que exclamaria, tão frequentemente: meu bom gênio, vem em meu auxílio?

As respostas seguintes confirmam esta asserção:

a) Qual a causa primária da inspiração?

"O Espírito que se comunica pelo pensamento."

b) A revelação das grandes coisas não é que constitui o objeto único da inspiração?

"Não, a inspiração se verifica, muitas vezes, com relação às mais comuns circunstâncias da vida. Por exemplo, queres ir a alguma parte: uma voz secreta te diz que não o faças, porque correrás perigo; ou, então, te diz que faças uma coisa em que não pensavas. É a inspiração. Poucas pessoas há que não tenham sido mais ou menos inspiradas em certos momentos."

c) Um autor, um pintor, um músico, por exemplo, poderiam, nos momentos de inspiração, ser considerados médiuns?

"Sim, porquanto, nesses momentos, a alma se lhes torna mais livre e como que desprendida da matéria; recobra uma parte das suas faculdades de Espírito e recebe mais facilmente as comunicações dos outros Espíritos que a inspiram."

Médiuns de pressentimentos
184. O pressentimento é uma intuição vaga das coisas futuras. Algumas pessoas têm essa faculdade mais ou menos desenvolvida. Pode ser devida a uma espécie de dupla vista, que lhes permite entrever

as consequências das coisas atuais e a filiação dos acontecimentos. Mas, muitas vezes, também é resultado de comunicações ocultas e, sobretudo neste caso, é que se pode dar aos que dela são dotados o nome de *médiuns de pressentimentos,* que constituem uma variedade dos *médiuns inspirados.*

CAPÍTULO XVI
DOS MÉDIUNS ESPECIAIS

185. Além das categorias de médiuns que acabamos de enumerar, a mediunidade apresenta uma variedade infinita de matizes, que constituem os chamados médiuns especiais, dotados de aptidões particulares, ainda não definidas, abstração feita das qualidades e conhecimentos do Espírito que se manifesta.

A natureza das comunicações guarda sempre relação com a natureza do Espírito e traz o cunho da sua elevação, ou da sua inferioridade, de seu saber, ou de sua ignorância. Mas, em igualdade de merecimento, do ponto de vista hierárquico, há nele incontestavelmente uma propensão para se ocupar de uma coisa preferentemente a outra. Os Espíritos batedores, por exemplo, jamais saem das manifestações físicas e, entre os que dão comunicações inteligentes, há Espíritos poetas, músicos, desenhistas, moralistas, sábios, médicos etc. Falamos dos Espíritos de mediana categoria, por isso que, chegando eles a um certo grau, as aptidões se confundem na unidade da perfeição.

Porém, de par com a aptidão do Espírito, há a do médium, que é, para o primeiro, instrumento mais ou menos cômodo, mais ou menos flexível e no qual descobre ele qualidades particulares que não podemos apreciar.

Façamos uma comparação: um músico muito hábil tem ao seu alcance diversos violinos, que todos, para o vulgo, são bons instrumentos, mas que são muito diferentes uns dos outros para o artista consumado, o qual descobre neles matizes de extrema delicadeza, que o levam a escolher uns e a rejeitar outros, matizes que ele percebe por intuição, visto que não os pode definir. O mesmo se dá com relação aos médiuns. Em igualdade de condições quanto às forças mediúnicas, o Espírito preferirá um ou outro, conforme o gênero da comunicação que queira transmitir. Assim, por exemplo, indivíduos há que, como médiuns, escrevem admiráveis poesias, sendo certo que, em condições ordinárias, jamais puderam ou souberam fazer dois versos; outros, ao contrário, que são poetas e que, como médiuns, nunca puderam escrever senão prosa, mau grado ao desejo que nutrem de escrever poesias. Outro tanto sucede com o desenho, com a música etc. Alguns há que, sem possuírem de si mesmos conhecimentos científicos, demonstram especial aptidão para receber comunicações eruditas; outros, para os estudos históricos; outros servem mais facilmente de intérpretes aos Espíritos moralistas. Numa palavra, qualquer que seja a maleabilidade do médium, as comunicações que ele com mais facilidade recebe trazem geralmente um cunho especial; alguns existem mesmo que não saem de uma certa ordem de ideias e, quando destas se afastam, só obtêm comunicações incompletas, lacônicas e não raro falsas. Além das causas de aptidão, os Espíritos também se comunicam mais ou menos preferentemente por tal ou qual intermediário, de acordo com as suas simpatias. Assim, em perfeita igualdade de condições, o mesmo Espírito será muito mais explícito com certos médiuns, apenas porque estes lhe convêm mais.

186. Laboraria, pois, em erro quem, simplesmente por ter ao seu alcance um bom médium, ainda mesmo com a maior facilidade para escrever, entendesse de querer obter por ele boas comunicações de

todos os gêneros. A primeira condição é, não há contestar, certificar-se a pessoa da fonte donde elas promanam, isto é, das qualidades do Espírito que as transmite; porém, não é menos necessário ter em vista as qualidades do instrumento oferecido ao Espírito. Cumpre, portanto, se estude a natureza do médium, como se estuda a do Espírito, porquanto são esses os dois elementos essenciais para a obtenção de um resultado satisfatório. Um terceiro existe, que desempenha papel igualmente importante: é a intenção, o pensamento íntimo, o sentimento mais ou menos louvável de quem interroga. Isto facilmente se concebe. *Para que uma comunicação seja boa, preciso é que proceda de um Espírito bom; para que esse bom Espírito a POSSA transmitir indispensável lhe é um bom instrumento; para que QUEIRA transmiti-la, necessário se faz que o fim visado lhe convenha.* O Espírito, que lê o pensamento, julga se a questão que lhe propõem merece resposta séria e se a pessoa que lha dirige é digna de recebê-la. A não ser assim, não perde seu tempo em lançar boas sementes em cima de pedras e é quando os Espíritos levianos e zombeteiros entram em ação, porque, pouco lhes importando a verdade, não a encaram de muito perto e se mostram geralmente pouco escrupulosos, quer quanto aos fins, quer quanto aos meios.

Vamos fazer um resumo dos principais gêneros de mediunidade, a fim de apresentarmos, por assim dizer, o quadro sinóptico de todas, compreendidas as que já descrevemos nos capítulos precedentes, indicando o número onde tratamos de cada uma com mais minúcias.

Grupamos as diferentes espécies de médiuns por analogia de causas e efeitos, sem que esta classificação algo tenha de absoluto. Algumas se encontram com facilidade; outras, ao contrário, são raras e excepcionais, o que teremos o cuidado de indicar. Estas últimas indicações foram todas feitas pelos Espíritos, que, aliás, reviram este quadro com particular cuidado e o completaram por meio de numerosas observações e novas categorias, de sorte que o dito quadro é, a bem dizer, obra deles. Mediante aspas, destacamos as suas observações textuais, sempre que nos pareceu conveniente assiná-las. São, na sua maioria, de *Erasto* e de *Sócrates*.

187. Podem dividir-se os médiuns em duas grandes categorias:

Médiuns de efeitos físicos, os que têm o poder de provocar efeitos materiais, ou manifestações ostensivas. (N. 160.)
Médiuns de efeitos intelectuais, os que são mais aptos a receber e a transmitir comunicações inteligentes. (N. 65 e seguintes.)
Todas as outras espécies se prendem mais ou menos diretamente a uma ou outra dessas duas categorias; algumas participam de ambas. Se analisarmos os diferentes fenômenos produzidos sob a influência mediúnica, veremos que, em todos, há um efeito físico e que aos efeitos físicos se alia quase sempre um efeito inteligente. Difícil é muitas vezes determinar o limite entre os dois, mas isso nenhuma consequência apresenta. Sob a denominação de *médiuns de efeitos intelectuais* abrangemos os que podem, mais particularmente, servir de intermediários para as comunicações regulares e fluentes. (N. 133.)

188. Espécies comuns a todos os gêneros de mediunidade
Médiuns sensitivos: pessoas suscetíveis de sentir a presença dos Espíritos, por uma impressão geral ou local, vaga ou material. A maioria dessas pessoas distingue os Espíritos bons dos maus, pela natureza da impressão. (N. 164.)
"Os médiuns delicados e muito sensitivos devem abster-se das comunicações com os Espíritos violentos, ou cuja impressão é penosa, por causa da fadiga que daí resulta."
Médiuns naturais ou *inconscientes:* os que produzem espontaneamente os fenômenos, sem intervenção da própria vontade e, as mais das vezes, à sua revelia. (N. 161.)
Médiuns facultativos ou *voluntários:* os que têm o poder de provocar os fenômenos por ato da própria vontade. (N. 160.)
"Qualquer que seja essa vontade, eles nada podem, se os Espíritos se recusam, o que prova a intervenção de uma força estranha."

189. Variedades especiais para os efeitos físicos
Médiuns tiptólogos: aqueles pela influência dos quais se produzem os ruídos, as pancadas. Variedade muito comum, com ou sem intervenção da vontade.

Médiuns motores: os que produzem o movimento dos corpos inertes. Muito comuns. (N. 61.)

Médiuns de translações e de suspensões: os que produzem a translação aérea e a suspensão dos corpos inertes no espaço, sem ponto de apoio. Entre eles há os que podem elevar-se a si mesmos. Mais ou menos raros, conforme a amplitude do fenômeno; muito raros, no último caso. (Ns. 75 e seguintes; n. 80.)

Médiuns de efeitos musicais: provocam a execução de composições, em certos instrumentos de música, sem contato com estes. Muito raros. (N. 74, perg. 24.)

Médiuns de aparições: os que podem provocar aparições fluídicas ou tangíveis, visíveis para os assistentes. Muito excepcionais. (N. 100, perg. 27; n. 104.)

Médiuns de transporte: os que podem servir de auxiliares aos Espíritos para o transporte de objetos materiais.

Variedade dos médiuns motores e de translações. Excepcionais. (N. 96.)

Médiuns noturnos: os que só na obscuridade obtêm certos efeitos físicos. É a seguinte a resposta que nos deu um Espírito à pergunta que fizemos sobre se se podem considerar esses médiuns como constituindo uma variedade:

"Certamente se pode fazer disso uma especialidade, mas esse fenômeno é devido mais às condições ambientes do que à natureza do médium, ou dos Espíritos. Devo acrescentar que alguns escapam a essa influência do meio e que os médiuns noturnos, em sua maioria, poderiam chegar, pelo exercício, a operar tão bem no claro, quanto na obscuridade. É pouco numerosa esta espécie de médiuns. E, cumpre dizê-lo, graças a essa condição, que oferece plena liberdade ao emprego dos truques da ventriloquia e dos tubos acústicos, é que os charlatães hão abusado muito da credulidade, fazendo-se passar por médiuns, a fim de ganharem dinheiro. Mas que importa? Os trampolineiros de gabinete, como os da praça pública, serão cruelmente desmascarados e os Espíritos lhes provarão que andam mal, imiscuindo-se na obra deles. Repito: alguns charlatães receberão, de modo bastante rude, o castigo que os desgostará do ofício de falsos médiuns. Aliás, tudo isso pouco durará."

ERASTO.

Médiuns pneumatógrafos os que obtêm a escrita direta. Fenômeno muito raro e, sobretudo, muito fácil de ser imitado pelos trapaceiros. (N. 177.)

NOTA. Os Espíritos insistiram, contra a nossa opinião, em incluir a escrita direta entre os fenômenos de ordem física, pela razão, disseram eles, de que: "Os efeitos inteligentes são aqueles para cuja produção o Espírito se serve dos materiais existentes no cérebro do médium, o que não se dá na escrita direta. A ação do médium é aqui toda material, ao passo que no médium escrevente, ainda que completamente mecânico, o cérebro desempenha sempre um papel ativo."

Médiuns curadores: os que têm o poder de curar ou de aliviar o doente, pela só imposição das mãos, ou pela prece.

"Esta faculdade não é essencialmente mediúnica; possuem-na todos os verdadeiros crentes, sejam médiuns ou não. As mais das vezes, é apenas uma exaltação do poder magnético, fortalecido, se necessário, pelo concurso de bons Espíritos." (N. 175.)

Médiuns excitadores: pessoas que têm o poder de, por sua influência, desenvolver nas outras a faculdade de escrever.

"Aí há antes um efeito magnético do que um caso de mediunidade propriamente dita, porquanto nada prova a intervenção de um Espírito. Como quer que seja, pertence à categoria dos efeitos físicos." (Veja-se o capítulo *Da formação dos médiuns.*)

190. Médiuns especiais para efeitos intelectuais. Aptidões diversas

Médiuns audientes: os que ouvem os Espíritos. Muito comuns. (N. 165.)

"Muitos há que imaginam ouvir o que apenas lhes está na imaginação."

Médiuns falantes: os que falam sob a influência dos Espíritos. Muito comuns. (N. 166.)

Médiuns videntes: os que, em estado de vigília, veem os Espíritos. A visão acidental e fortuita de um Espírito, numa circunstância especial, é muito frequente; mas a visão habitual, ou facultativa dos Espíritos, sem distinção, é excepcional. (N. 167.)

"É uma aptidão a que se opõe o estado atual dos órgãos visuais. Por isso é que cumpre nem sempre acreditar na palavra dos que dizem ver os Espíritos."

Médiuns inspirados: aqueles a quem, quase sempre mau grado seu, os Espíritos sugerem ideias, quer relativas aos atos ordinários da vida, quer com relação aos grandes trabalhos da inteligência. (N. 182.)

Médiuns de pressentimentos: pessoas que, em dadas circunstâncias, têm uma intuição vaga de coisas vulgares que ocorrerão no futuro. (N. 184.)

Médiuns proféticos: variedade dos médiuns inspirados, ou de pressentimentos. Recebem, permitindo-o Deus, com mais precisão do que os médiuns de pressentimentos, a revelação de futuras coisas de interesse geral e são incumbidos de dá-las a conhecer aos homens, para instrução destes.

"Se há profetas verdadeiros, mais ainda os há falsos, que consideram revelações os devaneios da própria imaginação, quando não são embusteiros que, por ambição, se apresentam como tais." (Veja-se, em *O livro dos espíritos,* o n. 624 — "Características do verdadeiro profeta".)

Médiuns sonâmbulos: os que, em estado de sonambulismo, são assistidos por Espíritos. (N. 172.)

Médiuns extáticos: os que, em estado de êxtase, recebem revelações da parte dos Espíritos.

"Muitos extáticos são joguetes da própria imaginação e de Espíritos zombeteiros que se aproveitam da exaltação deles. São raríssimos os que mereçam inteira confiança."

Médiuns pintores ou *desenhistas:* os que pintam ou desenham sob a influência dos Espíritos. Falamos dos que obtêm trabalhos sérios, visto não se poder dar esse nome a certos médiuns que Espíritos zombeteiros levam a fazer coisas grotescas, que desabonariam o mais atrasado estudante.

Os Espíritos levianos se comprazem em imitar. Na época em que apareceram os notáveis desenhos de Júpiter, surgiu grande número de pretensos médiuns desenhistas, que Espíritos levianos induziram a fazer as coisas mais ridículas. Um deles, entre outros, querendo eclipsar os desenhos de Júpiter, ao menos nas dimensões, quando não fosse na qualidade, fez que um médium desenhasse um monumento que ocupava muitas folhas de papel para chegar à altura de dois andares. Muitos outros se divertiram fazendo que os médiuns pintassem supostos retratos, que eram verdadeiras caricaturas. *(Revue Spirite,* agosto de 1858.)

Médiuns músicos: os que executam, compõem, ou escrevem músicas, sob a influência dos Espíritos. Há médiuns músicos, mecânicos, semimecânicos, intuitivos e inspirados, como os há para as comunicações literárias. (Veja-se: *Médiuns para efeitos musicais.*)

VARIEDADES DOS MÉDIUNS ESCREVENTES

191. 1º — Segundo o modo de execução
Médiuns escreventes ou *psicógrafos:* os que têm a faculdade de escrever por si mesmos sob a influência dos Espíritos.

Médiuns escreventes mecânicos: aqueles cuja mão recebe um impulso involuntário e que nenhuma consciência têm do que escrevem. Muito raros. (N. 179).

Médiuns semimecânicos: aqueles cuja mão se move involuntariamente, mas que têm, instantaneamente, consciência das palavras ou das frases, à medida que escrevem. São os mais comuns. (N. 181.)

Médiuns intuitivos: aqueles com quem os Espíritos se comunicam pelo pensamento e cuja mão é conduzida voluntariamente. Diferem dos médiuns inspirados em que estes últimos não precisam escrever, ao passo que o médium intuitivo escreve o pensamento que lhe é sugerido instantaneamente sobre um assunto determinado e provocado. (N. 180.)

"São muito comuns, mas também muito sujeitos a erro, por não poderem, multas vezes, discernir o que provém dos Espíritos do que deles próprios emana."

Médiuns polígrafos: aqueles cuja escrita muda com o Espírito que se comunica, ou aptos a reproduzir a escrita que o Espírito tinha em vida. O primeiro caso é muito vulgar; o segundo, o da identidade da escrita, é mais raro. (N. 219.)

Médiuns poliglotas: os que têm a faculdade de falar, ou escrever, em línguas que lhes são desconhecidas. Muito raros.

Médiuns iletrados: os que escrevem, como médiuns, sem saberem ler, nem escrever, no estado ordinário.

"Mais raros do que os precedentes; há maior dificuldade material a vencer."

192. 2º — Segundo o desenvolvimento da faculdade

Médiuns novatos: aqueles cujas faculdades ainda não estão completamente desenvolvidas e que carecem da necessária experiência.

Médiuns improdutivos: os que não chegam a obter mais do que coisas insignificantes, monossílabos, traços ou letras sem conexão. (Veja-se o capítulo *Da formação dos médiuns.*)

Médiuns feitos ou *formados:* aqueles cujas faculdades mediúnicas estão completamente desenvolvidas, que transmitem as comunicações com facilidade e presteza, sem hesitação. Concebe-se que este resultado só pelo hábito pode ser conseguido, porquanto nos *médiuns novatos* as comunicações são lentas e difíceis.

Médiuns lacônicos: aqueles cujas comunicações, embora recebidas com facilidade, são breves e sem desenvolvimento.

Médiuns explícitos: as comunicações que recebem têm toda a amplitude e toda a extensão que se podem esperar de um escritor consumado.

"Esta aptidão resulta da expansão e da facilidade de combinação dos fluidos. Os Espíritos os procuram para tratar de assuntos que comportam grandes desenvolvimentos."

Médiuns experimentados: a facilidade de execução é uma questão de hábito e que muitas vezes se adquire em pouco tempo, enquanto a experiência resulta de um estudo sério de todas as dificuldades que se apresentam na prática do Espiritismo. A experiência dá ao médium o tato necessário para apreciar a natureza dos Espíritos que se manifestam, para lhes apreciar as qualidades boas ou más, pelos mais minuciosos sinais, para distinguir o embuste dos Espíritos zombeteiros, que se acobertam com as aparências da verdade. Facilmente se compreende a importância desta qualidade, sem a qual todas as outras ficam destituídas de real utilidade. O mal é que muitos médiuns confundem a experiência, fruto do estudo, com a aptidão, produto da organização física. Julgam-se mestres, porque escrevem com facilidade; repelem todos os conselhos e se tomam presas de Espíritos mentirosos e hipócritas, que os captam, lisonjeando-lhes o orgulho. (Veja-se, adiante, o capítulo *Da obsessão*.)

Médiuns maleáveis: aqueles cuja faculdade se presta mais facilmente aos diversos gêneros de comunicações e pelos quais todos os Espíritos, ou quase todos, podem manifestar-se, espontaneamente, ou por evocação.

"Esta espécie de médiuns se aproxima muito da dos médiuns sensitivos."

Médiuns exclusivos: aqueles pelos quais se manifesta de preferência um Espírito, até com exclusão de todos os demais, o qual responde pelos outros que são chamados.

"Isto resulta sempre de falta de maleabilidade. Quando o Espírito é bom, pode ligar-se ao médium, por simpatia, ou com um intento louvável; quando mau, é sempre objetivando pôr o médium na sua dependência. É mais um defeito do que uma qualidade e muito próximo da obsessão." (Veja-se o capítulo *Da obsessão*.)

Médiuns para evocação: os médiuns maleáveis são naturalmente os mais próprios para este gênero de comunicação e para as questões de minudências que se podem propor aos Espíritos. Sob este aspecto, há médiuns inteiramente especiais.

"As respostas que dão não saem quase nunca de um quadro restrito, incompatível com o desenvolvimento dos assuntos gerais."

Médiuns para ditados espontâneos: recebem comunicações espontâneas de Espíritos que se apresentam sem ser chamados. Quando esta faculdade é especial num médium, torna-se difícil, às vezes impossível mesmo, fazer-se por ele urna evocação.

"Entretanto, são mais bem aparelhados que os da classe precedente. Atenta em que o aparelhamento de que aqui se trata é o de materiais do cérebro, pois mister se faz, frequentemente, direi mesmo — sempre, maior soma de inteligência para os ditados espontâneos, do que para as evocações. Entende por ditados espontâneos os que verdadeiramente merecem essa denominação e não algumas frases incompletas ou algumas ideias corriqueiras, que se deparam em todos os escritos humanos."

193. 3º — Segundo o gênero e a particularidade das comunicações
Médiuns versejadores: obtêm, mais facilmente do que outros, comunicações em verso. Muito comuns, para maus versos; muito raros, para versos bons.

Médiuns poéticos: sem serem versificadas, as comunicações que recebem têm qualquer coisa de vaporoso, de sentimental; nada que mostre rudeza. São, mais do que os outros, próprios para a expressão de sentimentos ternos e afetuosos. Tudo, nas suas comunicações, é vago; fora inútil pedir-lhes ideias precisas. Muito comuns.

Médiuns positivos: suas comunicações têm, geralmente, um cunho de nitidez e precisão, que muito se presta às minúcias circunstanciadas, aos informes exatos. Muito raros.

Médiuns literários: não apresentam nem o que há de impreciso nos médiuns poéticos, nem o terra-a-terra dos médiuns positivos; porém, dissertam com sagacidade. Têm o estilo correto, elegante e, frequentemente, de notável eloquência.

Médiuns incorretos: podem obter excelentes coisas, pensamentos de inatacável moralidade, mas num estilo prolixo, incorreto, sobrecarregado de repetições e de termos impróprios.

"A incorreção material do estilo decorre geralmente de falta de cultura intelectual do médium que, então, não é, sob esse aspecto, um bom instrumento para o Espírito, que a isso, aliás, pouca importância liga. Tendo como essencial o pensamento, ele vos deixa a liberdade de dar-lhe a forma que convenha. Já assim não é com relação às ideias falsas e ilógicas que uma comunicação possa conter, as quais constituem sempre um índice da inferioridade do Espírito que se manifesta."

Médiuns historiadores: os que revelam aptidão especial para as explanações históricas. Esta faculdade, como todas as demais, independe dos conhecimentos do médium, porquanto não é raro verem-se pessoas sem instrução e até crianças tratar de assuntos que lhes não estão ao alcance. Variedade rara dos médiuns positivos.

Médiuns científicos: não dizemos *sábios,* porque podem ser muito ignorantes e, apesar disso, se mostram especialmente aptos para comunicações relativas às ciências.

Médiuns receitistas: têm a especialidade de servirem mais facilmente de intérpretes aos Espíritos para as prescrições médicas. Importa não os confundir com os médiuns *curadores,* visto que absolutamente não fazem mais do que transmitir o pensamento do Espírito, sem exercerem por si mesmos influência alguma. Muito comuns.

Médiuns religiosos: recebem especialmente comunicações de caráter religioso, ou que tratam de questões religiosas, sem embargo de suas crenças, ou hábitos.

Médiuns filósofos e moralistas: as comunicações que recebem têm geralmente por objeto as questões de moral e de alta filosofia. Muito comuns, quanto à moral.

"Todos estes matizes constituem variedades de aptidões dos médiuns bons. Quanto aos que têm uma aptidão especial para comunicações científicas, históricas, médicas e outras, fora do alcance de suas especialidades atuais, fica certo de que possuíram, em anterior existência, esses conhecimentos, que permaneceram neles em estado latente, fazendo parte dos materiais cerebrais de que necessita o Espírito que se manifesta; são os elementos que a este abrem caminho para a transmissão de ideias que lhe são próprias, porquanto, em tais médiuns encontra ele instrumentos mais inteligentes e mais maleáveis do que num ignaro."

ERASTO.

Médiuns de comunicações triviais e obscenas: estas palavras indicam o gênero de comunicações que alguns médiuns recebem habitualmente e a natureza dos Espíritos que as dão. Quem haja estudado o mundo espírita, em todos os graus da escala, sabe que Espíritos há, cuja perversidade iguala à dos homens mais depravados e que se comprazem em exprimir seus pensamentos nos mais grosseiros termos. Outros, menos abjetos, se contentam com expressões triviais. E natural que esses médiuns sintam o desejo de se verem livres da preferência de que são objeto por parte de semelhantes Espíritos e que devem invejar os que, nas comunicações que recebem, jamais escreveram uma palavra inconveniente. Fora necessária uma estranha aberração de ideias e estar divorciado do bom senso, para acreditar que semelhante linguagem possa ser usada por Espíritos bons.

194. 4º — Segundo as qualidades físicas do médium
Médiuns calmos: escrevem sempre com certa lentidão e sem experimentar a mais ligeira agitação.

Médiuns velozes: escrevem com rapidez maior do que poderiam voluntariamente, no estado ordinário. Os Espíritos se comunicam por meio deles com a rapidez do relâmpago. Dir-se-ia haver neles uma superabundância de fluido, que lhes permite identificarem-se instantaneamente com o Espírito. Esta qualidade apresenta às vezes seu inconveniente: o de que a rapidez da escrita a toma muito difícil de ser lida, por quem quer que não seja o médium.

"É mesmo muito fatigante, porque desprende muito fluido inutilmente."

Médiuns convulsivos: ficam num estado de sobre-excitação quase febril. A mão e algumas vezes todo o corpo se lhes agitam num tremor que é impossível dominar. A causa primária desse fato está sem dúvida na organização, mas também depende muito da natureza dos Espíritos que por eles se comunicam. Os bons e benévolos produzem sempre uma impressão suave e agradável; os maus, ao contrário, produzem-na penosa. "É preciso que esses médiuns só raramente se sirvam de sua faculdade mediúnica, cujo uso frequente lhes poderia afetar o Sistema nervoso." (Capítulo *Da identidade dos Espíritos,* diferenciação dos bons e maus Espíritos.)

195. 5º — Segundo as qualidades morais dos médiuns
Mencionamo-las sumariamente e de memória, apenas para

completar o quadro, visto que serão desenvolvidas adiante, nos capítulos: *Da influência moral do médium, Da obsessão, Da identidade dos Espíritos* e outros, para os quais chamamos particularmente a atenção do leitor. Aí se verá a influência que as qualidades e os defeitos dos médiuns podem exercer na segurança das comunicações e quais os que com razão se podem considerar *médiuns imperfeitos* ou *bons médiuns*.

196. Médiuns imperfeitos

Médiuns obsidiados: os que não podem desembaraçar-se de Espíritos importunos e enganadores, mas não se iludem.

Médiuns fascinados: os que são iludidos por Espíritos enganadores e se iludem sobre a natureza das comunicações que recebem.

Médiuns subjugados: os que sofrem uma dominação moral e, muitas vezes, material da parte de maus Espíritos.

Médiuns levianos: os que não tomam a sério suas faculdades e delas só se servem por divertimento, ou para futilidades.

Médiuns indiferentes: os que nenhum proveito moral tiram das instruções que obtêm e em nada modificam o proceder e os hábitos.

Médiuns presunçosos: os que têm a pretensão de se acharem em relação somente com Espíritos superiores. Creem-se infalíveis e consideram inferior e errôneo tudo o que deles não provenha.

Médiuns orgulhosos: os que se envaidecem das comunicações que lhes são dadas; julgam que nada mais têm que aprender no Espiritismo e não tomam para si as lições que recebem frequentemente dos Espíritos. Não se contentam com as faculdades que possuem, querem tê-las todas.

Médiuns suscetíveis: variedade dos médiuns orgulhosos, suscetibilizam-se com as críticas de que sejam objeto suas comunicações; zangam-se com a menor contradição e, se mostram o que obtêm, é para que seja admirado e não para que se lhes dê um parecer. Geralmente, tomam aversão às pessoas que os não aplaudem sem restrições e fogem das reuniões onde não possam impor-se e dominar.

"Deixai que se vão pavonear algures e procurar ouvidos mais

complacentes, ou que se isolem; nada perdem as reuniões que da presença deles ficam privadas."

ERASTO.

Médiuns mercenários: os que exploram suas faculdades.

Médiuns ambiciosos: os que, embora não mercadejem com as faculdades que possuem, esperam tirar delas quaisquer vantagens.

Médiuns de má-fé: os que, possuindo faculdades reais, simulam as de que carecem, para se darem importância. Não se podem designar pelo nome de médium as pessoas que, nenhuma faculdade mediúnica possuindo, só produzem certos efeitos por meio da charlatanaria.

Médiuns egoístas: os que somente no seu interesse pessoal se servem de suas faculdades e guardam para si as comunicações que recebem.

Médiuns invejosos: os que se mostram despeitados com o maior apreço dispensado a outros médiuns, que lhes são superiores.

Todas estas más qualidades têm necessariamente seu oposto no bem.

197. Bons médiuns

Médiuns sérios: os que unicamente para o bem se servem de suas faculdades e para fins verdadeiramente úteis. Acreditam profaná-las, utilizando-se delas para satisfação de curiosos e de indiferentes, ou para futilidades.

Médiuns modestos: os que nenhum reclamo fazem das comunicações que recebem, por mais belas que sejam. Consideram-se estranhos a elas e não se julgam ao abrigo das mistificações. Longe de evitarem as opiniões desinteressadas, solicitam-nas.

Médiuns devotados: os que compreendem que o verdadeiro médium tem uma missão a cumprir e deve, quando necessário, sacrificar gostos, hábitos, prazeres, tempo e mesmo interesses materiais ao bem dos outros.

Médiuns seguros: os que, além da facilidade de execução, merecem toda a confiança, pelo próprio caráter, pela natureza elevada dos Espíritos que os assistem; os que, portanto, menos expostos se acham a ser iludidos. Veremos mais tarde que esta segurança de modo algum depende dos nomes mais ou menos respeitáveis com que os Espíritos se manifestem.

"É incontestável, bem o sentis, que, epilogando assim as qualidades e os defeitos dos médiuns, isto suscitará contrariedades e até a animosidade de alguns; mas que importa? A mediunidade se espalha cada vez mais e o médium que levasse a mal estas reflexões, apenas uma coisa provaria: que não é bom médium, isto é, que tem a assisti-lo Espíritos maus. Ao demais, como já eu disse, tudo isto será passageiro e os maus médiuns, os que abusam, ou usam mal de suas faculdades, experimentarão tristes consequências, conforme já se tem dado com alguns. Aprenderão à sua custa o que resulta de aplicarem, no interesse de suas paixões terrenas, um dom que Deus lhes outorgara unicamente para o adiantamento moral deles. Se os não puderdes reconduzir ao bom caminho, lamentai-os, porquanto, posso dizê-lo, Deus os reprova."

ERASTO.

"Este quadro é de grande importância, não si para os médiuns sinceros que, lendo-o, procurarem de boa-fé preservar-se dos escolhos a que estão expostos, mas também para todos os que se servem dos médiuns, porque lhes dará a medida do que podem racionalmente esperar. Ele deverá estar constantemente sob as vistas de todo aquele que se ocupa de manifestações, do mesmo modo que a *escala espírita*, a que serve de complemento. Esses dois quadros reúnem todos os princípios da Doutrina e contribuirão, mais do que o suponedes, para trazer o Espiritismo ao verdadeiro caminho."

SÓCRATES.

198. Todas estas variedades de médiuns apresentam uma infinidade de graus em sua intensidade. Muitas há que, a bem dizer, apenas constituem matizes, mas que, nem por isso, deixam de ser efeito de aptidões especiais. Concebe-se que há de ser muito raro esteja a faculdade de um médium rigorosamente circunscrita a um só gênero. Um médium pode, sem dúvida, ter muitas aptidões, havendo, porém, sempre uma dominante. Ao cultivo dessa é que, se for útil, deve ele aplicar-se. Em erro grave incorre quem queira forçar de todo modo

o desenvolvimento de uma faculdade que não possua. Deve a pessoa cultivar todas aquelas de que reconheça possuir os gérmens. Procurar ter as outras é, acima de tudo, perder tempo e, em segundo lugar, perder talvez, enfraquecer com certeza, as de que seja dotado.

"Quando existe o princípio, o gérmen de uma faculdade, esta se manifesta sempre por sinais inequívocos. Limitando-se à sua especialidade, pode o médium tornar-se excelente e obter grandes e belas coisas; ocupando-se de todo, nada de bom obterá. Notai, de passagem, que o desejo de ampliar indefinidamente o âmbito de suas faculdades é uma pretensão orgulhosa, que os Espíritos nunca deixam impune. Os bons abandonam o presunçoso, que se torna então joguete dos mentirosos. Infelizmente, não é raro verem-se médiuns que, não contentes com os dons que receberam, aspiram, por amor-próprio, ou ambição, a possuir faculdades excepcionais, capazes de os tornarem notados. Essa pretensão lhes tira a qualidade mais preciosa: a de *médiuns seguros*."

SÓCRATES.

199. O estudo da especialidade dos médiuns não só lhes é necessário, como também ao evocador. Conforme a natureza do Espírito que se deseja chamar e as perguntas que se lhe quer dirigir, convém se escolha o médium mais apto ao que se tem em vista. Interrogar o primeiro que apareça é expor-se a receber respostas incompletas, ou errôneas. Tomemos aos fatos comuns um exemplo. Ninguém confiará a redação de qualquer trabalho, nem mesmo uma simples cópia, ao primeiro que encontre, apenas porque saiba escrever. Suponhamos um músico, que queira seja executado um trecho de canto por ele composto. Muitos cantores, hábeis todos, se acham à sua disposição. Ele, entretanto, não os tomará ao acaso: escolherá, para seu intérprete, aquele cuja voz, cuja expressão, cujas qualidades todas, numa palavra, digam melhor com a natureza do trecho musical. O mesmo fazem os Espíritos, com relação aos médiuns, e nós devemos fazer como os Espíritos.

Cumpre, além disso, notar que os matizes que a mediunidade apresenta e aos quais outros mais se poderiam acrescentar, nem sempre guardam relação com o caráter do médium. Assim, por exemplo, um médium naturalmente alegre, jovial, pode obter comumente comunicações graves, mesmo severas e vice-versa. E ainda uma prova evidente de que ele age sob a impulsão de uma influência estranha. Voltaremos ao assunto, no capítulo que trata da *influência moral do médium*.

CAPÍTULO XVII
DA FORMAÇÃO DOS MÉDIUNS

Desenvolvimento da mediunidade
200. Ocupar-nos-emos aqui, especialmente, com os médiuns escreventes, por ser o gênero de mediunidade mais espalhado e, além disso, porque é, ao mesmo tempo, o mais simples, o mais cômodo, o que dá resultados mais satisfatórios e completos. E também o que toda gente ambiciona possuir. Infelizmente, até hoje, por nenhum diagnóstico se pode inferir, ainda que aproximadamente, que alguém possua essa faculdade. Os sinais físicos, nos quais algumas pessoas julgam ver indícios, nada têm de infalíveis. Ela se manifesta nas crianças e nos velhos, em homens e mulheres, quaisquer que sejam o temperamento, o estado de saúde, o grau de desenvolvimento intelectual e moral. Só existe um meio de se lhe comprovar a existência. É experimentar.

Pode obter-se a escrita, como já vimos, com o auxílio das cestas e pranchetas, ou, diretamente, com a mão. Sendo o mais fácil e, pode dizer-se, o único empregado hoje, este último modo é o que recomendamos à preferência de todos. O processo é dos mais simples: consiste unicamente em a pessoa tomar de um lápis e de papel e colocar-se na posição de quem escreve, sem qualquer outro preparativo. Entretanto, para que alcance bom êxito, muitas recomendações se fazem indispensáveis.

201. Como disposição material, recomendamos se evite tudo o que possa embaraçar o movimento da mão. E mesmo preferível que esta não descanse no papel. A ponta do lápis deve encostar neste o bastante para traçar alguma coisa, mas não tanto que ofereça resistência. Todas essas precauções se tomam inúteis, desde que se tenha chegado a escrever correntemente, porque então nenhum obstáculo detém mais a mão. São meras preliminares para o aprendiz.

202. É indiferente que se use da pena ou do lápis. Alguns médiuns preferem apena que, todavia, só pode servir para os que estejam formados e escrevem pausadamente. Outros, porém, escrevem com tal velocidade, que o uso da pena seria quase impossível, ou, pelo menos, muito incômodo. O mesmo sucede, quando a escrita e feita às arrancadas e irregularmente, ou quando se manifestam Espíritos violentos, que batem com a ponta do lápis e a quebram, rasgando o papel.

203. O desejo natural de todo aspirante a médium é o de poder confabular com os Espíritos das pessoas que lhe são caras; deve, porém, moderara sua impaciência, porquanto a comunicação com determinado Espírito apresenta muitas vezes dificuldades materiais que a tornam impossível ao principiante. Para que um Espírito possa comunicar-se, preciso é que haja entre ele e o médium relações fluídicas, que nem sempre se estabelecem instantaneamente. Só à medida que a faculdade se desenvolve, é que o médium adquire pouco a pouco a aptidão necessária para pôr-se em comunicação com o Espírito que se apresente. Pode dar-se, pois, que aquele com quem o médium deseje comunicar-se, não esteja em condições propícias a fazê-lo, *embora se ache presente,* como também pode acontecer que não tenha possibilidade, nem permissão para acudir ao chamado que lhe é dirigido. Convém, por isso, que no começo

ninguém se obstine em chamar determinado Espírito, com exclusão de qualquer outro, pois amiúde sucede não ser com esse que as relações fluídicas se estabelecem mais facilmente, por maior que seja a simpatia que lhe vote o encarnado. Antes, pois, de pensar em obter comunicações de tal ou tal Espírito, importa que o aspirante leve a efeito o desenvolvimento da sua faculdade, para o que deve fazer um apelo geral e dirigir-se principalmente ao seu anjo guardião.

Não há, para esse fim, nenhuma fórmula sacramental. Quem quer que pretenda indicar alguma pode ser tachado, sem receio, de impostor, visto que para os Espíritos a forma nada vale. Contudo, a evocação deve sempre ser feita em nome de Deus. Poder-se-á *fazê-la* nos termos seguintes, ou outros equivalentes: *Rogo a Deus Todo-Poderoso que permita venha um bom Espírito comunicar-se comigo e fazer-me escrever; peço também ao meu anjo de guarda se digne de me assistir e de afastar os maus Espíritos.* Formulada a súplica, é esperar que um Espírito se manifeste, fazendo escrever alguma coisa. Pode acontecer venha aquele que o impetrante deseja, como pode ocorrer também venha um Espírito desconhecido ou o anjo de guarda. Qualquer que ele seja, em todo caso, dar-se-á conhecer, escrevendo o seu nome. Mas, então, apresenta-se a questão da *identidade,* uma das que mais experiência requerem, por isso que poucos principiantes haverá que não estejam expostos a ser enganados. Dela trataremos adiante, em capítulo especial.

Quando queira chamar determinados Espíritos, é essencial que o médium comece por se dirigir somente aos que ele sabe serem bons e simpáticos e que podem ter motivo para acudir ao apelo, como parentes, ou amigos.

Neste caso, a evocação pode ser formulada assim: *Em nome de Deus Todo-Poderoso peço que tal Espírito se comunique comigo,* ou então: *Peço a Deus Todo-Poderoso permita que tal Espírito se comunique comigo;* ou qualquer outra fórmula que corresponda ao mesmo pensamento. Não é menos necessário que as primeiras perguntas sejam concebidas de tal sorte que as respostas possam ser dadas por um *sim* ou um *não,* como por exemplo: *Estas aí? Queres responder-me? Podes fazer-me escrever?* *etc.* Mais tarde essa precaução se torna inútil. No princípio, trata-se de estabelecer assim uma relação. O essencial é que a pergunta não seja fútil, não diga respeito a coisas de interesse particular e, sobretudo, seja a expressão de um sentimento de benevolência e simpatia para com o Espírito a quem é dirigida. (Veja-se adiante o capítulo especial sobre as *Evocações.)*

204. Coisa ainda mais importante a ser observada, do que o modo da evocação, são a calma e o recolhimento, juntas ao desejo ardente e à firme vontade de conseguir-se o intuito. Por vontade, não entendemos aqui uma vontade efêmera, que age com intermitências e que outras preocupações interrompem a cada momento; mas uma vontade séria, perseverante, contínua, *sem impaciência, sem febricitação*. A solidão, o silêncio e o afastamento de tudo o que possa ser causa de distração favorecem o recolhimento. Então, uma só coisa resta a fazer: renovar todos os dias a tentativa, por dez minutos, ou um quarto de hora, no máximo, de cada vez, durante quinze dias, um mês, dois meses e mais, se for preciso. Conhecemos médiuns que só se formaram depois de seis meses de exercício, ao passo que outros escrevem correntemente logo da primeira vez.

205. Para se evitarem tentativas inúteis, pode consultar-se, por outro médium, um Espírito sério e adiantado. Deve, porém, notar-se que, quando alguém inquire dos Espíritos se é médium ou não, eles quase sempre respondem afirmativamente, o que não impede que os ensaios resultem infrutíferos. Isso se explica naturalmente. Desde que se faça ao Espírito uma pergunta de ordem geral, ele responde de modo geral. Ora, como se sabe, nada é mais elástico do que a faculdade mediúnica, pois que pode apresentar-se sob as mais variadas formas e em graus muito diferentes. Pode, portanto, uma pessoa ser médium, sem dar por isso, e num sentido diverso daquele que imagina. A esta pergunta vaga: Sou médium? O Espírito pode responder — Sim. A esta outra mais precisa: Sou médium escrevente? Pode responder — Não.

Deve também levar-se em conta a natureza do Espírito a quem é feita a pergunta. Há-os tão levianos e ignorantes, que respondem a torto e a direito, como verdadeiros estúrdios. Por isso aconselhamos se dirija o interrogante a Espíritos esclarecidos, que, geralmente, respondem de boa vontade a essas perguntas e indicam o melhor caminho a seguir-se, desde que haja possibilidade de bom êxito.

206. Um meio que muito frequentemente dá bom resultado consiste em empregar-se, como auxiliar de ocasião, um bom médium escrevente, maleável, já formado. Pondo ele a mão, ou os dedos, sobre a mão do que deseja escrever, raro é que este último não o faça imediatamente. Compreende-se o que em tal circunstância se passa: a mão que segura ó lápis se torna, de certo modo, um apêndice da mão do médium, como o seria uma cesta, ou uma prancheta. Isto, porém, não impede que esse exercício seja muito útil, quando é possível empregá-lo, visto que, repetido amiúde e regularmente, ajuda a vencer o obstáculo material e provoca o desenvolvimento da faculdade. Algumas vezes, basta mesmo que o médium magnetize, com essa intenção, a mão e o braço daquele que quer escrever. Não raro até limitando-se o magnetizador a colocar a mão no ombro daquele, temo-lo visto escrever prontamente sob essa influência. Idêntico efeito pode também produzir-se sem nenhum contato, apenas por ato da vontade do auxiliar. Concebe-se facilmente que a confiança do magnetizador no seu poder, para produzir tal resultado, há de aí desempenhar papel importante e que um magnetizador incrédulo fraca ação ou nenhuma, exercerá.

O concurso de um guia experimentado é, além disso, muito útil, às vezes, para apontar ao principiante uma porção de precauçõezinhas que ele frequentemente despreza, em detrimento da rapidez de seus progressos. Sobretudo o é para esclarecê-lo sobre a natureza das primeiras questões e sobre a maneira de propô-las. Seu papel é o de um professor, que o aprendiz dispensará logo que esteja bem habilitado.

207. Outro meio, que também pode contribuir fortemente para desenvolver a faculdade, consiste em reunir-se certo número de pessoas, todas animadas do mesmo desejo e comungando na mesma intenção. Feito isso, todas simultaneamente, guardando absoluto

silêncio e num recolhimento religioso, tentem escrever, apelando cada um para o seu anjo de guarda, ou para qualquer Espírito simpático. Ou, então, uma delas poderá dirigir, sem designação especial e por todos os presentes, um apelo aos bons Espíritos em geral, dizendo por exemplo: *Em nome de Deus Todo-Poderoso, pedimos aos bons Espíritos que se dignem de comunicar-se por intermédio das pessoas aqui presentes.* E raro que entre estas não haja algumas que deem prontos sinais de mediunidade, ou que até escrevam correntemente em pouco tempo.

Compreende-se o que em tal caso ocorre. Os que se reúnem com um intento comum formam um todo coletivo, cuja força e sensibilidade se encontram acrescidas por uma espécie de influência magnética, que auxilia o desenvolvimento da faculdade. Entre os Espíritos atraídos por esse concurso de vontades estarão, provavelmente, alguns que descobrirão nos assistentes o instrumento que lhes convenha. Se não for este, será outro e eles se aproveitarão desse.

Este meio deve sobretudo ser empregado nos grupos espíritas a que faltam médiuns, ou que não os possuam em número suficiente.

208. Têm-se procurado processos para a formação dos médiuns, como se têm procurado diagnósticos; mas até hoje nenhum conhecemos mais eficaz do que os que indicamos. Na persuasão de ser uma resistência de ordem toda material o obstáculo que encontra o desenvolvimento da faculdade, algumas pessoas pretendem vencê-la por meio de uma espécie de ginástica quase deslocadora do braço e da cabeça. Não descrevemos esse processo, que nos vem do outro lado do Atlântico, não só porque nenhuma prova possuímos da sua eficiência, como também pela convicção que nutrimos de que há de oferecer perigo para os de compleição delicada, pelo abalo do sistema nervoso. Se não existirem rudimentos da faculdade, nada poderá produzi-los, nem mesmo a eletrização, que já foi empregada, sem êxito, com o mesmo objetivo.

209. No médium aprendiz, a fé não é a condição rigorosa; sem dúvida lhe secunda os esforços, mas não é indispensável; a pureza de intenção, o desejo e a boa vontade bastam. Têm-se visto pessoas inteiramente incrédulas ficarem espantadas de escrever a seu mau

grado, enquanto crentes sinceros não o conseguem, o que prova que esta faculdade se prende a uma disposição orgânica.

210. O primeiro indício de disposição para escrever é uma espécie de frêmito no braço e na mão. Pouco a pouco, a mão é arrastada por uma impulsão que ela não logra dominar. Muitas vezes, não traça senão riscos insignificantes; depois, os caracteres se desenham cada vez mais nitidamente e a escrita acaba por adquirir a rapidez da escrita ordinária. Em todos os casos, deve-se entregar a mão ao seu movimento natural e não oferecer resistência, nem a propelir.

Alguns médiuns escrevem desde o princípio correntemente com facilidade, às vezes mesmo desde a primeira sessão, o que é muito raro. Outros, durante muito tempo, traçam riscos e fazem verdadeiros exercícios caligráficos. Dizem os Espíritos que é para lhes soltar a mão. Em se prolongando demasiado esses exercícios, ou degenerando na grafia de sinais ridículos, não há duvidar de que se trata de um Espírito que se diverte, porquanto os bons Espíritos nunca fazem nada que seja inútil. Nesse caso, cumpre redobrar de fervor no apelo à assistência destes. Se, apesar de tudo, nenhuma alteração houver, deve o médium parar, uma vez reconheça que nada de sério obtém. A tentativa pode ser feita todos os dias, mas convém cesse aos primeiros sinais equívocos, a fim de não ser dada satisfação aos Espíritos zombeteiros.

A estas observações, acrescenta um Espírito: "Há médiuns cuja faculdade não pode produzir senão esses sinais. Quando, ao cabo de alguns meses, nada mais obtém do que coisas insignificantes, ora um *sim,* ora um *não* ou letras sem conexão, é inútil continuarem, será gastar papel em pura perda. São médiuns, mas *médiuns improdutivos.* Demais, as primeiras comunicações obtidas devem considerar-se meros exercícios, tarefa que é confiada a Espíritos secundários. Não se lhes deve dar muita importância, visto que procedem de Espíritos empregados, por assim dizer, como mestres de escrita, para desembaraçarem o médium principiante. Não creiais sejam alguma vez Espíritos elevados os que se aplicam a fazer com o médium esses exercícios preparatórios; acontece, porém, que, se o médium não colima um fim sério, esses Espíritos continuam e acabam por se lhe ligarem. Quase todos os médiuns passaram por este cadinho, para se desenvolverem; cabe-lhes fazer o que seja preciso a captarem a simpatia dos Espíritos verdadeiramente superiores."

211. O escolho com que topa a maioria dos médiuns Principiantes é o de terem de haver-se com Espíritos inferiores e devem dar-se por felizes quando são apenas Espíritos levianos. Toda atenção precisam pôr em que tais Espíritos não assumam predomínio, porquanto, em acontecendo isso, nem sempre lhes será fácil desembaraçar-se deles. É ponto este de tal modo capital, sobretudo em começo, que, não sendo tomadas as precauções necessárias, podem perder-se os frutos das mais belas faculdades.

A primeira condição é colocar-se o médium, com fé sincera, sob a proteção de Deus e solicitar a assistência do seu anjo de guarda, que é sempre bom, ao passo que os espíritos familiares, por simpatizarem com as suas boas ou más qualidades, podem ser levianos ou mesmo maus.

A segunda condição é aplicar-se, com meticuloso cuidado, a reconhecer, por todos os indícios que a experiência faculta, de que natureza são os primeiros Espíritos que se comunicam e dos quais manda a prudência sempre se desconfie. Se forem suspeitos esses indícios, dirigir fervoroso apelo ao seu anjo de guarda e repelir, com todas as forças, o mau Espírito, provando-lhe que não conseguirá enganar, a fim de que ele desanime. Por isso é que indispensável se faz o estudo prévio da teoria, para todo aquele que queira evitar os inconvenientes peculiares à experiência. A este respeito, instruções muito desenvolvidas se encontram nos capítulos *Da obsessão* e *Da identidade dos Espíritos*. Limitar-nos-emos aqui a dizer que, além da linguagem, podem considerar-se provas *infalíveis* da inferioridade dos Espíritos. todos os sinais, figuras, emblemas inúteis, ou pueris; toda escrita extravagante, irregular, intencionalmente torturada, de exageradas dimensões, apresentando formas ridículas e desusadas. A escrita pode ser muito má, mesmo pouco legível, sem que isso tenha o que quer que seja de insólito, porquanto é mais questão do médium que do Espírito. Temos visto médiuns de tal maneira enganados, que medem a superioridade dos Espíritos pelas dimensões das letras e que ligam grande importância às letras bem talhadas, como se foram letras de imprensa, puerilidade evidentemente incompatível com uma superioridade real.

212. Se é importante não cair o médium, sem o querer, na dependência dos maus Espíritos, ainda mais importante é que não caia por espontânea vontade. Preciso, pois, se torna que imoderado desejo de escrever não o leve a considerar indiferente dirigir-se ao primeiro que apareça, salvo para mais tarde se livrar dele, caso não convenha, por isso que ninguém pedirá impunemente, seja para o que for, a assistência de um mau Espírito, o qual pode fazer que o imprudente lhe pague caro os serviços.

Algumas pessoas, na impaciência de verem desenvolver-se em si as faculdades mediúnicas, desenvolvimento que consideram muito demorado, se lembram de buscar o auxílio de um Espírito qualquer, *ainda que mau,* contando despedi-lo logo. Muitas hão tido plenamente satisfeitos seus desejos e escrito imediatamente. Porém, o Espírito, pouco se incomodando com o ter sido chamado na pior das hipóteses, menos dócil se mostrou em ir-se do que em vir. Diversas conhecemos, que foram punidas da presunção de se julgarem bastante fortes para afastá-los quando o quisessem, por anos de obsessões de toda espécie, pelas mais ridículas mistificações, por uma fascinação tenaz e, até, por desgraças *materiais* e pelas mais cruéis decepções. O Espírito se mostrou, a princípio, abertamente mau, depois hipócrita, a fim de fazer crer na sua conversão, ou no pretendido poder do seu subjugado, para repeli-lo à vontade.

213. A escrita é algumas vezes legível, as palavras e as letras bem destacadas; mas, com certos médiuns, é difícil que outrem, a não ser ele, a decifre, antes de haver adquirido o hábito de fazê-lo. E formada, frequentemente, de grandes traços; os Espíritos não costumam economizar papel. Quando uma palavra ou uma frase é quase de todo ilegível, pede-se ao Espírito que consinta em recomeçar, ao que ele em geral aquiesce de boa vontade. Quando a escrita é habitualmente

ilegível, mesmo para o médium, este chega quase sempre a obtê-la mais nítida, por meio de exercícios frequentes e demorados, *pondo nisso uma vontade forte* e rogando com fervor ao Espírito que seja mais correto. Alguns Espíritos adotam sinais convencionais, que passam a ser de uso nas reuniões do costume. Para assinalarem que uma pergunta lhes desagrada e que não querem responder a ela, fazem, por exemplo, um risco longo ou coisa equivalente.

Quando o Espírito conclui o que tinha a dizer, ou não quer continuar a responder, a mão fica imóvel e o médium, quaisquer que sejam seu poder e sua vontade, não obtém nem mais uma palavra. Ao contrário, enquanto o Espírito não conclui, o lápis se move sem que seja possível à mão detê-lo. Se o Espírito quer espontaneamente dizer alguma coisa, a mão toma convulsivamente o lápis e se põe a escrever, sem poder obstar a isso O médium, aliás, sente quase sempre em si alguma coisa que lhe indica ser momentânea a parada, ou ter o Espírito concluído. É raro que não sinta o afastamento deste último.

Estas as explicações essenciais que temos para ministrar, no tocante ao desenvolvimento da psicografia. A experiência revelará, na prática, alguns pormenores de que seria inútil tratar aqui e a cujo respeito os princípios gerais servirão de guia. Se muitos forem os que experimentarem, haverá mais médiuns do que em geral se pensa.

214. Tudo o que acabamos de dizer se aplica à escrita mecânica. E a que todos os médiuns procuram, com razão, conseguir. Porém, raríssimo é o mecanismo puro; a ele se acha frequentemente associada, mais ou menos, a intuição. Tendo consciência do que escreve, o médium é naturalmente levado a duvidar da sua faculdade; não sabe se o que lhe sai do lápis vem do seu próprio, ou de outro Espírito. Não tem absolutamente que se preocupar com isso e, nada obstante, deve prosseguir. Se se observar a si mesmo com atenção, facilmente descobrirá no que escreve uma porção de coisas que lhe não passavam pela mente e que até são contrárias às suas ideias, prova evidente de que tais coisas não provêm do seu Espírito. Continue, portanto, e, com a experiência, a dúvida se dissipará.

215. Se ao médium não foi concedido ser exclusivamente mecânico,

todas as tentativas para chegar a esse resultado serão infrutíferas; erro seu, no entanto, fora o julgar-se, em consequência, não aquinhoado. Se apenas é dotado de mediunidade intuitiva, cumpre que com isso se contente e ela não deixará de lhe prestar grandes serviços, se a souber aproveitar e não a repelir.

Desde que, após inúteis experimentações, efetuadas seguidamente durante algum tempo, nenhum indício de movimento involuntário se produz, ou os que se produzem são por demais fracos para dar resultados, não deve ele hesitar em escrever o primeiro pensamento que lhe for sugerido, sem se preocupar com o saber se esse pensamento promana do seu Espírito ou de uma fonte diversa: a experiência lhe ensinará a distinguir. Aliás, é frequente acontecer que o movimento mecânico se desenvolva ulteriormente.

Dissemos acima haver casos em que é indiferente saber o médium se o pensamento vem de si próprio, ou de outro Espírito. Isso ocorre quando, sendo ele puramente intuitivo ou inspirado, executa por si mesmo um trabalho de imaginação. Pouco importa atribua a si próprio um pensamento que lhe foi sugerido; se lhe acodem boas ideias, agradeça ao seu bom gênio, que não deixará de lhe sugerir outros. Tal é a inspiração dos poetas, dos filósofos e dos sábios.

216. Suponhamos agora que a faculdade mediúnica esteja completamente desenvolvida; que o médium escreva com facilidade; que seja, em suma, o que se chama um médium feito. Grande erro de sua parte fora crer-se dispensado de qualquer instrução mais, porquanto apenas terá vencido uma resistência material. Do ponto a que chegou é que começam as verdadeiras dificuldades, é que ele mais do que nunca precisa dos conselhos da prudência e da experiência, se não quiser cair nas mil armadilhas que lhe vão ser preparadas. Se pretender muito cedo voar com suas próprias asas, não tardará em ser vítima de Espíritos mentirosos, que não se descuidarão de lhe explorar a presunção.

217. Uma vez desenvolvida a faculdade, é essencial que o médium não abuse dela. O contentamento que daí advém a alguns principiantes lhes provoca um entusiasmo, que muito importa moderar.

Devem lembrar-se de que ela lhes foi dada para o bem e não para satisfação de vã curiosidade. Convém, portanto, que só se utilizem dela nas ocasiões oportunas e não a todo momento. Não lhes estando os Espíritos ao dispor a toda hora, correm o risco de ser enganados por mistificadores. Bom é que, para evitarem esse mal, adotem o sistema de só trabalhar em dias e horas determinados, porque assim se entregarão ao trabalho em condições de maior recolhimento e os Espíritos que os queiram auxiliar, estando prevenidos, se disporão melhor a prestar esse auxílio.

218. Se, apesar de todas as tentativas, a mediunidade não se revelar de modo algum, deverá o aspirante renunciar a ser médium, como renuncia ao canto quem reconhece não ter voz. Do mesmo modo que aquele que ignora uma língua se vale de um tradutor, o recurso para o dito aspirante será servir-se de outro médium. Mas, se não puder, à falta de médiuns, recorrer a nenhum, nem por isso deverá considerar-se privado da assistência dos Espíritos. Para estes, a mediunidade constitui um meio de se exprimirem, porém, não um meio exclusivo de serem atraídos. Os que nos consagram afeição se acham ao nosso lado, sejamos ou não médiuns. Um pai não abandona um filho porque, surdo e cego, não o pode ouvir nem ver; cerca-o, ao contrário, de toda a solicitude. O mesmo fazem conosco os bons Espíritos. Se não podem transmitir-nos materialmente seus pensamentos, auxiliam-nos por meio da inspiração.

Mudança de caligrafia
219. Um fenômeno muito comum nos médiuns escreventes é a mudança da caligrafia, conforme os Espíritos que se comunicam. E o que há de mais notável é que uma certa caligrafia se reproduz constantemente com determinado Espírito, sendo às vezes idêntica à que este tinha em vida. Veremos mais tarde as consequências que daí se podem tirar, com relação à identidade dos Espíritos. A mudança da caligrafia só se dá com os médiuns mecânicos ou semimecânicos, porque neles é involuntário o movimento da mão e dirigido unicamente pelo Espírito. O mesmo já não sucede com os médiuns

puramente intuitivos, visto que, neste caso, o Espírito apenas atua sobre o pensamento, sendo a mão dirigida, como nas circunstâncias ordinárias, pela vontade do médium. Mas a uniformidade da caligrafia, mesmo em se tratando de um médium mecânico, nada absolutamente prova contra a sua faculdade, porquanto a variação da forma da escrita não é condição absoluta, na manifestação dos Espíritos: deriva de uma aptidão especial, de que nem sempre são dotados os médiuns, ainda os mais mecânicos. Aos que a possuem damos a denominação de *Médiuns polígrafos*.

Perda e suspensão da mediunidade
220. A faculdade mediúnica está sujeita a intermitências e a suspensões temporárias, quer para as manifestações físicas, quer para a escrita. Damos a seguir as respostas que obtivemos dos Espíritos a algumas perguntas feitas sobre este ponto:

1ª Podem os médiuns perder a faculdade que possuem?

"Isso frequentemente acontece, qualquer que seja o gênero da faculdade. Mas, também, muitas vezes apenas se verifica uma interrupção passageira, que cessa com a causa que a produziu."

2ª Estará no esgotamento do fluido a causa da perda da mediunidade?

"Seja qual for a faculdade que o médium possua, ele nada pode sem o concurso simpático dos Espíritos. Quando nada mais obtém, nem sempre é porque lhe falta a faculdade; isso não raro se dá, porque os Espíritos não mais querem, ou podem servir-se dele."

3ª Que é o que pode causar o abandono de um médium, por parte dos Espíritos?

"O que mais influi para que assim procedam os bons Espíritos é o uso que o médium faz da sua faculdade. Podemos abandoná-lo, quando dela se serve para coisas frívolas, ou com propósitos ambiciosos; quando se nega a transmitir as nossas palavras, ou os fatos por nós produzidos, aos encarnados que para ele apelam, ou que têm necessidade de ver para se convencerem. Este dom de Deus não é concedido ao médium para seu deleite e, ainda menos, para satisfação de suas ambições, mas para o fim da sua melhora espiritual e para dar a conhecer aos homens a verdade. Se o Espírito verifica que o médium já não corresponde às suas vistas e já não aproveita das instruções nem dos conselhos que lhe dá, afasta-se, em busca de um protegido mais digno."

4ª Não pode o Espírito que se afasta ser substituído e, neste caso, não se conceberia a suspensão da faculdade?

"Espíritos não faltam que outra coisa não desejam senão comunicar-se e que, portanto, estão sempre prontos a substituir os que se afastam; mas, quando o que abandona o médium é um Espírito bom, pode suceder que o seu afastamento seja apenas temporário, para privá-lo, durante certo tempo, de toda comunicação, a fim de lhe provar que a sua faculdade *não depende dele médium* e que, assim, razão não há para dela se vangloriar. Essa impossibilidade temporária também serve para dar ao médium a prova de que ele escreve sob uma influência estranha, pois, de outro modo, não haveria intermitências."

"Em suma, a interrupção da faculdade nem sempre é uma punição; demonstra às vezes a solicitude do Espírito para com o médium, a quem consagra afeição, tendo por objetivo proporcionar-lhe um repouso material de que o julgou necessitado, caso em que não permite que outros Espíritos o substituam."

5ª Veem-se, no entanto, médiuns de muito mérito, moralmente falando, que nenhuma necessidade de repouso sentem e que muito se contrariam com essas interrupções, cujo fim lhes escapa.

"Servem para lhes pôr a paciência à prova e para lhes experimentar a perseverança. Por isso é que os Espíritos nenhum termo, em geral, assinam à suspensão da faculdade mediúnica; é para verem se o médium descoroçoa. E também para lhe dar tempo de meditar as instruções recebidas. Por essa meditação dos nossos ensinos é que reconhecemos os espíritas verdadeiramente sérios. Não podemos dar esse nome aos que, na realidade, não passam de amadores de comunicações."

6ª Será preciso então, que, nesse caso, o médium prossiga nas suas tentativas para escrever?

"Se o Espírito lhe aconselhar isto, deve; se lhe disser que se abstenha, não deve."

7ª Haveria meio de abreviar essa prova?

"A resignação e a prece. Demais, basta que faça cada dia uma tentativa de alguns minutos, visto que inútil lhe será perder o tempo em ensaios infrutíferos. A tentativa só deve ter por fim verificar se já recobrou, ou não, a faculdade."

8ª A suspensão da faculdade não implica o afastamento dos Espíritos que habitualmente se comunicam?

"De modo algum. O médium se encontra então na situação de uma pessoa que perdesse temporariamente a vista, a qual, por isso, não deixaria de estar rodeada de seus amigos, embora impossibilitada de os ver. Pode, portanto, o médium e até mesmo deve continuar a comunicar-se pelo pensamento com seus Espíritos familiares e persuadir-se de que é ouvido. Se é certo que a falta da mediunidade pode privá-lo das comunicações ostensivas com certos Espíritos, também certo é que não o pode privar das comunicações morais."

9ª Assim, a interrupção da faculdade mediúnica nem sempre traduz uma censura da parte do Espírito?

"Não, sem dúvida, pois que pode ser uma prova de benevolência."

10ª Por que sinal se pode reconhecer a censura nesta interrupção?

"Interrogue o médium a sua consciência e inquira de si mesmo qual o uso que tem feito da sua faculdade, qual o bem que dela tem resultado para os outros, *que proveito há tirado dos conselhos que se lhe têm dado* e terá a resposta."

11ª O médium que ficou impossibilitado de escrever poderá recorrer a outro médium?

"Depende da causa da interrupção, que tem por fim, amiúde, deixar-vos algum tempo sem comunicações, depois de vos terem dado conselhos, a fim de que vos não habitueis a nada fazer senão com o nosso concurso. Se este for o caso, ele nada obterá recorrendo a outro médium, o que também ocorre com o fim de vos provar que os Espíritos são livres e que não está em vossas mãos obrigá-los a fazer o que queirais. Ainda por esta razão é que os que não são

médiuns nem sempre recebem todas as comunicações que desejam."
NOTA. Deve-se efetivamente observar que aquele que recorre a terceiro para obter comunicações, não obstante a qualidade do médium, muitas vezes nada de satisfatório consegue, ao passo que doutras vezes as respostas são muito explicitas. Isso tanto depende da vontade do Espírito, que ninguém coisa alguma adianta mudando de médium. Os próprios Espíritos como que dão, a esse respeito, uns aos outros a palavra de ordem, porquanto o que não se obtiver de um, de nenhum mais se obterá. Cumpre então que nos abstenhamos de insistir e de impacientar-nos, se não quisermos ser vítimas de Espíritos enganadores, que responderão, dado procuremos à viva força uma resposta, deixando os bons que eles o façam, para nos punirem a insistência.

12ª Com que fim a Providência outorgou de maneira especial, a certos indivíduos, o dom da mediunidade?

"É uma missão de que se incumbiram e cujo desempenho os faz ditosos. São os intérpretes dos Espíritos com os homens."

13ª Entretanto, médiuns há que manifestam repugnância ao uso de suas faculdades.

"São médiuns imperfeitos; desconhecem o valor da graça que lhes é concedida."

14ª Se é uma missão, como se explica que não constitua privilégio dos homens de bem e que semelhante faculdade seja concedida a pessoas que nenhuma estima merecem e que dela podem abusar?

"A faculdade lhes é concedida, porque precisam dela para se melhorarem, para ficarem em condições de receber bons ensinamentos. Se não aproveitam da concessão, sofrerão as consequências. Jesus não pregava de preferência aos pecadores, dizendo ser preciso dar àquele que não tem?»

15ª As pessoas que desejam muito escrever como médiuns, e que não o conseguem, poderão concluir daí alguma coisa contra si mesmas, no tocante à benevolência dos Espíritos para com elas?

"Não, pois pode dar-se que Deus lhe haja negado essa faculdade, como negado tenha o dom da poesia, ou da música. Porém, se não forem objeto desse favor, podem ter sido de outros."

16ª Como pode um homem aperfeiçoar-se mediante o ensino dos Espíritos, quando não tem, nem por si mesmo, nem com o auxílio de outros médiuns, os meios de receber de modo direto esse ensinamento?

"Não tem ele os livros, como tem o cristão o Evangelho? Para praticar a moral de Jesus, não é preciso que o cristão tenha ouvido as palavras ao lhe saírem da boca."

CAPÍTULO XVIII
DOS INCONVENIENTES E PERIGOS DA MEDIUNIDADE

221. 1ª Será a faculdade mediúnica indício de um estado patológico qualquer, ou de um estado simplesmente anômalo?

"Anômalo, às vezes, porém, não patológico; há médiuns de saúde robusta; os doentes o são por outras causas."

2ª O exercício da faculdade mediúnica pode causar fadiga?

"O exercício muito prolongado de qualquer faculdade acarreta fadiga; a mediunidade está no mesmo caso, principalmente a que se aplica aos efeitos físicos, ela necessariamente ocasiona um dispêndio de fluido, que traz a fadiga, mas que se repara pelo repouso."

3ª Pode o exercício da mediunidade ter, de si mesmo, inconveniente, do ponto de vista higiênico, abstração, feita do abuso?

"Há casos em que é prudente, necessária mesmo, a abstenção, ou, pelo menos, o exercício moderado, tudo dependendo do estado físico e moral do médium. Aliás, em geral; o médium o sente e, desde que experimente fadiga, deve abster-se."

4ª Haverá pessoas para quem esse exercício seja mais inconveniente do que para outras?
"Já eu disse que isso depende do estado físico e moral do médium. Há pessoas relativamente às quais se devem evitar todas as causas de sobre-excitação e o exercício da mediunidade é uma delas." (Ns. 188 e 194.)
5ª Poderia a mediunidade produzir a loucura?
"Não mais do que qualquer outra coisa, desde que não haja predisposição para isso, em virtude de fraqueza cerebral. A mediunidade não produzirá a loucura, quando esta já não exista em gérmen; porém, existindo este, o bom-senso está a dizer que se deve usar de cautelas, sob todos os pontos de vista, porquanto qualquer abalo pode ser prejudicial."
6ª Haverá inconveniente em desenvolver-se a mediunidade nas crianças?
"Certamente e sustento mesmo que é muito perigoso, pois que esses organismos débeis e delicados sofreriam por essa forma grandes abalos, e as respectivas imaginações excessiva sobre-excitação. Assim, os pais prudentes devem afastá-las dessas ideias, ou, quando nada, não lhes falar do assunto, senão do ponto de vista das consequências morais.»
7ª Há, no entanto, crianças que são médiuns naturalmente, quer de efeitos físicos, quer de escrita e de visões. Apresenta isto o mesmo inconveniente?
"Não; quando numa criança a faculdade se mostra espontânea, é que está na sua natureza e que a sua constituição se presta a isso O mesmo não acontece, quando é provocada e sobre-excitada. Nota que a criança, que tem visões, geralmente não se impressiona com estas, que lhe parecem coisa naturalíssima, a que dá muito pouca atenção e quase sempre esquece. Mais tarde, o fato lhe volta à memória e ela o explica facilmente, se conhece o Espiritismo."
8ª Em que idade se pode ocupar, sem inconvenientes, de mediunidade?
"Não há idade precisa, tudo dependendo inteiramente do

desenvolvimento físico e, ainda mais, do desenvolvimento moral. Há crianças de doze anos a quem tal coisa afetará menos do que a algumas pessoas já feitas. Falo da mediunidade, em geral; porém, a de efeitos físicos é mais fatigante para o corpo; a da escrita tem outro inconveniente, derivado da inexperiência da criança, dado o caso de ela querer entregar-se a sós ao exercício da sua faculdade e fazer disso um brinquedo."

222. A prática do Espiritismo, como veremos mais adiante, demanda muito tato, para a inutilização das tramas dos Espíritos enganadores. Se estes iludem a homens feitos, claro é que a infância e a juventude mais expostas se acham a ser vítimas deles. Sabe-se, além disso, que o recolhimento é uma condição sem a qual não se pode lidar com Espíritos sérios. As evocações feitas estouvadamente e por gracejo constituem verdadeira profanação, que facilita o acesso aos Espíritos zombeteiros, ou malfazejos. Ora, não se podendo esperar de uma criança a gravidade necessária a semelhante ato, muito de temer é que ela faça disso um brinquedo, se ficar entregue a si mesma. Ainda nas condições mais favoráveis, é de desejar que uma criança dotada de faculdade mediúnica não a exercite, senão sob a vigilância de pessoas experientes, que lhe ensinem, pelo exemplo, o respeito devido às almas dos que viveram no mundo. Por aí se vê que a questão de idade está subordinada às circunstâncias, assim de temperamento, como de caráter. Todavia, o que ressalta com clareza das respostas acima é que não se deve forçar o desenvolvimento dessas faculdades nas crianças, quando não é espontânea, e que, em todos os casos, se deve proceder com grande circunspeção, não convindo nem as excitar, nem as animar nas pessoas débeis. Do seu exercício cumpre afastar, por todos os meios possíveis, as que apresentem sintomas, ainda que mínimos, de excentricidade nas ideias, ou de enfraquecimento das faculdades mentais, porquanto, nessas pessoas, há predisposição evidente para a loucura, que se pode manifestar por efeito de qualquer sobre-excitação. As ideias espíritas não têm, a esse respeito, maior influência do que outras, mas, vindo a loucura a declarar-se, tomará o caráter de preocupação dominante, como

tomaria o caráter religioso, se a pessoa se entregasse em excesso às práticas de devoção, e a responsabilidade seria lançada ao Espiritismo. O que de melhor se tem a fazer com todo indivíduo que mostre tendência à ideia fixa é dar outra diretriz às suas preocupações, a fim de lhe proporcionar repouso aos órgãos enfraquecidos.

Chamamos, a propósito deste assunto, a atenção dos nossos leitores para o parágrafo XII da "Introdução" de *O livro dos espíritos*.

CAPÍTULO XIX
DO PAPEL DOS MÉDIUNS NAS COMUNICAÇÕES ESPÍRITAS

223. 1ª No momento em que exerce a sua faculdade, está o médium em estado perfeitamente normal?

"Está, às vezes, num estado, mais ou menos acentuado, de crise. E o que o fadiga e é por isso que necessita de repouso. Porém, habitualmente, seu estado não difere de modo sensível do estado normal, sobretudo se se trata de médiuns escreventes."

2ª As comunicações escritas ou verbais também podem emanar do próprio Espírito encarnado no médium'?

"A alma do médium pode comunicar-se, como a de qualquer outro. Se goza de certo grau de liberdade, recobra suas qualidades de Espírito. Tendes a prova disso nas visitas que vos fazem as almas de pessoas vivas, as quais muitas vezes se comunicam convosco pela escrita, sem que as chameis. Porque, ficai sabendo, entre os Espíritos que evocais, alguns há que estão encarnados na Terra. *Eles, então, vos falam como Espíritos e não como homens.* Por que não se havia de dar o mesmo com o médium?"

a) Não parece que esta explicação confirma a opinião dos que entendem que todas as comunicações provêm do Espírito do médium e não de Espírito estranho?

"Os que assim pensam só erram em darem caráter absoluto à opinião que sustentam, porquanto é fora de dúvida que o Espírito do médium pode agir por si mesmo. Isso, porém, não é razão para que outros não atuem igualmente, por seu intermédio."

3ª Como distinguir se o Espírito que responde é o do médium, ou outro?

"Pela natureza das comunicações. Estuda as circunstâncias e a linguagem e distinguirás. No estado de sonambulismo, ou de êxtase, é que, principalmente, o Espírito do médium se manifesta, porque então se encontra mais livre. No estado normal é mais difícil. Aliás, há respostas que se lhe não podem atribuir de modo algum. Por isso é que te digo: estuda e observa."

NOTA. Quando uma pessoa nos fala, distinguimos facilmente o que vem dela daquilo de que ela é apenas o eco. O mesmo se verifica com os médiuns.

4ª Desde que o Espírito do médium há podido, em existências anteriores, adquirir conhecimentos que esqueceu debaixo do envoltório corporal, mas de que se lembra como Espírito, não poderá ele haurir nas profundezas do seu próprio eu as ideias que parecem fora do alcance da sua instrução?

"Isso acontece frequentemente, no estado de crise sonambúlica, ou extática, porém, ainda uma vez repito, há circunstâncias que não permitem dúvida. Estuda *longamente* e medita."

5ª As comunicações que provêm do Espírito do médium, são sempre inferiores às que possam ser dadas por outros Espíritos?

"Sempre, não; pois um Espírito, que não o do médium, pode ser de ordem inferior à deste e, então, falar menos sensatamente. E o que se vê no sonambulismo. Aí, as mais das vezes, quem se manifesta é o Espírito do sonâmbulo, o qual não raro diz coisas muito boas."

6ª O Espírito, que se comunica por um médium, transmite diretamente seu pensamento, ou este tem por intermediário o Espírito encarnado no médium?

"O Espírito do médium é o intérprete, porque está ligado ao corpo que serve para falar e por ser necessária uma cadeia entre vós e os Espíritos que se comunicam, como é preciso um fio elétrico para comunicar à grande distância uma notícia e, na extremidade do fio, uma pessoa inteligente, que a receba e transmita."

7ª O Espírito encarnado no médium exerce alguma influência sobre as comunicações que deva transmitir, provindas de outros Espíritos?

"Exerce, porquanto, se estes não lhe são simpáticos, pode ele alterar-lhes as respostas e assimilá-las às suas próprias ideias e a seus pendores; *não influencia,* porém, *os próprios Espíritos, autores das respostas;* constitui-se apenas em mau intérprete."

8ª Será essa a causa da preferência dos Espíritos por certos médiuns?

"Não há outra. Os Espíritos procuram o intérprete que mais simpatize com eles e que lhes exprima com mais exatidão os pensamentos. Não havendo entre eles simpatia, o Espírito do médium é um antagonista que oferece certa resistência e se toma, um intérprete de má qualidade e muitas vezes infiel. E o que se dá entre vós, quando a opinião de um sábio é transmitida por intermédio de um estonteado, ou de uma pessoa de má-fé."

9ª Compreende-se que seja assim, tratando-se dos médiuns intuitivos, porém, não, relativamente aos médiuns mecânicos.

"É que ainda não percebeste bem o papel que desempenha o médium. Há aí uma lei que ainda não apanhaste. Lembra-te de que, para produzir o movimento de um corpo inerte, o Espírito precisa utilizar-se de uma parcela de fluido animalizado, que toma ao médium, para animar momentaneamente a mesa, a fim de que esta lhe obedeça à vontade. Pois bem. compreende igualmente que, para uma comunicação inteligente, ele precisa de um intermediário inteligente e que esse intermediário é o Espírito do médium."

a) Isto parece que não tem aplicação ao que se chama mesas falantes, visto que, quando objetos inertes, como as mesas, pranchetas e cestas dão respostas inteligentes, o Espírito do médium, ao que se nos afigura, nenhuma parte toma no fato.

"É um erro; o Espírito pode dar ao corpo inerte uma vida fictícia momentânea, mas não lhe pode dar, inteligência. Jamais um corpo inerte foi inteligente. E, pois, o Espírito do médium quem recebe, a seu mau grado, o pensamento e o transmite, sucessivamente, com o auxílio de diversos intermediários."

10ª Dessas explicações resulta, ao que parece, que o Espírito do médium nunca é completamente passivo?

"É passivo, quando não mistura suas próprias ideias com as do Espírito que se comunica, mas nunca é inteiramente nulo. Seu concurso é sempre indispensável, como o de um intermediário, embora se trate dos que chamais médiuns mecânicos."

11ª Não haverá maior garantia de independência no médium mecânico, do que no médium intuitivo?

"Sem dúvida alguma e, para certas comunicações, é preferível um médium mecânico; mas, quando se conhecem as faculdades de um médium intuitivo, torna-se indiferente, conforme as circunstâncias. Quero dizer que há comunicações que exigem menos precisão."

12ª Entre os diferentes sistemas, que se hão concebido para explicar os fenômenos espíritas, há um que proclama estar a verdadeira mediunidade num corpo completamente inerte, na cesta, ou no papelão, por exemplo, que serve de instrumento; que o Espírito manifestante se identifica com esse objeto e o toma, além de vivo, inteligente, donde o nome de *médiuns inertes* dado a esses objetos. Que pensais desse sistema?

"Pouco há que dizer a tal respeito e é que, se o Espírito transmitisse inteligência ao papelão, ao mesmo tempo que a vida, aquele escreveria sozinho, sem o concurso do médium. Fora singular que o homem inteligente se mudasse em máquina e que um objeto inerte se tornasse inteligente. Esse é um dos muitos sistemas oriundos de ideias preconcebidas e que caem, como tantos outros, ante a experiência e a observação."

13ª Um fenômeno bem conhecido poderia abonar a opinião de que nos corpos inertes animados há mais do que a vida: o dás mesas, cestas etc. que, pelos seus movimentos, exprimem a cólera, ou a afeição?

"Quando um homem agita colérico um pau, não é o pau que está presa de cólera, nem mesmo a mão que o segura, mas o pensamento que dirige a mão. As mesas e as cestas não são mais inteligentes do que o pau, nenhum sentimento inteligente apresentam; apenas obedecem a uma inteligência. Numa palavra, o Espírito não se transforma em cesta, nem nela se domicilia."

14ª Desde que não é racional atribuir-se inteligência a esses objetos, poder-se-á considerá-los como uma categoria de médiuns, dando-se-lhes o nome de *médiuns inertes*?

"É uma questão de palavras, que pouco nos importa, contanto que vos entendais. Sois livres de dar a um boneco o nome de homem."

15ª Os Espíritos só têm a linguagem do pensamento; não dispõem da linguagem articulada, pelo que só há para eles uma língua. Assim sendo, poderia um Espírito exprimir-se, por via mediúnica, numa língua que jamais falou quando vivo? E, nesse caso, de onde tira as palavras de que se serve?

"Acabaste tu mesmo de responder à pergunta que formulaste, dizendo que os Espíritos só têm uma língua, que é a do pensamento. Essa língua todos a compreendem, tanto os homens como os Espíritos. O Espírito errante, quando se dirige ao Espírito encarnado do médium, não lhe fala francês, nem inglês, porém, a língua universal que é a do pensamento. Para exprimir suas ideias numa língua articulada, transmissível, toma as palavras ao vocabulário do médium."

16ª Se é assim, só na língua do médium deveria ser possível ao Espírito exprimir-se. Entretanto, é sabido que escreve em idiomas que o médium desconhece. Não há aí uma contradição?

"Nota, primeiramente, que nem todos os médiuns são aptos a esse gênero de exercício e, depois, que os Espíritos só acidentalmente a ele se prestam, quando julgam que isso pode ter alguma utilidade. Para as comunicações usuais e de certa extensão, preferem servir-se de uma língua que seja familiar ao médium, porque lhes apresenta menos dificuldades materiais a vencer."

17ª A aptidão de certos médiuns para escrever numa língua que lhes é estranha não provirá da circunstância de lhes ter sido familiar essa língua em outra existência e de haverem guardado a intuição dela?

"É certo que isto se pode dar, mas não constitui regra. Com algum esforço, o Espírito pode vencer momentaneamente a resistência material que encontra. E o que acontece quando o médium escreve, na língua que lhe é própria, palavras que não conhece."

18ª Poderia uma pessoa analfabeta escrever como médium?

"Sim, mas é fácil de compreender-se que terá de vencer grande dificuldade mecânica, por faltar à mão o hábito do movimento necessário a formar letras. O mesmo sucede com os médiuns desenhistas, que não sabem desenhar."

19ª Poderia um médium, muito pouco inteligente, transmitir comunicações de ordem elevada?

"Sim, pela mesma razão por que um médium pode escrever numa língua que lhe seja desconhecida. A mediunidade propriamente dita independe da inteligência, bem como das qualidades morais. Em falta de instrumento melhor, pode o Espírito servir-se daquele que tem à mão. Porém, é natural que, para as comunicações de certa ordem, prefira o médium que lhe ofereça menos obstáculos materiais. Acresce outra consideração: o idiota muitas vezes só o é pela imperfeição de seus órgãos, podendo, entretanto, seu Espírito ser mais adiantado do que o julguem. Tens a prova disso em certas evocações de idiotas, mortos ou vivos."

NOTA. Este é um fato que a experiência comprova. Por muitas vezes temos evocado idiotas vivos que hão dado patentes provas de identidade e responderam com muita sensatez e mesmo de modo superior. Esse estado é uma punição para o Espírito, que sofre com o constrangimento em que se vê. Um médium idiota pode, pois, oferecer ao Espírito que queira manifestar-se mais recursos de que se supunha. (Veja-se: *Revue Spirite,* julho de 1860, artigo sobre a *Frenologia* e a *Fisiognomia.*)

20ª Donde vem a aptidão de alguns médiuns para escrever em verso?

"A poesia é uma linguagem. Eles podem escrever em verso, como podem escrever numa língua que desconheçam. Depois, é possível que tenham sido poetas em outra existência e, como já te dissemos, os conhecimentos adquiridos jamais os perde o Espírito, que tem de chegar à perfeição em todas as coisas. Nesse caso, o que eles hão sabido lhes dá uma facilidade de que não dispõem no estado ordinário."

21ª O mesmo ocorre com os que têm aptidão especial para o desenho e a música?

"Sim; o desenho e a música também são maneiras de se exprimirem os pensamentos. Os Espíritos se servem dos instrumentos que mais facilidade lhes oferecem."

22ª A expressão do pensamento pela poesia, pelo desenho, ou pela música depende unicamente da aptidão especial do médium, ou também da do Espírito que se comunica?

"Às vezes, do médium; às vezes, do Espírito. Os Espíritos superiores possuem todas as aptidões. Os Espíritos inferiores só dispõem de conhecimentos limitados."

23ª Por que é que um homem de extraordinário talento numa existência já não o tem na existência seguinte?

"Nem sempre assim é, pois que muitas vezes ele aperfeiçoa, numa existência, o que começou na precedente. Mas pode acontecer que uma faculdade extraordinária dormite durante certo tempo, para deixar que outra se desenvolva. E um gérmen latente, que tornará a ser encontrado mais tarde e do qual alguns traços, ou, pelo menos, uma vaga intuição sempre permanecem."

224. O Espírito que se quer comunicar compreende, sem dúvida, todas as línguas, pois que as línguas são a expressão do pensamento e é pelo pensamento que o Espírito tem a compreensão de tudo; mas, para exprimir esse pensamento, torna-se-lhe necessário um instrumento e este é o médium. A alma do médium, que recebe a comunicação de um terceiro, não a pode transmitir, senão pelos órgãos de seu corpo. Ora, esses órgãos não podem ter, para uma língua que o médium desconheça, a flexibilidade que apresentam para a que lhe é familiar.

Um médium, que apenas saiba o francês, poderá, acidentalmente, dar uma resposta em inglês, por exemplo, se ao Espírito apraz fazê-lo; porém, os Espíritos, que já acham muito lenta a linguagem humana, em confronto com a rapidez do pensamento, tanto assim que a abreviam quanto podem, se impacientam com a resistência mecânica que encontram; daí, nem sempre o fazerem. Essa também a razão por que um médium novato, que escreve penosa e lentamente, ainda que na sua própria língua, em geral não obtém mais do que respostas breves e sem desenvolvimento. Por isso, os Espíritos recomendam que, com um médium assim, só se lhes dirijam perguntas simples. Para as de grande alcance, faz-se mister um médium desenvolvido, que nenhuma dificuldade mecânica ofereça ao Espírito. Ninguém tomaria para seu ledor um estudante que estivesse aprendendo a soletrar. Um bom operário não gosta de servir-se de maus instrumentos.

Acrescentemos outra consideração de muita gravidade no que concerne às línguas estrangeiras. Os ensaios deste gênero são sempre feitos por curiosidade e por experiência. Ora, nada mais antipático aos Espíritos do que as provas a que tentem sujeitá-los. A elas jamais se prestam os Espíritos superiores, os quais se afastam, logo que se pretende entrar por esse caminho. Tanto se comprazem nas coisas úteis e sérias, quanto lhes repugna ocuparem-se com coisas fúteis e sem objetivo. E, dirão os incrédulos, para nos convencermos e esse fim é útil, porque pode granjear adeptos para a causa dos Espíritos. A isto respondem os Espíritos: "A nossa causa não precisa dos que têm orgulho bastante para se suporem indispensáveis. Chamamos a nós os que *queremos* e estes são quase sempre os mais pequeninos e os mais humildes. Fez Jesus os milagres que lhe pediam os escribas? E de que homens se serviu para revolucionar o mundo? Se quiserdes convencer-vos, de outros meios disponde, que não a força; começai por submeter-vos; não é regular que o discípulo imponha sua vontade ao mestre."

Daí decorre que, salvo algumas exceções, o médium exprime o pensamento dos Espíritos pelos meios mecânicos que lhe estão à disposição e também que a expressão desse pensamento pode e deve mesmo, as mais das vezes, ressentir-se da imperfeição de tais meios. Assim, o homem inculto, o campônio, poderá dizer as mais belas coisas, expressar as mais elevadas e as mais filosóficas ideias, falando como campônio, porquanto, conforme se sabe, para os Espíritos o pensamento a tudo sobrepuja. Isto responde a certas críticas a propósito das incorreções de estilo e de ortografia, que se imputam aos Espíritos, mas que tanto podem provir deles, como do médium. Apegar-se a tais coisas não passa de futilidade. Não é menos pueril que se atenham a reproduzir essas incorreções com exatidão minuciosa, conforme o temos visto fazerem algumas vezes. Lícito é, portanto, corrigi-las, sem o mínimo escrúpulo, a menos que caracterizem o Espírito que se comunica, caso em que é bom conservá-las, como prova de identidade. Assim é, por exemplo, que temos visto um Espírito escrever constantemente *Jule* (sem o *s*), falando de seu neto, porque, quando vivo, escrevia desse modo, muito embora o neto, que lhe servia de médium, soubesse perfeitamente escrever o seu próprio nome.

225. A dissertação que se segue, dada espontaneamente por um Espírito superior, que se revelou mediante comunicações de ordem elevadíssima, resume, de modo claro e completo, a questão do papel do médium:

"Qualquer que seja a natureza dos médiuns escreventes, quer mecânicos ou semimecânicos, quer simplesmente intuitivos, não variam essencialmente os nossos processos de comunicação com eles. De fato, nós nos comunicamos com os Espíritos encarnados dos médiuns, da mesma forma que com os Espíritos propriamente ditos, tão só pela irradiação do nosso pensamento.

"Os nossos pensamentos não precisam da vestidura da palavra, para serem compreendidos pelos Espíritos e todos os Espíritos percebem os pensamentos que lhes desejamos transmitir, sendo suficiente que lhes dirijamos esses pensamentos e isto em razão de suas faculdades intelectuais. Quer dizer que tal pensamento tais ou quais Espíritos o podem compreender, em virtude do adiantamento deles, ao passo que, para tais outros, por não despertarem nenhuma lembrança, nenhum conhecimento que lhes dormitem no fundo do coração, ou do cérebro, esses mesmos pensamentos não lhes são perceptíveis. Neste caso, o Espírito encarnado, que nos serve de médium, é mais apto a exprimir o nosso pensamento a outros encarnados, se bem não o compreenda, do que um Espírito desencarnado, mas pouco adiantado, se fôssemos forçado a servir-nos dele, porquanto o ser terreno põe seu corpo, como instrumento, à nossa disposição, o que o Espírito errante não pode fazer.

"Assim, quando encontramos em um médium o cérebro povoado de conhecimentos adquiridos na sua vida atual e o seu Espírito rico de conhecimentos latentes, obtidos em vidas anteriores, de natureza a nos facilitarem as comunicações, dele de preferência nos servimos, porque com ele o fenômeno da comunicação se nos toma muito mais fácil do que com um médium de inteligência limitada e de escassos conhecimentos anteriormente adquiridos. Vamos fazer-nos compreensíveis por meio de algumas explicações claras e precisas.

"Com um médium, cuja inteligência atual, ou anterior, se ache desenvolvida, o nosso pensamento se comunica instantaneamente de Espírito a Espírito, por uma faculdade peculiar à essência mesma do Espírito. Nesse caso, encontramos no cérebro do médium os elementos próprios a dar ao nosso pensamento a vestidura da palavra que lhe corresponda e isto quer o médium seja intuitivo, quer semimecânico, ou inteiramente mecânico. Essa a razão por que, seja qual for a diversidade dos Espíritos que se comunicam com um médium, os ditados que este obtém, embora procedendo de Espíritos diferentes, trazem, quanto à forma e ao colorido, o cunho que lhe é pessoal. Com efeito, se bem o pensamento lhe seja de todo estranho, se bem o assunto esteja fora do âmbito em que ele habitualmente se move, se bem o que nós queremos dizer não provenha dele, nem por isso deixa o médium de exercer influência, no tocante à forma, pelas qualidades e propriedades inerentes à sua individualidade. E exatamente como quando observais panoramas diversos, com lentes matizadas, verdes, brancas ou azuis; embora os panoramas, ou objetos observados, sejam inteiramente opostos e independentes, em absoluto, uns dos outros, não deixam por isso de afetar uma tonalidade que provém das cores das lentes. Ou, melhor: comparemos os médiuns a esses bocais cheios de líquidos coloridos e transparentes, que se veem nos mostruários dos laboratórios farmacêuticos. Pois bem, nós somos como luzes que clareiam certos panoramas morais, filosóficos e internos, através dos médiuns, azuis, verdes, ou vermelhos, de tal sorte que os nossos raios luminosos, obrigados a passar através de vidros mais ou menos bem facetados, mais ou menos transparentes, isto é, de médiuns mais ou menos inteligentes, só chegam aos objetos que desejamos iluminar, tomando a coloração, ou, melhor, a forma de dizer própria e particular desses médiuns. Enfim, para terminar com uma última comparação: nós os Espíritos somos quais compositores de música, que hão composto, ou querem improvisar uma ária e que só têm à mão ou um piano, um violino, uma flauta, um fagote ou uma gaita de dez centavos. E incontestável que, com o piano, o violino, ou a flauta, executaremos a nossa composição de modo muito compreensível para os ouvintes. Se bem sejam muito diferentes uns dos outros os sons produzidos pelo piano, pelo fagote ou pela clarineta, nem por isso ela deixará de ser idêntica em qualquer desses instrumentos, abstração feita dos matizes do som. Mas, se só tivermos à nossa disposição uma gaita de dez centavos, aí está para nós a dificuldade.

"Efetivamente, quando somos obrigados a servir-nos de médiuns pouco adiantados, muito mais longo e penoso se torna o nosso trabalho, porque nos vemos forçados a lançar mão de formas incompletas, o que é para nós uma complicação, pois somos constrangidos a decompor os nossos pensamentos e a ditar palavra por palavra, letra por letra, constituindo isso uma fadiga e um aborrecimento, assim como um entrave real à presteza e ao desenvolvimento das nossas manifestações.

"Por isso é que gostamos de achar médiuns bem adestrados, bem aparelhados, munidos de materiais prontos a serem utilizados, numa palavra: bons instrumentos, porque então o nosso perispírito, atuando sobre o daquele a quem *mediunizamos,* nada mais tem que fazer senão impulsionar a mão que nos serve de lapiseira, ou caneta, já com os médiuns insuficientes, somos obrigados a um trabalho análogo ao que temos, quando nos comunicamos mediante pancadas, isto é, formando, letra por letra, palavra por palavra, cada uma das frases que traduzem os pensamentos que vos queiramos transmitir.

"É por estas razões que de preferência nos dirigimos, para a divulgação do Espiritismo e para o desenvolvimento das faculdades mediúnicas escreventes, às classes cultas e instruídas, embora seja nessas classes que se encontram os indivíduos mais incrédulos, mais rebeldes e mais imorais. E que, assim como deixamos hoje, aos Espíritos galhofeiros e pouco adiantados, o exercício das comunicações tangíveis, de pancadas e transportes, assim também os homens pouco sérios preferem o espetáculo dos fenômenos que lhes afetam os olhos ou os ouvidos, aos fenômenos puramente espirituais, puramente psicológicos.

"Quando queremos transmitir ditados espontâneos, atuamos sobre o cérebro, sobre os arquivos do médium e preparamos os nossos materiais com os elementos que ele nos fornece e isto à sua revelia. E como se lhe tomássemos à bolsa as somas que ele aí possa ter e puséssemos as moedas que as formam na ordem que mais conveniente nos parecesse.

"Mas, quando o próprio médium é quem nos quer interrogar, bom é reflita nisso seriamente, a fim de nos fazer com método as suas perguntas, facilitando-nos assim o trabalho de responder a elas. Porque, como já te dissemos em instrução anterior, o vosso cérebro está frequentemente em inextricável desordem e, não só difícil, como também penoso se nos torna mover-nos no dédalo dos vossos pensamentos. Quando seja um terceiro quem nos haja de interrogar, é bom e conveniente que a série de perguntas seja comunicada de antemão ao médium, para que este se identifique com o Espírito do evocador e dele, por assim dizer, se impregne, porque, então, nós outros teremos mais facilidade para responder, por efeito da afinidade existente entre o nosso perispírito e o do médium que nos serve de intérprete.

"Sem dúvida, podemos falar de matemáticas, servindo-nos de um médium a quem estas sejam absolutamente estranhas; porém, quase sempre, o Espírito desse médium possui, em estado latente, conhecimento do assunto, isto é, conhecimento peculiar ao ser fluídico e não ao ser encarnado, por ser o seu corpo atual um instrumento rebelde, ou contrário, a esse conhecimento. O mesmo se dá com a astronomia, com a poesia, com a medicina, com as diversas línguas, assim como com todos os outros conhecimentos peculiares à espécie humana.

"Finalmente, ainda temos como meio penoso de elaboração, para ser usado com médiuns completamente estranhos ao assunto de que se trate, o da reunião das letras e das palavras, uma a uma, como em tipografia.

"Conforme acima dissemos, os Espíritos não precisam vestir seus pensamentos; eles os percebem e transmitem, reciprocamente, pelo só fato de os pensamentos existirem neles. Os seres corpóreos, ao contrário, só podem perceber os pensamentos, quando revestidos. Enquanto a letra, a palavra, o substantivo, o verbo, a frase, em suma, vos são necessários para perceberdes, mesmo mentalmente, as ideias, nenhuma forma visível ou tangível nos é necessária a nós."

ERASTO e TIMÓTEO

NOTA. Esta análise do papel dos médiuns e dos processos pelos quais os Espíritos se comunicam é tão clara quanto lógica. Dela decorre, como princípio, que o Espírito haure, *não as suas ideias*, porém, os materiais de que necessita para exprimi-las, no cérebro do médium e que, quanto mais rico em materiais for esse cérebro, tanto mais fácil será a comunicação. Quando o Espírito se exprime num idioma familiar ao médium, encontra neste, inteiramente formadas, as palavras necessárias ao revestimento da ideia; se o faz numa língua estranha ao médium, não encontra neste as palavras, mas apenas as letras. Por isso é que o Espírito se vê obrigado a ditar, por assim dizer, letra a letra, tal qual como quem quisesse fazer que escrevesse alemão uma pessoa que desse idioma não conhecesse uma só palavra. Se o médium é analfabeto, nem mesmo as letras fornece ao Espírito. Preciso se torna a este conduzir-lhe a mão, como se faz a uma criança que começa a aprender. Ainda maior dificuldade a vencer encontra aí, o Espírito. Estes fenômenos, pois, são possíveis e há deles numerosos exemplos; compreende-se, no entanto, que semelhante maneira de proceder pouco apropriada se mostra para comunicações extensas e rápidas e que os Espíritos hão de preferir os instrumentos de manejo mais fácil, ou, como eles dizem, os médiuns bem aparelhados do ponto de vista deles.

Se os que reclamam esses fenômenos, como meio de se convencerem, estudassem previamente a teoria, haviam de saber em que condições excepcionais eles se produzem.

CAPÍTULO XX
DA INFLUÊNCIA MORAL DO MÉDIUM

226. 1ª O desenvolvimento da mediunidade guarda relação com o desenvolvimento moral dos médiuns?

"Não; a faculdade propriamente dita se radica no organismo; independe do moral. O mesmo, porém, não se dá com o seu uso, que pode ser bom, ou mau, conforme as qualidades do médium."

2ª Sempre se há dito que a mediunidade é um dom de Deus, uma graça, um favor. Por que, então, não constitui privilégio dos homens de bem e por que se veem pessoas indignas que a possuem no mais alto grau e que dela usam mal?

"Todas as faculdades são favores pelos quais deve a criatura render graças a Deus, pois que homens há privados delas. Poderias igualmente perguntar por que concede Deus vista magnífica a malfeitores, destreza a gatunos, eloquência aos que dela se servem para dizer coisas nocivas. O mesmo se dá com a mediunidade. Se há pessoas indignas que a possuem, é que disso precisam mais do que as outras, para se melhorarem. Pensas que Deus recusa meios de salvação aos culpados? Ao contrário, multiplica-os no caminho que eles percorrem; *põe-nos nas mãos deles*. Cabe-lhes aproveitá-los. Judas, o traidor, não fez milagres e não curou doentes, como apóstolo? Deus permitiu que ele tivesse esse dom, para mais odiosa tornar aos seus próprios olhos a traição que praticou."

3ª Os médiuns, que fazem mau uso das suas faculdades, que não se servem delas para o bem, ou que não as aproveitam para se instruírem, sofrerão as consequências dessa falta?

"Se delas fizerem mau uso, serão punidos duplamente, porque têm um meio a mais de se esclarecerem e o não aproveitam. Aquele que vê claro e tropeça é mais censurável do que o cego que cai no fosso."

4ª Há médiuns aos quais, espontaneamente e quase constantemente, são dadas comunicações sobre o mesmo assunto, sobre certas questões morais, por exemplo, sobre determinados defeitos. Terá isso algum fim?

"Tem, e esse fim é esclarecê-lo sobre o assunto frequentemente repetido, ou corrigi-los de certos defeitos. Por isso é que a uns falarão continuamente do orgulho, a outros, da caridade. E que só a saciedade lhes poderá abrir, afinal, os olhos. Não há médium que faça mau uso da sua faculdade, por ambição ou interesse, ou que a comprometa por causa de um defeito capital, como o orgulho, o egoísmo, a leviandade etc., e que, de tempos a tempos, não receba admoestações dos Espíritos. O pior é que as mais das vezes eles não as tomam como dirigidas a si próprios."

NOTA. É frequente usarem os Espíritos de circunlóquios em suas lições, dando-as de modo indireto para não tirarem o mérito àquele que as sabe aproveitar e aplicar. Porém, tais são a cegueira e o orgulho de algumas pessoas, que elas não se reconhecem no quadro que se lhes põe diante dos olhos. Ainda mais: se o Espírito lhes dá a entender que é delas que se trata, zangam-se e o qualificam de mentiroso, ou malicioso. Só isto basta para provar que o Espírito tem razão.

5ª Nas lições ditadas, de modo geral, ao médium, sem aplicação pessoal, não figura ele como instrumento passivo, para instrução de outrem?

"Muitas vezes, os avisos e conselhos não lhe são dirigidos

pessoalmente, mas a outros a quem não nos podemos dirigir, senão por intermédio dele, que, entretanto, deve tomar a parte que lhe caiba em tais avisos e conselhos, se não o cega o amor próprio.

"Não creias que a faculdade mediúnica seja dada somente para correção de uma, ou duas pessoas, não. O objetivo é mais alto: trata-se da Humanidade. Um médium é um instrumento pouquíssimo importante, como indivíduo. Por isso é que, quando damos instruções que devem aproveitar à generalidade dos homens, nos servimos dos que oferecem as facilidades necessárias. Tenha-se, porém, como certo que tempo virá em que os bons médiuns serão muito comuns, de sorte que os bons Espíritos não precisarão servir-se de instrumentos maus."

6ª Visto que as qualidades morais do médium afastam os Espíritos imperfeitos, como é que um médium dotado de boas qualidades transmite respostas falsas, ou grosseiras?

"Conheces, porventura, todos os escaninhos da alma humana? Demais, pode a criatura ser leviana e frívola, sem que seja viciosa. Também isso se dá, porque, às vezes, ele necessita de uma lição, a fim de manter-se em guarda."

7ª Por que permitem os Espíritos superiores que pessoas dotadas de grande poder, como médiuns, e que muito de bom poderiam fazer, sejam instrumentos do erro?

"Os Espíritos de que falas procuram influenciá-las; mas, quando essas pessoas consentem em ser arrastadas para mau caminho, eles as deixam ir. Daí o servirem-se delas com repugnância, visto que *a verdade não pode ser interpretada pela mentira*."

8ª Será absolutamente impossível se obtenham boas comunicações por um médium imperfeito?

"Um médium imperfeito pode algumas vezes obter boas coisas, porque, se dispõe de uma bela faculdade, não é raro que os bons Espíritos se sirvam dele, à falta de outro, em circunstâncias especiais; porém, isso só acontece momentaneamente, porquanto, desde que os Espíritos encontrem um que mais lhes convenha, dão preferência a este."

NOTA. Deve-se observar que, quando os bons Espíritos veem que um médium deixa de ser bem assistido e se torna, pelas suas imperfeições, presa dos Espíritos enganadores, quase sempre fazem surgir circunstâncias que lhes desvendam os defeitos e o afastam das pessoas sérias e bem intencionadas, cuja boa-fé poderia ser ilaqueada. Neste caso, quaisquer que sejam as faculdades que possua, seu afastamento não é de causar saudades.

9ª Qual o médium que se poderia qualificar de perfeito?

"Perfeito, ah! bem sabes que a perfeição não existe na Terra, sem o que não estaríeis nela. Dize, portanto, bom médium e já é muito, por isso que eles são raros. Médium perfeito seria aquele contra o qual os maus Espíritos jamais *ousassem,* uma tentativa de enganá-lo. O melhor é aquele que, simpatizando somente com os bons Espíritos, tem sido o menos enganado."

10ª Se ele só com os bons Espíritos simpatiza, como permitem estes que seja enganado?

"Os bons Espíritos permitem, às vezes, que isso aconteça com os melhores médiuns, para lhes exercitar a ponderação e para lhes ensinar a discernir o verdadeiro do falso. Depois, por muito bom que seja, um médium jamais é tão perfeito, que não possa ser atacado por algum lado fraco. Isto lhe deve servir de lição. As falsas comunicações, que de tempos a tempos ele recebe, são avisos para que não se considere infalível e não se ensoberbeça. Porque, o médium que receba as coisas mais notáveis não tem que se gloriar disso, como não o tem o tocador de realejo que obtém belas árias movendo a manivela do seu instrumento."

11ª Quais as condições necessárias para que a palavra dos Espíritos superiores nos chegue isenta de qualquer alteração?

"Querer o bem; repulsar o *egoísmo* e o *orgulho.* Ambas essas coisas são necessárias."

12ª Uma vez que a palavra dos Espíritos superiores não nos chega pura, senão em condições difíceis de se encontrarem preenchidas, esse fato não constitui um obstáculo à propagação da verdade?

"Não, porque a luz sempre chega ao que a deseja receber. Todo aquele que queira esclarecer-se deve fugir às trevas e as trevas se encontram na impureza do coração.

"Os Espíritos, que considerais como personificações do bem, não atendem de boa vontade ao apelo dos que trazem o coração manchado pelo orgulho, pela cupidez e pela falta de caridade.

"Expurguem-se, pois, os que desejam esclarecer-se, de toda a vaidade humana e humilhem a sua inteligência ante o infinito poder do Criador. Esta a melhor prova que poderão dar da sinceridade do desejo que os anima. É uma condição a que todos podem satisfazer."

227. Se o médium, do ponto de vista da execução, não passa de um instrumento, exerce, todavia, influência muito grande, sob o aspecto moral. Pois que, para se comunicar, o Espírito desencarnado se identifica com o Espírito do médium, esta identificação não se pode verificar, senão havendo, entre um e outro, simpatia e, se assim é lícito dizer-se, afinidade. A alma exerce sobre o Espírito livre uma espécie de atração, ou de repulsão, conforme o grau da semelhança existente entre eles. Ora, os bons têm afinidade com os bons e os maus com os maus, donde se segue que as qualidades morais do médium exercem influência capital sobre a natureza dos Espíritos que por ele se comunicam. Se o médium é vicioso, em torno dele se vêm grupar os Espíritos inferiores, sempre prontos a tomar o lugar aos bons Espíritos evocados. As qualidades que, de preferência, atraem os bons Espíritos são: a bondade, a benevolência, a simplicidade do coração, o amor do próximo, o desprendimento das coisas materiais. Os defeitos que os afastam são: o orgulho, o egoísmo, a inveja, o ciúme, o ódio, a cupidez, a sensualidade e todas as paixões que escravizam o homem à matéria.

228. Todas as imperfeições morais são outras tantas portas abertas ao acesso dos maus Espíritos. A que, porém, eles exploram com mais habilidade é o orgulho, porque é a que a criatura menos confessa a si mesma. O orgulho tem perdido muitos médiuns dotados das mais belas faculdades e que, se não fora essa imperfeição, teriam podido tornar-se instrumentos notáveis e muito úteis, ao passo que, presas de Espíritos mentirosos, suas faculdades, depois de se

haverem pervertido, aniquilaram-se e mais de um se viu humilhado por amaríssimas decepções.

O orgulho, nos médiuns, traduz-se por sinais inequívocos, a cujo respeito tanto mais necessário é se insista, quanto constitui uma das causas mais fortes de suspeição, no tocante à veracidade de suas comunicações. Começa por uma confiança cega nessas mesmas comunicações e na infalibilidade do Espírito que lhas dá. Daí um certo desdém por tudo o que não venha deles: é que julgam ter o privilégio da verdade. O prestígio dos grandes nomes, com que se adornam os Espíritos tidos por seus protetores, os deslumbra e, como neles o amor próprio sofreria, se houvessem de confessar que são ludibriados, repelem todo e qualquer conselho; evitam-nos mesmo, afastando-se de seus amigos e de quem quer que lhes possa abrir os olhos. Se condescendem em escutá-los, nenhum apreço lhes dão às opiniões, porquanto duvidar do Espírito que os assiste fora quase uma profanação. Aborrecem-se com a menor contradita, com uma simples observação crítica e vão às vezes ao ponto de tomar ódio às próprias pessoas que lhes têm prestado serviço. Por favorecerem a esse insulamento a que os arrastam os Espíritos que não querem contraditores, esses mesmos Espíritos se comprazem em lhes conservar as ilusões, para o que os fazem considerar coisas sublimes as mais polpudas absurdidades. Assim, confiança absoluta na superioridade do que obtém, desprezo pelo que deles não venha, irrefletida importância dada aos grandes nomes, recusa de todo conselho, suspeição sobre qualquer crítica, afastamento dos que podem emitir opiniões desinteressadas, crédito em suas aptidões, apesar de inexperientes: tais as características dos médiuns orgulhosos.

Devemos também convir em que, muitas vezes, o orgulho é despertado no médium pelos que o cercam. Se ele tem faculdades um pouco transcendentes, é procurado e gabado e entra a julgar-se indispensável. Logo toma ares de importância e desdém, quando presta a alguém o seu concurso. Mais de uma vez tivemos motivo de deplorar elogios que dispensamos a alguns médiuns, com o intuito de os animar.

229. A par disto, ponhamos em evidência o quadro do médium verdadeiramente bom, daquele em que se pode confiar. Supor-lhe-emos, antes de tudo, uma grandíssima facilidade de execução, que permita se comuniquem livremente os Espíritos, sem encontrarem qualquer obstáculo material. Isto posto, o que mais importa considerar é de que natureza são os espíritos que habitualmente o assistem, para o que não nos devemos ater aos nomes, porém, à linguagem. Jamais deverá ele perder de vista que a simpatia, que lhe dispensam os bons Espíritos, estará na razão direta de seus esforços por afastar os maus. Persuadido de que a sua faculdade é um dom que só lhe foi outorgado para o bem, de nenhum modo procura prevalecer-se dela, nem apresentá-la como demonstração de mérito seu. Aceita as boas comunicações, que lhe são transmitidas, como uma graça, de que lhe cumpre tornar-se cada vez mais digno, pela sua bondade, pela sua benevolência e pela sua modéstia. O primeiro se orgulha de suas relações com os Espíritos superiores; este outro se humilha, por se considerar sempre abaixo desse favor.

230. A seguinte instrução deu-no-la, sobre o assunto, um Espírito de quem temos inserido muitas comunicações:

"Já o dissemos: os médiuns, apenas como tais, só secundária influência exercem nas comunicações dos Espíritos; o papel deles é o de uma máquina elétrica, que transmite os despachos telegráficos, de um ponto da Terra a outro ponto distante. Assim, quando queremos ditar uma comunicação, agimos sobre o médium, como o empregado do telégrafo sobre o aparelho, isto é, do mesmo modo que o tique-taque do telégrafo traça, a milhares de léguas, sobre uma tira de papel, os sinais reprodutores do despacho, também nós comunicamos, por meio do aparelho mediúnico, através das distâncias incomensuráveis que separam o mundo visível do mundo invisível, o mundo imaterial do mundo carnal, o que vos queremos ensinar. Mas, assim como as influências atmosféricas atuam, perturbando, muitas vezes, as transmissões do telégrafo elétrico, igualmente a influência moral do médium atua e perturba, às vezes, a transmissão dos nossos despachos de além-túmulo, porque somos obrigados a fazê-los passar por um meio que lhes é contrário. Entretanto, essa influência, amiúde, se anula, pela nossa energia e vontade, e nenhum ato perturbador se manifesta. Com efeito, os ditados de alto alcance filosófico, as comunicações de perfeita moralidade são transmitidas algumas vezes por médiuns impróprios a esses ensinos superiores; enquanto, por outro lado, comunicações pouco edificantes chegam também, às vezes, por médiuns que se envergonham de lhes haverem servido de condutores.

"Em tese geral, pode afirmar-se que os Espíritos atraem Espíritos que lhes são similares e que raramente os Espíritos das plêiadas elevadas se comunicam por aparelhos maus condutores, quando têm à mão bons aparelhos mediúnicos, bons médiuns, numa palavra.

"Os médiuns levianos e pouco sérios atraem, pois, Espíritos da mesma natureza; por isso é que suas comunicações se mostram cheias de banalidades, frivolidades, ideias truncadas e, não raro, muito heterodoxas, espiritcamente falando. Certamente, podem eles dizer, e às vezes dizem, coisas aproveitáveis; mas, nesse caso, principalmente, é que um exame severo e escrupuloso se faz necessário, porquanto, de envolta com essas coisas aproveitáveis, Espíritos hipócritas insinuam, com habilidade e preconcebida perfídia, fatos de pura invencionice, asserções mentirosas, a fim de iludir a boa-fé dos que lhes dispensam atenção. Devem riscar-se, então, sem piedade, toda palavra, toda frase equivoca e só conservar do ditado o que a lógica possa aceitar, ou o que a Doutrina já ensinou. As comunicações desta natureza só são de temer para os espíritas que trabalham isolados, para os grupos novos, ou pouco esclarecidos, visto que, nas reuniões onde os adeptos estão adiantados e já adquiriram experiência, a gralha perde o seu tempo a se adornar com as penas do pavão: acaba sempre desmascarada.

"Não falarei dos médiuns que se comprazem em solicitar e receber comunicações obscenas. Deixemos se deleitem na companhia dos Espíritos cínicos. Aliás, os autores das comunicações desta ordem buscam, por si mesmos, a solidão e o isolamento; porquanto só desprezo e nojo poderão causar entre os membros dos grupos filosóficos e sérios. Onde, porém, a influência moral do médium se faz realmente sentir, é quando ele substitui, pelas que lhe são pessoais, as ideias que os Espíritos se esforçam por lhe sugerir e também quando tira da sua imaginação teorias fantásticas que, de boa-fé, julga resultarem de uma comunicação intuitiva. É de apostar-se então mil contra um que isso não passa de reflexo do próprio Espírito do médium. Dá-se mesmo o fato curioso de mover-se a mão do médium, quase mecanicamente às vezes, impelida por um Espírito secundário e zombeteiro. É essa a pedra de toque contra a qual vêm quebrar-se as imaginações ardentes, por isso que, arrebatados pelo ímpeto de suas próprias ideias, pelas lentejoulas de seus conhecimentos literários, os médiuns desconhecem o ditado modesto de um Espírito criterioso e, abandonando a presa pela sombra, o substituem por uma paráfrase empolada. Contra este escolho terrível vêm igualmente chocar-se as personalidades ambiciosas que, em falta das comunicações que os bons Espíritos lhes recusam, apresentam suas próprias obras como sendo desses Espíritos. Daí a necessidade de serem, os diretores dos grupos espíritas, dotados de fino tato, de rara sagacidade, para discernir as comunicações autênticas das que não o são e para não ferir os que se iludem a si mesmos.

"Na dúvida, abstém-te, diz um dos vossos velhos provérbios. Não admitais, portanto, senão o que seja, aos vossos olhos, de manifesta evidência. Desde que uma opinião nova venha a ser expendida, por pouco que vos pareça duvidosa, fazei-a passar pelo crisol da razão e da lógica e rejeitai desassombradamente o que a razão e o bom senso reprovarem. Melhor é repelir dez verdades do que admitir uma única falsidade, uma só teoria errônea. Efetivamente, sobre essa teoria poderíeis edificar um sistema completo, que desmoronaria ao primeiro sopro da verdade, como um monumento edificado sobre areia movediça, ao passo que, se rejeitardes hoje algumas verdades, porque não vos são demonstradas clara e logicamente, mais tarde um fato brutal, ou uma demonstração irrefutável virá afirmar-vos a sua autenticidade.

"Lembrai-vos, no entanto, ó espíritas! de que, para Deus e para os bons Espíritos, só há um impossível: a injustiça e a iniquidade.

"O Espiritismo já está bastante espalhado entre os homens e já moralizou suficientemente os adeptos sinceros da sua santa doutrina, para que os Espíritos já não se vejam constrangidos a usar de maus instrumentos, de médiuns imperfeitos. Se, pois, agora, um médium, qualquer que ele seja, se tornar objeto de legítima suspeição, pelo seu proceder, pelos seus costumes, pelo seu orgulho, pela sua falta de amor e de caridade, repeli, repeli suas comunicações, porquanto aí estará uma serpente oculta entre as ervas. É esta a conclusão a que chego sobre a influência moral dos médiuns."

ERASTO

CAPÍTULO XXI
DA INFLUÊNCIA DO MEIO

231. 1ª O meio em que se acha o médium exerce alguma influência nas manifestações?

"Todos os Espíritos que cercam o médium o auxiliam, para o bem ou para o mal."

2ª Não podem os Espíritos superiores triunfar da má vontade do Espírito encarnado que lhes serve de intérprete e dos que o cercam?

"Podem, quando julgam conveniente e conforme a intenção da pessoa que a eles se dirige. Já o dissemos: os Espíritos mais elevados se comunicam, às vezes, por uma graça especial, mau grado à imperfeição do médium e do meio, mas, então, estes se conservam completamente estranhos ao fato."

3ª Os Espíritos superiores procuram encaminhar para uma corrente de ideias sérias as reuniões fúteis?

"Os Espíritos superiores não vão às reuniões onde sabem que a presença deles é inútil. Nos meios pouco instruídos, mas onde há sinceridade, de boa mente vamos, ainda mesmo que aí só instrumentos medíocres encontremos. Não vamos, porém, aos meios instruídos onde domina a ironia. Em tais meios, é necessário se fale aos ouvidos e aos olhos: esse o papel dos Espíritos batedores e zombeteiros. Convém que aqueles que se orgulham da sua ciência sejam humilhados pelos Espíritos menos instruídos e menos adiantados."

4ª Aos Espíritos inferiores é interdito o acesso às reuniões sérias?

"Não, algumas vezes lhes é permitido assistir a elas, a fim de aproveitarem os ensinos que vos são dados; mas conservam-se silenciosos, *como estouvados numa assembleia de gente ponderada.*"

232. Fora erro acreditar alguém que precisa ser médium, para atrair a si os seres do mundo invisível. Eles povoam o espaço; temo-los incessantemente em torno de nós, ao nosso lado, vendo-nos, observando-nos, intervindo em nossas reuniões, seguindo-nos, ou evitando-nos, conforme os atraímos ou repelimos. A faculdade mediúnica em nada influi para isto: ela mais não é do que um meio de comunicação. De acordo com o que dissemos acerca das causas de simpatia ou antipatia dos Espíritos, facilmente se compreenderá que devemos estar cercados daqueles que têm afinidade com o nosso próprio Espírito, conforme é este graduado, ou degradado. Consideremos agora o estado moral do nosso planeta e compreenderemos de que gênero devem ser os que predominam entre os Espíritos errantes. Se tomarmos cada povo em particular, poderemos, pelo caráter dominante dos habitantes, pelas suas preocupações, seus sentimentos mais ou menos morais e *humanitários,* dizer de que ordem são os Espíritos que de preferência se reúnem no seio dele.

Partindo deste princípio, suponhamos uma reunião de homens levianos, inconsequentes, ocupados com seus prazeres; quais serão os Espíritos que preferentemente os cercarão? Não serão de certo Espíritos superiores, do mesmo modo que não seriam os nossos sábios e filósofos os que iriam passar o seu tempo em semelhante lugar. Assim, onde quer que haja uma reunião de homens, há igualmente em torno deles uma assembleia oculta, que simpatiza com suas qualidades ou com seus defeitos, *feita abstração completa de toda ideia de evocação.* Admitamos agora que tais homens tenham a possibilidade de se comunicar com os seres do mundo invisível, por meio de um intérprete, isto é, por um médium; quais serão os que lhes responderão ao chamado? Evidentemente, os que os estão rodeando de muito perto, à espreita de uma ocasião para se comunicarem. Se, numa assembleia fútil, chamarem um Espírito superior, este poderá vir e até proferir algumas palavras ponderosas, como um bom pastor que acode ao chamamento de suas ovelhas desgarradas. Porém, desde que não se veja compreendido, nem ouvido, retira-se, como em seu lugar o faria qualquer de nós, ficando os outros com o campo livre.

233. Nem sempre basta que uma assembleia seja séria, para receber comunicações de ordem elevada. Há pessoas que nunca riem e cujo coração, nem por isso, é puro. Ora, o coração, sobretudo, é que atrai os bons Espíritos. Nenhuma condição moral exclui as comunicações espíritas; os que, porém, estão em más condições, esses se comunicam com os que lhes são semelhantes, os quais não deixam de enganar e de lisonjear os preconceitos.

Por aí se vê a influência enorme que o meio exerce sobre a natureza das manifestações inteligentes. Essa influência, entretanto, não se exerce como o pretenderam algumas pessoas, quando ainda se não conhecia o mundo dos Espíritos, qual se conhece hoje, e antes que experiências mais concludentes houvessem esclarecido as dúvidas. Quando as comunicações concordam com a opinião dos assistentes, não é que essa opinião se reflita no Espírito do médium, como num espelho; é que com os assistentes estão Espíritos que lhes são simpáticos, para o bem, tanto quanto para o mal, e que abundam nos seus modos de ver. Prova-o o fato de que, se tiverdes a força de atrair outros Espíritos, que não os que vos cercam, o mesmo médium usará de linguagem absolutamente diversa e dirá coisas muito distanciadas das vossas ideias e das vossas convicções.

Em resumo: as condições do meio serão tanto melhores, quanto mais homogeneidade houver para o bem, mais sentimentos puros e elevados, mais desejo sincero de instrução, sem ideias preconcebidas.

CAPÍTULO XXII
DA MEDIUNIDADE NOS ANIMAIS

234. Podem os animais ser médiuns? Muitas vezes tem sido formulada esta pergunta, à qual parece que alguns fatos respondem afirmativamente. O que, sobretudo, tem autorizado a opinião dos que pensam assim são os notáveis sinais de inteligência de alguns pássaros que, educados, parecem adivinhar o pensamento e tiram de um maço de cartas as que podem responder com exatidão a uma pergunta feita. Observamos com especial atenção tais experiências e o que mais admiramos foi a arte que houve de ser empregada para a instrução dos ditos pássaros.

Incontestavelmente, não se lhes pode recusar uma certa dose de inteligência relativa, mas preciso se torna convir em que, nesta circunstância, a perspicácia deles ultrapassaria de muito a do homem, pois ninguém há que possa lisonjear-se de fazer o que eles fazem. Fora mesmo necessário supor-lhes, para algumas experiências, um dom de segunda vista superior ao dos sonâmbulos mais lúcidos.

Sabe-se, com efeito, que a lucidez é essencialmente variável e sujeita a frequentes intermitências, ao passo que nesses animais seria permanente e funcionaria com uma regularidade e precisão que em nenhum sonâmbulo se veem. Numa palavra: ela nunca lhes faltaria.

Na sua maior parte, as experiências que presenciamos são da natureza das que fazem os prestidigitadores e não podiam deixar-nos em dúvida sobre o emprego de alguns dos meios de que usam estes, notadamente o das cartas forçadas. A arte da prestidigitação consiste em dissimular esses meios, sem o que o efeito não teria graça. Todavia, o fenômeno, mesmo reduzido a estas proporções, não se apresenta menos interessante e há sempre que admirar o talento do instrutor, tanto quanto a inteligência do aluno, pois que a dificuldade a vencer é bem maior do que seria se o pássaro agisse apenas em virtude de suas próprias faculdades. Ora, levá-lo a fazer coisas que excedem o limite do possível para a inteligência humana é provar, por este simples fato, o emprego de um processo secreto. Aliás, há uma circunstância que jamais deixa de verificar-se: a de que os pássaros só chegam a tal grau de habilidade, ao cabo de certo tempo e mediante cuidados especiais e perseverantes, o que não seria necessário, se apenas a inteligência deles estivesse em jogo. Não é mais extraordinário educá-los para tirar cartas, do que os habituar a repetir árias, ou palavras.

O mesmo se verificou, quando a prestidigitação pretendeu imitar a segunda vista. Obrigava-se o paciente a ir ao extremo, para que a ilusão durasse longo tempo. Desde a primeira vez que assistimos a uma sessão deste gênero, nada mais vimos do que muito imperfeita imitação do sonambulismo, revelando ignorância das condições essenciais dessa faculdade.

235. Como quer que seja, no tocante às experiências de que acima falamos, não menos integral permanece, de outro ponto de vista, a questão principal, por isso que, assim como a imitação do sonambulismo não obsta a que a faculdade exista, também a imitação da mediunidade por meio dos pássaros nada prova contra a possibilidade da existência, neles, ou em outros animais, de uma faculdade análoga.

Trata-se, pois, de saber se os animais são aptos, como os homens, a servir de intermediários aos Espíritos, para suas comunicações inteligentes. Muito lógico parece mesmo se suponha que um ser vivo, dotado de certa dose de inteligência, seja mais apto, para esse efeito, do que um corpo inerte, sem vitalidade, qual, por exemplo, uma mesa. É, entretanto, o que não se dá.

236. A questão da mediunidade dos animais se acha completamente resolvida na dissertação seguinte, feita por um Espírito cuja profundeza e sagacidade os leitores hão podido apreciar nas citações, que temos tido ocasião de fazer, de instruções suas. Para bem se apreender o valor da sua demonstração, essencial é se tenha em vista a explicação por ele dada do papel do médium nas comunicações, explicação que atrás reproduzimos. (N. 225.)

Esta comunicação deu-a ele em seguida a uma discussão, que se travara, sobre o assunto, na Sociedade Parisiense de Estudos Espíritas:

"Explanarei hoje a questão da mediunidade dos animais, levantada e sustentada por um dos vossos mais fervorosos adeptos. Pretende ele, em virtude deste axioma: *Quem pode o mais pode o menos,* que podemos 'mediunizar' os pássaros e os outros animais e servir-nos deles nas nossas comunicações com a espécie humana. E o que chamais, em filosofia, ou, antes, em lógica, pura e simplesmente um sofisma. "Podeis animar, diz ele, a matéria inerte, isto é, uma mesa, uma cadeira, um piano; *a fortiori,* deveis poder animar a matéria já animada e particularmente pássaros. Pois bem! no estado normal do Espiritismo, não é assim, não pode ser assim.

"Primeiramente, entendamo-nos bem acerca dos fatos. Que é um médium? E o ser, é o indivíduo que serve de traço de união aos Espíritos, para que estes possam comunicar-se facilmente com os homens: Espíritos encarnados. Por conseguinte, sem médium, não há comunicações tangíveis, mentais, escritas, físicas, de qualquer natureza que seja.

"Há um princípio que, estou certo, todos os espíritas admitem, é que os semelhantes atuam com seus semelhantes e como seus semelhantes. Ora, quais são os semelhantes dos Espíritos, senão os Espíritos, encarnados ou não? Será preciso que vo-lo repitamos incessantemente? Pois bem! repeti-lo-ei ainda: o vosso perispírito e o nosso procedem do mesmo meio, são de natureza idêntica, são, numa palavra, semelhantes. Possuem uma propriedade de assimilação mais ou menos desenvolvida, de magnetização mais ou menos vigorosa, que nos permite a nós, Espíritos desencarnados e encamados, pormo-nos muito pronta e facilmente em comunicação. Enfim, o que é peculiar aos médiuns, o que é da essência mesma da individualidade deles, é uma afinidade especial e, ao mesmo tempo, uma força de expansão particular, que lhes suprimem toda refratariedade e estabelecem, entre eles e nós, uma espécie de corrente, uma espécie de fusão, que nos facilita as comunicações. E, em suma, essa refratariedade da matéria que se opõe ao desenvolvimento da mediunidade, na maior parte dos que não são médiuns.

"Os homens se mostram sempre propensos a tudo exagerar; uns, não falo aqui dos materialistas, negam alma aos animais, outros de boa mente lhes atribuem uma, igual, por assim dizer, à nossa. Por que hão de pretender deste modo confundir o perfectível com o imperfectível? Não, não, convencei-vos, o fogo que anima os irracionais, o sopro que os faz agir, mover e falar na linguagem que lhes é própria, não tem, quanto ao presente, nenhuma aptidão para se mesclar, unir, fundir com o sopro divino, a alma etérea, o Espírito em uma palavra, que anima o ser essencialmente perfectível: o homem, o rei da criação. Ora, não é essa condição fundamental de perfectibilidade o que constitui a superioridade da espécie humana sobre as outras espécies terrestres? Reconhecei, então, que não se pode assimilar ao homem, que só ele é perfectível em si mesmo e nas suas obras, nenhum indivíduo das outras raças que vivem na Terra.

"O cão que, pela sua inteligência superior entre os animais, se tornou o amigo e o comensal do homem, será perfectível por si mesmo, por sua iniciativa pessoal? Ninguém ousaria afirmá-lo, porquanto o cão não faz progredir o cão. O que, dentre eles, se mostre mais bem educado, sempre o foi pelo seu dono. Desde que o mundo é mundo, a lontra sempre construiu sua choça em cima d'água, seguindo as mesmas proporções e uma regra invariável; os rouxinóis e as andorinhas jamais construíram os respectivos ninhos senão do mesmo modo que seus pais o fizeram. Um ninho de pardais de antes do dilúvio, como um ninho de pardais dos tempos modernos, é sempre um ninho de pardais, edificado nas mesmas condições e com o mesmo sistema de entrelaçamento das palhinhas e dos fragmentos apanhados na primavera, na época dos amores. As abelhas e formigas, que formam pequeninas repúblicas bem administradas, jamais mudaram seus hábitos de abastecimento, sua maneira de proceder, seus costumes, suas produções. A aranha, finalmente, tece a sua teia sempre do mesmo modo.

"Por outro lado, se procurardes as cabanas de folhagens e as tendas das primeiras idades do mundo, encontrareis, em lugar de umas e outras, os palácios e os castelos da civilização moderna. As vestes de peles brutas sucederam os tecidos de ouro e seda. Enfim, a cada passo, achais a prova da marcha incessante da Humanidade pela senda do progresso.

"Desse progredir constante, invencível, irrecusável, do Espírito humano e desse estacionamento indefinido das outras espécies animais, haveis de concluir comigo que, se é certo que existem princípios comuns a tudo o que vive e se move na Terra: o sopro e a matéria, não menos certo é que somente vós, Espíritos encarnados, estais submetidos a inevitável lei do progresso, que vos impele fatalmente para diante e sempre para diante. Deus colocou os animais ao vosso lado como auxiliares, para vos alimentarem, para vos vestirem, para vos secundarem. Deu-lhes uma certa dose de inteligência, porque, para vos ajudarem, precisavam compreender, porém lhes outorgou inteligência apenas proporcionada aos serviços que são chamados a prestar. Mas, em sua sabedoria, não quis que estivessem sujeitos à mesma lei do progresso. Tais como foram criados se conservaram e se conservarão até à extinção de suas raças.

"Dizem: os Espíritos 'mediunizam' a matéria inerte e fazem que se movam cadeiras, mesas, pianos. Fazem que se movam, sim, 'mediunizam', não! porquanto, mais uma vez o digo, sem médium, nenhum desses fenômenos pode produzir-se. Que há de extraordinário em que, com o auxílio de um ou de muitos médiuns, façamos se mova a matéria inerte, passiva, que, precisamente em virtude da sua passividade, da sua inércia, é apropriada a executar os movimentos e as impulsões que lhe queiramos imprimir? Para isso, precisamos de médiuns, é positivo; mas não é necessário que o médium esteja presente, ou seja *consciente,* pois que podemos atuar com os elementos que ele nos fornece, a seu mau grado e ausente, sobretudo para produzir os fatos de tangibilidade e o de transportes. O nosso envoltório fluídico, mais imponderável e mais sutil do que o mais sutil e o mais imponderável dos vossos gases, com uma propriedade de expansão e de penetrabilidade inapreciável para os vossos sentidos grosseiros e quase inexplicável para vós, unindo-se, casando-se, combinando-se com o envoltório fluídico, porém *animalizado,* do médium, nos permite imprimir movimento a móveis quaisquer e até quebrá-los em aposentos desabitados.

"É certo que os Espíritos podem tornar-se visíveis e tangíveis aos animais e, muitas vezes, o terror súbito que eles denotam, sem que lhe percebais a causa, é determinado pela visão de um ou de muitos Espíritos, mal-intencionados com relação aos indivíduos presentes, ou com relação aos donos dos animais. Ainda com mais frequência vedes cavalos que se negam a avançar ou a recuar, ou que empinam diante de um obstáculo imaginário. Pois bem! tende como certo que o obstáculo imaginário é quase sempre um Espírito ou um grupo de Espíritos que se comprazem em impedi-los de mover-se. Lembrai-vos da mula de Balaão que, vendo um anjo diante de si e temendo-lhe a espada flamejante, se obstinava em não dar um passo. E que, antes de se manifestar visivelmente a Balaão, o anjo quisera tornar-se visível somente para o animal. Mas, repito, não mediunizamos diretamente nem os animais, nem a matéria inerte. É-nos sempre necessário o concurso *consciente,* ou *inconsciente,* de um médium humano, porque precisamos da união de fluidos similares, o que não achamos nem nos animais, nem na matéria bruta.

"O sr. T..., diz-se, magnetizou o seu cão. A que resultado chegou?

Matou-o, porquanto o infeliz animal morreu, depois de haver caído numa espécie de atonia, de langor, consequentes à sua magnetização. Com efeito, saturando-o de um fluido haurido numa essência superior à essência especial da sua natureza de cão, ele o esmagou, agindo sobre o animal à semelhança do raio, ainda que mais lentamente. Assim, pois, como não há assimilação possível entre o nosso perispírito e o envoltório fluídico dos animais, propriamente ditos, aniquila-los--íamos instantaneamente, se os mediunizássemos.

"Isto posto, reconheço perfeitamente que há nos animais aptidões diversas; que certos sentimentos, certas paixões, idênticas às paixões e aos sentimentos humanos, se desenvolvem neles; que são sensíveis e reconhecidos, vingativos e odientos, conforme se procede bem ou mal com eles. É que Deus, que nada fez incompleto, deu aos animais, companheiros ou servidores do homem, qualidades de sociabilidade, que faltam inteiramente aos animais selvagens, habitantes das solidões. Mas daí a poderem servir de intermediários para a transmissão do pensamento dos Espíritos, há um abismo: a diferença das naturezas.

"Sabeis que tomamos ao cérebro do médium os elementos necessários a dar ao nosso pensamento uma forma que vos seja sensível e apreensível; é com o auxílio dos materiais que possui, que o médium traduz o nosso pensamento em linguagem vulgar. Ora bem! que elementos encontraríamos no cérebro de um animal? Tem ele ali palavras, números, letras, sinais quaisquer, semelhantes aos que existem no homem, mesmo o menos inteligente? Entretanto, direis, os animais compreendem o pensamento do homem, adivinham-no até. Sim, os animais educados compreendem certos pensamentos, mas já os vistes alguma vez reproduzi-los? Não. Deveis então concluir que os animais não nos podem servir de intérpretes.

"Resumindo: os fatos mediúnicos não podem dar-se sem o concurso consciente, ou inconsciente, dos médiuns; e somente entre os encarnados, Espíritos como nós, podemos encontrar os que nos sirvam de médiuns. Quanto a educar cães, pássaros, ou outros animais, para fazerem tais ou tais exercícios, é trabalho vosso e não nosso."

ERASTO.

NOTA. Na *Revue Spirite,* de setembro de 1861, encontra-se, minudenciado, um processo empregado pelos educadores de pássaros sábios, com o fim de fazê-los tirar de um maço de cartas as que se queiram.

CAPÍTULO XXIII
DA OBSESSÃO

237. Entre os escolhos que apresenta a prática do Espiritismo, cumpre se coloque na primeira linha a *obsessão,* isto é, o domínio que alguns Espíritos logram adquirir sobre certas pessoas. Nunca é praticada senão pelos Espíritos inferiores, que procuram dominar. Os bons Espíritos nenhum constrangimento infligem. Aconselham, combatem a influência dos maus e, se não os ouvem, retiram-se. Os maus, ao contrário, se agarram àqueles de quem podem fazer suas presas. Se chegam a dominar algum, identificam-se com o Espírito deste e o conduzem como se fora verdadeira criança.

238. A obsessão apresenta caracteres diversos, que é preciso distinguir e que resultam do grau do constrangimento e da natureza dos efeitos que produz. A palavra *obsessão* é, de certo modo, um termo genérico, pelo qual se designa esta espécie de fenômeno, cujas principais variedades são: *a obsessão simples,* a *fascinação* e a *subjugação.*

Dá-se a obsessão simples, quando um Espírito malfazejo se impõe a um médium, se imiscui, a seu mau grado, nas comunicações que ele recebe, o impede de se comunicar com outros Espíritos e se apresenta em lugar dos que são evocados.

Ninguém está obsidiado pelo simples fato de ser enganado por um Espírito mentiroso. O melhor médium se acha exposto a isso, sobretudo, no começo, quando ainda lhe falta a experiência necessária, do mesmo modo que, entre nós homens, os mais honestos podem ser enganados por velhacos. Pode-se, pois, ser enganado, sem estar obsidiado. A obsessão consiste na tenacidade de um Espírito, do qual não consegue desembaraçar-se a pessoa sobre quem ele atua.

Na obsessão simples, o médium sabe muito bem que se acha presa de um Espírito mentiroso e este não se disfarça; de nenhuma forma dissimula suas más intenções e o seu propósito de contrariar. O médium reconhece sem dificuldade a felonia e, como se mantém em guarda, raramente é enganado. Este gênero de obsessão é, portanto, apenas desagradável e não tem outro inconveniente, além do de opor obstáculo às comunicações que se desejara receber de Espíritos sérios, ou dos afeiçoados.

Podem incluir-se nesta categoria os casos de *obsessão física,* isto é, a que consiste nas manifestações ruidosas e obstinadas de alguns Espíritos, que fazem se ouçam, espontaneamente, pancadas ou outros ruídos. Pelo que concerne a este fenômeno, consulte-se o capítulo *Das manifestações físicas espontâneas.* (N. 82.)

239. A fascinação tem consequências muito mais graves. E uma ilusão produzida pela ação direta do Espírito sobre o pensamento do médium e que, de certa maneira, lhe paralisa o raciocínio, relativamente às comunicações. O médium fascinado não acredita que o estejam enganando: o Espírito tem a arte de lhe inspirar confiança cega, que o impede de ver o embuste e de compreender o absurdo do que escreve, ainda quando esse absurdo salte aos olhos de toda gente. A ilusão pode mesmo ir até ao ponto de o fazer achar sublime a linguagem mais ridícula. Fora erro acreditar que a este gênero de obsessão só estão sujeitas as pessoas simples, ignorantes e baldas de senso. Dela não se acham isentos nem os homens de mais espírito,

os mais instruídos e os mais inteligentes sob outros aspectos, o que prova que tal aberração é efeito de uma causa estranha, cuja influência eles sofrem.

Já dissemos que muito mais graves são as consequências da fascinação. Efetivamente, graças à ilusão que dela decorre, o Espírito conduz o indivíduo de quem ele chegou a apoderar-se, como faria com um cego, e pode levá-lo a aceitar as doutrinas mais estranhas, as teorias mais falsas, como se fossem a única expressão da verdade. Ainda mais, pode levá-lo a situações ridículas, comprometedoras e até perigosas.

Compreende-se facilmente toda a diferença que existe entre a obsessão simples e a fascinação; compreende-se também que os Espíritos que produzem esses dois efeitos devem diferir de caráter. Na primeira, o Espírito que se agarra à pessoa não passa de um importuno pela sua tenacidade e de quem aquela se impacienta por desembaraçar-se. Na segunda, a coisa é muito diversa. Para chegar a tais fins, preciso é que o Espírito seja destro, ardiloso e profundamente hipócrita, porquanto não pode operar a mudança e fazer-se acolhido, senão por meio da máscara que toma e de um falso aspecto de virtude. Os grandes termos — caridade, humildade, amor de Deus — lhe servem como que de carta de crédito, porém, através de tudo isso, deixa passar sinais de inferioridade, que só o *fascinado* é incapaz de perceber. Por isso mesmo, o que o fascinador mais teme são as pessoas que veem claro. Daí o consistir a sua tática, quase sempre, em inspirar ao seu intérprete o afastamento de quem quer que lhe possa abrir os olhos. Por esse meio, evitando toda contradição, fica certo de ter razão sempre.

240. A subjugação é uma constrição que paralisa a vontade daquele que a sofre e o faz agir a seu mau grado. Numa palavra: o paciente fica sob um verdadeiro *jugo*.

A subjugação pode ser *moral* ou *corporal*. No primeiro caso, o subjugado é constrangido a tomar resoluções muitas vezes absurdas e comprometedoras que, por uma espécie de ilusão, ele julga sensatas: é uma como fascinação. No segundo caso, o Espírito atua sobre os órgãos materiais e provoca movimentos involuntários. Traduz-se, no médium escrevente, por uma necessidade incessante de escrever, ainda nos momentos menos oportunos. Vimos alguns que, à falta de pena ou lápis, simulavam escrever com o dedo, onde quer que se encontrassem, mesmo nas ruas, nas portas, nas paredes.

Vai, às vezes, mais longe a subjugação corporal; pode levar aos mais ridículos atos. Conhecemos um homem, que não era jovem, nem belo e que, sob o império de uma obsessão dessa natureza, se via constrangido, por uma força irresistível, a pôr-se de joelhos diante de uma moça a cujo respeito nenhuma pretensão nutria e pedi-la em casamento. Outras vezes, sentia nas costas e nos jarretes uma pressão enérgica, que o forçava, não obstante a resistência que lhe opunha, a se ajoelhar e beijar o chão nos lugares públicos e em presença da multidão. Esse homem passava por louco entre as pessoas de suas relações; estamos, porém, convencidos de que absolutamente não o era; porquanto tinha consciência plena do ridículo do que fazia contra a sua vontade e com isso sofria horrivelmente.

241. Dava-se outrora o nome de *possessão* ao império exercido por maus Espíritos, quando a influência deles ia até à aberração das faculdades da vítima. A possessão seria, para nós, sinônimo da subjugação. Por dois motivos deixamos de adotar esse termo: primeiro, porque implica a crença de seres criados para o mal e perpetuamente votados ao mal, enquanto não há senão seres mais ou menos imperfeitos, os quais todos podem melhorar-se; segundo, porque implica igualmente a ideia do apoderamento de um corpo por um Espírito estranho, de uma espécie de coabitação, ao passo que o que há é apenas constrangimento. A palavra *subjugação* exprime perfeitamente a ideia. Assim, para nós, não há *possessos,* no sentido vulgar do termo, há somente *obsidiados, subjugados* e *fascinados.*

242. A obsessão, como dissemos, é um dos maiores escolhos da mediunidade e também um dos mais frequentes. Por isso mesmo, não serão demais todos os esforços que se empreguem para combatê-la, porquanto, além dos inconvenientes pessoais que acarreta, é um obstáculo absoluto à bondade e à veracidade das comunicações. A

obsessão, de qualquer grau, sendo sempre efeito de um constrangimento e este não podendo jamais ser exercido por um bom Espírito, segue-se que toda comunicação dada por um médium obsidiado é de origem suspeita e nenhuma confiança merece. Se nelas alguma coisa de bom se encontrar, guarde-se isso e rejeite-se tudo o que for simplesmente duvidoso.

243. Reconhece-se a obsessão pelas seguintes características:

1ª Persistência de um Espírito em se comunicar, bom ou mau grado, pela escrita, pela audição, pela tiptologia etc., opondo-se a que outros Espíritos o façam.

2ª Ilusão que, não obstante a inteligência do médium, o impede de reconhecer a falsidade e o ridículo das comunicações que recebe.

3ª Crença na infalibilidade e na identidade absoluta dos Espíritos que se comunicam e que, sob nomes respeitáveis e venerados, dizem coisas falsas ou absurdas; 4ª Confiança do médium nos elogios que lhe dispensam os Espíritos que por ele se comunicam.

5ª Disposição para se afastar das pessoas que podem emitir opiniões aproveitáveis.

6ª Tomar a mal a crítica das comunicações que recebe.

7ª Necessidade incessante e inoportuna de escrever.

8ª Constrangimento físico qualquer, dominando-lhe a vontade e forçando-o a agir ou falar a seu mau grado.

9ª Rumores e desordens persistentes ao redor do médium, sendo ele de tudo a causa, ou o objeto.

244. Diante do perigo da obsessão, ocorre perguntar se não é lastimável o ser-se médium. Não é a faculdade mediúnica que a provoca? Numa palavra, não constitui isso uma prova de inconveniência das comunicações espíritas? Fácil se nos apresenta a resposta e pedimos que a meditem cuidadosamente.

Não foram os médiuns, nem os espíritas que criaram os Espíritos; ao contrário, foram os Espíritos que fizeram haja espíritas e médiuns. Não sendo os Espíritos mais do que as almas dos homens, é claro que há Espíritos desde quando há homens; por conseguinte, desde todos os tempos eles exerceram influência salutar ou perniciosa sobre a Humanidade. A faculdade mediúnica não lhes é mais que um meio de se manifestarem. Em falta dessa faculdade, fazem-no por mil outras maneiras, mais ou menos ocultas. Seria, pois, erro crer-se que só por meio das comunicações escritas ou verbais exercem os Espíritos sua influência. Esta influência é de todos os instantes e mesmo os que não se ocupam com os Espíritos, ou até não creem neles, estão expostos a sofrê-la, como os outros e mesmo mais do que os outros, porque não têm com que a contrabalancem. A mediunidade é, para o espírito, um meio de se fazer conhecido. Se ele é mau, sempre se trai, por mais hipócrita que seja. Pode, pois, dizer-se que a mediunidade permite se veja o inimigo face a face, se assim nos podemos exprimir, e combatê-lo com suas próprias armas. Sem essa faculdade, ele age na sombra e, tendo a seu favor a invisibilidade, pode fazer e faz realmente muito mal. A quantos atos não é o homem impelido, para desgraça sua, e que teria evitado, se dispusesse de um meio de esclarecer-se! Os incrédulos não imaginam enunciar uma verdade, quando dizem de um homem que se transvia obstinadamente: "É o seu mau gênio que o impele à própria perda." Assim, o conhecimento do Espiritismo, longe de facilitar o predomínio dos maus Espíritos, há de ter como resultado, em tempo mais ou menos próximo, e quando se achar propagado, *destruir esse predomínio,* dando a cada um os meios de se pôr em guarda contra as sugestões deles. Aquele então que sucumbir só de si terá que se queixar.

Regra geral: quem quer que receba más comunicações espíritas, escritas ou verbais, está sob má influência; essa influência se exerce sobre ele, quer escreva, quer não, isto é, seja ou não seja médium, creia ou não creia. A escrita faculta um meio de ser apreciada a natureza dos Espíritos que sobre ele atuam e de serem combatidos, se forem maus, o que se consegue com mais êxito quando se chega a conhecer os motivos da ação que desenvolvem. Se bastante cego é ele para o não compreender, podem outros abrir-lhe os olhos.

Em resumo: o perigo não está no Espiritismo, em si mesmo, pois que este pode, ao contrário, servir-nos de governo e preservar-nos do risco que corremos incessantemente, à revelia nossa. O perigo está na orgulhosa propensão de certos médiuns para, muito levianamente, se julgarem instrumentos exclusivos de Espíritos superiores e nessa espécie de fascinação que lhes não permite compreender as tolices de que são intérpretes. Mesmo os que não são médiuns podem deixar-se apanhar. Façamos urna comparação. Um homem tem um inimigo secreto, a quem não conhece e que contra ele espalha sub-repticiamente a calúnia e tudo o que a mais negra maldade possa inventar. O infeliz vê a sua fortuna perder-se, afastarem-se seus amigos, perturbada a sua ventura íntima. Não podendo descobrir a mão que o fere, impossibilitado se acha de defender-se e sucumbe. Mas, um belo dia, esse inimigo oculto lhe escreve e se trai, não obstante todos os ardis de que se vale. Eis descoberto o perseguidor do pobre homem, que desde então pode confundi-lo e se reabilitar. Tal o papel dos maus Espíritos, que o Espiritismo nos proporciona a possibilidade de conhecer e desmascarar.

245. As causas da obsessão variam, de acordo com o caráter do Espírito. E, às vezes, uma vingança que este toma de um indivíduo de quem guarda queixas da sua vida presente ou do tempo de outra existência. Muitas vezes, também, não há mais do que o desejo de fazer mal: o Espírito, como sofre, entende de fazer que os outros sofram; encontra uma espécie de gozo em os atormentar, em os vexar, e a impaciência que por isso a vítima demonstra mais o exacerba, porque esse é o objetivo que colima, ao passo que a paciência o leva a cansar-se. Com o irritar-se e mostrar-se despeitado, o perseguido faz exatamente o que quer o seu perseguidor. Esses Espíritos agem, não raro por ódio e inveja do bem; daí o lançarem suas vistas malfazejas sobre as pessoas mais honestas. Um deles se apegou como "tinha" a uma honrada família do nosso conhecimento, à qual, aliás, não teve a satisfação de enganar. Interrogado acerca do motivo por que se agarrara a pessoas distintas, em vez de o fazer a homens maus como ele, respondeu: estes não me causam inveja. Outros são guiados por um sentimento de covardia, que os induz a se aproveitarem da fraqueza moral de certos indivíduos, que eles sabem incapazes de lhes resistirem. Um destes últimos, que subjugava um rapaz de

inteligência muito apoucada, interrogado sobre os motivos dessa escolha, respondeu: *Tenho grandíssima necessidade de atormentar alguém; uma pessoa criteriosa me repeliria; ligo-me a um idiota, que nenhuma força me opõe.*

246. Há Espíritos obsessores sem maldade, que alguma coisa mesmo denotam de bom, mas dominados pelo orgulho do falso saber. Têm suas ideias, seus sistemas sobre as ciências, a economia social, a moral, a religião, a filosofia, e querem fazer que suas opiniões prevaleçam. Para esse efeito, procuram médiuns bastante crédulos para os aceitar de olhos fechados e que eles fascinam, a fim de os impedir de discernirem o verdadeiro do falso. São os mais perigosos, porque os sofismas nada lhes custam e podem tornar cridas as mais ridículas utopias. Como conhecem o prestígio dos grandes nomes, não escrupulizam em se adornarem com um daqueles diante dos quais todos se inclinam, e não recuam sequer ante o sacrilégio de se dizerem Jesus, a Virgem Maria, ou um santo venerado. Procuram deslumbrar por meio de uma linguagem empolada, mais pretensiosa do que profunda, eriçada de termos técnicos e recheada das retumbantes palavras caridade e moral. Cuidadosamente evitarão dar um mau conselho, porque bem sabem que seriam repelidos. Daí vem que os que são por eles enganados os defendem, dizendo: Bem vedes que nada dizem de mau. A moral, porém, para esses Espíritos é simples passaporte, é o que menos os preocupa. O que querem, acima de tudo, é impor suas ideias por mais disparatadas que sejam.

247. Os Espíritos dados a sistemas são geralmente escrevinhadores, pelo que buscam os médiuns que escrevem com facilidade e dos quais tratam de fazer instrumentos dóceis e, sobretudo, entusiastas, fascinando-os. São quase sempre verbosos, muito prolixos, procurando compensar a qualidade pela quantidade. Comprazem-se em ditar, aos seus intérpretes, volumosos escritos indigestos e frequentemente pouco inteligíveis, que, felizmente, têm por antídoto a impossibilidade material de serem lidos pelas massas. Os Espíritos verdadeiramente superiores são sóbrios de palavras; dizem muita coisa em poucas frases. Segue-se que aquela fecundidade prodigiosa deve sempre ser suspeita.

Nunca será demais toda a circunspecção, quando se trate de publicar semelhantes escritos. As utopias e as excentricidades, que neles por vezes abundam e chocam o bom-senso, produzem lamentável impressão nas pessoas ainda noviças na Doutrina, dando-lhes uma ideia falsa do Espiritismo, sem mesmo se levar em conta que são armas de que se servem seus inimigos, para ridicularizá-lo. Entre tais publicações, algumas há que, sem serem más e sem provirem de um obsessão, podem considerar-se imprudentes, *intempestivas,* ou desazadas.

248. Acontece muito frequentemente que um médium só se pode comunicar comum único Espírito, que a ele se liga e responde pelos que são chamados por seu intermédio. Nem sempre há nisso uma obsessão, porquanto o fato pode derivar da falta de maleabilidade do médium, de uma afinidade especial sua com tal ou tal Espírito. Somente há obsessão propriamente dita, quando o Espírito se impõe e afasta intencionalmente os outros, o que jamais é obra de um Espírito bom. Geralmente, o Espírito que se apodera do médium, tendo em vista dominá-lo, não suporta o exame crítico das suas comunicações; quando vê que não são aceitas, que as discutem, não se retira, mas inspira ao médium o pensamento de se insular, chegando mesmo, não raro, a ordenar-lho. Todo médium, que se melindra com a crítica das comunicações que obtém, faz-se eco do Espírito que o domina, Espírito esse que não pode ser bom, desde que lhe inspira um pensamento ilógico, qual o de se recusar ao exame. O insulamento do médium é sempre coisa deplorável para ele, porque fica sem uma verificação das comunicações que recebe. Não somente deve buscar a opinião de terceiros para esclarecer-se, como também necessário lhe é estudar todos os gêneros de comunicações, a fim de as comparar. Restringindo-se às que lhe são transmitidas, expõe-se a se iludir sobre o valor destas, sem considerar que não lhe é dado tudo saber e que elas giram quase sempre dentro do mesmo círculo. (N. 192 — *Médiuns exclusivos.*)

249. Os meios de se combater a obsessão variam, de acordo com o caráter que ela reveste. Não existe realmente perigo para o médium que se ache bem convencido de que está a haver-se com um

Espírito mentiroso, como sucede na obsessão simples; esta não passa então, para ele, de fato desagradável. Mas, precisamente porque lhe é desagradável, constitui uma razão de mais para que o Espírito se encarnice em vexá-lo. Duas coisas essenciais se têm que fazer nesse caso: provar ao Espírito que não está iludido por ele e que lhe é impossível enganar; depois, cansar-lhe a paciência, mostrando-se mais paciente que ele. Desde que se convença de que está a perder o tempo, retirar-se-á, como fazem os importunos a quem não se dá ouvidos.

Isto, porém, nem sempre basta e pode levar muito tempo, porquanto Espíritos há tenazes, para os quais meses e anos nada são. Além disso, portanto, deve o médium dirigir um apelo fervoroso ao seu anjo bom, assim como aos bons Espíritos que lhe são simpáticos, pedindo-lhes que o assistam. Quanto ao Espírito obsessor, por mau que seja, deve tratá-lo com severidade, mas com benevolência e vencê-lo pelos bons processos, orando por ele. Se for realmente perverso, a princípio zombará desses meios; porém, moralizado com perseverança, acabará por emendar-se. É uma conversão a empreender, tarefa muitas vezes penosa, ingrata, mesmo desagradável, mas cujo mérito está na dificuldade que ofereça e que, se bem desempenhada, dá sempre a satisfação de se ter cumprido um dever de caridade e, quase sempre, a de ter-se reconduzido ao bom caminho uma alma perdida.

Convém igualmente se interrompa toda comunicação escrita, desde que se reconheça que procede de um Espírito mau, que a nenhuma razão quer atender, a fim de se lhe não dar o prazer de ser ouvido. Em certos casos, pode até convir que o médium deixe de escrever por algum tempo, regulando-se então pelas circunstâncias. Entretanto, se o médium escrevente pode evitar essas confabulações, outro tanto já não se dá com o médium audiente, que o Espírito obsessor persegue às vezes a todo instante com as suas proposições grosseiras e obscenas e que nem sequer dispõe do recurso de tapar os ouvidos. Aliás, cumpre se reconheça que algumas pessoas se divertem com a linguagem trivial dessa espécie de Espíritos, que os animam e provocam com o rirem de suas tolices, em vez de lhes imporem silêncio e de os moralizarem. Os nossos conselhos não podem servir a esses, que desejam afogar-se.

250. Apenas aborrecimento há, pois, e não perigo, para todo médium que não se deixe ludibriar, porque não poderá ser enganado. Muito diverso é o que se dá com a *fascinação,* porque então não tem limites o domínio que o Espírito assume sobre o encarnado de quem se apoderou. A única coisa a fazer-se com a vítima é convencê-la de que está sendo ludibriada e reconduzir-lhe a obsessão ao caso da obsessão simples. Isto, porém, nem sempre é fácil, dado que algumas vezes não seja mesmo impossível. Pode ser tal o ascendente do Espírito, que torne o fascinado surdo a toda sorte de raciocínio, podendo chegar até, quando o Espírito comete alguma grossa heresia científica, a pô-lo em dúvida sobre se não é a ciência que se acha em erro. Como já dissemos, o fascinado, geralmente, acolhe mal os conselhos; a crítica o aborrece, irrita e o faz tomar quizila dos que não partilham da sua admiração. Suspeitar do Espírito que o acompanha é quase, aos seus olhos, uma profanação e outra coisa não quer o dito Espírito, pois tudo o a que aspira é que todos se curvem diante da sua palavra.

Um deles exerce, sobre pessoa do nosso conhecimento, uma fascinação extraordinária. Evocamo-lo e, depois de umas tantas fanfarrices, vendo que não lograva mistificar-nos quanto à sua identidade, acabou por confessar que não era quem se dizia. Sendo-lhe perguntado por que ludibriava de tal modo aquela pessoa, respondeu com estas palavras, que pintam claramente o caráter desse gênero de Espírito: *Eu procurava um homem que me fosse possível manejar; encontrei-o, não o largo.* — Mas se lhe mostrais as coisas como são, ele vos soltará isto: — É o que veremos! Como não há cego pior do que aquele que não quer ver, reconhecida a inutilidade de toda tentativa para abrir os olhos ao fascinado, o que se tem de melhor a fazer é deixá-lo com as suas ilusões. Ninguém pode curar um doente que se obstina em conservar o seu mal e nele se compraz.

251. A subjugação corporal tira muitas vezes ao obsidiado a energia necessária para dominar o mau Espírito. Daí o tornar-se precisa a intervenção de um terceiro, que atue, ou pelo magnetismo, ou pelo império da sua vontade. Em falta do concurso do obsidiado, essa

terceira pessoa deve tomar ascendente sobre o Espírito; porém, como este ascendente só pode ser moral, só a um ser *moralmente superior* ao Espírito é dado assumi-lo e seu poder será tanto maior, quanto maior for a sua superioridade moral, porque, então, se impõe àquele, que se vê forçado a inclinar-se diante dele. Por isso é que Jesus tinha tão grande poder para expulsar o a que naquela época se chamava demônio, isto é, os maus Espíritos obsessores.

Aqui, não podemos oferecer mais do que conselhos gerais, porquanto nenhum processo material existe, como, sobretudo, nenhuma fórmula, nenhuma palavra sacramental, com o poder de expelir os Espíritos obsessores. Às vezes, o que falta ao obsidiado é força fluídica suficiente; nesse caso, a ação magnética de um bom magnetizador lhe pode ser de grande proveito. Contudo, é sempre conveniente procurar, por um médium de confiança, os conselhos de um Espírito superior, ou do anjo guardião.

252. As imperfeições morais do obsidiado constituem, frequentemente, um obstáculo à sua libertação. Aqui vai um exemplo notável, que pode servir para instrução de todos.

Havia umas irmãs que se encontravam, desde alguns anos, vítimas de depredações muito desagradáveis. Suas roupas eram incessantemente espalhadas por todos os cantos da casa e até pelos telhados, cortadas, rasgadas e crivadas de buracos, por mais cuidado que tivessem em guardá-las à chave. Essas senhoras, vivendo numa pequena localidade de província, nunca tinham ouvido falar de Espiritismo. A primeira ideia que lhes veio foi, naturalmente, a de que estavam às voltas com brincalhões de mau gosto. Porém, a persistência e as precauções que tomavam lhes tiraram essa ideia. Só muito tempo depois, por algumas indicações, acharam que deviam procurar-nos, para saberem a causa de tais depredações e lhes darem remédio, se fosse possível. Sobre a causa não havia dúvida; o remédio era mais difícil. O Espírito que se manifestava por semelhantes atos era evidentemente malfazejo. Evocado, mostrou-se de grande perversidade e inacessível a qualquer sentimento bom. A prece, no entanto, pareceu exercer sobre ele uma influência salutar. Mas, após algum tempo de interrupção, recomeçaram as depredações. Eis o conselho que a propósito nos deu um Espírito superior:

"O que essas senhoras têm de melhor a fazer é rogar aos Espíritos seus protetores que não as abandonem. Nenhum conselho melhor lhes posso dar do que o de dizer-lhes que desçam ao fundo de suas consciências, para se confessarem a si mesmas e verificarem se sempre praticaram o amor do próximo e a caridade. Não falo da caridade que consiste em dar e distribuir, mas da caridade da língua; pois, infelizmente, elas não sabem conter as suas e não demonstram, por atos de piedade, o desejo que têm de se livrarem daquele que as atormenta. Gostam muito de maldizer do próximo e o Espírito que as obsidia toma sua desforra, porquanto, em vida, foi para elas um burro de carga. Pesquisem na memória e logo descobrirão quem ele é.

"Entretanto, se, conseguirem melhorar-se, seus anjos guardiães se aproximarão e a simples presença deles bastará para afastar o mau Espírito, que não se agarrou a uma delas em particular, senão porque o seu anjo guardião teve que se afastar, por efeito de atos repreensíveis, ou maus pensamentos. O que precisam é fazer preces fervorosas pelos que sofrem e, principalmente, praticar as virtudes impostas por Deus a cada um, de acordo com a sua condição."

Como ponderássemos que essas palavras pareciam um tanto severas e que talvez fosse conveniente adoçá-las, para serem transmitidas, o Espírito acrescentou:

"Devo dizer o que digo e como digo, porque as pessoas de quem se trata têm o hábito de supor que nenhum mal fazem com a língua, quando o fazem muitíssimo. Por isso, preciso é ferir-lhes o Espírito, de maneira que lhes sirva de advertência séria."

Ressalta do que fica dito um ensinamento de grande alcance: que as imperfeições morais dão azo à ação do Espíritos obsessores e que o mais seguro meio de a pessoa se livrar deles é atrair os bons pela prática do bem. Sem dúvida, os bons Espíritos têm mais poder do que os maus, e a vontade deles basta para afastar estes últimos; eles, porém, só assistem os que os secundam pelos esforços que fazem por melhorar-se, sem o que se afastam e deixam o campo livre aos maus, que se tomam assim, em certos casos, instrumentos de punição, visto que os bons permitem que ajam para esse fim.

253. Cumpre, todavia, se não atribuam à ação direta dos Espíritos todas as contrariedades que se possam experimentar, as quais, não raro, decorrem da incúria, ou da imprevidência. Um agricultor nos escreveu certo dia que, havia doze anos, toda sorte de infelicidades lhe acontecia, relativamente ao seu gado; ora eram as vacas que morriam, ou deixavam de dar leite, ora eram os cavalos, os carneiros, ou os porcos que sucumbiam. Fez muitas novenas, que em nada remediaram o mal, do mesmo modo que nada obteve com as missas que mandou celebrar, nem com os exorcismos que mandou praticar. Persuadiu-se, então, de acordo com o preconceito dos campos, de que lhe haviam enfeitiçado os animais. Supondo-nos, sem dúvida, dotados de um poder esconjurador maior do que o da cura da sua aldeia, pediu o nosso parecer. Foi a seguinte a resposta que obtivemos:

"A mortalidade ou as enfermidades do gado desse homem provêm de que seus currais estão infetados e ele não os repara, porque *custa dinheiro*."

254. Terminaremos este capítulo inserindo as respostas que os Espíritos deram a algumas perguntas e que vêm em apoio do que dissemos.

1ª Por que não podem certos médiuns desembaraçar-se de Espíritos maus que se lhes ligam e como é que os bons Espíritos que eles chamam não se mostram bastante poderosos para afastar os outros e se comunicar diretamente?

"Não é que falte poder ao Espírito bom; é, as mais das vezes, que o médium não é bastante forte para o secundar; é que sua natureza se presta melhor a outras relações; é que seu fluido se identifica mais com o de um Espírito do que com o de outro. Isso o que dá tão grande império aos que entendem de ludibriá-los."

2ª Parece-nos, entretanto, que há pessoas de muito mérito, de irrepreensível moralidade e que, apesar de tudo, se veem impedidas de comunicar com os bons Espíritos.

"É uma provação. E quem te diz, ao demais, que elas não trazem o coração manchado de um pouco de mal? que o orgulho não domina um pouco a aparência de bondade? Essas provas, com o mostrarem ao obsidiado a sua fraqueza, devem fazê-lo inclinar-se para a humildade.

"Haverá na Terra alguém que possa dizer-se perfeito? Ora, um, que tem todas as aparências da virtude, pode ter ainda muitos defeitos ocultos, um velho fermento de imperfeição. Assim, por exemplo, dizeis, daquele que nenhum mal pratica, que é leal em suas relações sociais: é um bravo e digno homem. Mas, sabeis, porventura, se as suas boas qualidades não são tisnadas pelo orgulho; se não há nele um fundo de egoísmo; se não é avaro, ciumento, rancoroso, maldizente e mil outras coisas que não percebeis, por que as vossas relações com ele não vos deram lugar a descobri-las? O mais poderoso meio de combater a influência dos maus Espíritos é aproximar-se o mais possível da natureza dos bons."

3ª A obsessão, que impede um médium de receber as comunicações que deseje, é sempre um sinal de indignidade da sua parte?

"Eu não disse que é um sinal de indignidade, mas que um obstáculo pode opor-se a certas comunicações; em remover o obstáculo que está nele, é o a que deve aplicar-se; sem isso, suas preces, suas súplicas nada farão. Não basta que um doente diga ao seu médico: dê-me saúde, quero passar bem. O médico nada pode, se o doente não faz o que é preciso."

4ª Assim, a impossibilidade de comunicar com os bons Espíritos seria uma espécie de punição?

"Em certos casos, pode ser uma verdadeira punição, como a possibilidade de comunicar com eles é uma recompensa que deveis esforçar-vos por merecer." (Veja-se *Perda e suspensão da mediunidade*, n. 220.)

5ª Não se pode também combater a influência dos maus Espíritos, moralizando-os?

"Sim, mas é o que não se faz e é o que não se deve descurar de fazer, porquanto, muitas vezes, isso constitui uma tarefa que vos é dada e que deveis desempenhar caridosa e religiosamente. Por meio de sábios conselhos, é possível induzi-los ao arrependimento e apressar-lhes o progresso."

— Como pode um homem ter, a esse respeito, mais influência do que a têm os próprios Espíritos?

"Os Espíritos perversos se aproximam antes dos homens que eles procuram atormentar, do que dos Espíritos, dos quais se afastam o mais possível. Nessa aproximação dos humanos, quando encontram algum que os moralize, a princípio não o escutam e até se riem dele; depois, se aquele os sabe prender, acabam por se deixarem tocar. Os Espíritos elevados só em nome de Deus lhes podem falar e isto os apavora. O homem, indubitavelmente, não dispõe de mais poder do que os Espíritos superiores, porém, sua linguagem se identifica melhor com a natureza daqueles outros e, ao verem o ascendente que o homem pode exercer sobre os Espíritos inferiores, melhor compreendem a solidariedade que existe entre o céu e a terra.

"Demais, o ascendente que o homem pode exercer sobre os Espíritos está na razão da sua superioridade moral. Ele não domina os Espíritos superiores, nem mesmo os que, sem serem superiores, são bons e benevolentes, mas pode dominar os que lhe são inferiores em moralidade." (Veja-se o n. 279.)

6ª A subjugação corporal, levada a certo grau, poderá ter como consequência a loucura?

"Pode, a uma espécie de loucura cuja causa o mundo desconhece, mas que não tem relação alguma com a loucura ordinária. Entre os que são tidos por loucos, muitos há que apenas são subjugados; precisariam de um tratamento moral, enquanto com os tratamentos corporais os tornamos verdadeiros loucos. Quando os médicos conhecerem bem o Espiritismo, saberão fazer essa distinção e curarão mais doentes do que com as duchas." (N. 221.)

7ª Que se deve pensar dos que, vendo um perigo qualquer no Espiritismo, julgam que o meio de preveni-lo seria proibir as comunicações espíritas?

"Se podem proibir a certas pessoas que se comuniquem com os Espíritos, não podem impedir que manifestações espontâneas sejam feitas a essas mesmas pessoas, porquanto não podem suprimir os Espíritos, nem lhes impedir que exerçam sua influência oculta. Esses tais se assemelham às crianças que tapam os olhos e ficam crentes de que ninguém as vê. Fora loucura querer suprimir uma coisa que oferece grandes vantagens, só porque imprudentes podem abusar dela. O meio de se lhe prevenirem os inconvenientes consiste, ao contrário, em torná-la conhecida a fundo."

CAPÍTULO XXIV
DA IDENTIDADE DOS ESPÍRITOS

Provas possíveis de identidade
255. A questão da identidade dos Espíritos é uma das mais controvertidas, mesmo entre os adeptos do Espiritismo. É que, com efeito, os Espíritos não nos trazem um ato de notoriedade e sabe-se com que facilidade alguns dentre eles tomam nomes que nunca lhes pertenceram. Esta, por isso mesmo, é, depois da obsessão, uma das maiores dificuldades do Espiritismo prático. Todavia, em muitos casos, a identidade absoluta não passa de questão secundária e sem importância real.

A identidade dos Espíritos das personagens antigas é a mais difícil de se conseguir, tornando-se muitas vezes impossível, pelo que ficamos adstritos a uma apreciação puramente moral. Julgam-se os Espíritos, como os homens, pela sua linguagem. Se um Espírito se apresenta com o nome de Fénelon, por exemplo, e diz trivialidades e puerilidades, está claro que não pode ser ele. Porém, se somente diz coisas dignas do caráter de Fénelon e que este não se furtaria a subscrever, há, senão prova material, pelo menos toda probabilidade moral de que seja de fato ele. Nesse caso, sobretudo, é que a identidade real se torna uma questão acessória. Desde que o Espírito só diz coisas aproveitáveis, pouco importa o nome sob o qual as diga. Objetar-se-á, sem dúvida, que o Espírito que tome um nome suposto, ainda que só para o bem, não deixa de cometer uma fraude: não pode, portanto, ser um Espírito bom. Aqui, há delicadezas de matizes muito difíceis de apanhar e que vamos tentar desenvolver.

256. À medida que os Espíritos se purificam e elevam na hierarquia, os caracteres distintivos de suas personalidades se apagam, de certo modo, na uniformidade da perfeição; nem por isso, entretanto, conservam eles menos suas individualidades. É o que se dá com os Espíritos superiores e os Espíritos puros. Nessa culminância, o nome que tiveram na Terra, em uma das mil existências corporais efêmeras por que passaram, é coisa absolutamente insignificante. Notemos mais que os Espíritos são atraídos uns para os outros pela semelhança de suas qualidades e formam assim grupos, ou famílias, por simpatia. De outro lado, se considerarmos o número imenso de Espíritos que, desde a origem dos tempos, devem ter galgado as fileiras mais altas e se o compararmos ao número tão restrito dos homens que hão deixado um grande nome na Terra, compreenderemos que, entre os Espíritos superiores, que podem comunicar-se, a maioria deve carecer de nomes para nós. Porém, como de nomes precisamos para fixarmos as nossas ideias, podem eles tomar o de uma personagem conhecida, cuja natureza mais identificada seja com a deles. É assim que os nossos anjos guardiães se fazem as mais das vezes conhecer pelo nome de um dos santos que veneramos e, geralmente, pelo daquele que nos inspira mais simpatia. Segue-se daí que, se o anjo guardião de uma pessoa se dá como sendo S. Pedro, por exemplo, ela nenhuma prova material pode ter de que seja exatamente o apóstolo desse nome. Tanto pode ser ele, como um Espírito desconhecido inteiramente, mas pertencente à família de Espíritos de que faz parte São Pedro. Segue-se ainda que, seja qual for o nome sob que alguém invoque o

seu anjo guardião, este acudirá ao apelo que lhe é dirigido, porque o que o atrai é o pensamento, sendo-lhe indiferente o nome.

O mesmo ocorre todas as vezes que um Espírito superior se comunica espontaneamente, sob o nome de uma personagem conhecida. Nada prova que seja exatamente o Espírito dessa personagem; porém, se ele nada diz que desminta o caráter desta última, há *presunção* de ser o próprio e, em todos os casos, se pode dizer que, se não é ele, é um Espírito do mesmo grau de elevação, ou talvez até um enviado seu. Em resumo, a questão de nome é secundária, podendo-se considerar o nome como simples indício da categoria que ocupa o Espírito na escala espírita.

O caso muda de figura, quando um Espírito de ordem inferior se adorna com um nome respeitável, para que suas palavras mereçam crédito e este caso é de tal modo frequente que toda precaução não será demasiada contra semelhantes substituições. Graças a esses nomes de empréstimo e, sobretudo, com o auxílio da fascinação, é que alguns Espíritos sistemáticos, mais orgulhosos do que sábios, procuram tornar aceitas as mais ridículas ideias.

A questão da identidade é, pois, como dissemos, quase indiferente, quando se trata de instruções gerais, uma vez que os melhores Espíritos podem substituir-se mutuamente, sem maiores consequências. Os Espíritos superiores formam, por assim dizer, um todo coletivo, cujas individualidades nos são, com exceções raras, desconhecidas. Não é a pessoa deles o que nos interessa, mas o ensino que nos proporcionam. Ora, desde que esse ensino é bom, pouco importa que aquele que o deu se chame Pedro, ou Paulo. Deve ele ser julgado pela sua qualidade e não pelas suas insígnias. Se um vinho é mau, não será a etiqueta que o tornará melhor. Outro tanto já não sucede com as comunicações íntimas, porque aí é o indivíduo, a sua pessoa mesma que nos interessa; muito razoável, portanto, é que, nessas circunstâncias, procuremos certificar-nos de que o Espírito que atende ao nosso chamado é realmente aquele que desejamos.

257. Muito mais fácil de se comprovar é a identidade, quando se trata de Espíritos contemporâneos, cujos caracteres e hábitos se

conhecem, porque, precisamente, esses hábitos, de que eles ainda não tiveram tempo de despojar-se, são que os fazem reconhecíveis e desde logo dizemos que isso constitui um dos sinais mais seguros de identidade. Pode, sem dúvida, o Espírito dar provas desta, atendendo ao pedido que se lhe faça; mas assim só procede quando lhe convenha. Geralmente, semelhante pedido o magoa, pelo que deve ser evitado. Com o deixar o seu corpo, o Espírito não se despojou da sua suscetibilidade; agasta-o toda questão que tenha por fim pô-lo à prova. *Perguntas há que ninguém ousaria dirigir-lhe, se ele se apresentasse vivo,* pelo receio de faltar às conveniências; por que se lhe há de dispensar menos consideração, depois da sua morte? A um homem, que se apresente num salão, declinando o seu nome, irá alguém pedir-lhe, à queima-roupa, sob o pretexto de haver impostores, que prove ser quem diz que é? Certamente, esse homem teria o direito de lembrar ao interrogante as regras de civilidade. É o que fazem os Espíritos, não respondendo, ou retirando-se. Façamos, para exemplo, uma comparação. Suponhamos que o astrônomo Arago, quando vivo, se apresentasse numa casa onde ninguém o conhecesse e que o apostrofassem deste modo: Dizeis que sois Arago, mas não vos conhecemos; dignai-vos de prová-lo, respondendo às nossas perguntas. Resolvei tal problema de Astronomia; dizei-nos o vosso nome, prenome, os de vossos filhos, o que fazíeis em tal dia, a tal hora etc. Que responderia ele? Pois bem: como Espírito, fará o que teria feito em vida e os outros Espíritos procedem da mesma maneira.

258. Ao passo que se recusam a responder a perguntas pueris e extravagantes, que toda gente teria escrúpulo em lhes dirigir, se vivos fossem, os Espíritos dão espontaneamente provas irrecusáveis de sua identidade, por seus caracteres, que se revelam na linguagem de que usam, pelo emprego das palavras que lhes eram familiares, pela citação de certos fatos, de particularidades de suas vidas, às vezes desconhecidas dos assistentes e cuja exatidão se pode verificar. As provas de identidade ressaltam, além disso, de um sem-número de circunstâncias imprevistas, que nem sempre se apresentam na primeira ocasião, mas que surgem com a continuação das manifestações. Convém, pois,

esperá-las, sem as provocar, observando-se cuidadosamente todas as que possam decorrer da natureza das comunicações. (Veja-se o fato referido no n. 70.)

259. Um meio empregado, às vezes com êxito, para se conseguir identificar um Espírito que se comunica, quando ele se toma suspeito, consiste em fazê-lo afirmar, *em nome de Deus Todo-Poderoso,* que é realmente quem diz ser. Sucede frequentemente que o que se apresentou com um nome usurpado recua diante do sacrilégio e que, tendo começado a dizer: *Afirmo, em nome de...* para e traça, colérico, riscos sem valor no papel, ou quebra o lápis. Se é mais hipócrita, ladeia a questão, mediante uma restrição mental, escrevendo, por exemplo: *Certifico-vos que digo a verdade,* ou então: *Atesto, em nome de Deus, que sou mesmo eu quem vos fala* etc. Alguns há, entretanto, nada escrupulosos, que juram tudo o que se lhes exigir. Um desses se comunicou a um médium, dizendo-se *Deus,* e o médium, honrado com tão alta distinção, não hesitou em acreditá-lo. Evocado por nós, não ousou sustentar a sua impostura e disse: Não sou Deus, mas sou seu filho. — És então Jesus? Isto não é provável, porquanto Jesus está muito altamente colocado para empregar um subterfúgio. Ousas, não obstante, afirmar que és o Cristo? — Não digo que sou Jesus; digo que sou filho de Deus, porque sou uma de suas criaturas.

Deve-se concluir daí que o recusar um Espírito afirmar a sua identidade, em nome de Deus, é sempre uma prova manifesta de que o nome que ele tomou é uma impostura; mas também que, se ele o afirma, essa afirmação não passa de uma presunção, não constituindo prova certa.

260. Igualmente se pode incluir entre as provas de identidade a semelhança da caligrafia e da assinatura; mas, além de que nem a todos os médiuns é dado obter esse resultado, ele não representa, invariavelmente, uma garantia bastante. Há falsários no mundo dos Espíritos, como os há neste. Aí não se tem, pois, mais do que uma presunção de identidade, que só adquire valor pelas circunstâncias que a acompanhem. O mesmo ocorre com todos os sinais materiais, que algumas pessoas têm como talismãs inimitáveis para os Espíritos

mentirosos. Para os que ousam perjurar ao nome de Deus, ou falsificar uma assinatura, nenhum sinal material pode oferecer obstáculo maior. A melhor de todas as provas de identidade está na linguagem e nas circunstâncias fortuitas.

261. Dir-se-á, sem dúvida, que, se um Espírito pode imitar uma assinatura, também pode perfeitamente imitar a linguagem. E exato; alguns temos visto tomar atrevidamente o nome do Cristo e, para impingirem a mistificação, simulavam o estilo evangélico e pronunciavam a torto e a direito estas bem conhecidas palavras: *Em verdade, em verdade vos digo*. Estudando, porém, *sem prevenção*, o ditado, em seu conjunto, perscrutado o fundo das ideias, o alcance das expressões, quando, a par de belas máximas de caridade, se veem recomendações pueris e ridículas, fora preciso estar *fascinado* para que alguém se equivocasse. Sim, certas partes da forma material da linguagem podem ser imitadas, mas não o pensamento. Jamais a ignorância imitará o verdadeiro saber e jamais o vício imitará a verdadeira virtude. Em qualquer ponto, sempre aparecerá a pontinha da orelha. E então que o médium, assim como o evocador, precisa de toda a perspicácia e de toda a ponderação, para destrinçar a verdade da impostura. Devem persuadir-se de que os Espíritos perversos são capazes de todos os ardis e de que, quanto mais venerável for o nome com que um Espírito se apresente, tanto maior desconfiança deve inspirar. Quantos médiuns têm tido comunicações apócrifas assinadas por Jesus, Maria, ou um santo venerado!

Modos de se distinguirem os bons dos maus Espíritos
262. Se a identidade absoluta dos Espíritos é, em muitos casos, uma questão acessória e sem importância, o mesmo já não se dá com a distinção a ser feita entre bons e maus Espíritos. Pode ser-nos indiferente a individualidade deles; suas qualidades, nunca. Em todas as comunicações instrutivas, é sobre este ponto, conseguintemente, que se deve fixar a atenção, porque só ele nos pode dar a medida da confiança que devemos ter no Espírito que se manifesta, seja qual for o nome sob que o faça. É bom, ou mau, o Espírito que se comunica?

Em que grau da escala espírita se encontra? Eis as questões capitais. (Veja-se: "Escala espírita", em *O livro dos espíritos*, n. 100.)

263. Já dissemos que os Espíritos devem ser julgados, como os homens, pela linguagem de que usam. Suponhamos que um homem receba vinte cartas de pessoas que lhe são desconhecidas; pelo estilo, pelas ideias, por uma imensidade de indícios, enfim, verificará se aquelas pessoas são instruídas ou ignorantes, polidas ou mal-educadas, superficiais, profundas, frívolas, orgulhosas, sérias, levianas, sentimentais etc. Assim, também, com os Espíritos. Devemos considerá-los correspondentes que nunca vimos e procurar conhecer o que pensaríamos do saber e do caráter de um homem que dissesse ou escrevesse tais coisas. Pode estabelecer-se como regra invariável e sem exceção que *a linguagem dos Espíritos está sempre em relação com o grau de elevação a que já tenham chegado*. Os Espíritos realmente superiores não só dizem unicamente coisas boas, como também as dizem em termos isentos, de modo absoluto, de toda trivialidade. Por melhores que sejam essas coisas, se uma única expressão denotando baixeza as macula, isto constitui um sinal indubitável de inferioridade; com mais forte razão, se o conjunto do dito fere as conveniências pela sua grosseria. A linguagem revela sempre a sua procedência, quer pelos pensamentos que exprime, quer pela forma, e, ainda mesmo que algum Espírito queira iludir-nos sobre a sua pretensa superioridade, bastará conversemos algum tempo com ele para a apreciarmos.

264. A bondade e a afabilidade são atributos essenciais dos Espíritos depurados. Não têm ódio, nem aos homens, nem aos outros Espíritos. Lamentam as fraquezas, criticam os erros, mas sempre com moderação, sem fel e sem animosidade. Admita-se que os Espíritos verdadeiramente bons não podem querer senão o bem e dizer senão coisas boas e se concluirá que tudo o que denote, na linguagem dos Espíritos, falta de bondade e de benignidade não pode provir de um bom Espírito.

265. A inteligência longe está de constituir um indício certo de superioridade, porquanto a inteligência e a moral nem sempre andam emparelhadas. Pode um Espírito ser bom, afável, e ter conhecimentos

limitados, ao passo que outro, inteligente e instruído, pode ser muito inferior em moralidade.

É crença bastante generalizada que, interrogando-se o Espírito de um homem que, na Terra, foi sábio em certa especialidade, com mais segurança se obterá a verdade. Isto é lógico; entretanto, nem sempre é o que se dá. A experiência demonstra que os sábios, tanto quanto os demais homens, sobretudo os desencarnados de pouco tempo, ainda se acham sob o império dos preconceitos da vida corpórea; eles não se despojam imediatamente do espírito de sistema. Pode pois, acontecer que, sob a influência das ideias que esposaram em vida e das quais fizeram para si um título de glória, vejam com menos clareza do que supomos. Não apresentamos este princípio como regra; longe disso. Dizemos apenas que o fato se dá e que, por conseguinte, a ciência humana que eles possuem não constitui sempre uma prova da sua infalibilidade, como Espíritos.

266. Em se submetendo todas as comunicações a um exame escrupuloso, em se-lhes perscrutando e analisando o pensamento e as expressões, como é de uso fazer-se quando se trata de julgar uma obra literária, rejeitando-se, *sem hesitação,* tudo o que peque contra a lógica e o bom-senso, tudo o que desminta o caráter do Espírito que se supõe ser o que se está manifestando, leva-se o desânimo aos Espíritos mentirosos, que acabam por se retirar, uma vez fiquem bem convencidos de que não lograrão iludir. Repetimos: este meio é único, mas é infalível, porque não há comunicação má que resista a uma crítica rigorosa. Os bons espíritos nunca se ofendem com esta, pois que eles próprios a aconselham e porque nada têm que temer do exame. Apenas os maus se formalizam e procuram evitá-lo, porque tudo têm a perder. Só com isso provam o que são.

Eis aqui o conselho que a tal respeito nos deu São Luís:

"Qualquer que seja a confiança legítima que vos inspirem os Espíritos que presidem aos vossos trabalhos, uma recomendação há que nunca será demais repetir e que deveríeis ter presente sempre na vossa lembrança, quando vos entregais aos vossos estudos: é a de pesar e meditar, é a de submeter ao cadinho da razão mais severa

todas as comunicações que receberdes; é a de não deixardes de pedir as explicações necessárias a formardes opinião segura, desde que um ponto vos pareça suspeito, duvidoso ou obscuro."
267. Podem resumir-se nos princípios seguintes os meios de se reconhecer a qualidade dos Espíritos:
1º Não há outro critério, senão o bom-senso, para se aquilatar do valor dos Espíritos. Absurda será qualquer fórmula que eles próprios deem para esse efeito e não poderá provir de Espíritos superiores.
2º Apreciam-se os Espíritos pela linguagem de que usam e pelas suas ações. Estas se traduzem pelos sentimentos que eles inspiram e pelos conselhos que dão.
3º Admitido que os bons Espíritos só podem dizer e fazer o bem, de um bom Espírito não pode provir o que tenda para o mal.
4º Os Espíritos superiores usam sempre de uma linguagem digna, nobre, elevada, sem eiva de trivialidade; tudo dizem com simplicidade e modéstia, jamais se vangloriam, nem se jactam de seu saber, ou da posição que ocupam entre os outros. A dos Espíritos inferiores ou vulgares sempre algo refletem das paixões humanas. Toda expressão que denote baixeza, pretensão, arrogância, fanfarronice, acrimônia, é indício característico de inferioridade e de embuste, se o Espírito se apresenta com um nome respeitável e venerado.
5º Não se deve julgar da qualidade do Espírito pela forma material, nem pela correção do estilo. É preciso sondar-lhe o íntimo, analisar-lhe as palavras, pesá-las friamente, maduramente e sem prevenção. Qualquer ofensa à lógica, à razão e à ponderação não pode deixar dúvida sobre a sua procedência, seja qual for o nome com que se ostente o Espírito. (N. 224.)
6º A linguagem dos Espíritos elevados é sempre idêntica, senão quanto à forma, pelo menos quanto ao fundo. Os pensamentos são os mesmos, em qualquer tempo e em todo lugar. Podem ser mais ou menos desenvolvidos, conforme as circunstâncias, as necessidades e as faculdades que encontrem para se comunicar; porém, jamais serão contraditórios. Se duas comunicações, firmadas pelo mesmo nome, se mostram em contradição, uma das duas é evidentemente apócrifa e a

verdadeira será aquela em que nada desminta o conhecido caráter da personagem. Sobre duas comunicações assinadas, por exemplo, com o nome de São Vicente de Paulo, uma das quais propendendo para a união e a caridade e a outra tendendo para a discórdia, nenhuma pessoa sensata poderá equivocar-se.

7º Os bons Espíritos só dizem o que sabem; calam-se ou confessam a sua ignorância sobre o que não sabem. Os maus falam de tudo com desassombro, sem se preocuparem com a verdade. Toda heresia científica notória, todo princípio que choque o bom-senso, aponta a fraude, desde que o Espírito se dê por ser um Espírito esclarecido.

8º Reconhecem-se ainda os Espíritos levianos, pela facilidade com que predizem o futuro e precisam fatos materiais de que não nos é dado ter conhecimento. Os bons Espíritos fazem que as coisas futuras sejam pressentidas, quando esse pressentimento convenha; nunca, porém, determinam datas. A previsão de qualquer acontecimento para uma época determinada é indício de mistificação.

9º Os Espíritos superiores se exprimem com simplicidade, sem prolixidade. Têm o estilo conciso, sem exclusão da poesia das ideias e das expressões, claro, inteligível a todos, sem demandar esforço para ser compreendido. Têm a arte de dizer muitas coisas em poucas palavras, porque cada palavra é empregada com exatidão. Os Espíritos inferiores, ou falsos sábios, ocultam sob o empolamento, ou a ênfase, o vazio de suas ideias. Usam de uma linguagem pretensiosa, ridícula, ou obscura, à força de quererem pareça profunda.

10º Os bons Espíritos nunca ordenam; não se impõem, aconselham e, se não são escutados, retiram-se. Os maus são imperiosos; dão ordens, querem ser obedecidos e não se afastam, haja o que houver. Todo Espírito que impõe trai a sua inferioridade. São exclusivistas e absolutos em suas opiniões; pretendem ter o privilégio da verdade. Exigem crença cega e jamais apelam para a razão, por saberem que a razão os desmascararia.

11º Os bons Espíritos não lisonjeiam; aprovam o bem feito, mas sempre com reserva. Os maus prodigalizam exagerados elogios, estimulam o orgulho e a vaidade, embora pregando a humildade, e procuram *exaltar a importância pessoal* daqueles a quem desejam captar.

12º Os Espíritos superiores desprezam, *em tudo,* as puerilidades da forma. Só os Espíritos vulgares ligam importância a particularidades mesquinhas, incompatíveis com ideias verdadeiramente elevadas. *Toda prescrição meticulosa* é sinal certo de inferioridade e de fraude, da parte de um Espírito que tome um nome imponente.

13º Deve-se desconfiar dos nomes singulares e ridículos, que alguns Espíritos adotam, quando querem impor-se à credulidade; fora soberanamente absurdo tomar a sério semelhantes nomes.

14º Deve-se igualmente desconfiar dos Espíritos que com muita facilidade se apresentam, dando nomes extremamente venerados, e não lhes aceitar o que digam, senão com muita reserva. Aí, sobretudo, é que uma verificação severa se faz indispensável, porquanto isso não passa muitas vezes de uma máscara que eles tomam, para dar a crer que se acham em relações íntimas com os Espíritos excelsos. Por esse meio, lisonjeiam a vaidade do médium e dela se aproveitam frequentemente para induzi-lo a atitudes lamentáveis e ridículas.

15º Os bons Espíritos são muito escrupulosos no tocante às atitudes que hajam aconselhar. Elas, qualquer que seja o caso, nunca deixam de objetivar um *fim sério e eminentemente* útil. Devem, pois, ter-se por suspeitas todas as que não apresentam este caráter, ou sejam condenáveis perante a razão, e cumpre refletir maduramente antes de tomá-las, a fim de evitarem-se mistificações desagradáveis.

16º Também se reconhecem os bons Espíritos pela prudente reserva que guardam sobre todos os assuntos que possam trazer comprometimento. Repugna-lhes desvendar o mal, enquanto aos Espíritos leviano, ou malfazejos apraz pô-lo em evidência. Ao passo que os bons procuram atenuar os erros e pregam a indulgência, os maus os exageram e sopram a cizânia, por meio de insinuações pérfidas.

17º Os bons Espíritos só prescrevem o bem. Máxima nenhuma, nenhum conselho, que *se não conformem estritamente com a pura caridade evangélica,* podem ser obra de bons Espíritos.

18º Jamais os bons Espíritos aconselham senão o que seja perfeitamente racional. Qualquer recomendação que se afaste da *linha reta do bom-senso, ou das leis imutáveis da Natureza,* denuncia um Espírito atrasado e, portanto, pouco merecedor de confiança.

19º Os Espíritos maus, ou simplesmente imperfeitos, ainda se traem por indícios materiais, a cujo respeito ninguém se pode enganar. A ação deles sobre o médium é às vezes violenta e provoca movimentos bruscos e intermitentes, uma agitação febril e convulsiva, que destoa da calma e da doçura dos bons Espíritos.

20º Muitas vezes, os Espíritos imperfeitos se aproveitam dos meios de que dispõem, de comunicar-se, para dar conselhos pérfidos. Excitam a desconfiança e a animosidade contra os que lhes são antipáticos. Especialmente os que lhes podem desmascarar as imposturas são objeto da maior animadversão da parte deles. Alvejam os homens fracos, para os induzir ao mal. Empregando alternativamente, para melhor convencê-los, os sofismas, os sarcasmos, as injúrias e até demonstrações materiais do poder oculto de que dispõem, se empenham em desviá-los da senda da verdade.

21º Os Espíritos dos que na Terra tiveram uma única preocupação, material ou moral, se se não desprenderam da influência da matéria, continuam sob o império das ideias terrenas e trazem consigo uma parte dos preconceitos, das predileções *e mesmo das manias* que tinham neste mundo. Fácil é isso de reconhecer-se pela linguagem de que se servem.

22º Os conhecimentos de que alguns Espíritos se enfeitam, às vezes, com uma espécie de ostentação, não constituem sinal da superioridade deles. A inalterável pureza dos sentimentos morais é, a esse respeito, a verdadeira pedra de toque.

23º Não basta se interrogue um Espírito para conhecer-se a verdade. Precisamos, antes de tudo, saber a quem nos dirigimos; porquanto, os Espíritos inferiores, ignorantes que são, tratam frivolamente das questões mais sérias. Também não basta que um Espírito tenha sido na Terra um grande homem, para que, no mundo espírita, se ache de posse da soberana ciência. Só a virtude pode, purificando-o, aproximá-lo de Deus e dilatar-lhe os conhecimentos.

24º Da parte dos Espíritos superiores, o gracejo é muitas vezes fino e vivo, nunca, porém, trivial. Nos Espíritos zombadores, quando não são grosseiros, a sátira mordaz é, não raro, muito apropositada.

25º Estudando-se cuidadosamente o caráter dos Espíritos que se apresentam, sobretudo do ponto de vista moral, reconhecem-se-lhes a natureza e o grau de confiança que devem merecer. O bom-senso não poderia enganar.

26º Para julgar os Espíritos, como para julgar os homens, é preciso, primeiro, que cada um saiba julgar-se a si mesmo. Muita gente há, infelizmente, que toma suas próprias opiniões pessoais como paradigma exclusivo do bom e do mau, do verdadeiro e do falso; tudo o que lhes contradiga a maneira de ver, a suas ideias e ao sistema que conceberam, ou adotaram, lhes parece mau. A semelhante gente evidentemente falta a qualidade primacial para uma apreciação sã: a retidão do juízo. Disso, porém, nem suspeitam. E o defeito sobre que mais se iludem os homens.

Todas estas instruções decorrem da experiência e dos ensinos dos Espíritos. Vamos completá-las com as próprias respostas que eles deram, sobre os pontos mais importantes.

268. Questões sobre a natureza e a identidade dos Espíritos

1ª Por que sinais se pode reconhecer a superioridade ou a inferioridade dos Espíritos?

"Pela linguagem, como distinguis um doidivanas de uni homem sensato. Já dissemos que os Espíritos superiores não se contradizem nunca e só dizem coisas aproveitáveis. Só querem o bem, que lhes constitui a única preocupação.

"Os Espíritos inferiores ainda se encontram sob o influxo das ideias materiais; seus discursos se ressentem da ignorância e da imperfeição que lhes são características. Somente aos Espíritos superiores é dado conhecer todas as coisas e julgá-las desapaixonadamente."

2ª A ciência é sempre sinal certo de elevação de um Espírito?

"Não, porquanto, se ele ainda está sob a influência da matéria, pode ter os vossos vícios e prejuízos. Há pessoas que, neste mundo, são excessivamente invejosas e orgulhosas; julgais que, apenas o deixam, perdem esses defeitos? Após a partida daqui, os Espíritos, sobretudo os que alimentaram paixões bem marcadas, permanecem envoltos numa espécie de atmosfera que lhes conserva todas as coisas más de que se impregnaram.

"Esses Espíritos semi-imperfeitos são mais de temer do que os maus Espíritos, porque, na sua maioria, reúnem à inteligência a astúcia e o orgulho. Pelo pretenso saber de que se jactam, eles se impõem aos simples e aos ignorantes, que lhes aceitam sem exames as teorias absurdas e mentirosas. Embora tais teorias não possam prevalecer contra a verdade, nem por isso deixam de produzir um mal passageiro, pois que entravam a marcha do Espiritismo e os médiuns voluntariamente se fazem cegos sobre o mérito do que lhes é comunicado. Esse um ponto que demanda grande estudo da parte dos espíritas esclarecidos e dos médiuns. Para distinguir o verdadeiro do falso é que cumpre se faça convergir toda a atenção."

3ª Muitos Espíritos protetores se designam pelos nomes de santos, ou de personagens conhecidas. Que se deve pensar a esse respeito?

"Nem todos os nomes de santos e de personagens conhecidas bastariam para fornecer um protetor a cada homem. Entre os Espíritos, poucos há que tenham nome conhecido na Terra. Por isso é que, as mais das vezes, eles nenhum nome declinam. Vós, porém, quase sempre quereis um nome; então, para vos satisfazer, o espírito toma o de um homem que conhecestes e a quem respeitais."

4ª O uso desse nome não pode ser considerado uma fraude?

"Seria uma fraude da parte de um Espírito mau, que quisesse enganar; mas, quando é para o bem, Deus permite que assim procedam os Espíritos da mesma categoria, porque há entre eles solidariedade e analogia de pensamentos."

5ª Assim, quando um Espírito protetor diz ser São Paulo, por exemplo, não é certo que seja o Espírito mesmo, ou a alma, do apóstolo que teve esse nome?

"Exatamente, porquanto há milhares de pessoas às quais foi dito que têm por anjo guardião São Paulo, ou qualquer outro. Mas que vos importa isso, desde que o Espírito que vos protege é tão elevado quanto São Paulo? Eu já o disse: como precisais de um nome, eles tomam um para que os possais chamar e reconhecer, do mesmo modo que tomais os nomes de batismo para vos distinguirdes dos outros membros da vossa família. Podem, pois, tomar igualmente os dos arcanjos Rafael, Miguel etc., sem que daí nada de mais resulte.

"Acresce que, quanto mais elevado é um Espírito, tanto mais dilatada é a sua irradiação. Segue-se, portanto, que um Espírito protetor de ordem muito elevada pode ter sob a sua tutela centenas de encarnados. Entre vós, na Terra, há notários que se encarregam dos negócios de cem e duzentas famílias; por que haveríeis de supor que menos aptos fôssemos nós, espiritualmente falando, para a direção moral dos homens, do que aqueles o são para a direção material de seus interesses?"

6ª Por que é que os Espíritos que se comunicam tomam frequentemente nomes de santos?

"Identificam-se com os hábitos daqueles a quem falam e adotam os nomes mais apropriados a causar forte impressão nos homens por efeito de suas crenças."

7ª Quando evocados, os Espíritos superiores vêm sempre em pessoa, ou, como alguns o supõem, se fazem representar por mandatários incumbidos de lhes transmitir os pensamentos?

"Por que não virão em pessoa, se o podem? Se, porém, o Espírito evocado não pode vir, o que se apresenta é forçosamente um mandatário."

8ª E o mandatário é sempre suficientemente esclarecido para responder como faria o Espírito que o envia?

"Os Espíritos superiores sabem a quem confiam o encargo de os substituir. Além disso, quanto mais elevados são os Espíritos, mais se confundem pela comunhão dos pensamentos, de tal sorte que, para eles, a personalidade é coisa indiferente, como o deve ser também para vós. Julgais, então, que no mundo dos Espíritos superiores não haja senão os que conhecestes na Terra, como capazes de vos instruírem? De tal modo sois propensos a considerar-vos como os tipos do universo, que sempre supondes nada mais haver fora do vosso mundo. Em verdade vos assemelhais a esses selvagens que, nunca tendo saído da ilha em que habitam, creem que o mundo não vai além dela."

9ª Compreendemos que seja assim, quando se trate de um ensino sério; mas, como permitem os Espíritos superiores que outros, de baixo estalão, adotem nomes respeitáveis, para induzirem os homens em erro, por meio de máximas não raro perversas?

"Não é com a permissão dos primeiros que estes o fazem. O mesmo não se dá entre vós? Os que desse modo enganam os homens serão punidos, ficai certos, e a punição deles será proporcionada à gravidade da impostura. Ao demais, se não fôsseis imperfeitos, não teríeis em tomo de vós senão bons Espíritos; se sois enganados, só de vós mesmos vos deveis queixar. Deus permite que assim aconteça, para experimentar a vossa perseverança e o vosso discernimento e para vos ensinar a distinguir a verdade do erro. Se não o fazeis, é que não estais bastante elevados e precisais ainda das lições da experiência."

10ª Não sucede que os Espíritos pouco adiantados, porém, animados de boas intenções e do desejo de progredir, se veem designados às vezes para substituir um Espírito superior, a fim de que tenham o ensejo de se exercitarem no ensinar aos seus irmãos?

"Nunca, nos grandes centros; quero dizer, nos centros sérios e quando se trate de ministrar um ensinamento geral. Os que aí se apresentam o fazem por sua própria conta, para, como dizeis, se exercitarem. Por isso é que suas comunicações, ainda que boas, trazem o cunho da inferioridade deles. Delegados só o são para as comunicações pouco importantes e para as que se podem chamar pessoais."

11ª Nota-se que, às vezes, as comunicações espíritas ridículas se mostram entremeadas de excelentes máximas. Como explicar esta anomalia, que parece indicar a presença simultânea de bons e maus Espíritos?

"Os Espíritos maus, ou leviano, também se metem a enunciar sentenças, sem lhes perceberem bem o alcance, ou a significação.

Entre vós, serão homens superiores todos os que as enunciam? Não; os bons e os maus Espíritos não andam juntos; pela uniformidade constante das boas comunicações é que reconhecereis a presença dos bons Espíritos."

12ª Os Espíritos que nos induzem em erro procedem sempre cientes do que fazem?

"Não; há Espíritos bons, mas ignorantes e que podem enganar-se de boa-fé. Desde que tenham consciência da sua ignorância, convém nisso e só dizem o que sabem."

13ª O Espírito que dá uma comunicação falsa sempre o faz com intenção maléfica?

"Não; se é um Espírito leviano, diverte-se em mistificar, sem outro intuito."

14ª Podendo alguns Espíritos enganar pela linguagem de que usam, segue-se que também podem, aos olhos de um médium vidente, tomar uma falsa aparência?

"Isso se dá, porém, mais dificilmente. Todavia, só se verifica com um fim que os próprios Espíritos maus desconhecem. Eles então servem de instrumentos para uma lição... O médium vidente pode ver Espíritos levianos e mentirosos, como outros os ouvem, ou escrevem sob a influência deles. Podem os Espíritos levianos aproveitar-se dessa disposição, para o enganar, por meio de falsas aparências; isso depende das qualidades do Espírito do próprio médium."

15ª Para não ser enganado, basta que alguém esteja animado de boas intenções? E os homens sérios, que não mesclam de vã curiosidade seus estudos, também se acham sujeitos a ser enganados?

"Evidentemente, menos do que os outros; mas o homem tem sempre alguns pontos fracos que atraem os Espíritos zombeteiros. Ele se julga forte e muitas vezes não o é. Deve, pois, desconfiar sempre da fraqueza que nasce do orgulho e dos preconceitos. Ninguém leva bastante em conta estas duas causas de queda, de que se aproveitam os Espíritos que, lisonjeando as manias, têm a certeza do bom êxito."

16ª Por que permite Deus que maus Espíritos se comuniquem e digam coisas ruins?

"Ainda mesmo no que haja de pior, um ensinamento sempre se colhe. Toca-vos saber colhê-lo. Mister se faz que haja comunicações de todas as espécies, para que aprendais a distinguir os bons Espíritos dos maus e para que vos sirvam de espelho a vós mesmos."

17ª Podem os Espíritos, por meio de comunicações escritas, inspirar desconfianças infundadas contra certas pessoas e causar dissídios entre amigos?

"Espíritos perversos e invejosos podem fazer, no terreno do mal, o que fazem os homens. Por isso é que estes devem estar em guarda. Os Espíritos superiores são sempre prudentes e reservados, quando têm de censurar; nada de mal dizem: advertem cautelosamente. Se querem que, no interesse delas, duas pessoas deixem de ver-se, darão causa a incidentes que as separarão de modo todo natural. Uma linguagem própria a semear a discórdia e a desconfiança é sempre obra de um mau Espírito, qualquer que seja o nome com que se adorne. Assim, pois, usai de muita circunspecção no acolher o que de mal possa um Espírito dizer de um de vós, sobretudo quando um bom Espírito vos tenha falado bem da mesma pessoa, e desconfiai também de vós mesmos e das vossas próprias prevenções. Das comunicações dos Espíritos, guardai apenas o que haja de belo, de grande, de racional, e o que a vossa consciência aprove."

18ª Pela facilidade com que os maus Espíritos se intrometem nas comunicações, parece legítimo concluir-se que nunca estaremos certos de ter a verdade?

"Não é assim, pois que tendes um juízo para as apreciar. Pela leitura de uma carta, sabeis perfeitamente reconhecer se foi um tipo sem educação, ou um homem bem educado, um néscio ou um sábio que a escreveu; por que não podereis conseguir isso, quando são os Espíritos que vos escrevem? Ao receberdes uma carta de um amigo ausente, que é o que vos assegura que ela provém dele? A caligrafia, direis; mas não há falsários que imitam todas as caligrafias; tratantes que podem conhecer os vossos negócios? Entretanto, há sinais que não vos permitirão qualquer equívoco. O mesmo sucede com relação aos Espíritos. Figurai, pois, que é um amigo quem vos escreve, ou que ledes a obra de um escritor, e julgai pelos mesmos processos."

19ª Poderiam os Espíritos superiores impedir que os maus Espíritos tomassem falsos nomes?

"Certamente que o podem; porém, quanto piores são os Espíritos, mais obstinados se mostram e muitas vezes resistem a todas as injunções. Também é preciso saibais que há pessoas pelas quais os Espíritos superiores se interessam mais do que outras e, quando eles julgam conveniente, as preservam dos ataques da mentira. Contra essas pessoas os Espíritos enganadores nada podem."

20ª Qual o motivo de semelhante parcialidade?

"Não há parcialidade, há justiça. Os bons Espíritos se interessam pelos que usam criteriosamente da faculdade de discernir e trabalham seriamente por melhorar-se. Dão a esses suas preferências e os secundam; pouco, porém, se incomodam com aqueles junto dos quais perdem o tempo em belas palavras."

21ª Por que permite Deus que os Espíritos cometam sacrilégio de usar falsamente de nomes venerados?

"Poderias também perguntar por que permite Deus que os homens mintam e blasfemem. Os Espíritos, assim como os homens, têm o seu livre-arbítrio para o bem, tanto quanto para o mal; porém, nem a uns nem a outros a justiça de Deus deixará de atingir."

22ª Haverá fórmulas eficazes para expulsar os Espíritos enganadores?

"Fórmula é matéria; muito mais vale um bom pensamento dirigido a Deus."

23ª Dizem alguns Espíritos disporem de sinais gráficos inimitáveis, espécies de emblemas, pelos quais podem ser conhecidos e comprovarem a sua identidade; é verdade?

"Os Espíritos superiores nenhum outro sinal têm para se fazerem reconhecer além da superioridade das suas ideias e de sua linguagem. Qualquer Espírito pode imitar um sinal material. Quanto aos Espíritos inferiores, esses se traem de tantos modos, que fora preciso ser cego para deixar-se iludir."

24ª Não podem também os Espíritos enganadores contrafazer o pensamento? "Contrafazem o pensamento, como os cenógrafos contrafazem a Natureza."

25.ª Parece assim fácil sempre descobrir-se a fraude por meio de um estudo atento?

"Não o duvides. Os Espíritos só enganam os que se deixam enganar. Mas é preciso ter olhos de mercador de diamantes, para distinguir a pedra verdadeira da falsa. Ora, aquele que não sabe distinguir a pedra fina da falsa se dirige ao lapidário."

26ª Há pessoas que se deixam seduzir por uma linguagem enfática, que apreciam mais as palavras do que as ideias, que mesmo tomam ideias falsas e vulgares por sublimes. Como podem essas pessoas, que não estão aptas a julgar as obras dos homens, julgar as dos Espíritos?

"Quando essas pessoas são bastante modestas para reconhecer a sua incapacidade, não se fiam de si mesmas; quando por orgulho se julgam mais capazes do que o são, trazem consigo a pena da vaidade tola que alimentam. Os Espíritos enganadores sabem perfeitamente a quem se dirigem. Há pessoas simples e pouco instruídas mais difíceis de enganar do que outras, que têm finura e saber. Lisonjeando-lhes as paixões, fazem eles do homem o que querem.

27ª Na escrita, dar-se-á que os maus Espíritos algumas vezes se traiam por sinais materiais involuntários?

"Os hábeis, não; os desazados se desencaminham. Todo sinal inútil e pueril é indício certo de inferioridade. Coisa alguma inútil fazem os Espíritos elevados."

28ª Muitos médiuns reconhecem os bons e os maus Espíritos pela impressão agradável ou penosa que experimentam à aproximação deles. Perguntamos se a impressão desagradável, a agitação convulsiva, o mal-estar são sempre indícios da má natureza dos Espíritos que se manifestam?

"O médium experimenta as sensações do estado em que se encontra o Espírito que dele se aproxima. Quando ditoso, o Espírito é tranquilo, leve, refletido; quando infeliz, é agitado, febril, e essa agitação se transmite naturalmente ao sistema nervoso do médium. Em suma, dá-se o que se dá com o homem na Terra: o bom é calmo, tranquilo; o mau está constantemente agitado."

NOTA. Há médiuns de maior ou menor impressionabilidade

nervosa, pelo que a agitação não se pode considerar como regra absoluta. Aqui, como em tudo, devem ter-se em conta as circunstâncias. O caráter penoso e desagradável da impressão é um efeito de contraste, porquanto, se o Espírito do médium simpatiza com o mau Espírito que se manifesta, nada ou muito pouco a proximidade deste o afetará. Todavia, é preciso se não confunda a rapidez da escrita, que deriva da extrema flexibilidade de certos médiuns, com a agitação convulsiva que os médiuns mais lentos podem experimentar ao contato dos Espíritos imperfeitos.

CAPÍTULO XXV
DAS EVOCAÇÕES

Considerações gerais
269. Os Espíritos podem comunicar-se espontaneamente, ou acudir ao nosso chamado, isto é, vir por evocação. Pensam algumas pessoas que todos devem abster-se de evocar tal ou tal Espírito e ser preferível que se espere aquele que queira comunicar-se. Fundam-se em que, chamando determinado Espírito, não podemos ter a certeza de ser ele quem se apresente, ao passo que aquele que vem espontaneamente, de seu moto próprio, melhor prova a sua identidade, pois que manifesta assim o desejo que tem de se entreter conosco. Em nossa opinião, isso é um erro: primeiramente, porque há sempre em torno de nós Espíritos, as mais das vezes de condição inferior, que outra coisa não querem senão comunicar-se; em segundo lugar e mesmo por esta última razão, não chamar a nenhum em particular é abrir a porta a todos os que queiram entrar. Numa assembleia, não dar a palavra a ninguém é deixá-la livre a toda a gente e sabe-se o que daí resulta. A

chamada direta de determinado Espírito constitui um laço entre ele e nós; chamamo-lo pelo nosso desejo e opomos assim uma espécie de barreira aos intrusos. Sem uma chamada direta, um Espírito nenhum motivo terá muitas vezes para vir confabular conosco, a menos que seja o nosso Espírito familiar.

Cada uma destas duas maneiras de operar tem suas vantagens e nenhuma desvantagem haveria, senão na exclusão absoluta de uma delas. As comunicações espontâneas inconveniente nenhum apresentam, quando se está senhor dos Espíritos e certo de não deixar que os maus tomem a dianteira. Então, é quase sempre bom aguardar a boa vontade dos que se disponham a comunicar-se, porque nenhum constrangimento sofre o pensamento deles e dessa maneira se podem obter coisas admiráveis; entretanto, pode suceder que o Espírito por quem se chama não esteja disposto a falar, ou não seja capaz de fazê-lo no sentido desejado. O exame escrupuloso, que temos aconselhado, é, aliás, uma garantia contra as comunicações más. Nas reuniões regulares, naquelas, sobretudo, em que se faz um trabalho continuado, há sempre Espíritos habituais que a elas compareçam, sem que sejam chamados, por estarem prevenidos, em virtude mesmo da regularidade das sessões. Tomam, então, frequentemente a palavra, de modo espontâneo, para tratar de um assunto qualquer, desenvolver uma proposição ou prescrever o que se deva fazer, caso em que são facilmente reconhecíveis, quer pela forma da linguagem, que é sempre idêntica, quer pela escrita, quer por certos hábitos que lhes são peculiares.

270. Quando se deseja comunicar com *determinado* Espírito, é de toda necessidade evocá-lo. (N. 203.) Se ele pode vir, a resposta é geralmente: *Sim,* ou *Estou aqui,* ou, ainda: *Que quereis de mim?* Às vezes, entra diretamente em matéria, respondendo de antemão às perguntas que se lhe queria dirigir.

Quando um Espírito é evocado pela primeira vez, convém designá-lo com alguma precisão. Nas perguntas que se lhe façam, devem evitar-se as fórmulas secas e imperativas, que constituiriam para ele um motivo de afastamento. As fórmulas devem ser afetuosas, ou respeitosas, conforme o Espírito, e, em todos os casos, cumpre que o evocador lhe dê prova da sua benevolência.

271. Surpreende, não raro, a prontidão com que um Espírito evocado se apresenta, mesmo da primeira vez. Dir-se-ia que estava prevenido. E, com efeito, o que se dá, quando com a sua evocação se preocupa de antemão aquele que o evoca. Essa preocupação é uma espécie de evocação antecipada e, como temos sempre conosco os nossos Espíritos familiares, que se identificam com o nosso pensamento, eles preparam o caminho de tal sorte que, se nenhum obstáculo surge, o Espírito que desejamos chamar já se acha presente ao ser evocado. Quando assim não acontece, é o Espírito familiar do médium, ou o do interrogante, ou ainda um dos que costumam frequentar as reuniões que o vai buscar, para o que não precisa de muito tempo. Se o Espírito evocado não pode vir de pronto, o mensageiro (os Pagãos diriam *Mercúrio*) marca um prazo, às vezes de cinco minutos, um quarto de hora e até muitos dias. Logo que ele chega, diz: *Aqui estou*. Podem então começar a ser feitas as perguntas que se lhe quer dirigir.

O mensageiro nem sempre é um intermediário indispensável, porquanto o Espírito pode ouvir diretamente o chamado do evocador, conforme ficou dito no n. 282, pergunta 5, sobre o modo de transmissão do pensamento.

Quando dizemos que se faça a evocação em nome de Deus, queremos que a nossa recomendação seja tomada a sério e não levianamente. Os que nisso vejam o emprego de uma fórmula sem consequências farão melhor abstendo-se.

272. Frequentemente, as evocações oferecem mais dificuldades aos médiuns do que os ditados espontâneos, sobretudo quando se trata de obter respostas precisas a questões circunstanciadas. Para isto, são necessários médiuns especiais, ao mesmo tempo *flexíveis* e *positivos* e já no n. 193 vimos que estes últimos são bastante raros, por isso que, conforme dissemos, as relações fluídicas nem sempre se estabelecem instantaneamente com o primeiro Espírito que se apresente. Daí convir que os médiuns não se entreguem às evocações

pormenorizadas, senão depois de estarem certos do desenvolvimento de suas faculdades e da natureza dos Espíritos que os assistem, visto que com os mal assistidos as evocações nenhum caráter podem ter de autenticidade.

273. Os médiuns são geralmente muito mais procurados para as evocações de interesse particular, do que para comunicações de interesse geral; isto se explica pelo desejo muito natural que todos têm de confabular com os entes que lhes são caros. Julgamos dever fazer a este propósito algumas recomendações importantes aos médiuns. Primeiramente que não acedam a esse desejo, senão com muita reserva, se se trata de pessoas de cuja sinceridade não estejam completamente seguros e que se acautelem das armadilhas que lhes possam preparar pessoas malfazejas. Em segundo lugar, que a tais evocações não se prestem, sob fundamento algum, se perceberem um fim de simples curiosidade, ou de interesse, e não uma intenção séria da parte do evocador; que se recusem a fazer qualquer pergunta ociosa, ou que sai do âmbito das que racionalmente se podem dirigir aos espíritos. As perguntas devem ser formuladas com clareza, precisão e sem ideia preconcebida, em se querendo respostas categóricas. Cumpre, pois, se repilam todas as que tenham caráter insidioso, porquanto é sabido que os Espíritos não gostam das que têm por objetivo pô-los à prova. Insistir em questões desta natureza é querer ser enganado. O evocador deve ferir franca e abertamente o ponto visado, sem subterfúgios e sem circunlóquios. Se receia explicar-se, melhor será que se abstenha.

Convém igualmente que só com muita prudência se façam evocações, na ausência das pessoas que as pediram, sendo mesmo preferível que não sejam feitas nessas condições, visto que somente aquelas pessoas se acham aptas a analisar as respostas, a julgar da identidade, a provocar esclarecimentos, se for oportuno, e a formular questões incidentes, que as circunstâncias indiquem. Além disso, a presença delas é um laço que atrai o Espírito, quase sempre pouco disposto a se comunicar com estranhos, que lhes não inspiram nenhuma simpatia. O médium, em suma, deve evitar tudo o que possa transformá-lo em agente de consultas, o que, aos olhos de muitas pessoas, é sinônimo de ledor da "buena-dicha".

Espíritos que podem ser evocados
274. Todos os Espíritos, qualquer que seja o grau em que se encontrem na escala espiritual, podem ser evocados: assim os bons, como os maus, tanto os que deixaram a vida de pouco, como os que viveram nas épocas mais remotas, os que foram homens ilustres, como os mais obscuros, os nossos parentes e amigos, como os que nos são indiferentes. Isto, porém, não quer dizer que eles sempre queiram ou possam responder ao nosso chamado. Independente da própria vontade, ou da permissão, que lhes pode ser recusada por uma potência superior, é possível se achem impedidos de o fazer, por motivos que nem sempre nos é dado conhecer. Queremos dizer que não há impedimento absoluto que se oponha às comunicações, salvo o que dentro em pouco diremos. Os obstáculos capazes de impedir que um Espírito se manifeste são quase sempre individuais e derivam das circunstâncias.

275. Entre as causas que podem impedir a manifestação de um Espírito, umas lhe são pessoais e outras, estranhas. Entre as primeiras, devem colocar-se as ocupações ou as missões que esteja desempenhando e das quais não pode afastar-se, para ceder aos nossos desejos. Neste caso, sua visita apenas fica adiada.

Há também a sua própria situação. Se bem que o estado de encarnação não constitua obstáculo absoluto, pode representar um impedimento, em certas ocasiões, sobretudo quando aquela se dá nos mundos inferiores e quando o próprio Espírito está pouco desmaterializado. Nos mundos superiores, naqueles em que os laços entre o Espírito e a matéria são muito fracos, a manifestação é quase tão fácil quanto no estado errante, mais fácil, em todo caso, do que nos mundos onde a matéria corpórea é mais compacta.

As causas estranhas residem principalmente na natureza do médium, na da pessoa que evoca, no meio em que se faz a evocação, enfim, no objetivo que se tem em vista. Alguns médiuns recebem mais particularmente comunicações de seus Espíritos familiares, que podem ser mais ou menos elevados; outros se mostram aptos a servir de intermediários a todos os Espíritos, dependendo isto da simpatia ou da antipatia, da atração ou da repulsão que o Espírito pessoal do médium exerce sobre o Espírito chamado, o qual pode tomá-lo por intérprete, com prazer, ou com repugnância. Isto também depende, abstração feita das qualidades íntimas do médium, do desenvolvimento da faculdade mediúnica. Os Espíritos vêm de melhor vontade e, sobretudo, são mais explícitos com um médium que lhes não oferece nenhum obstáculo material. Aliás, em igualdade de condições morais, quanto mais facilidade tenha o médium para escrever ou para se exprimir, tanto mais se generalizam suas relações com o mundo espírita.

276. Cumpre ainda levar em conta a facilidade que deve resultar do hábito da comunicação com tal ou qual Espírito. Com o tempo, o Espírito estranho se identifica com o do médium e também com aquele que o chama. Posta de parte a questão da simpatia, entre eles se estabelecem relações fluídicas que tornam mais prontas as comunicações. Por isso é que uma primeira confabulação nem sempre é tão satisfatória quanto fora de desejar e que os próprios Espíritos pedem frequentemente que os chamem de novo. O Espírito que vem habitualmente está como em sua casa: fica familiarizado com seus ouvintes e intérpretes, fala e age livremente.

277. Em resumo, do que acabamos de dizer resulta: que a faculdade de evocar todo e qualquer Espírito não implica para este a obrigação de estar à nossa disposição; que ele pode vir em certa ocasião e não vir noutra, com um médium, ou um evocador que lhe agrade e não com outro; dizer o que quer, sem poder ser constrangido a dizer o que não queira; ir-se quando lhe aprouver; enfim, que por causas dependentes ou não da sua vontade, depois de se haver mostrado assíduo durante algum tempo, pode de repente deixar de vir.

Por todos estes motivos é que, quando se deseja chamar um Espírito que ainda não se apresentou, é necessário perguntar ao seu guia protetor se a evocação é possível; caso não o seja, ele geralmente dá as razões e então é inútil insistir.

278. Uma questão importante se apresenta aqui, a de saber se há ou não inconveniente em evocar maus Espíritos. Isto depende do fim que se tenha em vista e do ascendente que se possa exercer sobre eles. O inconveniente e nulo, quando são chamados com um fim sério, qual o de os instruir e melhorar; é, ao contrário, muito grande, quando chamados por mera curiosidade ou por divertimento, ou, ainda, quando quem os chama se põe na dependência deles, pedindo-lhes um serviço qualquer. Os bons Espíritos, neste caso, podem muito bem dar-lhes o poder de fazerem o que se lhes pede, o que não exclui seja severamente punido mais tarde o temerário que ousou solicitar-lhe o auxílio e supô-los mais poderosos do que Deus. Será em vão que prometa a si mesmo, quem assim proceda, fazer dali em diante bom uso do auxílio pedido e despedir o servidor, uma vez prestado o serviço. Esse mesmo serviço que se solicitou, por mínimo que seja, constitui um verdadeiro pacto firmado com o mau Espírito e este não larga facilmente a sua presa. (Veja-se o n. 212.)

279. Ninguém exerce ascendentes sobre os Espíritos inferiores, senão pela *superioridade moral*. Os Espíritos perversos sentem que os homens de bem os dominam. Contra quem só lhes oponha a energia da vontade, espécie de força bruta, eles lutam e muitas vezes são os mais fortes. A alguém que procurava domar um Espírito rebelde, unicamente pela ação da sua vontade, respondeu àquele: *Deixa-me em paz, com teus ares de mata-mouros, que não vales mais do que eu; dir-se-ia um ladrão a pregar moral a outro ladrão.*

Há quem se espante de que o nome de Deus, invocado contra eles, nenhum efeito produza. A razão desse fato deu-no-la São Luís, na resposta seguinte:

"O nome de Deus só tem influência sobre os Espíritos imperfeitos, quando proferido por quem possa, pelas suas virtudes, servir-se dele com autoridade. Pronunciado por quem nenhuma superioridade moral tenha, com relação ao Espírito, é uma palavra como qualquer outra. O mesmo se dá com as coisas santas com que se procure dominá-los. A mais terrível das armas se torna inofensiva em mãos inábeis a se servirem dela, ou incapazes de manejá-la."

Linguagem de que se deve usar com os Espíritos
280. O grau de superioridade ou inferioridade dos Espíritos indica naturalmente em que tom convém se lhes fale. É evidente que, quanto mais elevados eles sejam, tanto mais direito têm ao nosso respeito, às nossas atenções e à nossa submissão. Não lhes devemos demonstrar menos deferência do que lhes demonstraríamos, embora por outros motivos, se estivessem vivos. Na Terra, levaríamos em consideração a categoria e a posição social deles; no mundo dos Espíritos, o nosso respeito tem que ser motivado pela superioridade moral de que desfrutam. A própria elevação que possuem os coloca acima das puerilidades das nossas fórmulas bajulatórias. Não é com palavras que se lhes pode captar a benevolência, mas pela sinceridade dos sentimentos. Seria, pois, ridículo estarmos a dar-lhes os títulos que os nossos usos consagram, para distinção das categorias, e que porventura lhes lisonjeariam a vaidade, quando vivos. Se são realmente superiores, não somente nenhuma importância dão a esses títulos, como até lhes desagrada que os empreguemos. Um bom pensamento lhes é mais agradável do que os mais elogiosos epítetos; se assim não fosse, eles não estariam acima da Humanidade.

O Espírito de venerável eclesiástico, que foi na Terra um príncipe da Igreja, homem de bem, praticante da lei de Jesus, respondeu certa vez a alguém que o evocara dando-lhe o título de Monsenhor: "Deveras, ao menos, dizer: ex-Monsenhor, porquanto aqui um só Senhor há — Deus. Fica sabendo: muitos vejo, que na Terra se ajoelhavam na minha presença, diante dos quais hoje me inclino."

Quanto aos Espíritos inferiores, o caráter que revelam nos traça a linguagem de que devemos usar para com eles. Há os que, embora inofensivos e até delicados, são levianos, ignorantes, estouvados. Dar-lhes tratamento igual ao que dispensamos aos Espíritos sérios, como o fazem certas pessoas, o mesmo fora que nos inclinarmos diante de um colegial, ou diante de um asno que trouxesse barrete de doutor. O tom de familiaridade não seria descabido entre eles, que por isso não se formalizam; ao contrário, acolhem-no de muito boa vontade.

Entre os Espíritos inferiores, muitos há que são infelizes. Quaisquer que sejam as faltas que estejam expiando, seus sofrimentos constituem títulos tanto maiores à nossa comiseração, quanto é certo que ninguém pode lisonjear-se de lhe não caberem estas palavras do Cristo: "Atire a primeira pedra aquele que estiver sem pecado." A benignidade que lhe testemunhemos representa para eles um alívio. Em falta de simpatia, precisam encontrar em nós a indulgência que desejaríamos tivessem conosco.

Os Espíritos que revelam a sua inferioridade pelo cinismo da linguagem, pelas mentiras, pela baixeza dos sentimentos, pela perfídia dos conselhos, são, indubitavelmente, menos dignos do nosso interesse, do que aqueles cujas palavras atestam o seu arrependimento; mas, pelo menos, devemos-lhes a piedade que nos inspiram os maiores criminosos e o meio de os reconduzirmos ao silêncio consiste em nos mostrarmos superiores a eles, que não confiam senão nas pessoas de quem julgam nada terem que temer, porquanto os Espíritos perversos sentem que os homens de bem, como os Espíritos elevados, são seus superiores.

Em resumo, tão irreverente seria tratarmos de igual para igual os Espíritos superiores, quanto ridículo seria dispensarmos a todos, sem exceção, a mesma deferência. Tenhamos veneração para os que a merecem, reconhecimento para os que nos protegem e nos assistem e, para todos os demais, a benignidade de que talvez um dia venhamos a necessitar. Penetrando no mundo incorpóreo, aprendemos a conhecê-lo e esse conhecimento nos deve guiar em nossas relações com os que o habitam. Os Antigos, na sua ignorância, levantaram-lhes altares; para nós, eles são apenas criaturas mais ou menos perfeitas, e altares só a Deus se levantam.

Utilidade das evocações particulares
281. As comunicações que se obtêm dos Espíritos muito elevados, ou dos que animaram grandes personagens da antiguidade, são preciosas, pelos altos ensinamentos que encerram. Esses Espíritos conquistaram um grau de perfeição que lhes permite abranger muito mais extenso campo de ideias, penetrar mistérios que escapam ao alcance vulgar da

Humanidade e, por conseguinte, iniciar-nos melhor do que outros em certas coisas. Não se segue daí sejam inúteis as comunicações dos Espíritos de ordem menos elevada. Delas muita instrução colhe o observador. Para se conhecerem os costumes de um povo, mister se faz estudá-lo em todos os graus da escala. Mal o conhece quem não o tenha visto senão por uma face. A história de um povo não é a dos seus reis, nem a das suas sumidades sociais; para julgá-lo, é preciso vê-lo na vida íntima, nos hábitos particulares.

Ora, os Espíritos superiores são as sumidades do mundo espírita; a própria elevação em que se acham os coloca de tal modo acima de nós, que nos aterra a distância a que deles estamos. Espíritos mais burgueses (que se nos relevem esta expressão) nos tornam mais palpáveis as circunstâncias da nova existência em que se encontram. Neles, a ligação entre a vida corpórea e a vida espírita é mais íntima, compreendemo-la melhor, porque ela nos toca mais de perto. Aprendendo, pelo que eles nos dizem, em que se tornaram, o que pensam e o que experimentam os homens de todas as condições e de todos os caracteres, assim os de bem como os viciosos, os grandes e os pequenos, os ditosos e os desgraçados do século, numa palavra. os que viveram entre nós, os que vimos e conhecemos, os de quem sabemos a vida real, as virtudes e os erros, bem lhes compreendemos as alegrias e os sofrimentos, a umas e outros nos associamos e destes e daquelas tiramos um ensinamento moral, tanto mais proveitoso, quanto mais estreitas forem as nossas relações com eles. Mais facilmente nos pomos no lugar daquele que foi nosso igual, do que no de outro que apenas divisamos através da miragem de uma glória celestial. Os Espíritos vulgares nos mostram a aplicação prática das grandes e sublimes verdades, cuja teoria os Espíritos superiores nos ministram. Aliás, no estudo de uma ciência, nada é inútil. Newton achou a lei das forças do Universo, no mais simples dos fenômenos.

A evocação dos Espíritos vulgares tem, além disso, a vantagem de nos pôr em contato com Espíritos sofredores, que podemos aliviar e cujo adiantamento podemos facilitar, por meio de bons conselhos. Todos, pois, nos podemos tornar úteis, ao mesmo tempo que nos instruímos. Há egoísmo naquele que somente a sua própria satisfação procura nas manifestações dos Espíritos, e dá prova de orgulho aquele que deixa de estender a mão em socorro dos desgraçados. De que lhe serve obter delas comunicações de Espíritos de escol, se isso não o faz melhor para consigo mesmo, nem mais caridoso e benévolo para com seus irmãos deste mundo e do outro? Que seria dos pobres doentes, se os médicos se recusassem a lhes tocar as chagas?

282. Questões sobre as evocações
1ª Pode alguém, sem ser médium, evocar os Espíritos?

"Toda gente pode evocar os Espíritos e, se aqueles que evocares não puderem manifestar-se materialmente, nem por isso deixarão de estar junto de ti e de te escutar."

2ª O Espírito evocado atende sempre ao chamado que se lhe dirige?

"Isso depende das condições em que se encontre, porquanto há circunstâncias em que não o pode fazer."

3ª Quais as causas que podem impedir que atenda um Espírito ao nosso chamado?

"Em primeiro lugar, a sua própria vontade; depois, o seu estado corporal, se se acha encarnado, as missões de que esteja encarregado, ou ainda o lhe ser, para isso, negada permissão.

"Há Espíritos que nunca podem comunicar-se: os que, por sua natureza, ainda pertencem a mundos inferiores a Terra. Tão pouco o podem os que se acham nas esferas de punição, a menos que especial permissão lhes seja dada, com um fim de utilidade geral. Para que um Espírito possa comunicar-se, preciso é tenha alcançado o grau de adiantamento do mundo onde o chamam, pois, do contrário, estranho que ele é às ideias desse mundo, nenhum ponto de comparação terá para se exprimir. O mesmo já não se dá com os que estão em missão, ou em expiação, nos mundos inferiores. Esses têm as ideias necessárias para responder ao chamado."

4ª Por que motivo pode a um Espírito ser negada permissão para se comunicar?

"Pode ser uma prova, ou uma punição, para ele, ou para aquele que o chama."

5ª Como podem os Espíritos, dispersos pelo espaço ou pelos diferentes mundos, ouvir as evocações que lhes são dirigidas de todos os pontos do Universo?

"Muitas vezes são prevenidos pelos Espíritos familiares que vos cercam e que os vão procurar. Porém, aqui se passa um fenômeno difícil de vos ser explicado porque ainda não podeis compreender o modo de transmissão do pensamento entre os Espíritos. O que te posso afirmar é que o Espírito evocado, por muito afastado que esteja, recebe, por assim dizer, o choque do pensamento como uma espécie de comoção elétrica que lhe chama a atenção para o lado de onde vem o pensamento que o atinge. Pode dizer-se que ele ouve o pensamento, como na Terra ouves a voz."

a) Será o fluido universal o veículo do pensamento, como o ar o é do som?

"Sim, com a diferença de que o som não pode fazer-se ouvir senão dentro de um espaço muito limitado, enquanto o pensamento alcança o infinito. O Espírito, no Além, é como o viajante que, em meio de vasta planície, ouvindo pronunciar o seu nome, se dirige para o lado de onde o chamam."

6ª Sabemos que as distâncias nada são para os Espíritos; contudo, causa espanto ver que respondem tão prontamente ao chamado, como se estivessem muito perto.

"É que, com efeito, às vezes, o estão. Se a evocação é premeditada, o Espírito se acha de antemão prevenido e frequentemente se encontra no lugar onde o vão evocar, antes que o chamem."

7ª Dar-se-á que o pensamento do evocador seja mais ou menos facilmente percebido, conforme as circunstâncias?

"Sem dúvida alguma. O Espírito é mais vivamente atingido, quando chamado por um sentimento de simpatia e de bondade. É como uma voz amiga que ele reconhece. A não se dar isso, acontece com frequência que a evocação *nenhum efeito produz*. O pensamento que se desprende da evocação toca o Espírito; se é mal dirigido, perde-se no vácuo. Dá-se com os Espíritos o que se dá com os homens; se aquele que os chama lhes é indiferente ou antipático, podem ouvi-lo, porém, as mais das vezes, não o atendem."

8ª O Espírito evocado vem espontaneamente, ou constrangido?
"Obedece à vontade de Deus, isto é, à lei geral que rege o Universo. Todavia, a palavra 'constrangido' não se ajusta ao caso, porquanto o Espírito julga da utilidade de vir, ou deixar de vir. Ainda aí exerce o livre-arbítrio. O Espírito superior vem sempre que chamado com um fim útil; não se nega a responder, senão a pessoas pouco sérias e que tratam destas coisas por divertimento.»

9ª Pode o Espírito evocado negar-se a atender ao chamado que lhe é dirigido?

"Perfeitamente; onde estaria o seu livre-arbítrio, se assim não fosse? Pensais que todos os seres do Universo estão às vossas ordens? Vós mesmos vos considerais obrigados a responder a todos os que vos pronunciam os nomes? Quando digo que o Espírito pode recusar-se, refiro-me ao pedido do evocador, visto que um Espírito inferior pode ser constrangido a vir, por um Espírito superior."

10ª Haverá, para o evocador, meio de constranger um Espírito a vir, a seu mau grado?

"Nenhum, desde que o Espírito lhe seja igual, ou superior, em moralidade. Digo — em *moralidade* e não em inteligência, porque, então, nenhuma autoridade tem o evocador sobre ele. Se lhe é inferior, o evocador pode consegui-lo, desde que seja para bem do Espírito, porque, nesse caso, outros Espíritos o secundarão." (N. 279.)

11ª Haverá inconveniente em se evocarem Espíritos inferiores e será de temer que, chamando-os, o evocador lhes fique sob o domínio?

"Eles não dominam senão os que se deixam dominar. Aquele que é assistido por bons Espíritos nada tem que temer. Impõe-se aos Espíritos inferiores e não estes a ele. Isolados, os médiuns, sobretudo os que começam, devem abster-se de tais evocações. (N. 278.)

12ª Serão necessárias algumas disposições especiais para as evocações?

"A mais essencial de todas as disposições é o recolhimento, quando se deseja entrar em comunicação com Espíritos sérios. Com fé e com o desejo do bem, tem-se mais força para evocar os Espíritos superiores. Elevando sua alma, por alguns instantes de recolhimento, quando da evocação, o evocador se identifica com os bons Espíritos e os dispõe a virem."

13ª Para as evocações, é preciso fé?

"A fé em Deus, sim; para o mais, a fé virá, se desejardes o bem e tiverdes o propósito de instruir-vos."

14ª Reunidos em comunhão de pensamentos e de intenções, dispõem os homens de mais poder para evocar os Espíritos?

"Quando todos estão reunidos pela caridade e para o bem, grandes coisas alcançam. Nada mais prejudicial ao resultado das evocações do que a divergência de ideias."

15ª Será conveniente a precaução de se formar cadeia, dando-se todos as mãos, alguns minutos antes de começar a reunião?

"A cadeia é um meio material, que não estabelece entre vós a união, se esta não existe nos pensamentos; mais conveniente do que isso é unirem-se todos por um pensamento comum, chamando cada um, de seu lado, os bons Espíritos. Não imaginais o que se pode obter numa reunião séria, de onde se haja banido todo sentimento de orgulho e de personalismo e onde reine perfeito o de mútua cordialidade."

16ª São preferíveis as evocações em dias e horas determinados?

"Sim e, se for possível, no mesmo lugar: os Espíritos aí acorrem com mais satisfação. O desejo constante que tendes é que auxilia os Espíritos a se porem em comunicação convosco. Eles têm ocupações, que não podem deixar *de improviso,* para satisfação vossa pessoa. Digo no mesmo lugar, mas não julgueis que isso deva constituir uma obrigação absoluta, porquanto os Espíritos vão a toda parte. Quero dizer que um lugar consagrado às reuniões é preferível, porque o recolhimento se faz mais perfeito."

17ª Certos objetos, como medalhas e talismãs, têm a propriedade de atrair ou repelir os Espíritos conforme pretendem alguns?

"Esta pergunta era escusada, porquanto bem sabes que a matéria nenhuma ação exerce sobre os Espíritos. Fica bem certo de que nunca um bom Espírito aconselhará semelhantes absurdidades. A virtude dos talismãs, de qualquer natureza que sejam, jamais existiu, senão, na imaginação das pessoas crédulas."

18ª Que se deve pensar dos Espíritos que marcam encontros em lugares lúgubres e a horas indevidas?

"Esses Espíritos se divertem à custa dos que lhes dão ouvidos. E sempre inútil e não raro perigoso ceder a tais sugestões: inútil, porque nada absolutamente se ganha em ser mistificado; perigoso, não pelo mal que possam fazer os Espíritos, mas pela influência que isso pode ter sobre cérebros fracos."

19ª Haverá dias e horas mais propícias para as evocações?

"Para os Espíritos, isso é completamente indiferente, como tudo o que é material, e fora superstição acreditar-se na influência dos dias e das horas. Os momentos mais propícios são aqueles em que o evocador possa estar menos distraído pelas suas ocupações habituais, em que se ache mais calmo de corpo e de espírito."

20ª Para os Espíritos, a evocação é coisa agradável ou penosa? Eles vêm de boa vontade, quando chamados?

"Isso depende do caráter deles e do motivo com que são chamados. Quando é louvável o objetivo e quando o meio lhes é simpático, a evocação constitui para eles coisa agradável e mesmo atraente; os Espíritos se sentem sempre ditosos com a afeição que se lhes demonstre. Alguns há para os quais representa grande felicidade se comunicarem com os homens e que sofrem com o abandono em que são deixados. Mas, como já disse, isto igualmente depende dos caracteres deles. Entre os Espíritos, também há misantropos, que não gostam de ser incomodados e cujas respostas se ressentem do mau humor em que vivem, sobretudo quando chamados por pessoas que lhes são indiferentes, pelas quais não se interessam. Um Espírito nenhum motivo tem, muitas vezes, para atender ao chamado de um desconhecido, que lhe é indiferente e que quase sempre tem a inspirá-lo a curiosidade. Se vem, suas aparições, em geral, são curtas, a menos que a evocação vise a um fim sério e instrutivo."

NOTA. Há pessoas que só evocam seus parentes para lhes perguntar as coisas mais vulgares da vida material, por exemplo: um, para saber se alugará ou venderá sua casa; outro, para saber que lucro tirará da sua mercadoria, o lugar em que há dinheiro escondido, se tal negócio será ou não vantajoso. Nossos parentes de além-túmulo por nós só se interessam em virtude da afeição que lhes consagremos. Se os nossos pensamentos, com relação a eles, se limitam a supô-los feiticeiros, se neles só pensamos para lhes pedir informações, é claro que não nos podem ter grande simpatia e ninguém deve surpreender-se com a pouca benevolência que lhes demonstrem.

21ª Alguma diferença há entre os bons e os maus Espíritos, pelo que toca à solicitude com que atendam ao nosso chamado?

"Uma bem grande há: os maus Espíritos não vêm de boa vontade, senão quando contam dominar e enganar; experimentam viva contrariedade, quando forçados a vir, para confessarem suas faltas, e outra coisa não procuram senão ir-se embora, como um colegial a quem se chama para repreendê-lo. Podem a isso ser constrangidos por Espíritos superiores, como castigo e para instrução dos encamados. A evocação é penosa para os bons Espíritos, quando são chamados inutilmente, para futilidades. Então, ou não vêm, ou se retiram logo.

"Podeis dizer que, em princípio, os Espíritos, quaisquer que eles sejam, não gostam, exatamente como vós, de servir de distração a curiosos, Frequentemente, outro fim não tendes, evocando um Espírito, senão ver o que ele vos dirá ou interrogá-lo sobre particularidades de sua vida, que ele não deseja dar-vos a conhecer, porque nenhum motivo tem para vos fazer confidências. Julgais que ele se vá colocar na berlinda, somente para vos dar prazer? Desenganai-vos; o que ele não faria em vida não fará tampouco como Espírito."

NOTA. A experiência, com efeito, prova que a evocação é sempre agradável aos Espíritos, quando feita com fim sério e útil. Os bons vêm prazerosamente instruir-nos; os que sofrem encontram alivio na simpatia que se lhes demonstra; os que conhecemos ficam satisfeitos com o se saberem lembrados, os levianos gostam de ser evocados pelas pessoas frívolas, porque isso lhes proporciona ensejo de se divertirem à custa delas; sentem-se pouco à vontade com pessoas graves.

22ª Para se manifestarem, têm sempre os Espíritos necessidade de ser evocados?

"Não; muito frequentemente, eles se apresentam sem serem chamados, o que prova que vêm de boa vontade."

23ª Quando um Espírito se apresenta por si mesmo, pode-se estar certo da sua identidade?

"De maneira alguma, porquanto os Espíritos enganadores empregam amiúde esse meio, para melhor mistificarem."

24ª Quando se evoca pelo pensamento o Espírito de uma pessoa, esse Espírito vem, ainda mesmo que não haja manifestação pela escrita, ou de outro modo?

"A escrita é um meio material, para o Espírito, de atestar a sua presença, mas o pensamento é que o atrai e não o fato da escrita."

25ª Quando se manifeste um Espírito inferior, poder-se-á obrigá-lo a retirar-se?

"Sim, não se lhe dando atenção. Mas, como quereis que se retire, quando vos divertis com as torpezas? Os Espíritos inferiores se ligam aos que os escutam com complacência, como os tolos entre vós."

26ª A evocação feita em nome de Deus é uma garantia contra a imiscuência dos maus Espíritos?

"O nome de Deus não constitui freio para todos os Espíritos, mas contém muitos deles; por esse meio, sempre afastareis alguns e muitos mais afastareis, se ela for feita do fundo do coração e não como fórmula banal."

27ª Poder-se-á evocar nominativamente muitos Espíritos ao mesmo tempo?

"Não há nisso dificuldade alguma e, se tivésseis três ou quatro mãos para escrever, três ou quatro Espíritos vos responderam ao mesmo tempo; é o que ocorre se se dispõe de muitos médiuns."

28ª Quando muitos Espíritos são evocados simultaneamente, não havendo mais de um médium, qual o que responde?

"Um deles responde por todos e exprime o pensamento coletivo."

29ª Poderia o mesmo Espírito comunicar-se, simultaneamente, durante uma sessão, por dois médiuns diferentes?

"Tão facilmente quanto, entre vós, os que ditam várias cartas ao mesmo tempo."

NOTA. Vimos um Espírito responder, servindo-se de dois médiuns ao mesmo tempo, às perguntas que lhe eram dirigidas, por um em francês, por outro em inglês, sendo idênticas as respostas quanto ao sentido; algumas até eram a tradução literal de outras.

Dois Espíritos, evocados simultaneamente por dois médiuns, podem travar entre si uma conversação. Sem que este modo de comunicação lhes seja necessário, pois que reciprocamente um lê os pensamentos do outro, eles se prestam a isso, algumas vezes, para nossa instrução. Se são Espíritos inferiores, como ainda estão imbuídos das paixões terrenas e das ideias corpóreas, pode acontecer que disputem e se apostrofem com palavras pesadas, que se reprochem mutuamente os erros e até que atirem os lápis, as cestas, as pranchetas etc., um contra o outro.

30ª Pode o Espírito, simultaneamente evocado em muitos pontos, responder ao mesmo tempo às perguntas que lhe são dirigidas?

"Pode, se for um Espírito elevado."

a) Nesse caso, o Espírito se divide ou tem o dom da ubiquidade?

"O Sol é um só e, no entanto, irradia ao seu derredor, levando longe seus raios, sem se dividir. Do mesmo modo, os Espíritos. O pensamento do Espírito é como uma centelha que projeta longe a sua claridade e pode ser vista de todos os pontos do horizonte. Quanto mais puro é o Espírito tanto mais o seu pensamento se *irradia* e se estende, como a luz. Os Espíritos inferiores são muito materiais; não podem responder senão a uma única pessoa de cada vez, nem vir a um lugar, se são chamados em outro.

"Um Espírito superior, chamado ao mesmo tempo em pontos diferentes, responderá a ambas as evocações, se forem ambas sérias e fervorosas. No caso contrário, dá preferência à mais séria."

NOTA. É o que sucede com um homem que, sem mudar de lugar, pode transmitir seu pensamento por meio de sinais perceptíveis de diferentes lados.

Numa sessão da Sociedade Parisiense de Estudos Espíritas, na qual fora discutida a questão da ubiquidade, um Espírito ditou espontaneamente a comunicação seguinte:

"Inquiríeis esta noite qual a hierarquia dos Espíritos, no tocante à ubiquidade.

Comparai-vos a um aeróstato que se eleva pouco a pouco nos ares. Enquanto ele rasteja na terra, só os que estão dentro de um pequeno círculo o podem perceber; à medida que se eleva, o círculo se lhe alarga e, em chegando a certa altura, se torna visível a uma infinidade de pessoas. É o que se dá conosco; um mau Espírito, que ainda se acha preso à Terra, permanece num círculo restrito, entre as pessoas que o veem. Suba ele na graça, melhore-se e poderá conversar com muitas pessoas. Quando se haja tornado Espírito superior, pode irradiar como a luz do Sol, mostrar-se a muitas pessoas e em muitos lugares ao mesmo tempo."

CHANNING.

31ª Podem ser evocados os puros Espíritos, os que hão terminado a série de suas encarnações?

"Podem, mas muito raramente atenderão. Eles só se comunicam com os de coração puro e sincero e não *com os orgulhosos e egoístas*. Por isso mesmo, é preciso desconfiar dos Espíritos inferiores que alardeiam essa qualidade, para se darem importância aos vossos olhos."

32ª Como é que os Espíritos dos homens mais ilustres acodem tão facilmente e tão familiarmente ao chamado dos homens mais obscuros?

"Os homens julgam por si os Espíritos, o que é um erro. Após a morte do corpo, as categorias terrenas deixam de existir. Só a bondade estabelece distinção entre eles e os que são bons vão a toda parte onde haja um bem a fazer-se."

33ª Quanto tempo deve decorrer, depois da morte, para que se possa evocar um Espírito?

"Podeis fazê-lo no instante mesmo da morte; mas, como nesse momento o Espírito ainda está em perturbação, só muito imperfeitamente responde."

NOTA. Sendo variável o tempo que dura a perturbação, não pode haver prazo fixo para fazer-se a evocação. Entretanto, é raro que, ao cabo de oito dias, o Espírito já não tenha conhecimento do seu estado, para poder responder. Algumas vezes, isso lhe é possível dois ou três dias depois da morte, em todos os casos se pode experimentar com prudência.

34ª A evocação, no momento da morte, é mais penosa para o Espírito do que algum tempo depois?

"Algumas vezes. É como se vos arrancassem ao sono, antes que estivésseis completamente acordados. Alguns há, todavia, que de nenhum modo se contrariam com isso e aos quais a evocação ato ajuda a sair da perturbação."

35ª Como pode o Espírito de uma criança, que morreu em tenra idade, responder com conhecimento de causa, se, quando viva, ainda não tinha consciência de si mesma?

"A alma da criança é um *Espírito ainda envolto nas faixas da matéria;* porém, desprendido desta, goza de suas faculdades de Espírito, porquanto os Espíritos não têm idade, o que prova que o da criança já viveu. Entretanto, até que se ache completamente desligado da matéria, pode conservar, na linguagem, traços do caráter da criança."

NOTA. A influência corpórea, que se faz sentir, por mais ou menos tempo, sobre o Espírito da criança, igualmente é notada, às vezes, no Espírito dos que morreram em estado de loucura. O Espírito, em si mesmo, não é louco; sabe-se, porém, que certos Espíritos julgam, durante algum tempo, que ainda pertencem a este mundo. Não é, pois, de admirar que, no louco, o Espírito ainda se ressinta dos entraves que, durante a vida, se opunham à livre manifestação de seus pensamentos, até que se encontre completamente desprendido da matéria, Este efeito varia, conforme as causas da loucura, porquanto há loucos que, logo depois da morte, recobram toda a sua lucidez.

283. Evocação dos animais

36ª Pode evocar-se o Espírito de um animal?

"Depois da morte do animal, o princípio inteligente que nele havia se acha em estado latente e é logo utilizado, por certos Espíritos incumbidos disso, para animar novos seres, nos quais continua ele a obra de sua elaboração. Assim, no mundo dos Espíritos, não há, errantes, Espíritos de animais, porém unicamente Espíritos humanos."

a) Como é então que, tendo evocado animais, algumas pessoas hão obtido
resposta?
"Evoca um rochedo e ele te responderá. Há sempre uma multidão de Espíritos prontos a tomar a palavra, sob qualquer pretexto."
NOTA. Pela mesma razão, se se evocar um mito, ou uma personagem alegórica, ela responderá, isto é, responderão por ela, e o Espírito que, como sendo ela, se apresentar, lhe tomará o caráter e as maneiras. Alguém teve um dia a ideia de evocar *Tartufo* e *Tartufo* veio logo. Mais ainda: falou de Orgon, de Elmira, de Dâmide e de Valéria, de quem deu notícias. Quanto a si próprio, imitou o hipócrita com tanta arte, que se diria o próprio Tartufo, se este houvera existido. Disse mais tarde ser o Espírito de um ator que desempenhara esse papel. Os Espíritos levianos se aproveitam sempre da inexperiência dos interrogantes; guardam-se, porém, de dirigir-se aos que eles sabem bastante esclarecidos para lhes descobrir as imposturas e que não lhes dariam crédito aos contos. O mesmo sucede entre os homens.

Um senhor tinha em seu jardim um ninho de pintassilgos, pelos quais se interessava muito. Certo dia, desapareceu o ninho. Tendo-se certificado de que ninguém da sua casa era culpado do delito, como fosse ele médium, teve a ideia de evocar a mãe das avezinhas. Ela veio e lhe disse em muito bom francês: "A ninguém acuses e tranquiliza-te quanto à sorte de meus filhinhos; foi o gato que, saltando, derribou o ninho; encontrá-lo-ás debaixo dos arbustos, assim como os passarinhos, que não foram comidos." Feita a verificação, reconheceu ele exato o que lhe fora dito. Dever-se-á concluir ter sido o pássaro quem respondeu? Certamente que não; mas, apenas, um Espírito que conhecia a história. Isso prova quanto se deve desconfiar das aparências e quanto é preciosa a resposta acima: evoca um rochedo e ele te responderá (Veja-se atrás o capítulo *Da Mediunidade nos animais*, n. 234.)

284. Evocação das pessoas vivas
37ª A encarnação do Espírito constitui obstáculo à sua evocação?
"Não, mas é necessário que o estado do corpo permita que no

momento da evocação o Espírito se desprenda. Com tanto mais facilidade vem o Espírito encarnado, quanto mais elevado for em categoria o mundo onde ele está, porque menos materiais são lá os corpos."

38ª Pode evocar-se o Espírito de uma pessoa viva?

"Pode-se, visto que se pode evocar um Espírito encarnado. O Espírito de um vivo também pode, em seus momentos de liberdade, se apresentar *sem ser evocado*; isto depende da simpatia que tenha pelas pessoas com quem se comunica." (Veja-se, em n. 116, *a História do homem da tabaqueira*.)

39ª Em que estado se acha o corpo da pessoa cujo espírito é evocado?

"Dorme, ou cochila; é quando o Espírito está livre."

a) Poderia o corpo despertar enquanto o Espírito está ausente?

"Não; o Espírito é *forçado a reentrar na sua habitação;* se, no momento, ele estiver confabulando convosco, deixa-vos e às vezes diz por que motivo."

40ª Como, estando ausente do corpo, o Espírito é avisado da necessidade da sua presença?

"O Espírito jamais está completamente separado do corpo vivo em que habita; qualquer que seja a distância a que se transporte, a ele se conserva ligado por um laço fluídico que serve para chamá-lo, quando se torne preciso. Esse laço só a morte o rompe."

NOTA. Esse laço fluídico há sido muitas vezes percebido por médiuns videntes. É uma espécie de cauda fosforescente que se perde no Espaço e na direção do corpo. Alguns Espíritos hão dito que por aí é que reconhecem os que ainda se acham presos ao mundo corporal.

41ª Que sucederia se, durante o sono e na ausência do Espírito, o corpo fosse mortalmente ferido?

"O Espírito seria avisado e voltaria antes que a morte se consumasse."

a) Assim, não poderá dar-se que o corpo morra na ausência do Espírito e que este, ao voltar, não possa entrar?

"Não; seria contrário à lei que rege a união da alma e do corpo."

b) Mas, se o golpe for dado subitamente e de improviso? "O

Espírito será prevenido antes que o golpe mortal seja vibrado."

NOTA. Interrogado sobre este fato, respondeu o Espírito de um vivo: "Se o corpo pudesse morrer na ausência do Espírito, este seria um meio muito cômodo de se cometerem suicídios hipócritas."

42ª O Espírito de uma pessoa evocada durante o sono é tão livre de se comunicar como o de uma pessoa morta?

"Não; a matéria sempre o influencia mais ou menos."

NOTA. Uma pessoa, que se achava nesse estado e a quem foi feita essa pergunta, respondeu: *Estou sempre ligada à grilheta que arrasto comigo.*

a) Nesse estado, poderia o Espírito ser impedido de vir, por se achar em outra parte?

"Sim, pode acontecer que o Espírito esteja num lugar onde lhe apraza permanecer e então não acode à evocação, sobretudo quando feita por quem não o interesse."

43ª É absolutamente impossível evocar-se o Espírito de uma pessoa acordada?

"Ainda que difícil, não é absolutamente impossível, porquanto, se a evocação *produz efeito,* pode dar-se que a pessoa adormeça; mas o Espírito não pode comunicar-se, como Espírito, senão nos momentos em que a sua presença não é necessária à atividade inteligente do corpo."

NOTA. A experiência prova que a evocação feita durante o estado de vigília pode provocar o sono, ou, pelo menos, um torpor aproximado do sono, mas semelhante efeito não se pode produzir senão por ato de uma vontade muito enérgica e se existirem laços de simpatia entre as duas pessoas; de outro modo, a evocação *nenhum resultado dá.* Mesmo no caso de a evocação poder provocar o sono, se o momento é inoportuno, a pessoa, não querendo dormir, oporá resistência e, se sucumbir, seu Espírito ficará perturbado e dificilmente responderá. Segue-se daí que o momento mais favorável para a evocação de uma pessoa viva é o do sono natural, porque, estando livre, seu Espírito pode vir ter com aquele que o chama, do mesmo modo que poderá ir algures.

Quando a evocação é feita com consentimento da pessoa e esta procura dormir para esse efeito, pode acontecer que essa preocupação retarde o sono e perturbe o Espírito. Por isso, o sono não forçado é sempre preferível.

44ª Evocada, uma pessoa viva conserva a lembrança da evocação, depois de despertar?

"Não; vós mesmos o sois mais frequentemente do que pensais. Só o Espírito o sabe, podendo às vezes deixar do fato uma impressão vaga, qual a de um sonho."

a) Quem pode evocar-nos, sendo nós, como somos, seres obscuros?

"Pode suceder que em outras existências tenhais sido pessoas conhecidas nesse mundo, ou em outros. Podem fazê-lo igualmente vossos parentes e amigos nesse mundo, ou em outros. Suponhamos que teu Espírito tenha animado o corpo do pai de outra pessoa. Pois bem, quando essa pessoa evocar seu pai, é teu Espírito que será evocado e quem responderá."

45ª Evocado o Espírito de uma pessoa viva, responde ele como Espírito, ou com as ideias que tem no estado de vigília?

"Isso depende da sua elevação; porém, sempre julga com mais ponderação e tem menos prejuízos, exatamente como os sonâmbulos; é um estado quase semelhante."

46ª Se fosse evocado no estado de sono magnético, o Espírito de um sonâmbulo seria mais lúcido do que o de qualquer outra pessoa?

"Responderia sem dúvida mais facilmente, por estar mais desprendido; tudo decorre do grau de independência do Espírito com relação ao corpo."

a) Poderia o Espírito de um sonâmbulo responder a uma pessoa que o evocasse a distância, ao mesmo tempo que respondesse verbalmente a outra pessoa?

"A faculdade de se comunicar simultaneamente em dois pontos diferentes só a têm os Espíritos completamente desprendidos da matéria."

47ª Poder-se-iam modificar as ideias de uma pessoa em estado de vigília, atuando-se sobre o seu Espírito durante o sono?

"Algumas vezes, será possível. Não estando o Espírito então preso à matéria por laços tão estreitos, mais acessível se acha às impressões morais e essas impressões podem influir sobre a sua maneira de ver no estado ordinário. Infelizmente, acontece com frequência que, ao despertar ele, a natureza corpórea predomina e lhe faz esquecer as boas resoluções que haja tomado.»

48ª E livre, o Espírito de uma pessoa viva, de dizer o que queira?

"Ele tem suas faculdades de Espírito e, por conseguinte, seu livre-arbítrio; e, como então dispõe de mais perspicácia, se mostra mais circunspecto do que no estado de vigília."

49ª Poder-se-ia, evocando-a, constranger uma pessoa a dizer o que quisesse calar?

"Eu disse que o Espírito tem o seu livre-arbítrio; pode, porém, dar-se que, como Espírito, a pessoa ligue menos importância a certas coisas do que no estado ordinário, podendo então sua consciência falar mais livremente. Demais, se ela não quiser falar, poderá sempre fugir às importunações, indo-se o seu Espírito embora, porquanto ninguém pode reter um Espírito, como se lhe retém o corpo."

50ª Poderia o Espírito de uma pessoa viva ser constrangido, por outro Espírito, a vir e falar, como se dá com os Espíritos errantes?

"Entre os Espíritos, sejam de mortos, ou de vivos, não há supremacia senão por efeito da superioridade moral e bem deves compreender que um Espírito superior jamais prestaria apoio a uma covarde indiscrição."

NOTA. Este abuso de confiança seria, efetivamente, uma ação má, mas que nenhum resultado poderia produzir, pois que não há meio de arrancar-se um segredo ao Espírito que o queira guardar, a menos que, dominado por um sentimento de justiça, confessasse o que em outras circunstâncias calaria.

Uma pessoa quis saber, por esse modo, de um de seus parentes, se o testamento que por este fora feito era a seu favor. O Espírito respondeu: "Sim, minha cara sobrinha, e terás em breve a prova. "A coisa era, de fato, real; mas, poucos dias depois, o parente destruiu seu testamento e teve a malícia de fazer disso ciente a pessoa, sem que, entretanto, haja sabido que esta o evocara. Um sentimento instintivo o levou sem dúvida a executar a resolução que seu Espírito tomara, de acordo com a pergunta que lhe fora feita. Há covardia em perguntar-se ao Espírito de um morto ou de um vivo o que se não ousaria perguntar à sua pessoa, covardia essa que nem mesmo tem, por compensação, o resultado que se pretende.

51ª Pode evocar-se um Espírito cujo corpo ainda se ache no seio materno?

"Não; bem sabes que nesse momento o Espírito está em completa perturbação."

NOTA. A encarnação não se torna definitiva senão no momento em que a criança respira; porém, desde a concepção do corpo, o Espírito designado para animá-lo é presa de uma perturbação que aumenta à medida que o nascimento se aproxima e lhe tira a consciência de si mesmo e, por conseguinte, a faculdade de responder. (Veja-se: *O livro dos espíritos*: "Da volta do Espírito à vida corporal. — União da alma e do corpo", nº 344.)

52ª Poderia um Espírito mistificador tomar o lugar de uma pessoa viva que se evocasse?

"E fora de dúvida que sim e isso acontece frequentemente, sobretudo quando não é pura a intenção do evocador. Em suma, a evocação das pessoas vivas só tem interesse como estudo psicológico. Convém que dela vos abstenhais sempre que não possa ter um resultado instrutivo."

NOTA. Se a evocação dos Espíritos errantes nem sempre *dá resultado*, conforme expressão usada por eles, muito mais frequente é que assim aconteça com a dos que estão encarnados. Então, sobretudo, é que os Espíritos mistificadores se apresentam, em lugar dos evocados.

53ª Tem inconvenientes a evocação de uma pessoa viva?

"Nem sempre é sem perigo, dependendo isso das condições em que se ache a pessoa, porquanto, se estiver doente, poderá aumentar-lhe os sofrimentos."

54ª Em que caso será mais inconveniente a evocação de uma pessoa viva?

"Não devem evocar-se as crianças de tenra idade, nem as pessoas gravemente doentes, nem, ainda, os velhos enfermos. Numa palavra, ela pode ter inconvenientes todas as vezes que o corpo esteja muito enfraquecido."

NOTA. A brusca suspensão das qualidades intelectuais, durante o estado de vigília, também poderia oferecer perigo, se a pessoa nesse momento precisasse de toda a sua presença de Espírito.

55ª Durante a evocação de uma pessoa viva, seu corpo, embora ausente, experimenta fadiga por efeito do trabalho a que se entrega seu Espírito?

Uma pessoa, que se encontrava nesse estado e que pretendia que seu corpo se fatigava, respondeu assim a essa pergunta:

"Meu Espírito é como um balão cativo preso a um poste; meu corpo é o poste, que as oscilações do balão sacodem."

56ª. Pois que a evocação das pessoas vivas pode ter inconvenientes, quando feitas sem precaução, deixa de existir perigo quando se evoca um Espírito que não se sabe se está encarnado e que poderia não se encontrar em condições favoráveis?

"Não, as circunstâncias não são as mesmas, Ele só virá, se estiver em condições de fazê-lo. Aliás, eu já não vos disse que perguntásseis, antes de fazer uma evocação, se ela é possível?"

57ª Quando, nos momentos mais inoportunos, experimentamos irresistível vontade de dormir, provirá isso de estarmos sendo evocados nalguma parte?

"Pode, sem dúvida, acontecer que assim seja; porém, as mais das vezes, não há nisso senão um efeito físico, quer porque o corpo tenha necessidade de repouso, quer porque o Espírito precise da sua liberdade."

NOTA. Uma senhora de nosso conhecimento, médium, teve um dia a ideia de evocar o Espírito de seu neto, que dormia no mesmo quarto. A identidade foi comprovada pela linguagem, pelas expressões habituais da criança e pela narração exatíssima de muitas coisas que lhe tinham sucedido no colégio; mas ainda uma circunstância a veio confirmar. De repente, a mão da médium para em meio de uma frase, sem que seja possível obter-se mais coisa alguma. Nesse momento, a criança, meio despertada, fez diversos movimentos na sua cama. Alguns instantes depois, tendo novamente adormecido, a mão da médium começou a mover-se outra vez, continuando a conversa interrompida. A evocação das pessoas vivas, feita em boas condições, prova, da maneira menos contestável, a ação do Espírito distinta da do corpo e, por conseguinte, a existência de um princípio inteligente independente da matéria. (Veja-se, na *Revue Spirite* de 1860, páginas 11 e 81, muitos exemplos notáveis de evocação de pessoas vivas.)

285. Telegrafia humana
58ª Evocando-se reciprocamente, poderiam duas pessoas transmitir de uma a outra seus pensamentos e corresponder-se?

"Certamente, *e essa telegrafia humana será um dia um meio universal de correspondência.*"

a) Por que não será praticada desde já?

"É praticável para certas pessoas, mas não para toda gente. Preciso é que os homens *se depurem,* a fim de que seus Espíritos se desprendam da matéria e isso constitui uma razão a mais para que a evocação se faça em nome de Deus. Até lá, continuará circunscrita às almas de escol e desmaterializadas, o que raramente se encontra nesse mundo, dado o estado dos habitantes da Terra."

CAPÍTULO XXVI
DAS PERGUNTAS QUE SE PODEM FAZER AOS ESPÍRITOS

Observações preliminares
286. Nunca será excessiva a importância que se dê à maneira de formular as perguntas e, ainda mais, à natureza das perguntas. Duas coisas se devem considerar nas que se dirigem aos Espíritos: a forma e o fundo. Pelo que toca à forma, devem ser redigidas com clareza e precisão, evitando as questões complexas. Mas outro ponto há não menos importante: a ordem que deve presidir à disposição das perguntas. Quando um assunto reclama uma série delas, é essencial que se encadeiem com método, de modo a decorrerem naturalmente umas das outras. Os Espíritos, nesse caso, respondem muito mais facilmente e mais claramente, do que quando elas se sucedem ao acaso, passando, sem transição, de um assunto para outro. Esta a razão por que é sempre muito conveniente prepará-las de antemão, salvo o direito de, durante a sessão, intercalar as que as circunstâncias tornem necessárias. Além de que a redação será melhor, quando

feita prévia e descansadamente, esse trabalho preparatório constitui, como já o dissemos, uma espécie de evocação antecipada, a que pode o Espírito ter assistido e que o dispõe a responder. É de notar-se que muito frequentemente o Espírito responde por antecipação a algumas perguntas, o que prova que já as conhecia.

O fundo da questão exige atenção ainda mais séria, porquanto é, muitas vezes, a natureza da pergunta que provoca uma resposta exata ou falsa. Algumas há a que os Espíritos não podem ou não devem responder, por motivos que desconhecemos. Será, pois, inútil insistir. Porém, o que sobretudo se deve evitar são as perguntas feitas com o fim de lhes pôr à prova a perspicácia. Quando uma coisa existe, dizem, eles a devem saber. Ora, precisamente porque conheceis a coisa, ou porque tendes os meios de verificá-la, é que eles não se dão ao trabalho de responder. Essa suspeita os agasta e nada se obtém de satisfatório. Não temos todos os dias exemplos disso entre nós, criaturas humanas? Homens superiores, conscientes do seu valor, gostariam de responder a todas as perguntas tolas, que objetivassem submetê-los a um exame, como se foram estudantes? O desejo de fazer-se de tal ou tal pessoa um adepto não constitui, para os Espíritos, motivo de atenderem a uma vá curiosidade. Eles sabem que a convicção virá, cedo ou tarde, e os meios que empregam para produzi-la nem sempre são os que supomos melhores.

Imaginai um homem grave, ocupado em coisas úteis e sérias, incessantemente importunado pelas perguntas pueris de uma criança e tereis ideia do que devem pensar os Espíritos superiores de todas as futilidades que se lhes perguntam.

Não se segue daí que dos Espíritos não se possam obter úteis esclarecimentos e, sobretudo, bons conselhos; eles, porém, respondem mais ou menos bem, conforme os conhecimentos que possuem, o interesse que nos têm, a afeição que nos dedicam e, finalmente, o fim a que nos propomos e a utilidade que vejam no que lhes pedimos. Se, entretanto, os inquirimos unicamente porque os julgamos mais capazes do que outros de nos esclarecerem melhor sobre as coisas deste mundo, claro é que não nos poderão dispensar grande simpatia. Nesse caso, curtas serão suas aparições e, muitas vezes, conforme o grau da imperfeição de que ainda se ressintam, manifestarão mau-humor, por terem sido inutilmente incomodados.

287. Pensam algumas pessoas ser preferível que todos se abstenham de formular perguntas e que convém esperar o ensino dos Espíritos, sem o provocar. E um erro. Os Espíritos dão, não há dúvida, instruções espontâneas de alto alcance e que errôneo seria desprezar-se. Mas explicações há que frequentemente se teriam de esperar longo tempo, se não fossem solicitadas. Sem as questões que propusemos, *O livro dos espíritos* e *O Livro dos Médiuns* ainda estariam por fazer-se, ou, pelo menos, muito incompletos e sem solução uma imensidade de problemas de grande importância. As questões, longe de terem qualquer inconveniente, são de grandíssima utilidade, do ponto de vista da instrução, quando quem as propõe sabe encerrá-las nos devidos limites.

Têm ainda outra vantagem: a de concorrerem para o desmascaramento dos Espíritos mistificadores que, mais pretensiosos do que sábios, raramente suportam a prova das perguntas feitas com cerrada lógica, por meio das quais o interrogante os leva aos seus últimos redutos. Os Espíritos superiores, como nada têm que temer de semelhante questionário, são os primeiros a provocar explicações, sobre os pontos obscuros. Os outros, ao contrário, receando ter que se haver com antagonistas mais fortes, cuidadosamente as evitam. Por isso mesmo, em geral, recomendam aos médiuns, que eles desejam dominar, e aos quais querem impor suas utopias, se abstenham de toda controvérsia a propósito de seus ensinos.

Quem haja compreendido bem o que até aqui temos dito nesta obra, já pode fazer ideia do círculo em que convém se encerrem as perguntas a serem dirigidas aos Espíritos. Todavia, para maior segurança, inserimos abaixo as respostas que eles nos deram acerca dos assuntos principais sobre que as pessoas pouco experientes se mostram em geral dispostas a interrogá-los.

288. Perguntas simpáticas ou antipáticas aos Espíritos
1ª Os Espíritos respondem de boa vontade às perguntas que lhes são dirigidas?

"Conforme as perguntas. Os Espíritos sérios sempre respondem com prazer às que têm por objetivo o bem e os meios de progredirdes. Não atendem às fúteis."

2ª Basta que uma pergunta seja séria para obter uma resposta séria?

"Não; isso depende do Espírito que responde."

a) Mas uma pergunta séria não afasta os Espíritos levianos?

"Não é a pergunta que afasta os Espíritos levianos, *o caráter daquele que a formula.*"

3ª Quais as perguntas com que mais antipatizam os bons Espíritos?

"Todas as que sejam inúteis, ou feitas por pura curiosidade e para experimentá-los. Nesses casos, não respondem e se afastam."

a) Haverá questões que sejam antipáticas aos Espíritos imperfeitos?

"Unicamente as que possam pôr-lhes de manifesto a ignorância ou o embuste, quando procuram enganar; a não ser isso, respondem a tudo, sem se preocuparem com a verdade."

4ª Que se deve pensar das pessoas que nas manifestações espíritas apenas veem uma distração e um passatempo, ou um meio de obterem revelações sobre o que as interessa?

"Essas pessoas agradam muito aos Espíritos inferiores que, do mesmo modo que elas, gostam de divertir-se e rejubilam quando as têm mistificado."

5ª Quando os Espíritos não respondem a certas perguntas, será por que o não queiram, ou por que uma força superior se opõe a certas revelações?

"Por ambas essas causas. Há coisas que não podem ser reveladas e outras que o próprio Espírito não conhece."

a) Insistindo-se fortemente, o Espírito acabaria respondendo?

"Não; o Espírito que não quer responder tem sempre a facilidade de se ir embora. Por isso é que se torna necessário espereis, quando se vos diz que o façais, e, sobretudo, não vos obstineis em querer forçar-nos a responder. Insistir, para obter uma resposta que se não quer dar, é um meio certo de ser enganado."

6ª Todos os Espíritos são aptos a compreender as questões que se lhes proponham?

"Muito ao contrário: os Espíritos inferiores são incapazes de compreender certas questões, o que não impede respondam bem ou mal, como sucede entre vós mesmos."

NOTA. Nalguns casos e quando seja conveniente, sucede com frequência que um Espírito esclarecido vem em auxílio do Espírito ignorante e lhe sopra o que deva dizer. Isso se reconhece facilmente pelo contraste de certas respostas e além do mais, porque o próprio Espírito quase sempre o diz. O fato, entretanto, só ocorre com os Espíritos ignorantes, mas de boa-fé; nunca com os que fazem alarde de falso saber.

289. Perguntas sobre o futuro

7ª Podem os Espíritos dar-nos a conhecer o futuro?

"Se o homem conhecesse o futuro, descuidar-se-ia do presente."

"É esse ainda um ponto sobre o qual insistis sempre, no desejo de obter uma resposta precisa. Grande erro há nisso, porquanto a manifestação dos Espíritos não é um meio de adivinhação. Se fizerdes questão absoluta de uma resposta, recebê-la-eis de um Espírito doidivanas, temo-lo dito a todo momento." (Veja-se *O livro dos espíritos* "Conhecimento do futuro", n. 868.)

8ª Não é certo, entretanto, que, às vezes, alguns acontecimentos futuros são anunciados espontaneamente e com verdade pelos Espíritos?

"Pode dar-se que o Espírito preveja coisas que julgue conveniente revelar, ou que ele tem por missão tornar conhecidas; porém, nesse terreno, ainda são mais de temer os Espíritos enganadores, que se divertem em fazer previsões. Só o conjunto das circunstâncias permite se verifique o grau de confiança que elas merecem."

9ª De que gênero são as previsões de que mais se deve desconfiar?

"Todas as que não tiverem um fim de utilidade geral. As predições pessoais podem quase sempre ser consideradas apócrifas."

10ª Que fim visam os Espíritos que anunciam acontecimentos que se não realizam?

"Fazem-no as mais das vezes para se divertirem com a credulidade, o terror, ou a alegria que provocam; depois, riem-se do desapontamento. Essas predições mentirosas trazem, no entanto, algumas vezes, um fim sério, qual o de pôr à prova aquele a quem são feitas, mediante uma apreciação da maneira por que toma o que lhe é dito e dos sentimentos bons ou maus que isso lhe desperta."

NOTA. É o que se daria, por exemplo, com a predição do que possa lisonjear a vaidade, ou a ambição, como a morte de uma pessoa, a perspectiva de uma herança etc.

11ª Por que, quando fazem pressentir um acontecimento, os Espíritos sérios de ordinário não determinam a data? Será porque o não possam, ou porque não queiram? "Por uma e outra coisa. Eles podem, em certos casos, fazer que um acontecimento *seja pressentido:* nessa hipótese, é um aviso que vos dão. Quanto a precisar-lhe a época, é frequente não o deverem fazer. Também sucede com frequência não o poderem, por não o saberem eles próprios. Pode o Espírito prever que um fato se dará, mas o momento exato pode depender de acontecimentos que ainda se não verificaram e que só Deus conhece. Os Espíritos levianos, que não escrupulizam de vos enganar, esses determinam os dias e as horas, sem se preocuparem com que o fato predito ocorra ou não. Por isso é que toda predição *circunstanciada* vos deve ser suspeita.

"Ainda uma vez: a nossa missão consiste em fazer-vos progredir; para isso vos auxiliamos tanto quanto podemos. Jamais será enganado aquele que aos Espíritos superiores pedir a sabedoria; não acrediteis, porém, que percamos o nosso tempo em ouvir as vossas futilidades e em vos predizer a boa fortuna. Deixamos esse encargo aos Espíritos levianos, que com isso se divertem, como crianças travessas.

"A Providência pôs limite às revelações que podem ser feitas ao homem. Os Espíritos sérios guardam silêncio sobre tudo aquilo que lhes é defeso revelarem. Aquele que insista por uma resposta se expõe aos embustes dos Espíritos inferiores, sempre prontos a se aproveitarem das ocasiões que tenham de armar laços à vossa credulidade."

NOTA. Os Espíritos veem, ou pressentem, por indução, os

acontecimentos futuros; veem-nos a se realizarem num tempo que eles não medem como nós. Para que lhes determinassem a época, seria mister que se identificassem com a nossa maneira de calcular a duração, o que nem sempre consideram necessário. Daí, não raro, uma causa de erros aparentes.

12ª Não há homens dotados de uma faculdade especial, que os faz entrever o futuro?

"Há, sim, aqueles cuja alma se desprende da matéria. Então, é o Espírito que vê.

E, quando é conveniente, Deus lhes permite revelarem certas coisas, para o bem. Todavia, mesmo entre esses, são em maior número os impostores e os charlatães. Nos tempos vindouros, essa faculdade se tornará mais comum."

13ª Que pensar dos Espíritos que gostam de predizer a alguém o dia e hora certa em que morrerá?

"São Espíritos de mau gosto, de muito mau gosto mesmo, que outro fim não têm, senão gozar com o medo que causam. Ninguém se deve preocupar com isso."

14ª Como é então que certas pessoas são avisadas, por pressentimento, da época em que morrerão?

"As mais das vezes, é o próprio Espírito delas que vem a saber disso em seus momentos de liberdade e guardam, ao despertar, a intuição do que entrevia. Essas pessoas, por estarem preparadas para isso, não se amedrontam, nem se emocionam. Não veem nessa separação da alma e do corpo mais do que uma mudança de situação, ou, se o preferirdes e para usarmos de uma linguagem mais vulgar, a troca de uma veste de pano grosseiro por uma de seda. O temor da morte irá diminuindo, à medida que as crenças espíritas se forem dilatando."

290. Perguntas sobre as existências passadas e futuras

15ª Podem os Espíritos dar-nos a conhecer as nossas existências passadas?

"Deus algumas vezes permite que elas vos sejam reveladas, conforme o objetivo. Se for para vossa edificação e instrução, as revelações serão verdadeiras e, nesse caso, feitas quase sempre espontaneamente e de modo inteiramente imprevisto. Ele, porém, não o permite nunca para satisfação de vã curiosidade."

a) Por que é que alguns Espíritos nunca se recusam a fazer esta espécie de revelações?

"São Espíritos brincalhões, que se divertem à vossa custa. Em geral, deveis considerar falsas, ou, pelo menos, suspeitas, todas as revelações desta natureza que não tenham um fim eminentemente sério e útil. Aos Espíritos zombeteiros apraz lisonjear o amor-próprio, por meio de pretendidas origens. Há médiuns e crentes que aceitam como boa moeda o que lhes é dito a esse respeito e que não veem que o estado atual de seus Espíritos em nada justifica a categoria que pretendem ter ocupado. Vaidadezinha que serve de divertimento aos Espíritos brincalhões, tanto quanto para os homens. Fora mais lógico e mais consentâneo com a marcha progressiva dos seres que tais pessoas houvessem subido, em vez de terem descido, o que, sem dúvida, lhes seria mais honroso. Para que se pudesse dar crédito a essa espécie de revelações, necessário seria que fossem feitas espontaneamente, por diversos médiuns estranhos uns aos outros e ao que anteriormente já fora revelado. Então, sim, razão evidente haveria para crer-se.

b) Assim como não podemos conhecer a nossa individualidade anterior, segue-se que também nada podemos saber do gênero de existência que tivemos, da posição social que ocupamos, das virtudes e dos defeitos que em nós predominaram?

"Não, isso pode ser revelado, porque dessas revelações podeis tirar proveito para vos melhorardes. Aliás, estudando o vosso presente, podeis vós mesmos deduzir o vosso passado." (Veja-se: *O livro dos espíritos*, "Esquecimento do passado", n. 392.)

16ª Alguma coisa nos pode ser revelada sobre as nossas existências futuras?

"Não; tudo o que a tal respeito vos disserem alguns Espíritos não passará de gracejo e isso se compreende: a vossa existência futura não pode ser de antemão determinada, pois que será conforme a preparardes pelo vosso proceder na Terra e pelas resoluções que tomardes quando fordes Espíritos. Quanto menos tiverdes que expiar tanto mais ditosa será ela. Saber, porém, onde e como transcorrerá essa existência, repetimo-lo, é impossível, salvo o caso especial e raro dos Espíritos que só estão na Terra para desempenhar uma missão importante, porque então o caminho se lhes acha, de certo modo, traçado previamente."

291. Perguntas sobre os interesses morais e materiais
17ª Podem pedir-se conselhos aos Espíritos?

"Certamente. Os bons Espíritos jamais recusam auxílio aos que os invocam com confiança, principalmente no que concerne à alma. Repelem, porém, os hipócritas, *os que simulam pedir a luz e se comprazem nas trevas.*"

18ª Podem os Espíritos dar conselhos sobre coisas de interesse privado?

"Algumas vezes, conforme o motivo. Isso também depende daqueles a quem tais conselhos são pedidos. Os que se relacionam com a vida privada são dados com mais exatidão pelos Espíritos familiares, que são os que se acham mais ligados à pessoa que os pede e se interessam pelo que lhes diz respeito; é o amigo, o confidente dos vossos mais secretos pensamentos. Mas é tão frequente os cansardes com perguntas banais, que eles vos deixam. Tão absurdo fora perguntardes, sobre coisas íntimas, Espíritos que vos são estranhos, como seria o vos dirigirdes, para isso, ao primeiro indivíduo que encontrásseis no vosso caminho. Jamais deveríeis esquecer que a puerilidade das perguntas é incompatível com a superioridade dos Espíritos. Preciso igualmente é leveis em conta as qualidades do Espírito familiar, que pode ser bom, ou mau, conforme suas simpatias pela pessoa a quem se ligue. O Espírito familiar de um homem mau é mau Espírito, cujos conselhos podem ser perniciosos, mas que se afasta e cede o lugar a um Espírito melhor, se o próprio homem se melhora. Unem-se os que se assemelham."

19ª Podem os Espíritos familiares favorecer os interesses materiais por meio de revelações?

"Podem e algumas vezes o fazem, de acordo com as circunstâncias; mas ficai certos de que os bons Espíritos nunca se prestam a servir à cupidez. Os maus vos fazem brilhar diante dos olhos mil atrativos, a fim de vos espicaçarem e, depois, mistificarem, pela decepção. Ficai também sabendo que, se é da vossa prova passar por tal ou tal vicissitude, os vossos Espíritos protetores poderão ajudar-vos a suportá-la com mais resignação, poderão mesmo, às vezes, suavizá-la; mas, no próprio interesse do vosso futuro, não lhes é lícito isentar-vos dela. Um bom pai não concede ao filho tudo o que este deseja."

NOTA. Os nossos Espíritos protetores podem, em muitas circunstâncias, indicar-nos o melhor caminho, sem, entretanto, nos conduzirem pela mão, porque, se assim fizessem, perderíamos o mérito da iniciativa e não ousaríamos dar um passo sem a eles recorrermos, com prejuízo do nosso aperfeiçoamento. Para progredir, precisa o homem, muitas vezes, adquirir experiência à sua própria custa. Por isso é que os Espíritos ponderados nos aconselham, mas quase sempre nos deixam entregues às nossas próprias forças, como faz o educador hábil, com seus alunos. Nas circunstâncias ordinárias da vida, eles nos aconselham pela inspiração, deixando-nos assim todo o mérito do bem que façamos, como toda a responsabilidade do mal que pratiquemos.

Fora abusar da condescendência dos Espíritos familiares e equivocar-se quanto à missão que lhes cabe o interrogá-los a cada instante sobre as coisas mais vulgares, como o fazem certos médiuns. Alguns há que, por um sim, por um não, tomam o lápis e podem conselho para o ato mais simples. Esta mania denota pequenez nas ideias, ao mesmo tempo que a presunção de supor, quem quer que seja, que tem sempre um Espírito servidor às suas ordens, sem outra coisa mais a fazer senão cuidar dele e dos seus mínimos interesses. Além disso, quem assim procede aniquila o seu próprio juízo e se reduz a um papel passivo, sem utilidade para a vida presente e indubitavelmente prejudicial ao adiantamento futuro. Se há puerilidade em interrogarmos os Espíritos sobre coisas fúteis, menos puerilidade não há da parte dos Espíritos que se ocupam espontaneamente com o que se pode chamar negócios caseiros. Em tal caso, eles poderão ser bons, mas, inquestionavelmente, ainda são muito terrestres.

20ª Se uma pessoa, ao morrer, deixar embaraçados seus negócios, poder-se-á pedir a seu Espírito que ajude a desembaraçá-los? Poder-se-á também interrogá-lo sobre o quanto dos haveres que deixou, dado o caso de se não conhecer esse quanto, desde que isso se faça no interesse da justiça?

"Esqueceis que a morte é a libertação dos cuidados terrenos. Julgais então que o Espírito, ditoso com a liberdade de que goza, venha de boa vontade retomar a cadeia de que se livrou e ocupar-se com coisas que já não o interessam, apenas para satisfazer à cupidez de seus herdeiros, que talvez hajam rejubilado com a sua morte, na esperança de que lhes fosse ela proveitosa? Falais de justiça; mas a justiça, para esses herdeiros, está na decepção que lhes sofre a cobiça. E o começo das punições que Deus lhes reserva à avidez dos bens da Terra. Demais, os embaraços em que às vezes a morte de uma pessoa deixa seus herdeiros, fazem parte das provas da vida, e no poder de nenhum Espírito está o libertar-vos delas, porque se acham compreendidas nos decretos de Deus."

NOTA. A resposta acima desapontará sem dúvida os que imaginam que os Espíritos nada de melhor tem a fazer do que nos servirem de auxiliares clarividentes e nos ajudarem, não a subirmos para o Céu, mas a nos prendermos à Terra. Outra consideração vem em apoio dessa resposta. Se um homem, por incúria durante a vida, deixou seus negócios em desordem, não é de crer que, depois da morte, tenha com eles mais cuidados, porquanto feliz deve sentir-se de estar livre dos aborrecimentos que tais negócios lhe causavam e, por pouco elevado que seja, ainda menos importância lhes ligará como Espírito do que como homem. Quanto aos bens desconhecidos que haja podido deixar, nenhum motivo lhe dão para que se interesse por herdeiros ávidos, que provavelmente já não pensariam nele, se alguma coisa não esperassem colher. Se estiver ainda imbuído das paixões humanas, poderá mesmo encontrar malicioso prazer no desapontamento dos que lhe cobiçavam a herança.

Se, no interesse da justiça e das pessoas que lhe são caras, um Espírito julgar conveniente fazer revelações deste gênero, fá-las-á espontaneamente e, para obtê-las, ninguém precisa ser médium nem recorrer a um médium. O próprio Espírito dará conhecimento das coisas, por meio de circunstâncias fortuitas, não, todavia, por efeito de pedidos que se lhe façam, visto que semelhantes pedidos de modo algum podem mudar a natureza das provas que os encarnados devam sofrer. Eles constituíram antes uma maneira de as agravar, porque são quase sempre indício de cupidez e dão a ver ao Espírito que os que os formulam só se ocupam com ele por interesse. (Veja-se o n. 295.)

292. Questões sobre a sorte dos Espíritos
21ª Podem pedir-se aos Espíritos esclarecimentos sobre a situação em que se encontram no mundo espiritual?
"Sim, e eles os dão de boa vontade, quando é a simpatia que dita o pedido, ou o desejo de lhes ser útil, e não a simples curiosidade."
22ª Podem os Espíritos descrever a natureza de seus sofrimentos ou da felicidade de que gozam?
"Perfeitamente e as revelações desta espécie são um grande ensinamento para vós outros, porquanto vos iniciam no conhecimento da verdadeira natureza das penas e das recompensas futuras. Destruindo as falsas ideias que hajais formado a tal respeito, elas tendem a reanimar a vossa fé e a vossa confiança na bondade de Deus. Os bons Espíritos se sentem felizes em vos descreverem a felicidade dos eleitos; os maus podem ser constrangidos a descrever seus sofrimentos, a fim de que o arrependimento os ganhe. Nisso encontram eles, às vezes, até uma espécie de alívio: é o desgraçado que se lamenta, na esperança de obter compaixão.
"Não esqueçais que o fim essencial, exclusivo, do Espiritismo é a vossa melhora e que, para o alcançardes, é que os Espíritos têm a permissão de vos iniciarem na vida futura, oferecendo-vos dela exemplos de que podeis aproveitar. Quanto mais vos identificardes com o mundo que vos espera, tanto menos saudosos vos sentireis desse onde agora estais. Eis, em suma, o fim atual da revelação."

23ª Evocando-se uma pessoa, cuja sorte seja desconhecida, poder-se-á saber dela mesma se ainda existe?
"Sim, se a incerteza de sua morte não constituir uma *necessidade,* ou uma prova para os que tenham interesse em sabê-lo."
a) Se estiver morta, poderá dar a conhecer as circunstâncias de sua morte, de modo que esta possa ser verificada?
"Se ligar a isso alguma importância, fa-lo-á. Se assim não for, pouco se incomodará com semelhante fato."
NOTA. A experiência demonstra que, nesse caso, o Espírito de nenhum modo se acha empolgado pelos motivos do interesse que possam ter os vivos de conhecerem as circunstâncias em que se deu a sua morte. Se ele tiver empenho em as revelar, fa-lo-á por si mesmo, quer mediunicamente, quer por meio de visões ou aparições. No caso contrário, pode perfeitamente um Espírito mistificador enganar os inquiridores e divertir-se com os induzir a procederem a pesquisas inúteis.

Acontece frequentemente que o desaparecimento de uma pessoa, cuja morte não pode ser oficialmente comprovada, traz embaraços aos negócios da família. Só excepcionalmente, em casos muito raros, temos visto os Espíritos indicarem a pista da verdade, nesse terreno, atendendo a pedidos que lhes são feitos. Se o quisessem, é fora de dúvida que o poderiam; porém, as mais das vezes, isso não lhes é permitido, desde que tais embaraços representem provas para os que anseiam por vê-los removidos.

É, pois, embalar-se em quimérica esperança o pretender alguém conseguir, por esse meio, entrar na posse de heranças, das quais o único traço positivo que lhes fica é o dinheiro despedindo para tal fim.

Não faltam Espíritos dispostos a alimentar semelhantes esperanças e que nenhum escrúpulo têm em induzir, os que lhes dão crédito, a pesquisas, com as quais os que a elas se entregam devem dar-se por muito felizes, quando daí lhes resulte apenas um pouco de ridículo.

293. Questões sobre a saúde

24ª Podem os Espíritos dar conselhos relativos à saúde?
"A saúde é uma condição necessária para o trabalho que se deve

executar na Terra, pelo que os Espíritos se ocupam de boa vontade com ela. Mas, como há ignorantes e sábios entre eles, convém que, para isso, como para qualquer outra coisa, ninguém se dirija ao primeiro que apareça."

25ª Se nos dirigirmos ao Espírito de uma celebridade médica, poderemos estar mais certos de obter um bom conselho?

"As celebridades terrenas não são infalíveis e alimentam, às vezes, ideias sistemáticas, que nem sempre são justas e das quais a morte não as liberta imediatamente. A ciência terrestre bem pouca coisa é, ao lado da ciência celeste, Só os Espíritos superiores possuem esta última ciência. Sem usarem de nomes que conheçais, podem eles saber, sobre todas as coisas, muito mais do que os vossos sábios, não é só a ciência o que torna superiores os Espíritos e muito espantados ficareis da categoria que alguns sábios ocupam entre nós. O Espírito de um sábio pode, pois, não saber mais do que quando estava na Terra, desde que não haja progredido como Espírito."

26ª O sábio, ao se tornar Espírito, reconhece seus erros científicos?

"Se chegou a um grau bastante elevado, para se achar livre da sua vaidade e compreender que o seu desenvolvimento não é completo, reconhece-os e os confessa sem pejo. Mas, se ainda se não desmaterializou bastante, pode conservar alguns dos preconceitos de que se achava imbuído na Terra."

27ª Poderia um médico, evocando os Espíritos de seus clientes que morreram, obter esclarecimentos sobre o que lhes determinou a morte, sobre as faltas que haja porventura cometido no tratamento deles e adquirir assim um acréscimo de experiência? "Pode e isso lhe seria muito útil, sobretudo se conseguisse a assistência de Espíritos esclarecidos, que supririam a falta de conhecimentos de certos doentes. Mas, para tal, fora mister que ele fizesse esse estudo de modo sério, assíduo, com um fim humanitário e não como meio de adquirir, sem trabalho, saber e riqueza."

294. Perguntas sobre as invenções e descobertas
28ª Podem os Espíritos guiar os homens nas pesquisas científicas e nas descobertas?

"A ciência é obra do gênio; só pelo trabalho deve ser adquirida, pois só pelo trabalho é que o homem se adianta no seu caminho. Que mérito teria ele, se não lhe fosse preciso mais do que interrogar os Espíritos para saber tudo? A esse preço, qualquer imbecil poderia tornar-se sábio. O mesmo se dá com as invenções e descobertas que interessam à indústria. Há ainda uma outra consideração e é que cada coisa tem que vir a seu tempo e quando as ideias estão maduras para a receber. Se o homem dispusesse desse poder, subverteria a ordem das coisas, fazendo que os frutos brotassem antes da estação própria.

"Disse Deus ao homem: tirarás da terra o teu alimento, com o suor do teu rosto. Admirável figura, que pinta a condição em que ele se encontra nesse mundo. Tem que progredir em tudo, pelo esforço no trabalho. Se lhe dessem as coisas inteiramente prontas, de que lhe serviria a inteligência? Seria como o estudante cujos deveres um outro faça."

29ª O sábio e o inventor nunca são assistidos, em suas pesquisas, pelos Espíritos?

"Oh! Isto é muito diferente. Quando há chegado o tempo de uma descoberta, os Espíritos encarregados de lhe dirigirem a marcha procuram o homem capaz de a levar a efeito e lhe inspiram as ideias necessárias, mas de maneira a lhe deixarem todo o mérito da obra, porquanto essas ideias preciso é que ele as elabore e ponha em execução. O mesmo se dá com todos os grandes trabalhos da inteligência humana. Os Espíritos deixam cada homem na sua esfera. Daquele que só é apto a cavar a terra, não farão depositário dos segredos de Deus; mas sabem tirar da obscuridade aquele que seja capaz de lhes secundar os desígnios. Não deixeis, pois, que a curiosidade ou a ambição vos arrastem por um caminho que não corresponde aos fins do Espiritismo e que vos conduziria às mais ridículas mistificações."

NOTA. O conhecimento mais aprofundado do Espiritismo acalmou a febre das descobertas que, no princípio, toda gente imaginava poder fazer por meio dele. Houve até quem chegasse a pedir aos Espíritos receitas para tingir e fazer nascer os cabelos, curar os calos dos pés etc. Conhecemos muitas pessoas que, convencidas de que assim fariam fortuna, nada conseguiram senão processos mais ou menos ridículos. O mesmo acontece quando se pretende, com a ajuda dos Espíritos, penetrar os mistérios de origem das coisas, Alguns deles têm, sobre essas matérias, seus sistemas, que não valem mais do que os dos homens e aos quais é prudente não dar acolhida, senão com a maior reserva.

295. Perguntas sobre tesouros ocultos
30ª Podem os Espíritos fazer que se descubram tesouros?

"Os Espíritos superiores não se ocupam com essas coisas; mas os zombeteiros frequentemente indicam tesouros que não existem, ou se comprazem em apontá-los num lugar, quando se acham em lugar oposto. Isso tem a sua utilidade, para mostrar que a verdadeira riqueza está no trabalho. Se a Providência destina tesouros ocultos a alguém, esse os achará naturalmente; de outra forma, não."

31ª Que se deve pensar da crença nos Espíritos guardiães de tesouros ocultos?

"Os Espíritos que ainda não estão desmaterializados se apegam às coisas. Avarentos, que ocultaram seus tesouros, podem, depois de mortos, vigiá-los e guardá-los; e o temor em que vivem, de que alguém os venha arrebatar, constitui um de seus castigos, até que compreendam a inutilidade dessa atitude. Também há os Espíritos da Terra, incumbidos de lhe dirigirem as transformações interiores, dos quais, por alegoria, hão feito guardas das riquezas naturais."

NOTA. A questão dos tesouros ocultos está na mesma categoria da das heranças desconhecidas. Bem louco seria aquele que conteste com as pretendidas revelações, que lhe possam fazer os gaiatos do mundo invisível. Já tivemos ocasião de dizer que, quando os Espíritos querem ou podem fazer semelhantes revelações, eles as fazem espontaneamente, sem precisarem de médiuns para isso. Aqui está um exemplo:

Uma senhora acabava de perder o marido, depois de trinta anos de vida conjugal, e se encontrava prestes a ser despejada do seu domicílio, sem nenhum recurso, pelos enteados, para com os quais desempenhara o papel de mãe. Chegara ao cúmulo o seu desespero, quando, uma noite, o marido lhe apareceu e disse que ela o acompanhasse ao seu gabinete. Lá lhe mostrou a secretária, que ainda estava selada com os selos judiciais, e, por um efeito de dupla vista, lhe fez ver o interior, indicando-lhe uma gaveta secreta que ela não conhecia e cujo mecanismo lhe explica, acrescentando: Previ o que está acontecendo e quis assegurar a tua sorte; nessa gaveta estão as minhas últimas disposições. Deixei-te o usufruto desta casa e uma renda de... Depois, desapareceu. No dia em que foram levantados os selos, ninguém pôde abrir a gaveta. A Senhora, então, narrou o que lhe sucedera. Abriu-a, de acordo com as indicações de seu marido, e lá estava o testamento, conforme ao que ele lhe anunciara.

296. Perguntas sobre os outros mundos
32ª Que confiança se pode depositar nas descrições que os Espíritos fazem dos diferentes mundos?

"Depende do grau de adiantamento *real* dos Espíritos que dão essas descrições, pois bem deveis compreender que Espíritos vulgares são tão incapazes de vos informarem a esse respeito, quanto o é, entre vós, um ignorante, de descrever todos os países da Terra. Formulais muitas vezes, sobre esses mundos, questões científicas que tais Espíritos não podem resolver. Se eles estiverem de boa-fé falarão disso de acordo com suas ideias pessoais; se forem Espíritos levianos divertir-se-ão em dar-vos descrições estranhas e fantásticas, tanto mais facilmente quanto esses Espíritos, que na erraticidade não são menos providos de imaginação do que na Terra, tiram dessa faculdade a narração de muitas coisas que nada tem de real. Entretanto, não julgueis absolutamente impossível obterdes, sobre os outros mundos, alguns esclarecimentos. Os bons Espíritos se comprazem mesmo em descrever-vos os que eles habitam, como ensino tendente a vos melhorar, induzindo-vos a seguir o caminho que vos conduzirá a esses mundos. É um meio de vos fixarem as ideias sobre o futuro e não vos deixarem na incerteza."

a) Como se pode verificar a exatidão dessas descrições?

"A melhor verificação reside na concordância que haja entre elas. Porém, lembrai-vos de que semelhantes descrições têm por fim o vosso melhoramento moral e que, por conseguinte, é sobre o estado moral dos habitantes dos Outros mundos que podeis ser mais bem informados e não sobre o estado físico ou geológico de tais esferas. Com os vossos conhecimentos atuais, não poderíeis mesmo compreendê-lo; semelhante estudo de nada serviria para o vosso progresso na Terra e toda a possibilidade tereis de fazê-lo, quando nelas estiverdes."

NOTA. As questões sobre a constituição física e os elementos astronômicos dos mundos se compreendem no campo das pesquisas científicas, para cuja efetivação não devem os Espíritos poupar-nos os trabalhos que demandam. Se não fosse assim, muito cômodo se tornaria para um astrônomo pedir aos Espíritos que lhe fizessem os cálculos, o que, no entanto, depois, sem dúvida, esconderia. Se os Espíritos pudessem, por meio da revelação, evitar o trabalho de uma descoberta, é provável que o fizessem para um sábio que, por bastante modesto, não hesitaria em proclamar abertamente o meio pelo qual o alcançara e não para os orgulhosos que os renegam e a cujo amor-próprio, ao contrário, eles muitas vezes poupam decepções.

CAPÍTULO XXVII
DAS CONTRADIÇÕES E DAS MISTIFICAÇÕES

Das contradições
297. Os adversários do Espiritismo não deixam de objetar que seus adeptos não se acham entre si de acordo; que nem todos partilham das mesmas crenças; numa palavra: que se contradizem. Ponderam eles: se o ensino vos é dado pelos espíritos, como não se apresenta idêntico? Só um estudo sério e aprofundado da ciência pode reduzir estes argumentos ao seu justo valor.

Apressemo-nos em dizer desde logo que essas contradições, de que algumas pessoas fazem grande cabedal, são, em regra, mais aparentes que reais; que elas quase sempre existem mais na superfície do que no fundo mesmo das coisas e que, por consequência, carecem de importância. De duas fontes provêm: dos homens e dos Espíritos.

298. As contradições de origem humana já foram suficientemente explicadas no capítulo referente aos *Sistemas*, n. 36, ao qual nos reportamos. Todos compreenderão que, no princípio, quando as

observações ainda eram incompletas, hajam surgido opiniões divergentes sobre as causas e as consequências dos fenômenos espíritas, opiniões cujos três quartos já caíram diante de um estudo mais sério e mais aprofundado. Com poucas exceções e postas de lado certas pessoas que não se desprendem facilmente das ideias que hão acariciado ou engendrado, pode dizer-se que hoje há unidade de vistas na imensa maioria dos espíritas, ao menos quanto aos princípios gerais, salvo pequenos detalhes insignificantes.

299. Para se compreenderem a causa e o valor das contradições de origem espírita, é preciso estar-se identificado com a natureza do mundo invisível e tê-lo estudado por todas as suas faces. À primeira vista, parecerá talvez estranho que os Espíritos não pensem todos da mesma maneira, mas isso não pode surpreender a quem quer que se haja compenetrado de que infinitos são os degraus que eles têm de percorrer antes de chegarem ao alto da escada. Supor-lhes igual apreciação das coisas fora imaginá-los todos no mesmo nível; pensar que todos devam ver com justeza fora admitir que todos já chegaram à perfeição, o que não é exato e não o pode ser, desde que se considere que eles não são mais do que a Humanidade despida do envoltório corporal. Podendo manifestar-se Espíritos de todas as categorias, resulta que suas comunicações trazem o cunho da ignorância ou do saber que lhes seja peculiar no momento, o da inferioridade, ou da superioridade moral que alcançaram. A distinguir o verdadeiro do falso, o bom do mau, é a que devem conduzir as instruções que temos dado.

Cumpre não esqueçamos que, entre os Espíritos, há, como entre os homens, falsos sábios e semissábios, orgulhosos, presunçosos e sistemáticos. Como só aos Espíritos perfeitos é dado conhecerem tudo, para os outros há, do mesmo modo que para nós, mistérios que eles explicam à sua maneira, segundo suas ideias, e a cujo respeito podem formar opiniões mais ou menos exatas, que se empenham, levados pelo amor-próprio, por que prevaleçam e que gostam de reproduzir em suas comunicações. O erro está em terem alguns de seus intérpretes esposado muito levianamente opiniões contrárias ao bom-senso e se haverem feito os editores responsáveis delas. Assim, as contradições de origem espírita não derivam de outra causa, senão da diversidade, quanto à inteligência, aos conhecimentos, ao juízo e à moralidade, de alguns Espíritos que ainda não estão aptos a tudo conhecerem e a tudo compreenderem. (Veja-se: *O livro dos espíritos* "Introdução", § XIII; "Conclusão", § IX.)

300. De que serve o ensino dos Espíritos, dirão alguns, se não nos oferece mais certeza do que o ensino humano? Fácil é a resposta. Não aceitamos com igual confiança o ensino de todos os homens e, entre duas doutrinas, preferimos aquela cujo autor nos parece mais esclarecido, mais capaz, mais judicioso, menos acessível às paixões. Do mesmo modo se deve proceder com os Espíritos. Se entre eles há os que não estão acima da Humanidade, muitos há que a ultrapassaram e estes nos podem dar ensinamentos que em vão buscaríamos com os homens mais instruídos. De distingui-los é do que deve tratar com cuidado quem queira esclarecer-se e a fazer essa distinção é o a que conduz o Espiritismo. Porém, mesmo esses ensinamentos têm um limite e, se aos Espíritos não é dado saberem tudo, com mais forte razão isso se verifica relativamente aos homens. Há coisas, portanto, sobre as quais será inútil interrogar os Espíritos, ou porque lhes seja defeso revelá-las, ou porque eles próprios as ignoram e a cujo respeito apenas podem expender suas opiniões pessoais. Ora, são essas opiniões pessoais que os Espíritos orgulhosos apresentam como verdades absolutas. Sobretudo, acerca do que deva permanecer oculto, como o futuro e o princípio das coisas, é que eles mais insistem, a fim de insinuarem que se acham de posse dos segredos de Deus. Por isso mesmo, sobre esses pontos é que mais contradições se observam. (Veja-se o capítulo precedente.)

301. Eis as respostas que os Espíritos deram a perguntas feitas acerca das contradições:

1ª Comunicando-se em dois centros diferentes, pode um Espírito dar-lhes, sobre o mesmo ponto, respostas contraditórias?

"Se nos dois centros as opiniões e as ideias diferirem, as respostas poderão chegar-lhes desfiguradas, por se acharem eles sob a influência de diferentes colunas de Espíritos. Então, não é a resposta que é contraditória, mas a maneira por que é dada."

2ª Concebe-se que uma resposta possa ser alterada; mas, quando as qualidades do médium excluem toda ideia de má influência, como se explica que Espíritos superiores usem de linguagens diferentes e contraditórias sobre o mesmo assunto, para com pessoas perfeitamente sérias?

"Os Espíritos realmente superiores jamais se contradizem e a linguagem de que usam é sempre a mesma, *com as mesmas pessoas*. Pode, entretanto, diferir, de acordo com as pessoas e os lugares, cumpre, porém, se atenda a que a contradição, às vezes, é apenas aparente; está mais nas palavras do que nas ideias; porquanto, quem reflita verificará que a ideia fundamental é a mesma. Acresce que o mesmo Espírito pode responder diversamente sobre a mesma questão, segundo o grau de adiantamento dos que o evocam, pois nem sempre convém que todos recebam a mesma resposta, por não estarem todos igualmente adiantados. É exatamente como se uma criança e um sábio te fizessem a mesma pergunta. De certo, responderíeis a uma e a outro de modo que te compreendessem e ficassem satisfeitos. As respostas, nesse caso, embora diferentes, seriam fundamentalmente idênticas."

3ª Com que fim Espíritos sérios, junto de certas pessoas, parecem aceitar ideias e preconceitos que combatem junto de outras?

"Cumpre nos façamos compreensíveis. Se alguém tem uma convicção bem firmada sobre uma doutrina, ainda que falsa, necessário é lhe tiremos essa convicção, mas pouco a pouco. Por isso é que muitas vezes nos servimos de *seus termos* e aparentamos abundar nas suas ideias: é para que não fique de súbito ofuscado e não deixe de se instruir conosco.

"Aliás, não é de bom aviso atacar bruscamente os preconceitos. Esse o melhor meio de não se ser ouvido. Por essa razão é que os Espíritos muitas vezes falam no sentido da opinião dos que os ouvem: é para os trazer pouco a pouco à verdade. Apropriam sua linguagem às pessoas, como tu mesmo farás, se fores um orador mais ou menos hábil. Daí o não falarem a um chinês, ou a um maometano, como falarão a um francês, ou a um cristão. E que têm a certeza de que seriam repelidos.

"Não se deve tomar como contradição o que muitas vezes não é senão parte da elaboração da verdade. Todos os Espíritos têm a sua tarefa designada por Deus. Desempenham-na dentro das condições que julgam convenientes ao bem dos que lhes recebem as comunicações."

4ª As contradições, mesmo aparentes, podem lançar dúvidas no Espíritos de algumas pessoas. Que meio de verificação se pode ter, para conhecer a verdade?

"Para se discernir do erro a verdade, preciso se faz que as respostas sejam aprofundadas e meditadas longa e seriamente. E um estudo completo a fazer-se. Para isso, é necessário tempo, como para estudar todas as coisas.

"Estudai, comparai, aprofundai. Incessantemente vos dizemos que o conhecimento da verdade só a esse preço se obtém. Como quereríeis chegar à verdade, quando tudo interpretais segundo as vossas ideias acanhadas, que, no entanto, tomais por grandes ideias? Longe, porém, não está o dia em que o ensino dos Espíritos será por toda parte uniforme, assim nas minúcias, como nos pontos principais. A missão deles é destruir o erro, mas isso não se pode efetuar senão gradativamente."

5ª Pessoas há que não têm nem tempo, nem a aptidão necessária para um estudo sério e aprofundado e que aceitam sem exame o que se lhes ensina. Não haverá para elas inconveniente em esposar erros?

"Que pratiquem o bem e não façam o mal é o essencial. Para isso, não há duas doutrinas. O bem é sempre o bem, quer feito em nome de Allah, quer em nome de Jeová, visto que um só Deus há para o Universo."

6ª Como é que Espíritos, que parecem desenvolvidos em inteligência, podem ter ideias evidentemente falsas sobre certas coisas?

"E que têm suas doutrinas. Os que não são bastante adiantados, e julgam que o são, tomam suas ideias pela própria verdade. Tal qual entre vós."

7ª Que se deve pensar de doutrinas segundo as quais um só Espírito poderia comunicar-se e que esse Espírito seria Deus ou Jesus?

"O que isto ensina é um Espírito que quer dominar, pelo que procura fazer crer que é o único a comunicar-se. Mas o infeliz que ousa tomar o nome de Deus duramente expiará o seu orgulho. Quanto a essas doutrinas, elas se refutam a si mesmas, porque estão em contradição com os fatos mais bem averiguados. Não merecem exame sério, pois que carecem de raízes.

"A razão vos diz que o bem procede de uma fonte boa e o mal de uma fonte má; por que haveríeis de querer que uma boa árvore desse maus frutos? Já colhestes uvas em macieira? A diversidade das comunicações é a prova mais patente da variedade das fontes donde elas precedem. Aliás, os Espíritos que pretendem ser eles os únicos que se podem comunicar esquecem-se de dizer por que não o podem os outros fazê-lo. A pretensão que manifestam é a negação do que o Espiritismo tem de mais belo e de mais consolador: as relações do mundo visível com o mundo invisível, dos homens com os seres que lhes são caros e que assim estariam para eles sem remissão perdidos. São essas relações que identificam o homem com o seu futuro, que o desprendem do mundo material. Suprimi-las é remergulhá-lo na dúvida, que constitui o seu tormento; é alimentar-lhe o egoísmo. Examinando-se com cuidado a doutrina de tais Espíritos, nela se descobrirão a cada passo contradições injustificáveis, marcas da ignorância deles sobre as coisas mais evidentes e, por conseguinte, sinais certos da sua inferioridade"

O ESPÍRITO DE VERDADE.

8ª De todas as contradições que se notam nas comunicações dos Espíritos, uma das mais frisantes é a que diz respeito à reencarnação. Se a reencarnação é uma necessidade da vida espírita, como se explica que nem todos os Espíritos a ensinem?

"Não sabeis que há Espíritos cujas ideias se acham limitadas ao presente, como se dá com muitos homens na Terra? Julgam que a condição em que se encontram tem que durar sempre: nada veem além do círculo de suas percepções e não se preocupam com o saberem donde vêm, nem para onde vão e, no entanto, devem sofrer a ação da lei da necessidade. A reencarnação é, para eles, uma necessidade em que não pensam, senão quando lhes chega. Sabem que o Espírito progride, mas de que maneira? Têm isso como um problema. Então, se os interrogardes a respeito, falar-vos-ão dos sete céus superpostos como andares. Alguns mesmo vos falarão da esfera do fogo, da esfera das estrelas, depois da cidade das flores, da dos eleitos."

9ª Concebemos que os Espíritos pouco adiantados possam deixar de compreender esta questão; mas, como é que Espíritos de uma inferioridade moral e intelectual notória falam espontaneamente de suas diferentes existências e do desejo que têm de reencarnar, para resgatarem o passado?

"Passam-se no mundo dos Espíritos coisas bem difíceis de compreenderdes. Não tendes entre vós pessoas multo ignorantes sobre certos assuntos e esclarecidas acerca de outros; pessoas que têm mais juízo do que instrução e outras que têm mais espírito que juízo? Não sabeis também que alguns Espíritos se comprazem em conservar os homens na ignorância, aparentando instruí-los, e que aproveitam da facilidade com que suas palavras são acreditadas? Podem seduzir os que não descem ao fundo das coisas; mas, quando pelo raciocínio são levados à parede, não sustentam por muito tempo o papel."

"Cumpre, além disso, se tenha em conta a prudência de que, em geral, os Espíritos usam na promulgação da verdade: uma luz muito viva e muito subitânea ofusca, não esclarece. Podem eles, pois, em certos casos, julgar conveniente não a espalharem senão gradativamente, de acordo com os tempos, os lugares e as pessoas. Moisés não ensinou tudo o que o Cristo ensinou e o próprio Cristo muitas coisas disse, cuja inteligência ficou reservada às gerações futuras. Falais da reencarnação e vos admirais de que este princípio não tenha sido ensinado em alguns países. Lembrai-vos, porém, de que num país onde o preconceito da cor impera soberanamente, onde a escravidão criou raízes nos costumes, o Espiritismo teria sido repelido só por proclamar a reencarnação, pois que monstruosa pareceria, ao que é senhor, a ideia de vir a ser escravo e reciprocamente.

Não era melhor tomar aceito primeiro o princípio geral, para mais tarde se lhe tirarem as consequências? Oh! Homens! como é curta a vossa vista, para apreciar os desígnios de Deus! Sabei que nada se faz sem a sua permissão e sem um fim que as mais das vezes não podeis penetrar. Tenho-vos dito que a unidade se fará na crença espírita; ficai certos de que assim será; que as dissidências, já menos profundas, se apagarão pouco a pouco, à medida que os homens se esclarecerem e que acabarão por desaparecer completamente. Essa é a vontade de Deus, contra a qual não pode prevalecer o erro."

O ESPÍRITO DE VERDADE.

10ª As doutrinas errôneas, que certos Espíritos podem ensinar, não têm por efeito retardar o progresso da verdadeira ciência?

"Desejais tudo obter sem trabalho. Sabei, pois, que não há campo onde não cresçam as ervas más, cuja extirpação cabe ao lavrador. Essas doutrinas errôneas são uma consequência da inferioridade do vosso mundo. Se os homens fossem perfeitos, só aceitariam o que é verdadeiro. Os erros são como as pedras falsas, que só um olhar experiente pode distinguir. Precisais, portanto, de um aprendizado, para distinguirdes o verdadeiro do falso. Pois bem! as falsas doutrinas têm a utilidade de vos exercitarem em fazerdes a distinção entre o erro e a verdade."

a) Os que adotam o erro não retardam o seu adiantamento?

"Se adotam o erro, é que não estão bastante adiantados para compreender a verdade."

302. A espera de que a unidade se faça, cada um julga ter consigo a verdade e sustenta que o verdadeiro é só o que ele sabe, ilusão que os Espíritos enganadores não se descuidam de entreter. Assim sendo, em que pode o homem imparcial e desinteressado basear-se, para formar juízo?

"Nenhuma nuvem obscurece a luz mais pura; o diamante sem mácula é o que tem mais valor; julgai, pois, os Espíritos pela pureza de seus ensinos. A unidade se fará do lado onde ao bem jamais se haja misturado o mal; desse lado é que os homens se ligarão, pela força mesma das coisas, porquanto considerarão que aí está a verdade.

Notai, ao demais, que os princípios fundamentais são por toda parte os mesmos e têm que vos unir numa ideia comum: o amor de Deus e a prática do bem. Qualquer que seja, conseguintemente, o modo de progressão que se imagine para as almas, o objetivo final é um só e um só o meio de alcançá-lo: fazer o bem. Ora, não há duas maneiras de fazê-lo. Se dissidências capitais se levantam, quanto ao princípio mesmo da Doutrina, de uma regra certa dispondes para as apreciar, esta: a melhor doutrina é a que melhor satisfaz ao coração e à razão e a que mais elementos encerra para levar os homens ao bem. Essa, eu vo-lo afirmo, a que prevalecerá."

O ESPÍRITO DE VERDADE.

NOTA. Das causas seguintes podem derivar as contradições que se notam nas comunicações espíritas: da ignorância de certos Espíritos; do embuste dos Espíritos inferiores que, por malícia ou maldade, dizem o contrário do que disse algures o Espírito cujo nome eles usurpam; da vontade do próprio Espírito, que fala segundo os tempos, os lugares e as pessoas, e que pode julgar conveniente não dizer tudo a toda gente; da insuficiência da linguagem humana, para exprimir as coisas do mundo incorpóreo; da insuficiência dos meios de comunicação, que nem sempre permitem ao Espírito expressar todo o seu pensamento; enfim, da interpretação que cada um pode dar a uma palavra ou a uma explicação, segundo suas ideias, seus preconceitos, ou o ponto de vista donde considere o assunto. Só o estudo, a observação, a experiência e a isenção de todo sentimento de amor-próprio podem ensinar a distinguir estes diversos matizes.

Das mistificações

303. Se o ser enganado é desagradável, ainda mais o é ser mistificado. Esse, aliás, um dos inconvenientes de que mais facilmente nos podemos preservar. De todas as instruções precedentes ressaltam os meios de se frustrarem as tramas dos Espíritos enganadores. Por essa razão, pouca coisa diremos a tal respeito. Sobre o assunto, foram estas as respostas que nos deram os Espíritos:

1ª As mistificações constituem um dos escolhos mais desagradáveis do Espiritismo prático. Haverá meio de nos preservarmos deles?

"Parece-me que podeis achar a resposta em tudo quanto vos tem sido ensinado. Certamente que há para isso um meio simples: o de não pedirdes ao Espiritismo senão o que ele vos possa dar. Seu fim é o melhoramento moral da Humanidade; se vos não afastardes desse objetivo, jamais sereis enganados, porquanto não há duas maneiras de se compreender a verdadeira moral, a que todo homem de bom-senso pode admitir.

"Os Espíritos vos vêm instruir e guiar no caminho do bem e não no das honras e das riquezas, nem vêm para atender às vossas paixões mesquinhas. Se nunca lhes pedissem nada de fútil, ou que esteja fora de suas atribuições, nenhum ascendente encontrariam jamais os enganadores; donde deveis concluir que aquele que é mistificado só o é porque o merece.

"O papel dos Espíritos não consiste em vos informar sobre as coisas desse mundo, mas em vos guiar com segurança no que vos possa ser útil para o outro mundo. Quando vos falam do que a esse concerne, é que o julgam necessário, porém não porque o peçais. Se vedes nos Espíritos os substitutos dos adivinhos e dos feiticeiros, então é certo que sereis enganados.

"Se os homens não tivessem mais do que se dirigirem aos Espíritos para tudo saberem, estariam privados do livre-arbítrio e fora do caminho traçado por Deus à Humanidade. O homem deve agir por si mesmo. Deus não manda os Espíritos para que lhe achanem a estrada material da vida, mas para que lhe preparem a do futuro."

a) Porém, há pessoas que nada perguntam e que são indignamente enganadas por Espíritos que vêm espontaneamente, sem serem chamados.

"Elas nada perguntam, mas se comprazem em ouvir, o que dá no mesmo. Se acolhessem com reserva e desconfiança tudo o que se afasta do objetivo essencial do Espiritismo, os Espíritos levianos não as tomariam tão facilmente para joguete."

2ª Por que permite Deus que pessoas sinceras e que aceitam o Espiritismo de boa-fé sejam mistificadas? Não poderia isto ter o inconveniente de lhes abalar a crença?

"Se isso lhes abalasse a crença, é que não tinham muito sólida a fé. Os que renunciassem ao Espiritismo, por um simples desapontamento, provariam não o haverem compreendido e não lhe terem atentado na parte séria. Deus permite as mistificações, para experimentar a perseverança dos verdadeiros adeptos e punir os que do Espiritismo fazem objeto de divertimento."

NOTA. A astúcia dos Espíritos mistificadores ultrapassa às vezes tudo o que se possa imaginar. A arte, com que dispõem as suas baterias e combinam os meios de persuadir, seria uma coisa curiosa, se eles nunca passassem dos simples gracejos; porém, as mistificações podem ter consequências desagradáveis para os que não se achem em guarda. Sentimo-nos felizes por termos podido abrir *a tempo* os olhos a muitas pessoas que se dignaram de pedir o nosso parecer e por lhes havermos poupado ações ridículas e comprometedoras. Entre os meios que esses Espíritos empregam, devem colocar-se na primeira linha, como sendo os mais frequentes, os que têm por fim tentar a cobiça, como a revelação de pretendidos tesouros ocultos, o anúncio de heranças, ou outras fontes de riquezas. Devem, além disso, considerar-se suspeitas, logo à primeira vista, as predições com época determinada, assim como todas as indicações precisas, relativas a interesses materiais. Cumpre não se deem os passos prescritos ou aconselhados pelos Espíritos, quando o fim não seja eminentemente racional; que ninguém nunca se deixe deslumbrar pelos nomes que os Espíritos tomam para dar aparência de veracidade às suas palavras; desconfiar das teorias e sistemas científicos ousados; enfim, de tudo o que se afaste do objetivo moral das manifestações. Encheríamos um volume dos mais curiosos, se houvéramos de referir todas as mistificações de que temos tido conhecimento.

CAPÍTULO XXVIII
DO CHARLATANISMO E DO EMBUSTE

Médiuns interesseiros
304. Como tudo pode tornar-se objeto de exploração, nada de surpreendente haveria em que também quisessem explorar os Espíritos. Resta saber como receberiam eles a coisa, dado que tal especulação viesse a ser tentada. Diremos desde logo que nada se prestaria melhor ao charlatanismo e à trapaça do que semelhante ofício. Muito mais numerosos do que os falsos sonâmbulos, que já se conhecem, seriam os falsos médiuns e este simples fato constituiria fundado motivo de desconfiança. O desinteresse, ao contrário, é a mais peremptória resposta que se pode dar aos que nos fenômenos só veem trampolinices. Não há charlatanismo desinteressado. Qual, pois, o fim que objetivariam os que usassem de embuste sem proveito, sobretudo quando a honorabilidade os colocasse acima de toda suspeita?

Se é de constituir motivo de suspeição o ganho que um médium possa tirar da sua faculdade, jamais essa circunstância constituirá uma prova de que tal suspeição seja fundada. Quem quer, pois, que seja poderia ter real aptidão e agir de muito boa-fé, fazendo-se retribuir. Vejamos se, neste caso, é razoavelmente possível esperar-se algum resultado satisfatório.

305. Quem haja compreendido bem o que dissemos das condições necessárias para que uma pessoa sirva de intérprete dos bons Espíritos, das múltiplas causas que os podem afastar, das circunstâncias que, independentemente da vontade deles, lhes sejam obstáculos à vinda, enfim de todas as condições *morais* capazes de exercer influências sobre a natureza das comunicações, como poderia supor que um Espírito, por menos elevado que fosse, estivesse, a todas as horas do dia, às ordens de um empresário de sessão e submisso às suas exigências, para satisfazer à curiosidade do primeiro que aparecesse? Sabe-se que aversão infunde aos Espíritos tudo o que cheira a cobiça e a egoísmo, o pouco caso que fazem das coisas materiais; como, então, admitir-se que se prestem a ajudar quem queira traficar com a presença deles? Repugna pensar isso e seria preciso conhecer muito pouco a natureza do mundo espírita, para acreditar-se que tal coisa seja possível. Mas, como os Espíritos levianos são menos escrupulosos e só procuram ocasião de se divertirem à nossa custa, segue-se que, quando não se seja mistificado por um falso médium, tem-se toda a probabilidade de o ser por alguns de tais Espíritos. Estas sós reflexões dão a ver o grau de confiança que se deve dispensar às comunicações deste gênero. Ao demais, para que serviriam hoje médiuns pagos, desde que qualquer pessoa, se não possui faculdade mediúnica, pode tê-la nalgum membro da sua família, entre seus amigos, ou no círculo de suas relações?

306. Médiuns interesseiros não são apenas os que porventura exijam uma retribuição fixa; o interesse nem sempre se traduz pela esperança de um ganho material, mas também pelas ambições de toda sorte, sobre as quais se fundem esperanças pessoais. E esse um dos defeitos de que os Espíritos zombeteiros sabem muito bem tirar partido e de que se aproveitam com uma habilidade, uma astúcia verdadeiramente notáveis, embalando com falaciosas ilusões os que

desse modo se lhes colocam sob a dependência. Em resumo, a mediunidade é uma faculdade concedida para o bem e os bons Espíritos se afastam de quem pretenda fazer dela um degrau para chegar ao que quer que seja, que não corresponda às vistas da Providência. O egoísmo é a chaga da sociedade; os bens Espíritos a combatem; a ninguém, portanto, assiste o direito de supor que eles o venham servir. Isto é tão racional, que inútil fora insistir mais sobre este ponto.

307. Não estão na mesma categoria os médiuns de efeitos físicos, pois que estes geralmente são produzidos por Espíritos inferiores, menos escrupulosos. Não dizemos que tais Espíritos sejam por isso necessariamente maus. Pode-se ser um simples carregador e ao mesmo tempo homem muito honesto. Um médium, pois, desta categoria, que quisesse explorar a sua faculdade, muitos Espíritos talvez encontraria, que sem grande repugnância o assistissem. Mas ainda aí outro inconveniente se apresenta. O médium de efeitos físicos, do mesmo modo que o de comunicações inteligentes, não recebeu para seu gozo a faculdade que possui. Teve-a sob a condição de fazer dela bom uso; se, portanto, abusa, pode dar-se que lhe seja retirada, ou que redunde em detrimento seu, porque, afinal, os Espíritos inferiores estão subordinados aos Espíritos superiores.

Aqueles gostam muito de mistificar, porém, não de ser mistificados; se se prestam de boa vontade ao gracejo, às coisas de mera curiosidade, porque lhes apraz divertirem-se, também é certo que, como aos outros, lhes repugna ser explorados, ou servir de comparsas, para que a receita aumente, e a todo instante provam que têm vontade própria, que agem quando e como bem lhes parece, donde resulta que o médium de efeitos físicos ainda menos certeza pode ter da regularidade das manifestações, do que o médium escrevente. Pretender produzi-los em dias e horas determinados, fora dar prova da mais profunda ignorância. Que há de ele então, fazer para ganhar seu dinheiro? Simular os fenômenos. E o a que naturalmente recorrerão, não só os que disso façam um ofício declarado, como igualmente pessoas aparentemente simples, que acham mais fácil e mais cômodo esse meio de ganhar a vida, do que trabalhando. Desde que o Espírito não dá coisa alguma, supre-se a falta: a imaginação é tão fecunda, quando se trata de ganhar dinheiro! Constituindo um motivo legítimo de suspeita, o interesse dá direito a rigoroso exame, com o qual ninguém poderá ofender-se, sem justificar as suspeitas. Mas tanto estas são legítimas neste caso, como ofensivas em se tratando de pessoas honradas e desinteressadas.

308. A faculdade mediúnica, mesmo restrita às manifestações físicas, não foi dada ao homem para ostentá-la nos teatros de feira e quem quer que pretenda ter às suas ordens os Espíritos, para exibir em público, está no caso de ser, com justiça, suspeitado de charlatanismo, ou de mais ou menos hábil prestidigitação. Assim se entenda todas as vezes que apareçam anúncios de pretendidas sessões de *Espiritismo,* ou de *Espiritualismo,* a tanto por cabeça. Lembrem-se todos do direito que compram ao entrar.

De tudo o que precede, concluímos que o mais absoluto desinteresse é a melhor garantia contra o charlatanismo. Se ele nem sempre assegura a excelência das comunicações inteligentes, priva, contudo, os maus Espíritos de um poderoso meio de ação e fecha a boca a certos detratores.

309. Resta o que se poderia chamar as tramoias do amador, isto é, as fraudes inocentes de alguns gracejadores de mau gosto. Podem sem dúvida ser praticadas, à guisa de passatempo, em reuniões levianas e frívolas, porém, jamais, em assembleias sérias, onde só se admitam pessoas sérias. Aliás, a quem quer que seja é possível dar-se a si mesmo o prazer de uma mistificação momentânea, mas seria preciso que uma pessoa fosse dotada de singular paciência, para representar esse papel por meses e anos e, de cada vez durante horas consecutivas. Só um interesse qualquer facultaria essa perseverança, mas o interesse, repetimo-lo, dá lugar a que se suspeite de tudo.

310. Dir-se-á, talvez, que um médium, que consagra todo o seu tempo ao público, no interesse da causa, não o pode fazer de graça, porque tem que viver. Mas é no interesse da causa, ou *no seu próprio,* que ele o emprega? Não será, antes, porque vê nisso um ofício lucrativo? A tal preço, sempre haverá gente dedicada. Não tem então

ao seu dispor senão essa indústria? Não esqueçamos que os Espíritos, seja qual for a sua superioridade, ou inferioridade, são as almas dos mortos e que, quando a moral e a religião prescrevem como um dever que se lhes respeitem os restos mortais, maior é ainda a obrigação, para todos, de lhes respeitarem o Espírito.

Que diriam daquele que, para ganhar dinheiro, tirasse um corpo do túmulo e o exibisse por ser esse corpo de natureza a provocar a curiosidade? Será menos desrespeitoso, do que exibir o corpo, exibir o Espírito, sob pretexto de que é curioso ver-se como age um Espírito? E note-se que o preço dos lugares será na razão direta do que ele faça e do atrativo do espetáculo. Certamente, embora houvesse sido um comediante em vida, ele não suspeitaria que, depois de morto, encontraria um empresário que, em seu proveito exclusivo, o fizesse representar de graça.

Cumpre não olvidar que as manifestações físicas, tanto quanto as inteligentes, Deus só as permite para nossa instrução.

311. Postas de parte estas considerações morais, de nenhum modo contestamos a possibilidade de haver médiuns interesseiros, se bem que honrados e conscienciosos, porquanto há gente honesta em todos os ofícios. Apenas falamos do abuso. Mas é preciso convir, pelos motivos que expusemos, em que mais razão há para o abuso entre os médiuns retribuídos, do que entre os que, considerando uma graça a faculdade mediúnica, não a utilizam, senão para prestar serviço.

O grau da confiança ou desconfiança que se deve dispensar a um médium retribuído depende, antes de tudo, da estima que infundam seu caráter e sua moralidade, além das circunstâncias. O médium que, com um fim eminentemente sério e útil, se achasse impedido de empregar o seu tempo de outra maneira e, em consequência, se visse *exonerado,* não deve ser confundido com o médium *especulador,* com aquele que, premeditadamente, faça da sua mediunidade uma indústria. Conforme *o motivo e o fim,* podem, pois, os Espíritos condenar, absolver e, até, auxiliar. Eles julgam mais a intenção do que o fato material.

312. Não estão no mesmo caso os sonâmbulos que empregam sua faculdade de modo lucrativo. Conquanto essa exploração esteja sujeita

a abusos e o desinteresse constitua a maior garantia de sinceridade, a posição é diferente, tendo-se em vista que são seus próprios Espíritos que agem. Estes, por conseguinte, lhes estão sempre à disposição e, em realidade, eles só exploram a si mesmos, porque lhes assiste o direito de disporem de suas pessoas como o entenderem, ao passo que os médiuns especuladores exploram as almas dos mortos. (Veja-se o n. 172, *Médiuns sonambúlicos*.)

313. Não ignoramos que a nossa severidade para com os médiuns interesseiros levanta contra nós todos os que exploram, ou se veem tentados a explorar essa nova indústria, fazendo-os, bem como de seus amigos. que naturalmente lhes esposam a opinião, encarniçados inimigos nossos. Consolamo-nos com o nos lembrarmos de que os mercadores expulsos do templo por Jesus também não o viam com bons olhos. Temos igualmente contra nós os que não consideram a coisa com a mesma gravidade. Entretanto, julgamo-nos no direito de ter uma opinião e de a emitir. A ninguém obrigamos que a adote. Se uma imensa maioria a esposou, é que aparentemente a acharam justa; porquanto, não vemos, com efeito, como se provaria que não há mais facilidade de se encontrarem a fraude e os abusos na especulação, do que no desinteresse. Quanto a nós, se os nossos escritos hão contribuído para desacreditar, assim na França, como em outros países, a mediunidade interesseira, entendemos que esse não será dos menores serviços que tenhamos prestado ao Espiritismo *sério*.

Fraudes espíritas
314. Os que não admitem a realidade das manifestações físicas geralmente atribuem à fraude os efeitos produzidos. Fundam-se em que os prestidigitadores hábeis fazem coisas que parecem prodígios, para quem não lhes conhece os segredos; donde concluem que os médiuns não passam de escamoteadores. Já refutamos este argumento, ou, antes, esta opinião, notadamente nós nossos artigos sobre o sr. Home e nos números da *Revue* de janeiro e fevereiro de 1858. Aqui, pois, não diremos mais do que algumas palavras, antes de falarmos de coisa mais séria.

Há, em suma, uma consideração que não escapará a quem quer que reflita um pouco. Existem, sem dúvida, prestidigitadores de prodigiosa habilidade, mas são raros. Se todos os médiuns praticassem a escamoteação, forçoso seria reconhecer que esta arte fez, em pouco tempo, inauditos progressos e se tornou de súbito vulgaríssima, apresentando-se inata em pessoas que dela nem suspeitavam e, até, em crianças.

Do fato de haver charlatães que preconizam drogas nas praças públicas, mesmo de haver médicos que, sem irem à praça pública, iludem a confiança dos seus clientes, seguir-se-á que todos os médicos são charlatães e que a classe médica haja perdido a consideração que merece? De haver indivíduos que vendem tintura por vinho, segue-se que todos os negociantes de vinho são falsificadores e que não há vinho puro? De tudo se abusa, mesmo das coisas mais respeitáveis e bem se pode dizer que também a fraude tem o seu gênio. Mas a fraude sempre visa a um fim, a um interesse material qualquer; onde nada haja a ganhar, nenhum interesse há em enganar. Por isso foi que dissemos, falando dos médiuns mercenários, que a melhor de todas as garantias é o desinteresse absoluto.

315. De todos os fenômenos espíritas, os que mais se prestam à fraude são os fenômenos físicos, por motivos que convém considerar. Primeiramente, porque impressionam mais a vista do que a inteligência, são, para prestidigitação, os mais facilmente imitáveis. Em segundo lugar, porque, despertando, mais do que os outros, a curiosidade, são mais apropriados a atrair as multidões; são, por conseguinte, os mais produtivos. Desse duplo ponto de vista, portanto, os charlatães têm todo interesse em simular as manifestações desta espécie; os espectadores, na sua maioria estranhos à ciência, acorrem, geralmente, em busca muito mais de uma distração do que de instrução séria e é sabido que se paga melhor o que diverte do que o que instrui. Porém, posto isto de lado, outro motivo há, não menos peremptório. Se a prestidigitação pode imitar efeitos materiais, para o que só de destreza se há mister, não lhe conhecemos, todavia, até ao presente, o dom de improvisação, que exige uma dose pouco

vulgar de inteligência, nem o produzir esses belos e sublimes ditados, frequentemente tão cheios de a-propósitos, com que os Espíritos matizam suas comunicações. Isto nos faz lembrar o fato seguinte:

Certo dia, um homem de letras bastante conhecido veio ter conosco e nos disse que era muito bom médium escrevente *intuitivo* e que se punha à disposição da Sociedade espírita. Como temos por hábito não admitir na Sociedade senão médiuns cujas faculdades nos são conhecidas, pedimos ao nosso visitante assentisse em dar antes provas de sua faculdade numa reunião particular. Ele, efetivamente, compareceu a esta, na qual muitos médiuns experimentados deram ou dissertações, ou respostas de notável precisão, sobre questões propostas e assuntos que lhes eram desconhecidos. Quando chegou a vez daquele senhor, ele escreveu algumas palavras insignificantes, disse que nesse dia estava indisposto e nunca mais o vimos. Achou sem dúvida que o papel de médium de efeitos inteligentes é mais difícil de representar do que o supusera.

316. Em tudo, as pessoas mais facilmente enganáveis são as que não pertencem ao ofício. O mesmo se dá com o Espiritismo. As que não o conhecem se deixam facilmente iludir pelas aparências, ao passo que um prévio estudo atento as inicia, não só nas causas dos fenômenos, como também nas condições normais em que eles costumam produzir-se e lhes ministra, assim, os meios de descobrirem a fraude, se existir.

317. Os médiuns trapaceiros são estigmatizados, como merecem, na seguinte carta que publicamos na *Revue* do mês de agosto de 1861:

"Paris, 21 de julho de 1861.

"Senhor.

"Pode-se estar em desacordo sobre certos pontos e de perfeito acordo sobre outros. Acabo de ler, à página 213 do último número do vosso jornal, algumas reflexões acerca da fraude em matéria de experiências espiritualistas (ou espíritas), reflexões a que tenho a satisfação de me associar com todas as minhas forças. Aí, quaisquer dissidências, a propósito de teorias e doutrinas, desaparecem como por encanto.

"Não sou talvez tão severo quanto o sois, com relação aos médiuns que, sob forma digna e decente, aceitam uma paga, como indenização do tempo que consagram a experiências muitas vezes longas e fatigantes. Sou, porém, tanto quanto o sois — e ninguém o seria demais — com relação aos que, em tal caso, suprem, quando se lhes oferece ocasião, pelo embuste e pela fraude, a falta ou a insuficiência dos resultados prometidos e esperados. (Veja-se o n. 311.)

"Misturar o falso com o verdadeiro, quando se trata de fenômenos obtidos pela intervenção dos Espíritos, é simplesmente uma infâmia e haveria obliteração do senso moral no médium que julgasse poder fazê-lo sem escrúpulo. Conforme o observastes com perfeita exatidão — é *lançar a coisa em descrédito no Espírito dos indecisos, desde que a fraude seja reconhecida.* Acrescentarei que é comprometer do modo mais deplorável os homens honrados, que prestam aos médiuns o apoio desinteressado de seus conhecimentos e de suas luzes, que se constituem fiadores da boa-fé que neles deve existir e os patrocinam de alguma forma. E cometer para com eles uma verdadeira prevaricação.

"Todo médium que fosse apanhado em manejos fraudulentos; que fosse apanhado, para me servir de uma expressão um tanto trivial, com a boca na botija, mereceria ser proscrito por todos os espiritualistas ou espíritas do mundo, para os quais constituiria rigoroso dever desmascará-los ou infamá-los.

"Se vos convier, Senhor, inserir estas breves linhas no vosso jornal, ficam elas à vossa disposição.

"Aceitai etc.

MATEUS."

318. A imitação de todos os fenômenos espíritas não é igualmente fácil. Alguns há que evidentemente desafiam a habilidade da prestidigitação: tais, notadamente, o movimento dos objetos sem contato, a suspensão dos corpos pesados no ar, as pancadas de diferentes lados, as aparições etc., salvo o emprego das tramoias e do compadrio. Por isso dizemos que o que necessário se faz em tal caso é observar atentamente as circunstâncias e, sobretudo, ter muito em conta o caráter e a posição das pessoas, o objetivo e o interesse que possam

ter em enganar. Essa a melhor de todas as fiscalizações, porquanto circunstâncias há que fazem desaparecer todos os motivos de suspeita. Julgamos, pois, em princípio, que se deve desconfiar de quem quer que faça desses fenômenos um espetáculo, ou objeto de curiosidade e de divertimento, e que pretenda produzi-los à sua vontade e da maneira exigida, conforme já explicamos. Nunca será demais repetir que as inteligências ocultas que se nos manifestam têm suas suscetibilidades e fazem questão de nos provar que também gozam de livre-arbítrio e não se submetem aos nossos caprichos. (N. 38.)

Será suficiente assinalemos alguns subterfúgios, que costumam empregar-se, ou que o podem ser em certos casos, para premunirmos contra a fraude os observadores de boa-fé. Quanto aos que se obstinam em julgar, sem aprofundarem as coisas, fora tempo perdido procurar desiludi-los.

319. Um dos fenômenos mais comuns é o das pancadas no interior mesmo da substância da madeira, com ou sem movimento da mesa, ou do objeto de que se faça uso. Esse efeito é um dos mais fáceis de ser imitado, quer pelo contato dos pés, quer provocando-se pequenos estalidos no móvel. Há, porém, uma artimanhazinha especial, que convém desvendar. Basta que uma pessoa coloque as duas mãos espalmadas sobre a mesa e tão aproximadas que as unhas dos polegares se apoiem fortemente uma contra a outra; então, por meio de um movimento muscular inteiramente imperceptível, produz-se nelas um atrito que dá um ruído seco, apresentando grande analogia com o da tiptologia íntima. Esse ruído repercute na madeira e produz completa ilusão. Nada mais fácil do que fazer que se ouçam tantas pancadas quantas se queiram, o rufo do tambor etc., do que responder a certas perguntas, por um sim, ou um não, por números, ou mesmo pela indicação das letras do alfabeto.

Estando-se prevenido, é muito simples o modo de descobrir a fraude. Ela se torna impossível, desde que as mãos sejam afastadas urna da outra e desde que se tenha a certeza de que nenhum outro contato poderá produzir o ruído. Além disso, as pancadas reais apresentam esta característica: mudam de lugar e de timbre, à vontade, o que não pode dar-se quando devidas à causa que assinalamos, ou a qualquer outra análoga. Assim é que deixam a mesa, para se fazerem ouvir noutro móvel qualquer, com o qual ninguém se acha em contato, nas paredes, no forro etc., e respondem a questões não previstas. (Veja--se o n. 41.)

320. A escrita direta ainda é mais facilmente imitável. Sem falar dos agentes químicos bem conhecidos, para fazerem que em dado tempo a escrita apareça no papel branco, o que se consegue impedir com as mais vulgares precauções, pode acontecer que, por meio de hábil escamoteação, se substitua um papel por outro. Pode dar-se também que aquele que queira fraudar tenha a arte de desviar as atenções, enquanto escreva com destreza algumas palavras. Alguém nos disse ter visto uma pessoa escrever assim com um pedaço de ponta de lápis escondido debaixo da unha.

321. O fenômeno do trazimento de objetos, de fora para o lugar onde se efetua a reunião, não se presta menos à trapaça e facilmente se pode ser enganado por um escamoteador mais ou menos destro, sem que haja mister se trate de um prestidigitador profissional. No parágrafo especial que acima inserimos (n. 96), os próprios Espíritos determinaram as condições excepcionais em que ele se produz, donde lícito é concluir-se que a sua obtenção *facultativa e fácil* deve, quando nada, ser tida por suspeita. A escrita direta está no mesmo caso.

322. No capítulo *Dos médiuns especiais,* mencionamos, segundo os Espíritos, as aptidões mediúnicas comuns e as que são raras. Cumpre, pois, desconfiar dos médiuns que pretendam possuir estas últimas com muita facilidade, ou que ambicionem dispor de múltiplas faculdades, pretensão que só muito raramente se justifica.

323. As manifestações inteligentes são, conforme as circunstâncias, as que oferecem mais garantias; entretanto, nem mesmo essas escapam à imitação, pelo menos no que toca às comunicações banais e vulgares. Pensam alguns que, com os médiuns mecânicos, estão mais seguros, não só pelo que respeita à independência das ideias, como também contra os embustes; daí o preferirem os intermediários materiais. Pois bem! é um erro. A fraude se insinua por toda parte e sabemos que,

com habilidade, até mesmo uma cesta, ou uma prancheta que escreve pode ser dirigida à vontade, com todas as aparências dos movimentos espontâneos. Só os pensamentos expressos, quer venham de um médium mecânico, quer de um intuitivo, audiente, falante ou vidente, afastam todas as dúvidas. Há comunicações, tão fora das ideias, dos conhecimentos e mesmo do alcance intelectual do médium, que só por efeito de estranha obliteração se poderia atribui-las a este último. Reconhecemos que o charlatanismo dispõe de grande habilidade e vastos recursos, mas ainda lhe não descobrimos o dom de dar saber a um ignorante, nem espírito a quem não o tenha.

Em resumo, repetimos, a melhor garantia está na moralidade notória dos médiuns e na ausência de todas as causas de interesse material, ou de amor-próprio, capazes de estimular-lhes o exercício das faculdades mediúnicas que possuam, porquanto essas mesmas causas poderiam induzi-los a simular as de que não dispõem.

CAPÍTULO XXIX
DAS REUNIÕES E DAS SOCIEDADES ESPÍRITAS

Das reuniões em geral

324. As reuniões espíritas oferecem grandíssimas vantagens, por permitirem que os que nelas tomam parte se esclareçam, mediante a permuta das ideias, pelas questões e observações que se façam, das quais todos aproveitam. Mas, para que produzam todos os frutos desejáveis, requerem condições especiais, que vamos examinar, porquanto erraria quem as comparasse às reuniões ordinárias. Todavia, sendo, afinal, cada reunião um todo coletivo, o que lhes diz respeito decorre naturalmente das precedentes instruções. Cabe-lhes tomarem as mesmas precauções e preservarem-se dos mesmos escolhos que os indivíduos. Essa a razão por que colocamos em último lugar esse capítulo.

Elas apresentam caracteres muito diferentes, conforme o fim com que se realizam; por isso mesmo, suas condições intrínsecas também devem diferir. Segundo o gênero a que pertençam, podem ser *frívolas, experimentais,* ou *instrutivas.*

325. As *reuniões frívolas* se compõem de pessoas que só veem o lado divertido das manifestações, que se divertem com as facécias dos Espíritos levianos, aos quais muito agrada essa espécie de assembleia, a que não faltam por gozarem nelas de toda a liberdade para se exibirem. E nessas reuniões que se perguntam banalidades de toda sorte, que se pede aos Espíritos a predição do futuro, que se lhes põe à prova a perspicácia em adivinhar as idades, ou o que cada um tem no bolso, em revelar segredinhos e mil outras coisas de igual importância.

Tais reuniões são sem consequência; mas, como às vezes os Espíritos levianos são muito inteligentes e, em geral, de bom humor e bastante jovialidade, dão-se frequentemente nelas fatos muito curiosos, de que o observador pode tirar proveito. Aquele que só isso tenha visto e julgue o mundo dos Espíritos por essa amostra, ideia tão falsa fará deste, como quem julgasse toda a sociedade de uma grande capital pela de alguns de seus quarteirões. O simples bom-senso diz que os Espíritos elevados não compareçam às reuniões deste gênero, em que os espectadores não são mais sérios do que os atores. Quem queira ocupar-se com coisas fúteis deve francamente chamar Espíritos levianos, do mesmo modo que para divertir uma sociedade chamaria truões; porém, cometeria uma profanação aquele que convidasse para semelhantes meios individualidades veneradas, porque seria misturar o sagrado com o profano.

326. As *reuniões experimentais* têm particularmente por objeto a produção das manifestações físicas. Para muitas pessoas, são um espetáculo mais curioso que instrutivo. Os incrédulos saem delas mais admirados do que convencidos, quando ainda outra coisa não viram, e se voltam inteiramente para a pesquisa dos artifícios, porquanto, nada percebendo de tudo aquilo, de boa mente imaginam a existência de subterfúgios. Já outro tanto não se dá com os que hão estudado; esses compreendem de antemão a possibilidade dos fenômenos, e a observação dos fatos positivos lhes determina ou completa a convicção. Se houver subterfúgios, eles se acharão em condições de descobri-los.

Nada obstante, as experiências desta ordem trazem uma utilidade, que ninguém ousaria negar, visto terem sido elas que levaram à descoberta das leis que regem o mundo invisível e, para muita gente, constituem poderoso meio de convicção. Sustentamos, porém, que só por só não logram iniciar a quem quer que seja na ciência espírita, do mesmo modo que a simples inspeção de um engenhoso mecanismo não torna conhecida a mecânica de quem não lhe saiba as leis. Contudo, se fossem dirigidas com método e prudência, dariam resultados muito melhores. Voltaremos em breve a este ponto.

327. As *reuniões instrutivas* apresentam caráter muito diverso e, como são as em que se pode haurir o verdadeiro ensino, insistiremos mais sobre as condições a que devem satisfazer.

A primeira de todas é que sejam sérias, na integral acepção da palavra. Importa se persuadam todos que os Espíritos cujas manifestações se desejam são de natureza especialíssima; que, não podendo o sublime aliar-se ao trivial, nem o bem ao mal, quem quiser obter boas coisas precisa dirigir-se a bons Espíritos. Não basta, porém, que se evoquem bons Espíritos; é preciso, como condição expressa, que os assistentes estejam em condições propícias, para que eles *assintam* em vir. Ora, a assembleias de homens levianos e superficiais, Espíritos superiores não virão, como não viriam quando vivos.

Uma reunião só e verdadeiramente séria, quando cogita de coisas úteis, com exclusão de todas as demais. Se os que a formam aspiram a obter fenômenos extraordinários, por mera curiosidade, ou passatempo, talvez compareçam Espíritos que os produzam, mas os outros daí se afastarão. Numa palavra, qualquer que seja o caráter de uma reunião, haverá sempre Espíritos dispostos a secundar as tendências dos que a componham. Assim, pois, afasta-se do seu objetivo toda reunião séria em que o ensino é substituído pelo divertimento. As manifestações físicas, como dissemos, têm sua utilidade; vão às sessões experimentais os que queiram ver; vão às reuniões de estudos os que queiram compreender; é desse modo que uns e outros lograrão completar sua instrução espírita, tal qual fazem os que estudam medicina, os quais vão, uns aos cursos, outros às clínicas.

328. A instrução espírita não abrange apenas o ensinamento moral que os Espíritos dão, mas também o estudo dos fatos. Incumbe-lhe a teoria de todos os fenômenos, a pesquisa das causas, a comprovação do que é possível e do que não o é; em suma, a observação de tudo o que possa contribuir para o avanço da ciência. Ora, fora erro acreditar-se que os fatos se limitam aos fenômenos extraordinários; que só são dignos de atenção os que mais fortemente impressionam os sentidos. A cada passo, eles ressaltam das comunicações inteligentes e de forma a não merecerem desprezados por homens que se reúnem para estudar. Esses fatos, que seria impossível enumerar, surgem de um sem-número de circunstâncias fortuitas. Embora de menor relevo, nem por isso menos dignos são do mais alto interesse para o observador, que neles vai encontrar ou a confirmação de um princípio conhecido, ou a revelação de um princípio novo, que o faz penetrar um pouco mais nos mistérios do mundo invisível. Isso também é filosofia.

329. As reuniões de estudo são, além disso, de imensa utilidade para os médiuns de manifestações inteligentes, para aqueles, sobretudo, que seriamente desejam aperfeiçoar-se e que a elas não comparecerem dominados por tola presunção de infalibilidade. Constituem um dos grandes tropeços da mediunidade, como já tivemos ocasião de dizer, a obsessão e a fascinação. Eles, pois, podem iludir-se de muito boa-fé, com relação ao mérito do que alcançam e facilmente se concebe que os Espíritos enganadores têm o caminho aberto, quando apenas lidam com um cego. Por essa razão é que afastam o seu médium de toda fiscalização; que chegam mesmo, se for preciso, a fazê-lo tomar aversão a quem quer que o possa esclarecer. Graças ao insulamento e à fascinação, conseguem sem dificuldade levá-lo a aceitar tudo o que eles queiram.

Nunca será demais repetir: aí se encontra não somente um tropeço, mas um perigo; sim, verdadeiro perigo, dizemos. O único meio, para o médium, de escapar-lhe é a análise praticada por pessoas desinteressadas e benevolentes que, apreciando com sangue frio e imparcialidade as comunicações, lhe abram os olhos e o façam perceber o que, por si mesmo, ele não possa ver. Ora, todo médium que teme esse juízo já está no caminho da obsessão; aquele que acredita ter sido a luz feita exclusivamente em seu proveito está completamente subjugado. Se toma a mal as observações, se as repele, se se irrita ao ouvi-las, dúvida não cabe sobre a natureza má do Espírito que o assiste.

Temos dito que um médium pode carecer dos conhecimentos necessários para perceber os erros; que pode deixar-se iludir por palavras retumbantes e por uma linguagem pretensiosa, ser seduzido por sofismas, tudo na maior boa-fé. Por isso é que em falta de luzes próprias, deve ele modestamente recorrer à dos outros, de acordo com estes dois adágios: quatro olhos veem mais do que dois e ninguém é bom juiz em causa própria. Desse ponto de vista é que são de grande utilidade para o médium as reuniões, desde que se mostre bastante sensato para ouvir as opiniões que se lhe deem, porque ali se encontrarão pessoas mais esclarecidas do que ele e que apanharão os matizes, muitas vezes delicados, por onde trai o Espírito a sua inferioridade.

Todo médium, que sinceramente deseje não ser joguete da mentira, deve, portanto, procurar produzir em reuniões serias, levando-lhes o que obtenha em particular, aceitar agradecido, solicitar mesmo o exame crítico das comunicações que receba. Se estiver às voltas com Espíritos enganadores, esse o meio mais seguro de se desembaraçar deles, provando-lhes que não o podem enganar. Aliás, ao médium, que se irrita com a crítica, tanto menos razão assiste para semelhante irritação, quanto o seu amor-próprio nada tem que ver com o caso, pois que não é seu o que lhe sai da boca, ou do lápis, e que mais responsável não é por isso, do que o seria se lesse os versos de um mau poeta.

Insistimos nesse ponto, porque, assim como esse é um escolho para os médiuns, também o é para as reuniões, nas quais importa não se confie levianamente em todos os intérpretes dos Espíritos. O concurso de qualquer médium obsidiado, ou fascinado, lhes seria mais nocivo do que útil; não devem elas, pois, aceitá-lo. Julgamos já ter expendido observações suficientes, de modo a lhes tomar impossível equivocarem-se acerca dos caracteres da obsessão, se o médium não a puder reconhecer por si mesmo. Um dos mais evidentes é, da parte deste, a pretensão de ter sempre razão contra toda gente. Os médiuns obsidiados, que se recusam a reconhecer que o são, se assemelham a esses doentes que se iludem sobre a própria enfermidade e se perdem, por se não submeterem a um regime salutar.

330. O objetivo de uma reunião séria deve consistir em afastar os Espíritos mentirosos. Incorreria em erro, se se supusesse ao abrigo deles, pelos seus fins e pela qualidade de seus médiuns. Não o estará, enquanto não se achar em condições favoráveis.

A fim de que bem compreenda o que se passa em tais circunstâncias, rogamos ao leitor se reporte ao que dissemos acima, no n. 231, sobre *a influência do meio*. Imagine-se que cada indivíduo está cercado de certo número de acólitos invisíveis, que se lhe identificam com o caráter, com os gostos e com os pendores. Assim sendo, todo aquele que entra numa reunião traz consigo Espíritos que lhe são simpáticos. Conforme o número e a natureza deles, podem esses acólitos exercer sobre a assembleia e sobre as comunicações influência boa ou má. Perfeita seria a reunião em que todos os assistentes, possuídos de igual amor ao bem, consigo só trouxessem bons Espíritos. Em falta da perfeição, a melhor será aquela em que o bem suplante o mal. Muito lógica é esta proposição, para que precisemos insistir.

331. Uma reunião é um ser coletivo, cujas qualidades e propriedades são a resultante das de seus membros e formam como que um feixe. Ora, este feixe tanto mais força terá, quanto mais homogêneo for. Se se houver compreendido bem o que foi dito (n. 282, pergunta 5), sobre a maneira por que os Espíritos são avisados do nosso chamado, facilmente se compreenderá o poder da associação dos pensamentos dos assistentes. Desde que o Espírito é de certo modo atingido pelo pensamento, como nós somos pela voz, vinte pessoas, unindo-se com a mesma intenção, terão necessariamente mais força do que uma só; mas, a fim de que todos esses pensamentos concorram para o mesmo fim, preciso é que vibrem em uníssono;

que se confundam, por assim dizer, em um só, o que não pode dar-se sem a concentração.

Por outro lado, o Espírito, em chegando a um meio que lhe seja completamente simpático, aí se sentirá mais à vontade. Sabendo que só encontrará amigos, virá mais facilmente e mais disposto a responder. Quem quer que haja acompanhado com alguma atenção as manifestações espíritas inteligentes forçosamente se há convencido desta verdade. Se os pensamentos forem divergentes, resultará daí um choque de ideias desagradável ao Espírito e, por conseguinte, prejudicial à comunicação. O mesmo acontece com um homem que tenha de falar perante uma assembleia: se sente que todos os pensamentos lhes são simpáticos e benévolos, a impressão que recebe reage sobre as suas próprias ideias e lhes dá mais vivacidade. A unanimidade desse concurso exerce sobre ele uma espécie de ação magnética que lhe decuplica os recursos, ao passo que a indiferença, ou a hostilidade o perturbam e paralisam. E assim que os aplausos eletrizam os atores. Ora, os Espíritos muito mais impressionáveis do que os humanos, muito mais fortemente do que estes sofrem, sem dúvida, a influência do meio.

Toda reunião espírita deve, pois, tender para a maior homogeneidade possível. Está entendido que falamos das em que se deseja chegar a resultados sérios e verdadeiramente úteis. Se o que se quer é apenas obter comunicações sejam estas quais forem, sem nenhuma atenção â qualidade dos que as deem, evidentemente desnecessárias se tornam todas essas precauções; mas, então, ninguém tem que se queixar da qualidade do produto.

332. Sendo o recolhimento e a comunhão dos pensamentos as condições essenciais a toda reunião séria, fácil é de compreender-se que o número excessivo dos assistentes constitui uma das causas mais contrarias à homogeneidade. Não há, é certo, nenhum limite absoluto para esse número e bem se concebe que cem pessoas, suficientemente concentradas e atentas, estarão em melhores condições do que estariam dez, se distraídas e bulhentas. Mas também é evidente que, quanto maior for o número, tanto mais difícil será o preenchimento dessas

condições. Aliás, e fato provado pela experiência que os círculos íntimos, de poucas pessoas, são sempre mais favoráveis às belas comunicações, pelos motivos que vimos de expender.

333. Há ainda outro ponto não menos importante: o da regularidade das reuniões. Em todas, sempre estão presentes Espíritos a que poderíamos chamar *frequentadores habituais,* sem que com isso pretendamos referir-nos aos que se encontram em toda parte e em tudo se metem. Aqueles são, ou Espíritos protetores, ou os que mais assiduamente se veem interrogados.

Ninguém suponha que esses Espíritos nada mais tenham que fazer, senão ouvir o que lhes queiramos dizer, ou perguntar. Eles têm suas ocupações e, além disso, podem achar-se em condições desfavoráveis para serem evocados. Quando as reuniões se efetuam em dias e horas certos, eles se preparam antecipadamente a comparecer e é raro faltarem. Alguns mesmo há que levam ao excesso a sua pontualidade. Formalizam-se, quando se dá o atraso de um quarto de hora e, se são eles que marcam o momento de uma reunião, fora inútil chamá-los antes desse momento.

Acrescentemos, todavia, que, se bem os Espíritos prefiram a regularidade, os de ordem verdadeiramente superior não se mostram meticulosos a esse extremo. A exigência de pontualidade rigorosa é sinal de inferioridade, como tudo o que seja pueril. Mesmo fora das horas predeterminadas, podem eles, sem dúvida, comparecer e se apresentam de boa vontade, se é útil o fim objetivado. Nada, porém, mais prejudicial às boas comunicações do que os chamar a torto e a direito, quando isso nos acuda à fantasia e, principalmente, sem motivo sério. Como não se acham adstritos a se submeterem aos nossos caprichos, bem pode dar-se que não se movam ao nosso chamado. E então que ocorre tomarem-lhe outros o lugar e os nomes.

Das Sociedades propriamente ditas
334. Tudo o que dissemos das reuniões em geral se aplica naturalmente às Sociedades regularmente constituídas, as quais, entretanto, têm que lutar com algumas dificuldades especiais, oriundas dos próprios laços

existentes entre os seus membros. Frequentes sendo os pedidos, que se nos dirigem, de esclarecimentos sobre a maneira de se formarem as Sociedades, resumi-los-emos aqui nalgumas palavras.

O Espiritismo, que apenas acaba de nascer, ainda é diversamente apreciado e muito pouco compreendido em sua essência, por grande número de adeptos, de modo a oferecer um laço forte que prenda entre si os membros do que se possa chamar uma Associação, ou Sociedade. Impossível é que semelhante laço exista, a não ser entre os que lhe percebem o objetivo moral, o compreendem e o *aplicam a si mesmos*. Entre os que nele veem fatos mais ou menos curiosos, nenhum laço sério pode existir.

Colocando os fatos acima dos princípios, uma simples divergência, quanto à maneira de os considerar, basta para dividi-los. O mesmo já não se dá com os primeiros, porquanto, acerca da questão moral, não pode haver duas maneiras de encará-la. Tanto assim que, onde quer que eles se encontrem, confiança mútua os atrai uns para os outros e a recíproca benevolência, que entre todos reina, exclui o constrangimento e o vexame que nascem da suscetibilidade, do orgulho que se irrita à menor contradição, do egoísmo que tudo reclama para a pessoa em quem domina.

Uma Sociedade, onde aqueles sentimentos se achassem partilhados por todos, onde os seus componentes se reunissem com o propósito de se instruírem pelos ensinos dos Espíritos e não na expectativa de presenciarem coisas mais ou menos interessantes, ou para fazer cada um que a sua opinião prevaleça, seria não só viável, mas também indissolúvel. A dificuldade, ainda grande, de reunir crescido número de elementos homogêneos deste ponto de vista, nos leva a dizer que, no interesse dos estudos e por bem da causa mesma, as reuniões espíritas devem tender antes à multiplicação de pequenos grupos, do que à constituição de grandes aglomerações. Esses grupos, correspondendo-se entre si, visitando-se, permutando observações, podem, desde já, formar o núcleo da grande família espírita, que um dia consorciará todas as opiniões e unirá os homens por um único sentimento: o da fraternidade, trazendo o cunho da caridade cristã.

335. Já vimos de quanta importância é a uniformidade de sentimentos, para a obtenção de bons resultados. Necessariamente, tanto mais difícil é obter-se essa uniformidade, quanto maior for o número. Nos agregados pouco numerosos, todos se conhecem melhor e há mais segurança quanto à eficácia dos elementos que para eles entram. O silêncio e o recolhimento são mais fáceis e tudo se passa como em família. As grandes assembleias excluem a intimidade, pela variedade dos elementos de que se compõem; exigem sedes especiais, recursos pecuniários e um aparelho administrativo desnecessário nos pequenos grupos. A divergência dos caracteres, das ideias, das opiniões, aí se desenha melhor e oferece aos Espíritos perturbadores mais facilidade para semearem a discórdia. Quanto mais numerosa é a reunião, tanto mais difícil é conterem-se todos os presentes. Cada um quererá que os trabalhos sejam dirigidos segundo o seu modo de entender; que sejam tratados preferentemente os assuntos que mais lhe interessam. Alguns julgam que o título de sócio lhes dá o direito de impor suas maneiras de ver. Daí, opugnações, uma causa de mal-estar que acarreta, cedo ou tarde, a desunião e, depois, a dissolução, sorte de todas as Sociedades, quaisquer que sejam seus objetivos. Os grupos pequenos jamais se encontram sujeitos às mesmas flutuações. A queda de uma grande Associação seria um insucesso aparente para a causa do Espiritismo, do qual seus inimigos não deixariam de prevalecer-se. A dissolução de um grupo pequeno passa despercebida e, ao demais, se um se dispersa, vinte outros se formam ao lado. Ora, vinte grupos, de quinze a vinte pessoas, obterão mais e muito mais farão pela propaganda, do que uma assembleia de trezentos ou de quatrocentos indivíduos.

Dir-se-á, provavelmente, que os membros de uma Sociedade, que agissem da maneira que vimos de esboçar, não seriam verdadeiros espíritas, pois que a caridade e a tolerância são o dever primário que a Doutrina impõe a seus adeptos. E perfeitamente exato e, por isso mesmo, os que procedam assim são espíritas mais de nome que de fato. Certo não pertencem à terceira categoria. (Veja-se o n. 28.) Mas quem diz que eles sequer mereçam o simples qualificativo de espíritas?

Uma consideração aqui se apresenta, não destituída de gravidade.

336. Não esqueçamos que o Espiritismo tem inimigos interessados em obstar-lhe a marcha, aos quais seus triunfos causam despeito, não sendo os mais perigosos os que o atacam abertamente, porém os que agem na sombra, os que o acariciam com uma das mãos e o dilaceram com a outra. Esses seres malfazejos se insinuam onde quer que contem poder fazer mal. Como sabem que a união é uma força, tratam de a destruir, agitando brandões de discórdia. Quem, desde então, pode afirmar que os que, nas reuniões, semeiam a perturbação e a cizânia não sejam agentes provocadores, interessados na desordem? Sem dúvida alguma, não são espíritas verdadeiros, nem bons; jamais farão o bem e podem fazer muito mal. Ora, compreende-se que infinitamente mais facilidade encontram eles de se insinuarem nas reuniões numerosas, do que nos núcleos pequenos, onde todos se conhecem. Graças a surdos manejos, que passam despercebidos, espalham a dúvida, a desconfiança e a desafeição; sob a aparência de interesse hipócrita pela causa, tudo criticam, formam conciliábulos e corrilhos que presto rompem a harmonia do conjunto; é o que querem. Em se tratando de gente dessa espécie, apelar para os sentimentos de caridade e fraternidade é falar a surdos voluntários, porquanto o objetivo de tais criaturas é precisamente aniquilar esses sentimentos, que constituem os maiores obstáculos opostos a seus manejos. Semelhante estado de coisas, desagradável em todas as Sociedades, ainda mais o é nas associações espíritas, porque, se não ocasiona um rompimento gera uma preocupação incompatível com o recolhimento e a atenção.

337. Se mau rumo a reunião tomar, dir-se-á, não terão as pessoas sensatas e bem-intencionadas, a ela presentes, o direito de crítica; deverão deixar que o mal passe, sem dizerem palavra, e aprovar tudo pelo silêncio? Sem nenhuma dúvida, esse direito lhes assiste: é mesmo um dever que lhes corre. Mas, se boa intenção os anima, eles emitirão suas opiniões, guardando todas as conveniências e com cordialidade, francamente e não com subterfúgios. Se ninguém os acompanha, retiram-se, porquanto não se concebe que quem não

esteja procedendo com segundas intenções se obstine em permanecer numa sociedade onde se façam coisas que considere inconvenientes. Pode-se, pois, estatuir como princípio que todo aquele que numa reunião espírita provoca desordem, ou desunião, ostensiva ou sub-repticiamente, por quaisquer meios, é, ou um agente provocador, ou, pelo menos, um mau espírita, do qual cumpre que os outros se livrem o mais depressa possível. Porém, a isso obstam muitas vezes os próprios compromissos que ligam os componentes da reunião, razão por que convém se evitem os compromissos indissolúveis. Os homens de bem sempre se acham suficientemente comprometidos: os mal-intencionados sempre o estão demais.

338. Além dos notoriamente malignos, que se insinuam nas reuniões, há os que, pelo próprio caráter, levam consigo a perturbação a toda parte aonde vão: nunca, portanto, será demasiada toda a circunspeção, na admissão de elementos novos. Os mais prejudiciais, nesse caso, não são os ignorantes da matéria, nem mesmo os que não creem: a convicção só se adquire pela experiência e pessoas há que desejam esclarecer-se de boa-fé. Aqueles, sobretudo, contra os quais maiores precauções devem ser tomadas, são os de sistemas preconcebidos, os incrédulos obstinados, que duvidam de tudo, até da evidência; os orgulhosos que, pretendendo ter o privilégio da luz infusa, procuram em toda parte impor suas opiniões e olham com desdém para os que não pensam como eles. Não vos deixeis iludir pelo pretenso desejo que manifestam de se instruírem. Mais de um encontrareis, que muito aborrecido ficará se for constrangido a convir em que se enganou. Guardai-vos, principalmente, desses peroradores insípidos, que querem sempre dizer a última palavra, e dos que só se comprazem na contradição. Uns e outros fazem perder tempo, sem nenhum proveito, nem mesmo para si próprios. Os Espíritos não gostam de palavras inúteis.

339. Visto ser necessário evitar toda causa de perturbação e de distração, uma Sociedade espírita deve, ao organizar-se, dar toda a atenção às medidas apropriadas a tirar aos promotores de desordem os meios de se tornarem prejudiciais e a lhes facilitar por todos os

modos o afastamento. As pequenas reuniões apenas precisam de um regulamento disciplinar, muito simples, para a boa ordem das sessões. As Sociedades regularmente constituídas exigem organização mais completa. A melhor será a que tenha menos complicada a entrosagem. Umas e outras poderão haurir o que lhes for aplicável, ou o que julgarem útil, no regulamento da Sociedade Parisiense de Estudos Espíritas, que adiante inserimos.

340. Contra um outro escolho têm que lutar as Sociedades, pequenas ou grandes, e todas as reuniões, qualquer que seja a importância de que se revistam. Os ocasionadores de perturbações não se encontram somente no meio delas, mas também no mundo invisível. Assim como há Espíritos protetores das associações, das cidades e dos povos, Espíritos malfeitores se ligam aos grupos, do mesmo modo que aos indivíduos. Ligam-se, primeiramente, aos mais fracos, aos mais acessíveis, procurando fazê-los seus instrumentos e gradativamente vão envolvendo os conjuntos, por isso que tanto mais prazer maligno experimentam, quanto maior é o número dos que lhes caem sob o jugo.

Todas as vezes, pois, que, num grupo, um dos seus componentes cai na armadilha, cumpre se proclame que há no campo um inimigo, um lobo no redil, e que todos se ponham em guarda, visto ser mais que provável a multiplicação de suas tentativas. Se enérgica resistência o não levar ao desânimo, a obsessão se tornará mal contagioso, que se manifestará nos médiuns, pela perturbação da mediunidade, e nos outros pela hostilidade dos sentimentos, pela perversão do senso moral e pela turbação da harmonia. Como a caridade é o mais forte antídoto desse veneno, o sentimento da caridade é o que eles mais procuram abafar. Não se deve, portanto, esperar que o mal se haja tornado incurável, para remediá-lo; não se deve, sequer, esperar que os primeiros sintomas se manifestem; o de que se deve cuidar, acima de tudo, é de preveni-lo. Para isso, dois meios há eficazes, se forem bem aplicados: a prece feita do coração e o estudo atento dos menores sinais que revelam a presença de Espíritos mistificadores. O primeiro atrai os bons Espíritos, que só assistem zelosamente os que os secundam, mediante a confiança em Deus; o outro prova aos maus que estão lidando com pessoas bastante clarividentes e bastante sensatas, para se não deixarem ludibriar.

Se um dos membros do grupo for presa da obsessão, todos os esforços devem tender, desde os primeiros indícios, a lhe abrir os olhos, a fim de que o mal não se agrave, de modo a lhe levar a convicção de que se enganou e de lhe despertar o desejo de secundar os que procuram libertá-lo.

341. A influência do meio é consequência da natureza dos Espíritos e do modo por que atuam sobre os seres vivos. Dessa influência pode cada um deduzir, por si mesmo, as condições mais favoráveis para uma Sociedade que aspira a granjear a simpatia dos bons Espíritos e a só obter boas comunicações, afastando as más. Estas condições se contêm todas nas disposições morais dos assistentes e se resumem nos pontos seguintes:

Perfeita comunhão de vistas e de sentimentos.

Cordialidade recíproca entre todos os membros.

Ausência de todo sentimento contrário à verdadeira caridade cristã.

Um único desejo: o de se instruírem e melhorarem, por meio dos ensinos dos Espíritos e do aproveitamento de seus conselhos. Quem esteja persuadido de que os Espíritos superiores se manifestam com o fito de nos fazerem progredir, e não para nos divertirem, compreenderá que eles necessariamente se afastam dos que se limitam a lhes admirar o estilo, sem nenhum proveito tirar daí, e que só se interessam pelas sessões, de acordo com o maior ou menor atrativo que lhes oferecem, segundo os gostos particulares de cada um deles.

Exclusão de tudo o que, nas comunicações pedidas aos Espíritos, apenas exprima o desejo de satisfação da curiosidade.

Recolhimento e silêncio respeitosos, durante as confabulações com os Espíritos.

União de todos os assistentes, pelo pensamento, ao apelo feito aos Espíritos que sejam evocados.

Concurso dos médiuns da assembleia, com isenção de todo

sentimento de orgulho, de amor-próprio e de supremacia e com o só desejo de serem úteis.

Serão estas condições de tão difícil preenchimento, que se não encontre quem as satisfaça? Não o cremos; esperamos, ao contrário, que as reuniões verdadeiramente sérias, como as que já se realizam em diversas localidades, se multiplicarão e não hesitamos em dizer que a elas é que o Espiritismo será devedor da sua mais ampla propagação. Religando os homens honestos e conscienciosos, elas imporão silêncio à crítica e, quanto mais puras forem suas intenções, mais respeitadas serão, mesmo pelos seus adversários: *Quando a zombaria ataca o bem, deixa de provocar o riso: torna-se desprezível.* E nas reuniões desse gênero que se estabelecerão, pela força mesma das coisas, laços de real simpatia, de solidariedade mútua, que contribuirão para o progresso geral.

342. Fora errôneo acreditar-se que se achem fora desse concerto de fraternidade e que excluam toda ideia séria as reuniões consagradas de modo especial às manifestações físicas. Do fato de não requererem condições tão rigorosas para sua celebração, não se segue que a elas se possa assistir de ânimo ligeiro e muito se enganara quem suponha absolutamente nulo aí o concurso dos assistentes. Tem-se a prova do contrário no fato de que, muitas vezes, as manifestações deste gênero, ainda quando provocadas por médiuns poderosos, não chegam a produzir-se em certos meios. Quer dizer que também nesse caso há influências contrárias e que essas influências naturalmente decorrem da divergência ou hostilidade dos sentimentos, paralisando os esforços dos Espíritos.

As manifestações físicas, conforme já dissemos, têm grande utilidade, visto abrirem campo vasto ao observador, porquanto é toda uma série de fenômenos insólitos, de incalculáveis consequências a se lhe desdobrarem diante dos olhos. Pode, pois, com eles ocupar-se uma assembleia de objetivos muito sérios, mas não logrará a efetivação desses objetivos, quer como forma de estudo quer como meio de convicção, se se não realizarem em condições favoráveis, a primeira das quais consiste, não na fé dos assistentes, mas no desejo que os impulsione de se esclarecerem, sem intenções ocultas e sem o propósito antecipado de tudo recusarem, mesmo a evidência. A segunda é a limitação do número, para evitar a intromissão de elementos heterogêneos. Se é certo que são os Espíritos menos adiantados os que produzem as manifestações físicas, nem por isso deixam estas de apresentar um fim providencial e os bons Espíritos as favorecem, sempre que sejam capazes de dar resultados proveitosos.

Assuntos de estudo
343. Os que evocam seus parentes e amigos, ou certas personagens célebres, para lhes comparar as opiniões de além-túmulo com as que sustentavam quando vivos, ficam, não raro, embaraçados para manter com eles a conversação, sem caírem nas banalidades e futilidades. Pensam muitas pessoas, ao demais, que *O livro dos espíritos* esgotou a série das questões de moral e de filosofia. É um erro. Por isso julgamos útil indicar a fonte donde se pode tirar assuntos de estudo, por assim dizer inesgotáveis.

344. Se a evocação dos homens ilustres, dos Espí*ritos* superiores, é eminentemente proveitosa, pelos ensinamentos que eles nos dão, a dos Espíritos vulgares não o é menos, embora esses Espíritos sejam incapazes de resolver as questões de grande alcance. Eles próprios revelam a sua inferioridade e, quanto menor é a distância que os separa de nós, mais os reconhecemos em situação análoga à nossa, sem levar em conta que frequentemente nos manifestam traços característicos do mais alto interesse, conforme explicamos acima, no número 281, falando da utilidade das evocações particulares. Essa e, pois, uma mina inexaurível de observações, mesmo quando o experimentador se limite a evocar aqueles cuja vida humana apresente alguma particularidade, com relação ao gênero de morte que teve, à idade, às boas e más qualidades, à posição feliz ou desgraçada que lhes coube na Terra, aos hábitos, ao estado mental etc.

Com os Espíritos elevados, amplia-se o quadro dos estudos. Além das questões psicológicas, que têm um limite, pode propor-se-lhes uma imensidade de problemas morais, que se estendem ao infinito, sobre todas as posições da vida, sobre a melhor conduta a ser observada em tal ou qual circunstância, sobre os nossos deveres recíprocos etc. O valor da instrução que se receba, acerca de um assunto qualquer, moral, histórico, filosófico, ou científico, depende inteiramente do estado do Espírito que se interroga. Cabe-nos a nós julgar.

345. Além das evocações propriamente ditas, as comunicações espontâneas proporcionam uma infinidade de assuntos para estudo. No caso de tais comunicações, tudo se cifra em aguardar o assunto de que praza ao Espírito tratar. Nessa circunstância, muitos médiuns podem trabalhar simultaneamente. Algumas vezes, poder-se-á chamar determinado Espírito. De ordinário, porém, espera-se aquele que queira apresentar-se, o qual, amiúde, vem da maneira mais imprevista. Esses ditados servem, depois, para um sem-número de questões, cujos temas se acham assim preparados de antemão. Devem ser comentados cuidadosamente, para apreciação de todas as ideias que encerrem, julgando-se se eles têm o cunho da verdade. Feito com severidade, esse exame, já o dissemos, constitui a melhor garantia contra a intromissão dos Espíritos mistificadores. Por este motivo, tanto quanto para instrução de todos, bom será dar conhecimento das comunicações obtidas fora das sessões. Como se vê, uma fonte aí há inestancável de elementos sobremaneira sérios e instrutivos.

346. Os trabalhos de cada sessão podem regular-se conforme se segue:

1ª Leitura das comunicações espíritas recebidas na sessão anterior, depois de passadas a limpo.

2ª *Relatórios diversos.* — Correspondência. — Leitura das comunicações obtidas fora das sessões. — Narrativa de fatos que interessem ao Espiritismo.

3ª *Matéria de estudo.* — Ditados espontâneos. — Questões diversas e problemas morais propostos aos Espíritos. — Evocações.

4ª *Conferência.* — Exame crítico e analítico das diversas comunicações. Discussão sobre diferentes pontos da ciência espírita.

347. Os grupos recém-criados se veem, às vezes, tolhidos em seus trabalhos pela falta de médiuns. Estes, não há negar, são um

dos elementos essenciais às reuniões espíritas, mas não constituem elemento indispensável e fora erro acreditar-se que sem eles nada se pode fazer. Sem dúvida, os que se reúnem apenas com o fim de realizar experimentações não podem, sem médiuns, fazer mais do que façam músicos, num concerto, sem instrumentos. Porém, os que objetivam o estudo sério, a esses se deparam mil assuntos com que se ocupem, tão úteis e proveitosos, quanto se pudessem operar por si mesmos. Acresce que os grupos possuidores de médiuns estão sujeitos, de um momento para outro, a ficar sem eles e seria de lamentar que julgassem só lhes caber, nesse caso, dissolverem-se. Os próprios Espíritos costumam, de tempos a tempos, levá-los a essa situação, a fim de lhes ensinarem a prescindir dos médiuns. Diremos mais: é necessário, para aproveitamento dos ensinos recebidos, que consagrem algum tempo a meditá-los.

As sociedades científicas nem sempre têm ao seu dispor os instrumentos próprios para as observações e, no entanto, não deixam de encontrar assuntos de discussão. À falta de poetas e de oradores, as sociedades literárias leem e comentam as obras dos autores antigos e modernos. As sociedades religiosas meditam as Escrituras. As sociedades espíritas devem fazer o mesmo e grande proveito tirarão daí para seu progresso, instituindo conferências em que seja lido e comentado tudo o que diga respeito ao Espiritismo, pró ou contra. Dessa discussão, a que cada um dará o tributo de suas reflexões, saem raios de luz que passam despercebidos numa leitura individual.

A par das obras especiais, os jornais formigam de fatos, de narrativas, de acontecimentos, de rasgos de virtudes ou de vícios, que levantam graves problemas morais, cuja solução só o Espiritismo pode apresentar, constituindo isso ainda um meio de se provar que ele se prende a todos os ramos da ordem social.

Garantimos que a uma sociedade espírita, cujos trabalhos se mostrassem organizados nesse sentido, munida ela dos materiais necessários a executá-los, não sobraria tempo bastante para consagrar às comunicações diretas dos Espíritos. Daí o chamarmos para esse ponto a atenção dos grupos realmente sérios, dos que mais cuidam de instruir-se, do que de achar um passatempo. (Veja-se o n. 207, no capítulo *Da formação dos médiuns*.)

Rivalidades entre as Sociedades

348. Os grupos que se ocupam exclusivamente com as manifestações inteligentes e os que se entregam ao estudo das manifestações físicas têm cada um a sua missão. Nem uns, nem outros se achariam possuídos do verdadeiro espírito do Espiritismo, desde que não se olhassem com bons olhos; e aquele que atirasse pedras em outro provaria, por esse simples fato, a má influência que o domina. Todos devem concorrer, ainda que por vias diferentes, para o objetivo comum, que é a pesquisa e a propaganda da verdade. Os antagonismos, que não são mais do que efeito de orgulho superexcitado, fornecendo armas aos detratores, só poderão prejudicar a causa, que uns e outros pretendem defender.

349. Estas últimas reflexões se aplicam igualmente a todos os grupos que porventura divirjam sobre alguns pontos da Doutrina. Conforme dissemos, no capítulo *Das Contradições,* essas divergências, as mais das vezes, apenas versam sobre acessórios, não raro mesmo sobre simples palavras. Fora, portanto, pueril constituírem bando à parte alguns, por não pensarem todos do mesmo modo. Pior ainda do que isso seria o se tornarem ciosos uns dos outros os diferentes grupos ou associações da mesma cidade. Compreende-se o ciúme entre pessoas que fazem concorrência umas às outras e podem ocasionar recíprocos *prejuízos* materiais. Não havendo, porém, especulação, o ciúme só traduz mesquinha rivalidade de amor-próprio.

Como, em definitiva, não há sociedade que possa reunir em seu seio todos os adeptos, as que se achem animadas do desejo sincero de propagar a verdade, que se proponham a um fim unicamente moral, devem assistir com prazer à multiplicação dos grupos e, se alguma concorrência haja de entre eles existir, outra não deverá ser senão a de fazer cada um maior soma de bem. As que pretendam estar exclusivamente com a verdade terão que o provar, tomando por divisa: *Amor e Caridade,* que é a de todo verdadeiro espírita.

Quererão prevalecer-se da superioridade dos Espíritos que as assistam? Provem-no, pela superioridade dos ensinos que recebam e pela aplicação que façam deles a si mesmas. Esse o critério infalível para se distinguirem as que estejam no melhor caminho.

Alguns Espíritos, mais presunçosos do que lógicos, tentam por vezes impor sistemas singulares e impraticáveis, à sombra de nomes veneráveis com que se adornam. O bom-senso acaba sempre por fazer justiça a essas utopias, mas, enquanto isso não se dá, podem elas semear a dúvida e a incerteza entre os adeptos. Daí, não raro, uma causa de dissentimentos passageiros. Além dos meios que temos indicado de as apreciar, outro critério há, que lhes dá a medida exata do valor: o número dos partidários que tais sistemas recrutam. A razão diz que, de todos os sistemas, aquele que encontra maior acolhimento nas massas, deve estar mais próximo da verdade, do que os que são repelidos pela maioria e veem abrir claros nas suas fileiras. Tende, pois, como certo que, quando os Espíritos se negam a discutir seus próprios ensinos, é que bem reconhecem a fraqueza destes.

350. Se o Espiritismo, conforme foi anunciado, tem que determinar a transformação da Humanidade, claro é que esse efeito ele só poderá produzir melhorando as massas, o que se verificará gradualmente, pouco a pouco, em consequência do aperfeiçoamento dos indivíduos. Que importa crer na existência dos Espíritos, se essa crença não faz que aquele que a tem se torne melhor, mais benigno e indulgente para com os seus semelhantes, mais humilde e paciente na adversidade? De que serve ao avarento ser espírita, se continua avarento; ao orgulhoso, se se conserva cheio de si; ao invejoso, se permanece dominado pela inveja? Assim, poderiam todos os homens acreditar nas manifestações dos Espíritos e a Humanidade ficar estacionaria. Tais, porém, não são os desígnios de Deus. Para o objetivo providencial, portanto, é que devem tender todas as Sociedades espíritas sérias, grupando todos os que se achem animados dos mesmos sentimentos. Então, haverá união entre elas, simpatia, fraternidade, em vez de vão e pueril antagonismo, nascido do amor-próprio, mais de palavras do que de fatos; então, elas serão fortes e poderosas, porque assentarão

em inabalável alicerce: o bem para todos; então, serão respeitadas e imporão silêncio à zombaria tola, porque falarão em nome da moral evangélica, que todos respeitam.

Essa a estrada pela qual temos procurado com esforço fazer que o Espiritismo enverede. A bandeira que desfraldamos bem alto é a do *Espiritismo cristão e humanitário,* em torno da qual já temos a ventura de ver, em todas as partes do globo, congregados tantos homens, por compreenderem que aí é que está a âncora de salvação, a salvaguarda da ordem pública, o sinal de uma era nova para a Humanidade.

Convidamos, pois, todas as Sociedades espíritas a colaborar nessa grande obra. Que de um extremo ao outro do mundo elas se estendam fraternalmente as mãos e eis que terão colhido o mal em inextricáveis malhas.

CAPÍTULO XXX
REGULAMENTO DA SOCIEDADE PARISIENSE DE ESTUDOS ESPÍRITAS

Fundada a 1 de abril de 1858
E autorizada por decreto do sr. Prefeito de Polícia, em data de 13 de abril de 1858, de acordo com o aviso do exmo. sr. Ministro do Interior e da Segurança Geral.

NOTA. Conquanto este regulamento seja fruto da experiência, não o apresentamos como lei absoluta, mas unicamente para facilitar a formação de Sociedades aos que as queiram fundar, os quais aí encontrarão os dispositivos que lhes pareçam convenientes e aplicáveis às circunstâncias que lhes sejam peculiares. Embora já simplificada, essa organização ainda o poderá ser muito mais, quando se trate, não de Sociedades regularmente constituídas, mas de simples reuniões íntimas, que apenas necessitam adotar medidas de ordem, de precaução e de regularidade nos trabalhos.

Apresentamo-lo, igualmente, para o governo dos que desejam

manter relações com a Sociedade parisiense, quer como correspondentes, quer a título de membros da Sociedade.

CAPÍTULO I — *Fins e formação da Sociedade*

Art. 1º — A Sociedade tem por objeto o estudo de todos os fenômenos relativos às manifestações espíritas e suas aplicações às ciências morais, físicas, históricas e psicológicas. São defesas nela as questões políticas, de controvérsia religiosa e de economia social.

Toma por título: *Sociedade Parisiense de Estudos Espíritas.*

Art. 2º — A Sociedade se compõe de sócio titulados, de associados livres e de sócios correspondentes.

Pode conferir o título de sócio honorário a pessoas residentes na França ou no estrangeiro, que, pela sua posição ou por seus trabalhos, lhe possam prestar serviços assinaláveis.

Os sócios honorários são todos os anos submetidos à reeleição.

Art. 3º — A Sociedade não admitirá senão as pessoas que simpatizem com seus princípios e com o objetivo de seus trabalhos, as que já se achem iniciadas nos princípios fundamentais da ciência espírita, ou que estejam seriamente animadas do desejo de nesta se instruírem. Em consequência, exclui todo aquele que possa trazer elementos de perturbação às suas reuniões, seja por espírito de hostilidade e de oposição sistemática, seja por qualquer outra causa, e fazer, assim, que se perca o tempo em discussões inúteis.

A todos os seus associados corre o dever de recíproca benevolência e bom proceder, cumprindo-lhes, em todas as circunstâncias, colocar o bem geral acima das questões pessoais e de amor-próprio.

Art. 4º — Para ser admitido como associado livre deve o candidato dirigir ao presidente um pedido por escrito, apostilado por dois sócios titulares, que se tornam fiadores das intenções do postulante.

O pedido deve informar sumariamente: 1º, se o requerente já possui alguns conhecimentos do Espiritismo; 2º, o estado de sua convicção sobre os pontos fundamentais da ciência; 3º, o compromisso de se sujeitar em tudo ao regulamento.

O pedido será submetido à comissão de que fala o artigo 11,

que o examinará e proporá, se julgar conveniente, a admissão, o adiamento, ou indeferimento.

O adiamento é de rigor, com relação a todo candidato que ainda nenhum conhecimento possua da ciência espírita e que não simpatize com os princípios da Sociedade.

Os associados livres têm o direito de assistir às sessões, de tomar parte nos trabalhos e nas discussões que tenham por objeto o estudo, mas, em caso algum, terão voto deliberativo, no que diga respeito aos negócios da Sociedade.

Os associados livres só o serão durante o ano em que tenham sido aceitos e, para permanecerem na Sociedade, a admissão deles deverá ser ratificada no fim desse primeiro ano.

Art. 5º — Para ser sócio titular, é preciso que a pessoa tenha sido, pelo menos durante um ano, associado livre, tenha assistido a mais de metade das sessões e dado, durante esse tempo, provas notórias de seus conhecimentos e de suas convicções em matéria de Espiritismo, de sua adesão aos princípios da Sociedade e do desejo de proceder, em todas as circunstâncias, para com seus colegas, de acordo com os princípios da caridade e da moral espírita.

Os associados livres, que hajam assistido regularmente, durante seis meses, às sessões da Sociedade, poderão ser admitidos como sócios titulares se, ao demais, preencherem as outras condições.

A admissão será proposta *ex officio* pela comissão, com o assentimento do associado, se for, além disso, apoiado por três outros sócios titulares. Em seguida, se tiver cabimento, será votada pela Sociedade, em escrutínio secreto, após um relatório verbal da comissão.

Só os sócios titulares têm voto deliberativo e gozam da faculdade concedida pelo art. 25.

Art. 6º — A Sociedade limitará, se julgar conveniente, o número dos associados livres e dos sócios titulares.

Art. 7º — Sócios correspondentes são os que, não residindo em Paris, mantenham relações com a Sociedade e lhe forneçam documentos úteis a seus estudos. Podem ser nomeados por proposta de um único sócio titular.

CAPÍTULO II — *Administração*

Art. 8º — A Sociedade é administrada por um presidente-diretor, assistido pelos membros de uma diretoria e de uma comissão.

Art. 9º — A diretoria se compõe de: um presidente, um vice-presidente, um secretário principal, dois secretários adjuntos e um tesoureiro.

Além desses, um ou mais presidentes honorários poderão ser nomeados.

Na falta do presidente e do vice-presidente, as sessões serão presididas por um dos membros da comissão.

Art. 10º — O presidente-diretor deverá dedicar todos os seus cuidados aos interesses da Sociedade e da ciência espírita. Cabem-lhe a direção geral e a alta superintendência da administração, assim como a conservação dos arquivos.

O presidente é nomeado por três anos, os outros membros da diretoria por um ano, indefinidamente reelegíveis.

Art. 11º — A comissão se compõe dos membros da diretoria e de cinco outros sócios titulares, escolhidos de preferência entre os que tiverem dado concurso ativo aos trabalhos da Sociedade, prestado serviços à causa do Espiritismo, ou demonstrado possuir ânimo benevolente e conciliador. Estes cinco membros são, como os da diretoria, eleitos por um ano e reelegíveis.

A comissão é, de direito, presidida pelo presidente-diretor, ou, em falta deste, pelo vice-presidente, ou por aquele de seus outros membros que para esse efeito seja designado.

A comissão tem a seu cargo o exame prévio de todas as questões e proposições administrativas e outras que hajam de ser submetidas à Sociedade; a fiscalização das receitas e despesas desta e as contas do tesoureiro; a autorização das despesas ordinárias e a adoção de todas as medidas de ordem, que julgue necessárias.

Compete-lhe, além disso, examinar os trabalhos e assuntos de estudo, propostos pelos diversos sócios, formulá-los ela própria, a seu turno, e determinar a ordem das sessões, de acordo com o presidente.

O presidente poderá sempre opor-se a que certos assuntos sejam tratados e postos na ordem do dia, cabendo-lhe recorrer da sua decisão para a Sociedade, que resolverá afinal.

A comissão se reunirá regularmente antes das sessões, para exame dos casos ocorrentes e, também, sempre que julgar conveniente.

Os membros da diretoria e da comissão que, sem participação, se ausentem por três meses consecutivos, são tidos como renunciantes às suas funções, cumprindo providenciar-se para a substituição deles.

Art. 12° — As decisões, quer da Sociedade, quer da comissão, serão tomadas por maioria absoluta de votos dos membros presentes; em caso de empate, preponderará o voto do presidente.

A comissão poderá deliberar quando estiverem presentes quatro de seus membros.

O escrutínio secreto será obrigatório, se o reclamarem cinco membros.

Art. 13° — De três em três meses, seis sócios, escolhidos entre os titulares e os associados livres, serão designados para desempenhar as funções de *comissários*.

Os comissários são encarregados de velar pela boa ordem e regularidade das sessões e de verificar o direito de entrada de toda pessoa que se apresenta para a elas assistir.

Para esse efeito, os sócios designados se entenderão, de maneira que um deles esteja presente a abertura das sessões.

Art. 14° — O ano social começa a 1 de abril.

As nomeações para a diretoria e para a comissão se farão na primeira sessão do mês de maio. Os membros de uma e outra, em exercício, continuarão nas suas funções até essa época.

Art. 15° — Para se proverem às despesas da Sociedade, os titulares pagarão uma cota anual de vinte e quatro francos e os associados livres a de vinte francos.

Os sócios titulares, ao serem admitidos, pagarão, além disso, de uma vez, como joia de entrada, dez francos.

A cota é paga integralmente por ano corrente.

Os que forem admitidos só terão que pagar, do ano em que se der a admissão, os trimestres ainda não decorridos, incluído o em que essa admissão se verificar.

Quando marido e mulher forem aceitos como associados livres, ou titulares, só uma cota e meia será exigida pelos dois.

Cada seis meses, a 1 de abril e 1 de outubro, o tesoureiro prestará à Comissão contas do emprego e da situação dos fundos.

Pagas as despesas ordinárias de alugueres e outras obrigatórias, se houver saldo a Sociedade determinará o emprego a dar-se-lhe.

Art. 16º — A todos os admitidos, associados livres ou titulares, se conferirá um cartão de admissão, comprovando-lhe a categoria. Esse cartão fica com o tesoureiro, de cujo poder o novo sócio poderá retirá-lo, pagando a sua cota e a joia de entrada. Ele não poderá assistir às sessões senão depois de haver retirado o seu cartão. Não o tendo feito até um mês depois da sua admissão, será considerado demissionário.

Será igualmente considerado demissionário, todo sócio que não houver pagado sua cota anual no primeiro mês da renovação do ano social, desde que fique sem resultado um aviso que o tesoureiro lhe enviará.

CAPÍTULO III — *Das sessões*

Art. 17º — As sessões da Sociedade se realizarão às sextas-feiras, às 8 horas da noite, salvo modificação, se for necessária.

As sessões serão particulares ou gerais; nunca serão públicas.

Todos os que façam parte da Sociedade, sob qualquer título, devem, em cada sessão, assinar os nomes numa lista de presença.

Art. 18º — O silêncio e o recolhimento são rigorosamente exigidos durante as sessões, e, principalmente, durante os estudos. Ninguém pode usar da palavra, sem a ter obtido do presidente.

Todas as perguntas aos Espíritos devem ser feitas por intermédio do presidente, que poderá recusar formulá-las, conforme as circunstâncias.

São especialmente interditas todas as perguntas fúteis, de interesse pessoal, de pura curiosidade, ou que tenham o objetivo de submeter os Espíritos a provas, assim como todas as que não tenham um fim geral, do ponto de vista dos estudos.

São igualmente interditas todas as discussões capazes de desviar a sessão do seu objeto especial.

Art. 19º — Todo sócio tem o direito de reclamar seja chamado à ordem aquele que se afaste das conveniências nas discussões, ou perturbe as sessões, de qualquer maneira. A reclamação será imediatamente posta a votos; se for aprovada, constará na ata.

Três chamadas à ordem, no espaço de um ano, acarretam, de direito, a eliminação do sócio que nelas haja incorrido, qualquer que seja a sua categoria.

Art. 20º — Nenhuma comunicação espírita, obtida fora da Sociedade, pode ser lida, antes de submetida, seja ao presidente, seja à comissão, que podem admitir ou recusar a leitura.

Nos arquivos deverá ficar depositada uma cópia de toda comunicação estranha, cuja leitura tenha sido autorizada.

Todas as comunicações obtidas durante as sessões pertencem à Sociedade, podendo os médiuns que as tomaram, tirar delas uma cópia.

Art. 21º — As sessões particulares são reservadas aos membros da Sociedade. Realizar-se-ão nas 1ª e 3ª sextas-feiras de cada mês e também na 5ª quando houver.

A Sociedade reserva para as sessões particulares todas as questões concernentes aos negócios administrativos, assim como os assuntos de estudo que mais tranquilidade e concentração reclamem, ou que ela julgue conveniente aprofundar, antes de tratá-lo em presença de pessoas estranhas.

Têm direito de assistir às sessões particulares, além dos sócios titulares e dos associados livres, os sócios correspondentes, que se achem temporariamente em Paris, e os médiuns que prestem seu concurso à Sociedade.

Nenhuma pessoa estranha a esta será admitida às sessões particulares, salvo casos excepcionais e com assentimento prévio do presidente.

Art. 22º — As sessões gerais se realizarão nas 2ª e 4ª sextas-feiras de cada mês.

Nas sessões gerais, a Sociedade autoriza a admissão de ouvintes estranhos, que poderão a elas assistir temporariamente, sem tomarem parte

nelas. Cabe-lhe retirar essa autorização, quando julgue conveniente.
Ninguém pode assistir às sessões, como ouvinte, sem ser apresentado ao presidente, por um sócio, que se torna fiador de seu cuidado em não causar perturbação, nem interrupção.

A Sociedade não admite como ouvintes senão pessoas que aspirem a tornar-se seus associados, ou que simpatizem com seus trabalhos, e que já estejam suficientemente iniciadas na ciência espírita, para compreendê-los. A admissão deverá ser negada de modo absoluto a quem quer que deseje ser ouvinte por mera curiosidade, ou cujos sentimentos sejam hostis à Sociedade.

Aos ouvintes é interdito o uso da palavra, salvo casos excepcionais, a juízo do presidente. Aquele que, de qualquer maneira, perturbar a ordem, ou manifestar má vontade para com os trabalhos da Sociedade, poderá ser convidado a retirar-se e, em todos os casos, o fato será anotado na lista de admissão e a entrada lhe será de futuro proibida.

Devendo limitar-se o número dos ouvintes pelos lugares disponíveis, os que puderem assistir às sessões deverão ser inscritos previamente num registro criado para esse fim, com indicação dos endereços e das pessoas que os recomendam. Em consequência, todo pedido de entrada deverá ser dirigido, muitos dias antes da sessão, ao presidente, que expedirá os cartões de admissão até que a lista se ache esgotada.

Os cartões de entrada só podem servir para o dia indicado e para as pessoas designadas.

A permissão de entrada não pode ser concedida ao mesmo ouvinte para mais de duas sessões, salvo autorização do presidente e em casos excepcionais. Nenhum membro da Sociedade poderá apresentar mais de duas pessoas ao mesmo tempo. Não têm limite as entradas concedidas pelo presidente.

Os ouvintes não serão admitidos depois de aberta a sessão.

CAPÍTULO IV — *Disposições diversas*

Art. 23º — Todos os membros da Sociedade lhe devem inteiro concurso. Em consequência, são convidados a colher, nos seus respectivos círculos de observações, os fatos antigos ou recentes, que possam dizer respeito ao Espiritismo, e a os assinalar. Cuidarão, ao mesmo tempo, de inquirir, tanto quanto possível, da notoriedade deles.

São igualmente convidados a lhe dar conhecimento de todas as publicações que possam relacionar-se mais ou menos diretamente com objetivo de seus trabalhos.

Art. 24º — A Sociedade submeterá a um exame crítico as diversas obras que se publicarem sobre o Espiritismo, quando julgue oportuno. Para esse efeito, encarregará um de seus membros, associado livre ou titular, de lhe apresentar um relatório, que será impresso, se tiver cabimento na *Revue Spirite*.

Art. 25º — A Sociedade criará uma biblioteca especial composta das obras que lhe forem oferecidas e das que ela adquirir.

Os sócios titulares poderão, na sede da Sociedade, consultar quer a biblioteca, quer os arquivos nos dias e horas que para isso forem marcados.

Art. 26º — A Sociedade, considerando que a sua responsabilidade pode achar-se moralmente comprometida pelas publicações particulares de seus associados, prescreve que ninguém poderá, em qualquer escrito, usar do título de *sócio da Sociedade*, sem que a isso esteja por ela autorizado e sem que previamente tenha ela tido conhecimento do manuscrito. À comissão caberá fazer-lhe um relatório a esse respeito. Se a Sociedade julgar que o escrito é incompatível com seus princípios, o autor, depois de ouvido, será convidado, ou a modificá-lo, ou a renunciar à sua publicação, ou, finalmente, a não se inculcar como sócio da Sociedade. Dado que ele se não submeta à decisão que for tomada, poderá ser resolvida a sua exclusão.

Todo escrito que um sócio publicar sob o véu da anonimia e sem indicação alguma, pela qual se possa reconhecê-lo como autor, será incluído na categoria das publicações ordinárias, cuja apreciação a Sociedade reserva para si. Todavia, sem querer obstar à livre emissão das opiniões pessoais, a Sociedade convida aqueles de seus membros, que tenham a intenção de fazer publicações desse gênero, a que previamente lhe peçam o parecer oficioso, no interesse da ciência.

Art. 27º — Querendo manter no seu seio a unidade de princípios e o espírito de recíproca tolerância, a Sociedade poderá resolver a exclusão de qualquer de seus sócios que se constitua causa de perturbação, ou se lhe tome abertamente hostil, mediante escritos comprometedores para a Doutrina, opiniões subversivas, ou por um modo de proceder que ela não possa aprovar. A exclusão, porém, não pode ser decretada, senão depois de prévio aviso oficioso, se este ficar sem efeito, e depois de ouvir o sócio inculpado, se ele entender conveniente explicar-se. A decisão será tomada por escrutínio secreto e pela maioria de três quartos dos membros presentes.

Art. 28º — O sócio que voluntariamente se retire, no correr do ano, não poderá reclamar a diferença das cotas que haja pagado. Essa diferença, porém, será reembolsada, no caso de exclusão decretada pela Sociedade.

Art. 29º — O presente regulamento poderá ser modificado, quando for conveniente. As propostas de modificação não poderão ser feitas à Sociedade, senão pelo órgão de seu presidente, ao qual deverão ser transmitidas e no caso de terem sido admitidas pela comissão.

Pode a Sociedade, sem modificar o seu regulamento nos pontos essenciais, adotar todas as medidas complementares que lhe pareçam necessárias.

CAPÍTULO XXXI
DISSERTAÇÕES ESPÍRITAS

Reunimos neste capítulo alguns ditados espontâneos, que completam e confirmam os princípios exarados nesta obra. Poderíamos inseri-los em muito maior número; limitamo-nos, porém, aos que, de modo mais particular, dizem respeito ao porvir do Espiritismo, aos médiuns e às reuniões. Damo-los também como instrução e como tipos das comunicações verdadeiramente sérias. Encerramos o capítulo com algumas comunicações apócrifas, seguidas de notas apropriadas a torná-las reconhecíveis.

Acerca do Espiritismo

I

Confiai na bondade de Deus e sede bastante clarividentes para perceberdes os preparativos da nova vida que ele vos destina.

Não vos será dado, é certo, gozá-la nesta existência; porém, não sereis ditosos, se não tomardes a viver neste globo, por poderdes considerar do alto que a obra, que houverdes começado, se desenvolve sob as vossas vistas?

Couraçai-vos de fé firme e inabalável contra os obstáculos que, ao que parece, hão de levantar-se contra o edifício cujos fundamentos pondes. São sólidas as bases em que ele assenta: a primeira pedra colocou-a o Cristo. Coragem, pois, arquitetos do divino Mestre! Trabalhai, construí! Deus vos coroará a obra.

Mas lembrai-vos bem de que o Cristo renega, como seu discípulo, todo aquele que só nos lábios tem a caridade.

Não basta crer; é preciso, sobretudo, dar exemplos de bondade, de tolerância e de desinteresse, sem o que estéril será a vossa fé.

SANTO AGOSTINHO.

II

O próprio Cristo preside aos trabalhos de toda sorte que se acham em via de execução, para vos abrirem a era de renovação e de aperfeiçoamento, que os vossos guias espirituais vos predizem.

Se, com efeito, afora as manifestações espíritas lançardes os olhos sobre os acontecimentos contemporâneos, reconhecereis, sem hesitação, os sinais precursores, que vos provarão, de maneira irrefragável, serem chegados os tempos preditos.

Estabelecem-se comunicações entre todos os povos. Derribadas as barreiras materiais, os obstáculos morais que se lhes opõem à união, os preconceitos políticos e religiosos rapidamente se apagarão e o reinado da fraternidade se implantará, afinal, de forma sólida e durável. Observai que já os próprios soberanos, impelidos por invisível mão, tomam, coisa para vós inaudita! a iniciativa das reformas. E as reformas, quando partem de cima e espontaneamente, são muito mais rápidas e duráveis, do que as que partem de baixo e são arrancadas pela força.

Eu pressentira, mau grado a prejuízos de infância e de educação, mau grado ao culto da lembrança, a época atual. Sou feliz por isso e mais feliz ainda por vos vir dizer: Irmãos, coragem! trabalhai por vós e pelo futuro dos vossos; trabalhai, sobretudo, por vos melhorardes pessoalmente e gozareis, na vossa primeira existência, de uma ventura de que tão difícil vos é fazer ideia, quanto a mim vo-la fazer compreender.

CHATEAUBRIAND.

III

Penso que o Espiritismo é um estudo todo filosófico das causas secretas dos movimentos interiores da alma, até agora nada ou pouco definidos.

Explica, mais do que desvenda, horizontes novos.

A reencarnação e as provas, sofridas antes de atingir o Espírito a meta suprema, não são revelações, porém uma confirmação importante. Tocam-me ao vivo as verdades que por *esse meio* são postas em foco. Digo intencionalmente — *meio* — porquanto, a meu ver, o Espiritismo é uma alavanca que afasta as barreiras da cegueira.

Está toda por criar-se a preocupação das questões morais. Discute-se a política, que agita os interesses gerais; discutem-se os interesses particulares; o ataque ou a defesa das personalidades apaixonam; os sistemas têm seus partidários e seus detratores. Entretanto, as verdades morais, as que são o pão da alma, o pão de vida, ficam abandonadas sob o pó que os séculos hão acumulado.

Aos olhos das multidões, todos os aperfeiçoamentos são úteis, exceto o da alma. Sua educação, sua elevação não passam de quimeras, próprias, quando muito, para ocupar os lazeres dos padres, dos poetas, das mulheres, quer como moda, quer como ensino.

Ressuscitando o *espiritualismo,* o *Espiritismo* restituirá à sociedade o surto, que a uns dará a dignidade interior, a outros a resignação, a todos a necessidade de se elevarem para o Ente supremo, olvidado e desconhecido pelas suas ingratas criaturas.

J. J. ROUSSEAU.

IV

Se Deus envia os Espíritos a instruir os homens, é para que estes se esclareçam sobre seus deveres, é para lhes mostrarem o caminho por onde poderão abreviar suas provas e, conseguintemente apressar o seu progresso. Ora, do mesmo modo que o fruto chega à madureza, também o homem chegará à perfeição. Porém, de par com Espíritos bons, que desejam o vosso bem, há igualmente os Espíritos imperfeitos, que desejam o vosso mal. Ao passo que uns vos impelem para a frente, outros vos puxam para trás. A saber distingui-los é que deve aplicar-se toda a vossa atenção. E fácil o meio: trata-se unicamente de compreenderdes que o que vem de um Espírito bom não pode prejudicar a quem quer que seja e que tudo o que seja mal só de um mau Espírito pode provir. Se não escutardes os sábios conselhos dos Espíritos que vos querem bem, se vos ofenderdes pelas verdades, que eles vos digam, evidente é que são maus os Espíritos que vos inspiram. Só o orgulho pode impedir que vos vejais quais realmente sois. Mas, se vós mesmos não o vedes, outros o veem por vós. De sorte que, então, sois censurados pelos homens, que de vós se riem por detrás, e pelos Espíritos.

UM ESPÍRITO FAMILIAR.

V

É bela e santa a vossa Doutrina. O primeiro marco está plantado e plantado solidamente. Agora, só tendes que caminhar. A estrada que vos está aberta é grande e majestosa. Feliz daquele que chegar ao porto; quanto mais prosélitos houver feito, tanto mais lhe será contado. Mas, para isso, cumpre não abraçar friamente a Doutrina; é preciso fazê-lo com ardor e esse ardor será duplicado, porquanto Deus está convosco, sempre que fazeis o bem. Todos os que atrairdes serão outras tantas ovelhas que voltaram ao aprisco. Pobres ovelhas meio transviadas! Crede que o mais céptico, o mais ateu, o mais incrédulo, enfim, tem sempre no coração um cantinho que ele desejara poder ocultar a si mesmo. Esse cantinho é que é preciso procurar, é que é preciso achar. E o lado vulnerável que se deve atacar. É uma brechazinha que Deus intencionalmente deixa aberta, para facilitar à sua criatura o meio de lhe voltar ao seio.

SÃO BENEDITO.

VI

Não vos arreceeis de certos obstáculos, de certas controvérsias. A ninguém atormenteis com qualquer insistência. Aos incrédulos, a persuasão não virá, senão pelo vosso desinteresse, senão pela vossa tolerância e pela vossa caridade para com todos, sem exceção. Guardai-vos, sobretudo, de violar a opinião, mesmo por palavras, ou por demonstrações públicas. Quanto mais modestos fordes, tanto mais conseguireis tornar-vos apreciados. Nenhum móvel pessoal vos faça agir e encontrareis nas vossas consciências uma força de atração que só o bem proporciona.

Por ordem de Deus, os Espíritos trabalham pelo progresso de todos, sem exceção. Fazei o mesmo, vós outros, espíritas.

SÃO LUÍS.

VII

Qual a instituição humana, ou mesmo divina, que não encontrou obstáculos a vencer, cismas contra que lutar? Se apenas tivésseis uma existência triste e lânguida, ninguém vos atacaria, sabendo perfeitamente que havíeis de sucumbir de um momento para outro. Mas, como a vossa vitalidade é forte e ativa, como a árvore espírita tem fortes raízes, admitem que ela poderá viver longo tempo e tentam golpeá-la a machado. Que conseguirão esses invejosos? Quando muito, deceparão alguns galhos, que renascerão com seiva nova e serão mais robustos do que nunca.

CHANNING.

VIII

Vou falar-vos da firmeza que deveis possuir nos vossos trabalhos espíritas. Uma citação sobre este ponto já vos foi feita. Aconselho-vos que a estudeis de coração e que lhe apliqueis o espírito a vós mesmos, porquanto, como São Paulo, sereis perseguidos, não em carne e em osso, mas em espírito. Os incrédulos, os fariseus da época vos hão de vituperar e escarnecer. Nada temais: será uma prova que vos fortalecerá, se a souberdes entregar a Deus e mais tarde vereis coroados de êxito os vossos esforços. Será para vós um grande triunfo no dia da eternidade, sem esquecer que, neste mundo, já é um consolo, para os que hão perdido parentes e amigos. Saber que estes são ditosos, que se podem comunicar com eles é uma felicidade. Caminhai, pois, para a frente; cumpri a missão que Deus vos dá e ela será contada no dia em que comparecerdes ante o Onipotente.

CHANNING.

IX

Venho, eu, vosso Salvador e vosso juiz; venho, como outrora, aos filhos transviados de Israel; venho trazer a verdade e dissipar as trevas. Escutai-me. O Espiritismo, como outrora a minha palavra, tem que lembrar aos materialistas que acima deles reina a imutável verdade: o Deus bom, o Deus grande, que faz germinar a planta e que levanta as ondas. Revelei a Doutrina Divina; como o ceifeiro, atei em feixes o bem esparso na Humanidade e disse: Vinde a mim, vós todos que sofreis!

Mas, ingratos, os homens se desviaram do caminho reto e largo que conduz ao reino de meu Pai e se perderam nas ásperas veredas da impiedade. Meu Pai não quer aniquilar a raça humana; quer, não mais por meio de profetas, não mais por meio de apóstolos, porém, que, ajudando-vos uns aos outros, mortos e vivos, isto é, mortos segundo a carne, porquanto a morte não existe, vos socorrais e que a voz dos que já não existem ainda se faça ouvir, clamando-vos: Orai e crede! por isso que a morte é a ressurreição, e a vida, a prova escolhida, durante a qual, cultivadas, as vossas virtudes têm que crescer e desenvolver-se como o cedro.

Crede nas vozes que vos respondem: são as próprias almas dos que evocais. Só muito raramente me comunico. Meus amigos, os que hão assistido à minha vida e à minha morte são os intérpretes divinos das vontades de meu Pai.

Homens fracos, que acreditais no erro das vossas inteligências obscuras, não apagueis o facho que a clemência divina vos coloca nas mãos, para vos clarear a estrada e reconduzir-vos, filhos perdidos, ao regaço de vosso Pai.

Em verdade vos digo: crede na diversidade, na *multiplicidade* dos Espíritos que vos cercam. Estou infinitamente tocado de compaixão pelas vossas misérias, pela vossa imensa fraqueza, para deixar de estender mão protetora aos infelizes transviados que, vendo o céu, caem no abismo do erro. Crede, amai, compreendei as verdades que vos são reveladas; não mistureis o joio com o bom grão, os sistemas com as verdades.

Espíritas! Amai-vos, eis o primeiro ensino; instruí-vos, eis o segundo. Todas as verdades se encontram no Cristianismo; são de origem humana os erros que nele se enraizaram. Eis que do além-túmulo, que julgais o nada, vos clamam vozes: irmãos! Nada perece; Jesus Cristo é o vencedor do mal, sede os vencedores da impiedade.

NOTA. Esta comunicação, obtida por um dos melhores médiuns da Sociedade Espírita de Paris, foi assinada com um nome que o respeito não nos permite reproduzir, senão sob todas as reservas, tão grande seria o insigne favor da sua autenticidade e porque dele se há muitas vezes abusado demais, em comunicações evidentemente apócrifas. Esse nome é o de Jesus de Nazaré. De modo algum duvidamos de que ele possa manifestar-se; mas, se os Espíritos verdadeiramente superiores não o fazem, senão em circunstâncias excepcionais, a razão nos inibe de acreditar que o Espírito por excelência puro responda ao chamado do primeiro que apareça. Em todo caso, haveria profanação, no se lhe atribuir uma linguagem indigna dele.

Por estas considerações, é que nos temos abstido sempre de publicar o que traga esse nome. E julgamos que ninguém será circunspecto em excesso no tocante a publicações deste gênero, que apenas para o amor-próprio têm autenticidade e cujo menor inconveniente é fornecer armas aos adversários do Espiritismo.

Como já dissemos, quanto mais elevados são os Espíritos na hierarquia, com tanto mais desconfiança devem os seus nomes ser acolhidos nos ditados. Fora mister ser dotado de bem grande dose de orgulho, para poder alguém vangloriar-se de ter o privilégio das comunicações por eles dadas e considerar-se digno de com eles confabular, como com os que lhe são iguais.

Na comunicação acima apenas uma coisa reconhecemos: é a

superioridade incontestável da linguagem e das ideias, deixando que cada um julgue por si mesmo se aquele de quem ela traz o nome não a renegaria.

Sobre os médiuns

X

Todos os homens são médiuns, todos têm um Espírito que os dirige para o bem, quando sabem escutá-lo. Agora, que uns se comuniquem diretamente com ele, valendo-se de uma mediunidade especial, que outros não o escutem senão com o coração e com a inteligência, pouco importa: não deixa de ser um Espírito familiar quem os aconselha. Chamai-lhe espírito, razão, inteligência, é sempre uma voz que responde à vossa alma, pronunciando boas palavras. Apenas, nem sempre as compreendeis.

Nem todos sabem agir de acordo com os conselhos da razão, não dessa razão que antes se arrasta e rasteja do que caminha, dessa razão que se perde no emaranhado dos interesses materiais e grosseiros, mas dessa razão que eleva o homem acima de si mesmo, que o transporta a regiões desconhecidas, chama sagrada que inspira o artista e o poeta, pensamento divino que exalça o filósofo, arroubo que arrebata os indivíduos e povos, razão que o vulgo não pode compreender, porém que ergue o homem e o aproxima de Deus, mais que nenhuma outra criatura, entendimento que o conduz do conhecido ao desconhecido e lhe faz executar as coisas mais sublimes.

Escutai essa voz interior, esse bom gênio, que incessantemente vos fala, e chegareis progressivamente a ouvir o vosso anjo guardião, que do alto dos céus vos estende as mãos. Repito: a voz íntima que fala ao coração é a dos bons Espíritos e é deste ponto de vista que todos os homens são médiuns.

CHANNING.

XI

O dom da mediunidade é tão antigo quanto o mundo. Os profetas eram médiuns. Os mistérios de Elêusis se fundavam na mediunidade.

Os Caldeus, os Assírios tinham médiuns. Sócrates era dirigido por um Espírito que lhe inspirava os admiráveis princípios da sua filosofia; ele lhe ouvia a voz. Todos os povos tiveram seus médiuns e as inspirações de Joana d'Arc não eram mais do que vozes de Espíritos benfazejos que a dirigiam.

Esse dom, que agora se espalha, raro se tornara nos séculos medievos; porém, nunca desapareceu. Swedenborg e seus adeptos constituíram numerosa escola. A França dos últimos séculos, zombeteira e preocupada com uma filosofia que, pretendendo extinguir os abusos da intolerância religiosa, abafava sob o ridículo tudo o que era ideal, a França tinha que afastar o Espiritismo, que progredia sem cessar ao Norte.

Permitira Deus essa luta das ideias positivas contra as ideias espiritualistas, porque o fanatismo se constituíra a arma destas últimas. Agora, que os progressos da indústria e da ciência desenvolveram a arte de bem viver, a tal ponto que as tendências materiais se tornaram dominantes, quer Deus que os Espíritos sejam reconduzidos aos interesses da alma. Quer que o aperfeiçoamento do homem moral se torne o que deve ser, isto é, o fim e o objetivo da vida.

O Espírito humano segue em marcha necessária, imagem da graduação que experimenta tudo o que povoa o Universo visível e invisível. Todo progresso vem na sua hora: a da elevação moral soou para a Humanidade. Ela não se operará ainda nos vossos dias; mas agradecei ao Senhor o haver permitido assistais à aurora bendita.

PEDRO JOUTY (PAI DO MÉDIUM).

XII

Deus me encarregou de desempenhar uma missão junto dos crentes a quem ele favorece com o mediumato. Quanto mais graça recebem eles do Altíssimo, mais perigos correm e tanto maiores são esses perigos, quando se originam dos favores mesmos que Deus lhes concede.

As faculdades de que gozam os médiuns lhes granjeiam os elogios dos homens. As felicitações, as adulações, eis, para eles, o escolho. Rápido esquecem a anterior incapacidade que lhes devia estar sempre presente à lembrança. Fazem mais: o que só devem a Deus atribuem-no a seus próprios méritos. Que acontece então? Os bons Espíritos os abandonam, eles se tornam joguete dos maus e ficam sem bússola para se guiarem. Quanto mais capazes se tornam, mais impelidos são a se atribuírem um mérito que lhes não pertence, até que Deus os puna, afinal, retirando-lhes uma faculdade que, desde então, somente fatal lhes pode ser.

Nunca me cansarei de recomendar-vos que vos confieis ao vosso anjo guardião, para que vos ajude a estar sempre em guarda contra o vosso mais cruel inimigo, que é o orgulho. Lembrai-vos bem, vós que tendes a ventura de ser intérpretes dos Espíritos para os homens, de que severamente punidos sereis, porque mais favorecidos fostes.

Espero que esta comunicação produza frutos e desejo que ela possa ajudar os médiuns a se terem em guarda contra o escolho que os faria naufragar. Esse escolho, já o disse, é o orgulho.

JOANA D'ARC.

XIII

Quando quiserdes receber comunicações de bons Espíritos, importa vos prepareis para esse favor pelo recolhimento, por intenções puras e pelo desejo de fazer o bem, tendo em vista o progresso geral. Porque, lembrai-vos de que o egoísmo é causa de retardamento a todo progresso. Lembrai-vos de que se Deus permite que alguns dentre vós recebam o sopro daqueles de seus filhos que, pela sua conduta, souberam fazer-se merecedores de lhe compreender a infinita bondade, é que ele quer, por solicitação nossa e atendendo às vossas boas intenções, dar-vos os meios de avançardes no caminho que a ele conduz.

Assim, pois, médiuns! aproveitai dessa faculdade que Deus houve por bem conceder-vos. Tende fé na mansuetude do nosso Mestre; ponde sempre em prática a caridade; não vos canseis jamais de exercitar essa virtude sublime, assim como a tolerância. Estejam sempre as vossas ações de harmonia com a vossa consciência e tereis nisso um meio certo de centuplicardes a vossa felicidade nessa vida passageira e de preparardes para vós mesmos uma existência mil vezes ainda mais suave.

Que, dentre vós, o médium que não se sinta com forças para perseverar no ensino espírita, se abstenha; porquanto, não fazendo proveitosa a luz que o ilumina, será menos escusável do que outro qualquer e terá que expiar a sua cegueira.

PASCAL.

XIV

Falar-vos-ei hoje do desinteresse, que deve ser uma das qualidades essenciais dos médiuns, tanto quanto a modéstia e o devotamento.

Deus lhes outorgou a faculdade mediúnica, para que auxiliem a propagação da verdade e não para que trafiquem com ela. E, falando de tráfico, não me refiro apenas aos que entendessem de explorá-la, como o fariam com um dom qualquer da inteligência, aos que se fizessem médiuns, como outros se fazem dançarinos ou cantores, mas também a todos os que pretendessem dela servir-se com o fito em interesses quaisquer.

Será racional crer-se que Espíritos bons e, ainda menos, Espíritos superiores, que condenam a cobiça, consintam em prestar-se a espetáculos e, como comparsas, se ponham à disposição de um empresário de manifestações espíritas?

Não é racional se suponha que Espíritos bons possam auxiliar quem vise satisfazer ao orgulho, ou à ambição. Deus permite que eles se comuniquem com os homens para os tirarem do paul terrestre e não para servirem de instrumentos às paixões mundanas. Logo, não pode Ele ver com bons olhos os que desviam do seu verdadeiro objetivo o dom que lhes concedeu e vos asseguro que esses serão punidos, mesmo aí nesse mundo, pelas mais amargas decepções.

DELFINA DE GIRARDIN.

XV

Todos os médiuns são, incontestavelmente, chamados a servir à causa do Espiritismo, na medida de suas faculdades, mas bem poucos há que não se deixem prender nas armadilhas do amor-próprio. E uma pedra de toque, que raramente deixa de produzir efeito. Assim é que, sobre cem médiuns, um, se tanto, encontrareis que, por muito ínfimo que seja, não se tenha julgado, nos primeiros tempos da sua mediunidade, fadado a obter coisas superiores e predestinado a grandes missões. Os que sucumbem a essa vaidosa esperança, e grande é o número deles, se tornam inevitavelmente presas de Espíritos obsessores, que não tardam a subjugá-los, lisonjeando-lhes o orgulho e apanhando-os pelo seu fraco. Quanto mais pretenderem eles elevar-se, tanto mais ridícula lhes será a queda, quando não desastrosa.

As grandes missões só aos homens de escol são confiadas e Deus mesmo os coloca, sem que eles o procurem, no meio e na posição em que possam prestar concurso eficaz. Nunca será demais eu recomende aos médiuns inexperientes que desconfiem do que lhes podem certos Espíritos dizer, com relação ao suposto papel que eles são chamados a desempenhar, porquanto, se o tomarem a sério, só desapontamentos colherão nesse mundo, e, no outro, severo castigo.

Persuadam-se bem de que, na esfera modesta e obscura onde se acham colocados, podem prestar grandes serviços, auxiliando a conversão dos incrédulos, prodigalizando consolação aos aflitos. Se daí deverem sair, serão conduzidos por mão invisível, que lhes preparará os caminhos, e serão postos em evidência, por assim dizer, a seu mau grado.

Lembrem-se sempre destas palavras: "Aquele que se exalçar será humilhado e o que se humilhar será exalçado."

O ESPÍRITO DE VERDADE.

Sobre as Sociedades Espíritas

NOTA. Das comunicações que se seguem, algumas foram dadas na *Sociedade Parisiense de Estudos Espíritas,* ou em sua intenção. Outras, que nos foram transmitidas por diversos médiuns, encerram conselhos gerais sobre os grupos, sua formação e obstáculos que podem encontrar.

XVI

Por que não começais as vossas sessões por uma invocação geral, uma como prece, que disponha ao recolhimento? Porque, ficai sabendo, sem o recolhimento, só tereis comunicações levianas; os bons Espíritos só vão aonde os chamam com fervor e sinceridade. É o que ainda os homens não compreendem bastante. Cabe-vos, pois, dar o exemplo, vós que, se o quiserdes, podereis tomar-vos uma das colunas do novo edifício. Observamos com prazer os vossos trabalhos e vos ajudamos, porém, sob a condição de que também, de vosso lado, nos secundeis e vos mostreis à altura da missão que fostes chamados a desempenhar.

Formai, portanto, um feixe e sereis fortes e os maus Espíritos não prevalecerão contra vós. Deus ama os simples de espírito, O que não quer dizer os tolos, mas Os que se renunciam a si mesmos e que, sem orgulho, para ele se encaminham. Podeis tornar-vos um foco de luz para a humanidade. Sabei, logo, distinguir o joio do trigo; semeai unicamente o bom grão e preservai-vos de espalhar o joio, por isso que este impedirá que aquele germine e sereis responsáveis por todo o mal que daí resulte; de igual modo, sereis responsáveis pelas doutrinas más que porventura propagueis

Lembrai-vos de que um dia pode vir em que O mundo tenha postos sobre vós os olhos. Fazei, conseguintemente, que nada empane o brilho das boas coisas que saírem do vosso seio. Por isso é que vos recomendamos pedirdes a Deus que vos assista.

SANTO AGOSTINHO.

Instado para ditar uma fórmula de invocação geral, Santo Agostinho respondeu:

Sabeis que não há fórmula absoluta. Deus é infinitamente grande para dar mais importância às palavras do que ao pensamento. Ora, não creiais baste pronuncieis algumas palavras, para que os maus Espíritos se afastem. Fugi, sobretudo, de vos servirdes de uma dessas fórmulas banais que se recitam por descarrego de consciência. Sua eficácia reside na sinceridade do sentimento que a dita; está, sobretudo, na unanimidade da intenção, porquanto aquele que se lhe não associe de coração não poderá beneficiar dela, nem fazer que os outros beneficiem.

Redigi-a, pois, vós mesmos e submetei-ma, se quiserdes. Eu vos ajudarei.

NOTA. A seguinte fórmula de invocação geral foi redigida com o concurso do Espírito, que a completou em muitos pontos:

"Deus onipotente, nós te rogamos envies bons Espíritos a nos assistirem e afastes os que nos possam induzir em erro. Dá-nos a luz necessária, para da impostura distinguir a verdade.

"Afasta, igualmente, os Espíritos malfazejos, capazes e lançar entre nós a desunião, suscitando-nos a inveja, o orgulho e o ciúme. Se alguns tentarem introduzir-se aqui, em teu nome, Senhor, os adjuramos a que se retirem.

"Bons Espíritos, que presidis aos nossos trabalhos, dignai-vos de vir instruir-nos e tornai-nos dóceis aos vossos conselhos. Fazei que em nós se apague todo sentimento pessoal, ante o propósito do bem de todos.

"Pedimos, particularmente, a..., nosso protetor especial, que assinta em nos trazer hoje o seu concurso."

XVII

Meus amigos, deixai que vos de um conselho, visto que palmilhais um terreno novo e que, se seguirdes a rota que vos indicamos, não vos transviareis.

Tem-se-vos dito uma coisa muito verdadeira, que desejamos relembrar-vos: que o Espiritismo é simplesmente uma moral e que não deverá sair, nem muito, nem pouco, dos limites da filosofia, se não quiser cair no domínio da curiosidade.

Deixai de lado as questões de ciência: a missão dos Espíritos não é resolvê-las, poupando-vos ao trabalho das pesquisas; mas procurai tornar-vos melhores, porquanto é assim que realmente progredireis.

SÃO LUÍS.

XVIII

Zombaram das mesas girantes, nunca zombarão da filosofia, da sabedoria e da caridade que brilham nas comunicações sérias. Aquelas foram o vestíbulo da ciência; aí, todo aquele que entra tem que deixar seus prejuízos, como deixa a capa.

Jamais terei por demasiado concitar-vos a que façais do vosso um centro sério. Que alhures se façam demonstrações físicas, *que alhures se observe, que alhures se ouça: entre vós, compreenda-se e ame-se.*

Que supondes sois, aos olhos dos Espíritos superiores, quando fazeis que uma mesa gire, ou se levante? Simples colegiais. Passa o sábio o tempo a repetir o *a b c* da ciência? Entretanto, ao ver-vos buscar as comunicações sérias, eles vos consideram como homens sérios, à procura da verdade.

SÃO LUÍS.

Perguntando nós a São Luís se, com essas palavras, tinha o intento de condenar as manifestações físicas, respondeu ele:

"Eu não poderia condenar as manifestações físicas, pois que se elas se produzem, é com permissão de Deus e para um fim proveitoso. Dizendo que foram o vestíbulo da ciência, assino-lhes a categoria que verdadeiramente lhes compete e lhes comprovo a utilidade. Condeno tão-somente os que fazem disso objeto de divertimento e de curiosidade, sem tirarem o ensinamento que daí decorre. Elas são, para a filosofia do Espiritismo, o que a gramática é para a literatura, e quem haja chegado a certo grau de conhecimento numa ciência, já não perde o tempo em lhe repassar os elementos."

XIX

Meus amigos e fiéis crentes, ditoso me sinto sempre que vos posso dirigir pela senda do bem. E uma suave missão que Deus me confia e de que me desvaneço, porque ser útil é sempre uma recompensa.

Que o espírito de caridade vos reúna, tanto da caridade que dá, como da que ama. Mostrai-vos pacientes ante as injúrias dos vossos detratores; sede firmes no bem e, sobretudo, humildes diante de Deus. Somente a humildade eleva. Essa a grandeza única que Deus reconhece. Só então os bons Espíritos virão a vós; do contrário o do mal se apossaria de vossa alma. Sede benditos em nome do Criador e crescereis aos olhos dos homens, ao mesmo tempo que aos olhos de Deus.

SÃO LUÍS.

XX

A união faz a força. Sede unidos, para serdes fortes.
O Espiritismo germinou, deitou raízes profundas. Vai estender por sobre a terra sua ramagem benfazeja. É preciso vos tomeis invulneráveis aos dardos envenenados da calúnia e da negra falange dos Espíritos ignorantes, egoístas e hipócritas. Para chegardes a isso, mister se faz que uma indulgência e uma tolerância recíprocas presidam às vossas relações; que os vossos defeitos passem despercebidos; que somente as vossas qualidades sejam notórias; que o facho da amizade santa vos funda, ilumine e aqueça os corações. Assim resistireis aos ataques impotentes do mal, como o rochedo inabalável à vaga furiosa.

SÃO VICENTE DE PAULO.

XXI

Meus amigos, quereis formar um grupo espírita e eu o aprovo, porque os Espíritos não podem ver com satisfação que se conservem no insulamento os médiuns. Deus não lhes outorgou para seu uso exclusivo a sublime faculdade que possuem, mas para o bem de todos. Comunicando-se com outros, terão eles mil ensejos de se esclarecerem sobre o mérito das comunicações que recebem, ao passo que, isolados, estão muito melhor sob o domínio dos Espíritos mentirosos, que encantados ficam com o não sofrerem nenhuma fiscalização. Aí está para vós e, se o orgulho vos não subjuga, compreendê-lo-eis e aproveitareis. Aqui vai agora para os outros.

Estais bem certos do que deve ser uma reunião espírita? Não, porquanto, no vosso zelo, julgais que o que de melhor tendes a fazer é reunir o maior número possível de pessoas, a fim de as convencerdes. Desenganai-vos. Quanto menos fordes, tanto mais obtereis. Sobretudo, pelo ascendente moral que exercerdes é que atraireis os incrédulos, muito mais do que pelos fenômenos que obtiverdes.

Se só pelos fenômenos atrairdes, os que vos procurarem o farão pela curiosidade e topareis com curiosos que vos não acreditarão e que rirão de vós. Se unicamente pessoas dignas de apreço se encontrarem entre vós, muitos talvez vos não acreditem, mas respeitar-vos-ão e o respeito inspira sempre a confiança.

Estais convencidos de que o Espiritismo acarretará uma reforma moral. Seja, pois, o vosso grupo o primeiro a dar exemplo das virtudes cristãs, visto que, nesta época de egoísmo, é nas Sociedades espíritas que a verdadeira caridade há de encontrar refúgio.*

Tal deve ser, meus amigos, um grupo de verdadeiros espíritas. Doutra feita, dar-vos-ei novos conselhos.

FÉNELON.

XXII

Perguntastes se a multiplicidade dos grupos, em uma mesma localidade, não seria de molde a gerar rivalidades prejudiciais à Doutrina. Responderei que os que se acham imbuídos dos verdadeiros princípios desta Doutrina veem unicamente irmãos em todos os espíritas, e não rivais. Os que se mostrassem ciosos de outros grupos provariam existir-lhes no íntimo uma segunda intenção, ou o sentimento do amor-próprio, e que não os guia o amor da verdade. Afirmo que, se essas pessoas se achassem entre vós, logo semeariam no vosso grupo a discórdia e a desunião.

O verdadeiro Espiritismo tem por divisa *benevolência e caridade*. Não admite qualquer rivalidade, a não ser a do bem que todos podem fazer. Todos os grupos que inscreverem essa divisa em suas bandeiras estenderão uns aos outros as mãos, como bons vizinhos, que não são menos amigos pelo fato de não habitarem a mesma casa.

Os que pretendam que os seus guias são Espíritos melhores que os dos outros deverão prová-lo, mostrando melhores sentimentos. Haja, pois, luta entre eles, mas luta de grandeza d'alma, de abnegação, de bondade e de humildade. O que atirar pedra a outro provará, por esse simples fato, que se acha influenciado por maus Espíritos. A natureza dos sentimentos recíprocos que dois homens manifestem é a pedra de toque para se conhecer a natureza dos Espíritos que os assistem.

FÉNELON.

---

* Conhecemos um senhor que foi aceito para um emprego de confiança, numa casa importante, porque era espírita sincero. Entenderam que suas crenças eram uma garantia da sua moralidade.

XXIII

O silêncio e o recolhimento são condições essenciais para todas as comunicações sérias. Nunca obtereis preencham essas condições os que somente pela curiosidade sejam conduzidos às vossas reuniões. Convidai, pois, os curiosos a procurar outros lugares, por isso que a distração deles constituiria uma causa de perturbação.

Nenhuma conversa deveis tolerar, enquanto os Espíritos estão sendo questionados. Recebeis, às vezes, comunicações que exigem de vós uma réplica séria e respostas não menos sérias da parte dos Espíritos evocados, aos quais muito desagradam, crede-o, os cochichos contínuos de certos assistentes. Daí, em consequência, nada obterdes por completo, nem de verdadeiramente sério. Também o médium que escreve experimenta distrações muito prejudiciais ao seu ministério.

SÃO LUÍS.

XXIV

Falar-vos-ei da necessidade de observardes, nas vossas sessões, a maior regularidade, isto é, de evitardes toda confusão, toda divergência de ideias. A divergência favorece a substituição dos Espíritos bons pelos maus e quase sempre são estes que respondem às questões propostas.

Por outro lado, numa reunião composta de elementos diversos e desconhecidos uns dos outros, por que meio se hão de evitar as ideias contraditórias, a distração, ou, ainda pior, uma vaga indiferença zombeteira? Esse meio quisera eu achá-lo eficaz e certo. Talvez esteja na concentração dos fluidos esparsos em torno dos médiuns. Unicamente eles, mas, sobretudo, os que são estimados, retêm na reunião os bons Espíritos. Porém, a influência deles mal chega para dispersar a turba dos Espíritos leviano.

É excelente o trabalho de exame das comunicações. Nunca será demais aprofundarem-se as questões e, principalmente, as respostas. O erro é fácil, mesmo para os Espíritos animados das melhores intenções. A lentidão da escrita, durante a qual o Espírito se afasta do assunto, que ele esgota logo que o concebeu, a mobilidade e a indiferença para com certas formas convindas, todas estas razões e

muitas outras vos criam o dever de só limitada confiança dispensardes ao que obtiverdes, subordinando-o sempre ao exame, ainda quando se trate das mais autênticas comunicações.
JORGE (ESPÍRITO FAMILIAR).

XXV

Com que fim, as mais das vezes, pedis comunicações aos Espíritos? Para terdes belos trechos de prosa, que mostrareis às pessoas das vossas relações como amostras do nosso talento? Preciosamente as conservais nas vossas pastas, porém, nos vossos corações não há lugar para elas. Julgais porventura que muito nos lisonjeia o comparecermos às vossas assembleias, como a um concurso, para fazermos torneios de eloquência, a fim de que possais dizer que a sessão foi muito interessante? Que vos resta, depois de haverdes achado admirável uma comunicação? Supondes que vimos em busca dos vossos aplausos? Desenganai-vos. Não nos agrada divertir-vos mais de um modo que doutro. Ainda aí o que há, em vós, é curiosidade, que debalde procurais dissimular.

O nosso objetivo é tornar-vos melhores. Ora, quando verificamos que as nossas palavras nenhum fruto produzem, que, da vossa parte, tudo se resume numa estéril aprovação, vamos em busca de almas mais dóceis. Cedemos então o lugar aos Espíritos que só fazem questão de falar e esses não faltam. Causa-vos espanto que deixemos tomem eles os nossos nomes. Que vos importa, uma vez que, para vós, não há nisso nem mais, nem menos? Ficai, porém, sabendo que não o permitimos em se tratando daqueles por quem realmente nos interessamos, isto é, daqueles com quem o nosso tempo não é perdido. Esses são os que preferimos e cuidadosamente os preservamos da mentira. Se, portanto, sois tão frequentemente enganados, queixai-vos tão-só de vós mesmos. Para nós, o homem sério não é aquele que se abstém de rir, mas aquele cujo coração as nossas palavras tocam, que as medita e tira delas proveito. (Veja-se o n. 268, perguntas 19 e 20.)
MASSILLON.

XXVI

O Espiritismo deverá ser uma égide contra o espírito de discórdia e de dissensão; mas esse espírito, desde todos os tempos, vem brandindo o seu facho sobre os humanos, porque cioso ele é da ventura que a paz e a união proporcionam. Espíritas! bem pode ele, portanto, penetrar nas vossas assembleias e, não duvideis, procurará semear entre vós a desafeição. Impotente, porém, será contra os que tenham a animá-los o sentimento da verdadeira caridade.

Estai, pois, em guarda e vigiai incessantemente à porta do vosso coração, como à das vossas reuniões, para que o inimigo não a penetre. Se forem vãos os vossos esforços contra o de fora, sempre de vós dependerá impedir-lhe o acesso em vossa alma. Se dissensões entre vós se produzirem, só por maus Espíritos poderão ser suscitadas.

Mostrem-se, por conseguinte, mais pacientes, mais dignos e mais conciliadores aqueles que no mais alto grau se achem penetrados dos sentimentos dos deveres que lhes impõe a urbanidade, tanto quanto o vero Espiritismo. Pode dar-se que, às vezes, os bons Espíritos permitam essas lutas, para facultarem, assim aos bons, como aos maus sentimentos, ensejo de se revelarem, a fim de separar-se o trigo do joio. Eles, porém, estarão sempre do lado onde houver mais humildade e verdadeira caridade.

SÃO VICENTE DE PAULO.

XXVII

Repeli impiedosamente todos esses Espíritos que reclamam o exclusivismo de seus conselhos, pregando a divisão e o insulamento. São quase sempre Espíritos vaidosos e medíocres, que procuram impor-se a homens fracos e crédulos, prodigalizando-lhes louvores exagerados, a fim de os fascinar e ter sob seu domínio. São geralmente Espíritos famintos de poder que, déspotas, públicos ou privados, quando vivos, ainda se esforçam, depois de mortos, por ter vítimas para tiranizarem.

Em geral, desconfiai das comunicações que tragam caráter de misticismo e de singularidade, ou que prescrevam cerimônias e atos extravagantes. Sempre haverá, nesses casos, motivo legítimo de suspeição.

Por outro lado, crede que, quando uma verdade tenha de ser revelada aos homens, ela é comunicada, por assim dizer, instantaneamente, a todos os grupos sérios que disponham de médiuns sérios, e não a tais ou quais, com exclusão de todos os outros. Ninguém é perfeito médium, se está obsidiado, e há obsessão manifesta, quando um médium só se mostra apto a receber as comunicações de determinado Espírito, por maior que seja a altura em que este procure colocar-se.

Conseguintemente, todo médium, todo grupo que julguem ter o privilégio de comunicações que só eles podem receber e que, por outro lado, estejam adstritos a práticas que orçam pela superstição, indubitavelmente se acham sob o guante de uma das obsessões mais bem caracterizadas, sobretudo quando o Espírito dominador se pavoneia com um nome que todos, Espíritos encarnados, devemos honrar e respeitar e não consentir seja profanado a qualquer propósito.

É incontestável que, submetendo ao cadinho da razão e da lógica todos os dados e todas as comunicações dos Espíritos, fácil será descobrir-se o absurdo e o erro. Pode um médium ser fascinado, como pode um grupo ser mistificado. Mas a verificação severa dos outros grupos, o conhecimento adquirido e a alta autoridade moral dos diretores de grupos, as comunicações dos principais médiuns, com um cunho de lógica e de autenticidade dos melhores Espíritos, farão justiça rapidamente a esses ditados mentirosos e astuciosos, emanados de uma turba de Espíritos enganadores e malignos.

ERASTO (DISCÍPULO DE SÃO PAULO).

NOTA. Um dos caracteres distintivos desses Espíritos, que procuram impor-se e fazer que sejam aceitas suas ideias extravagantes e sistemáticas, é o pretenderem (bom seria fossem eles os únicos dessa opinião) ter razão contra todo o mundo. Consiste a tática de que usam em evitar a discussão e, quando se veem vitoriosamente combatidos com as armas irresistíveis da lógica, negam-se desdenhosamente a responder e prescrevem a seus médiuns que se afastem dos centros onde suas ideias não são aceitas. Esse insulamento é o que há de mais fatal para os médiuns, porque, assim, sofrem eles o jugo dos Espíritos obsessores que os guiam, como cegos, e os levam frequentemente aos maus caminhos.

XXVIII

Os falsos profetas não se encontram apenas entre os encarnados; há-os, igualmente, e em número muito maior, entre os Espíritos orgulhosos que, sob falsas aparências de amor e caridade, semeiam a desunião e retardam a obra de emancipação da Humanidade, lançando-lhe de través sistemas absurdos, que fazem sejam aceitos pelos seus médiuns. E, para melhor fascinarem os que eles hajam escolhido para serem enganados, a fim de darem maior peso às teorias, não escrupulizam em se utilizarem de nomes que só com muito respeito os homens pronunciam: os de santos com razão venerados, os de Jesus, de Maria, mesmo o de Deus.

São eles que atiram o fermento dos antagonismos entre os grupos, que os impelem a se isolarem uns dos outros e a se olharem com animosidade. Só isto bastaria para os desmascarar, porquanto, procedendo assim, eles próprios dão o mais formal desmentido ao que pretendem ser. Cegos, pois, são os homens que se deixam apanhar em tão grosseira armadilha.

Há, porém, muitos outros meios de serem reconhecidos. Espíritos da ordem a que esses dizem ter ascendido devem ser não somente bons, mas, além disso, eminentemente lógicos e racionais. Pois bem! submetei-lhes os sistemas ao cadinho da razão e do bom-senso e vereis o que restará. Convinde, portanto, comigo em que, todas as vezes que um Espírito indique, como remédio aos males da Humanidade, ou como meios de chegar-se à sua transformação, coisas utópicas e impraticáveis, providencias pueris e ridículas; quando formule um sistema que as mais vulgares noções da ciência contradigam, não pode tal Espírito deixar de ser ignorante e mentiroso.

Por outro lado, tende a certeza de que, se a verdade nem sempre é apreciada pelos indivíduos, sempre o é pelo bom-senso das massas e nisso se vos oferece mais um critério de opinardes. Se dois princípios se contradizem, tereis a medida do valor intrínseco de um e outro, procurando saber qual o que mais eco produz e mais simpatia encontra. Seria, com efeito, ilógico que uma doutrina, cujo número de partidários diminua gradualmente, fosse mais verdadeira do que outra, cujos adeptos se vão tornando cada vez mais numerosos. Deus, pois, que quer que a verdade chegue a todos, não a confina em um círculo acanhado e restrito: fá-la surgir em diferentes pontos, a fim de que por toda parte a luz esteja ao lado das trevas.

NOTA. A melhor garantia de que um princípio é a expressar da verdade se encontra em ser ensinado e revelado por diferentes Espíritos, com o concurso de médiuns diversos, desconhecidos uns dos outros e em lugares vários, e em ser, ao demais, confirmado peta razão e sancionado pela adesão do maior número. Só a verdade pode fornecer raízes a uma doutrina. Um Sistema errôneo pode, sem dúvida, reunir alguns aderentes; mas, como lhe falta a primeira condição de vitalidade, efêmera será a sua existência. Não há, pois, motivo para que com ele nos inquietemos. Seus próprios erros o matam e a sua queda será inevitável aos golpes da poderosa arma que é a lógica.

Comunicações apócrifas
Muitas comunicações há, de tal modo absurdas, que, embora assinadas com os mais respeitáveis nomes, o senso comum basta para lhes tornar patente a falsidade. Outras, porém, há, em que o erro, dissimulado entre coisas aproveitáveis, chega a iludir, impedindo às vezes se possa apreendê-lo à primeira vista. Essas comunicações, no entanto, não resistem a um exame sério. Vamos, como amostra, reproduzir aqui algumas.

XXIX

A criação perpétua e incessante dos mundos é, para Deus, um como gozo perpétuo, porque ele vê incessantemente seus raios se tornarem cada dia mais luminosos em felicidade. Para Deus, não há número, do mesmo modo que não há tempo. Eis por que centenas ou milhares não são, para ele, mais nem menos uns do que outros. E um pai, cuja felicidade se forma da felicidade coletiva de seus filhos e que, a cada segundo da criação, vê uma nova felicidade vir fundir-se na felicidade geral. Não há parada, nem suspensão, nesse movimento perpétuo, nessa grande felicidade incessante que fecunda a terra e o céu. Do mundo, não se conhece mais do que uma pequena fração e tendes irmãos que vivem em latitudes onde o homem ainda não chegou a penetrar. Que significam esses calores de torrar e esses frios mortais, que detêm os esforços dos mais ousados? Julgais, com simplicidade, haver chegado ao limite do vosso mundo, quando não podeis mais avançar com os insignificantes meios de que dispondes? Poderíeis então medir exatamente o vosso planeta? Não creiais isso. Há no vosso planeta mais lugares ignorados do que lugares conhecidos. Porém, como é inútil que se propaguem ainda mais todas as vossas instituições más, todas as vossas leis más, ações e existências, há um limite que vos detém aqui e ali e que vos deterá até que tenhais de transportar as boas sementes que o vosso livre-arbítrio fez. Oh! Não, não conheceis esse mundo, a que chamais Terra. Vereis na vossa existência um grande começo de provas desta comunicação. Eis que vai soar a hora em que haverá uma outra descoberta diferente da última que foi feita; eis que se vai alargar o círculo da vossa Terra conhecida e, quando toda a imprensa cantar esse Hosana em todas as línguas, vós, pobres filhos, que amais a Deus e que procurais sua voz, o tereis sabido antes daqueles mesmos que darão nome à nova Terra.

VICENTE DE PAULO.

NOTA. Do ponto de vista do estilo, esta comunicação não resiste à crítica. As incorreções, os pleonasmos, os torneios viciosos saltam aos olhos de qualquer um, por menos letrado que seja. Isso, porém, nada provaria contra o nome que a firma, dado que tais imperfeições poderiam decorrer da incapacidade do médium, conforme já o demonstramos. O que é do Espírito é a ideia. Ora, dizer, como ele diz, que no nosso planeta há mais lugares ignorados, do que lugares conhecidos, que um novo continente vai ser descoberto é, para um Espírito que se qualifica de superior, dar prova da mais profunda ignorância. Sem dúvida, é possível que, para além das regiões glaciais, se descubram alguns cantos de terra desconhecidos, mas dizer que essas terras são povoadas e que Deus as conserva ocultas dos homens, a fim de que estes não levem para lá suas más instituições, é acreditar demasiado na confiança cega daqueles a quem semelhantes absurdos são propinados.

XXX

Meus filhos, o nosso mundo material e o mundo espiritual, que bem poucos ainda conhecem, formam como que os dois pratos da balança perpétua. Até aqui, as nossas religiões, as nossas leis, os nossos costumes e as nossas paixões têm feito de tal modo descer o prato do mal e subir o do bem, que se há visto o mal reinar soberanamente na Terra. Desde séculos, é sempre a mesma a queixa que se desprende da boca do homem e a conclusão fatal é a injustiça de Deus. Alguns há mesmo que vão até à negação da existência de Deus. Vedes tudo aqui e nada lá; vedes o supérfluo que choca a necessidade, o ouro que brilha junto da lama; todos os mais chocantes contrastes que vos deveriam provar a vossa dupla natureza. Donde vem isto? De quem a falta? Eis o que é preciso pesquisar com tranquilidade e com imparcialidade. Quando sinceramente se deseja achar um bom remédio, acha-se. Pois bem! Mau grado a essa dominação do mal sobre o bem, por culpa vossa, por que não vedes o resto ir direito pela linha traçada por Deus? Vedes as estações se desarranjarem? os calores e os frios se chocarem inconsideradamente? a luz do Sol esquecer-se de iluminar a Terra? a terra esquecer em seu seio as sementes que o homem aí depositou? Vedes a cessação dos mil milagres perpétuos que se produzem sob nossos olhos, desde o nascimento do arbusto até o nascimento da criança, o homem futuro? Mas tudo vai bem do lado de Deus, tudo vai mal do lado do homem. Qual o remédio para isto? É muito simples: aproximarem-se de Deus, amarem-se, unirem-se, entenderem-se e seguirem tranquilamente a estrada cujos marcos se veem com os olhos da fé e da consciência.

VICENTE DE PAULO.

NOTA. Esta comunicação foi obtida no mesmo círculo; mas, quanto difere da precedente, não só pelas ideias, como também pelo estilo! Tudo aí é justo, profundo, sensato e certamente São Vicente de Paulo não a desdenharia, pelo que se lhe pode atribuí-la sem receio.

XXXI

Vamos, filhos, cerrai as vossas fileiras, isto é, que a boa união faça a vossa força. Vós, que trabalhais na fundação do grande edifício, vigiai e trabalhai sempre por lhe consolidar a base; então, podereis elevá-lo bem alto, bem alto! A progressão é imensa sobre todo o nosso globo; uma quantidade inumerável de prosélitos se enfileira sob o nosso estandarte; muitos cépticos e até dos mais incrédulos também se aproximam.

Ide, filhos; marchai, com o coração elevado, cheio de fé; o caminho que percorreis é belo; não esmoreçais; segui sempre a linha reta, servi de guias aos que vêm depois de vós. Eles serão felizes, muito felizes!

Caminhai, filhos! Não precisais da força das baionetas para sustentar a vossa causa, não precisais senão de fé. A crença, a fraternidade e a união, tais as vossas armas; com elas, sois fortes, mais poderosos do que todos os grandes potentados do Universo, reunidos, apesar de suas forças vivas, de suas frotas, de seus canhões e de sua metralha!

Vós, que combateis pela liberdade dos povos e pela regeneração da grande família humana, ide, filhos, coragem e perseverança. Deus vos ajudará. Boa noite; até à vista.

NAPOLEÃO.

NOTA. Napoleão era, em vida, um homem grave e sério. Toda gente lhe conhece o estilo breve e conciso. Teria degenerado singularmente se, depois de morto, se houvesse tornado verboso e burlesco. Esta comunicação talvez seja do Espírito de algum soldado que se chamava Napoleão.

XXXII

Não, não se pode mudar de religião, quando não se tem uma que possa, ao mesmo tempo, satisfazer ao senso comum e à inteligência que se tem e que possa, sobretudo, dar ao homem consolações presentes. Não, não se muda de religião, cai-se da inépcia e da dominação na sabedoria e na liberdade. Ide, ide, pequeno exército nosso! ide e não temais as balas inimigas; as que vos hão de matar ainda não foram feitas, se estiverdes sempre, do fundo do coração, na senda do Senhor,

isto é, se quiserdes sempre combater pacificamente e vitoriosamente pelo bem-estar e pela liberdade.
                               VICENTE DE PAULO.

NOTA. Quem reconheceria são Vicente de Paulo por esta linguagem, por estes pensamentos desalinhavados e baldos de senso? Que significam estas palavras: Não, não se muda de religião, cai-se da inépcia e da dominação na sabedoria e na liberdade? Com as suas balas, que ainda não estão feitas, muito suspeitamos que este Espírito é o mesmo que acima se assinou *Napoleão*.

XXXIII

Filhos da minha fé, cristãos da minha doutrina esquecida pelos interesses das ondas da filosofia dos materialistas, segui-me no caminho da Judeia, segui a paixão da minha vida, contemplai meus inimigos agora, vede os meus sofrimentos, meus tormentos e meu sangue derramado.

Filhos espiritualistas da minha nova doutrina, estai prontos a suportar, a afrontar as ondas da adversidade, os sarcasmos de vossos inimigos. A fé caminhará sem cessar seguindo a vossa estrela, que vos conduzirá ao caminho da felicidade eterna, tal como a estrela conduziu pela fé os Magos do Oriente à manjedoura. Quaisquer que sejam as vossas adversidades, quaisquer que sejam as vossas penas e as lágrimas que houverdes derramado nessa esfera de exílio, tomai coragem, ficai persuadidos de que a alegria que vos inundará no mundo dos Espíritos estará muito acima dos tormentos da vossa existência passageira. O vale de lágrimas é um vale que há de desaparecer para dar lugar à brilhante morada de alegria, de fraternidade e de união, onde chegareis pela vossa boa obediência à santa revelação. A vida, meus caros irmãos, nesta esfera terrestre, toda preparatória, não pode durar senão o tempo necessário para viver bem preparado para essa vida que não poderá jamais acabar. Amai-vos, amai-vos, como eu vos amei e como vos amo ainda; irmãos, coragem, irmãos! Eu vos abençoo; no céu vos espero. *Jesus.*

Nestas brilhantes e luminosas regiões onde o pensamento humano mal pode chegar, o eco de vossas palavras e das minhas veio tocar o meu coração.

Oh! De que alegria me sinto inundado, vendo-vos, a vós, continuadores da minha doutrina. Não, nada se aproxima do testemunho dos vossos bons pensamentos! Vede, filhos: a ideia regeneradora lançada por mim outrora no mundo, perseguida, detida um momento, sob a pressão dos tiranos, vai doravante sem obstáculos, iluminando os caminhos â Humanidade por tanto tempo mergulhada nas trevas.

Todo sacrifício, grande e desinteressado, meus filhos, cedo ou tarde produziu frutos. Meu martírio vo-lo provou; meu sangue derramado pela minha doutrina salvará a Humanidade e apagará as faltas dos grandes culpados!

Sede benditos vós, que hoje tomais lugar na família regenerada! Ide, coragem, filhos!

JESUS.

NOTA. Indubitavelmente, nada há de mau nestas duas comunicações; porém, teve o Cristo alguma vez essa linguagem pretensiosa, enfática e empolada? Faça-se a sua comparação com a que citamos acima, firmada pelo mesmo nome, e ver-se-á de que lado está o cunho da autenticidade.

Todas estas comunicações foram obtidas no mesmo círculo. Nota-se, no estilo, um certo tom familiar, idênticos torneios de frases, as mesmas expressões repetidas com frequência, como, por exemplo, *ide, ide, filhos* etc., donde se pode concluir que é o mesmo Espírito que as deu todas, sob nomes diferentes. Entretanto, nesse círculo, aliás conscencioso, se bem que um tanto crédulo demais, não se faziam evocações, nem perguntas; tudo se esperava das comunicações espontâneas, o que, como se vê, não constitui certamente uma garantia de identidade. Com algumas perguntas um pouco insistentes e forradas de lógica, teriam facilmente reposto esse Espírito no seu lugar. Ele, porém, sabia que nada tinha a temer, porquanto nada lhe perguntavam e aceitavam sem verificação e de olhos fechados tudo o que ele dizia. (Veja-se o n. 269.)

XXXIV

Como é bela a Natureza! Como é prudente a providência, na sua previdência! Mas a vossa cegueira e as vossas paixões humanas impedem que tireis paciência da prudência e da bondade de Deus. A menor nuvem, ao menor atraso nas vossas previsões, vós vos lamentais. Sabei, impacientes duvidadores, que nada acontece sem um motivo sempre previsto, sempre premeditado em proveito de todos. A razão do que precede é para reduzir a nada, homens de temores hipócritas, todas as vossas previsões de ano mau para as vossas colheitas.

Deus frequentemente inspira aos homens a inquietação pelo futuro, para os impelir à previdência; e vede como grandes são os meios para dar a última demão aos vossos temores intencionalmente espalhados e que, as mais das vezes, ocultam pensamentos ávidos, antes que uma ideia de cauteloso aprovisionamento, inspirado por um sentimento de humanidade a favor dos pequenos. Vede as relações de nações a nações que daí resultarão; vede que transações deverão efetuar-se; quantos meios virão concorrer a reprimir os vossos temores! pois, como sabeis, tudo se encadeia; por isso, grandes e pequenos virão à obra.

Então, não vedes já em todo esse movimento uma fonte de certo bem-estar para a classe mais laboriosa dos Estados, classe verdadeiramente interessante, que, vós os grandes, os onipotentes dessa terra, considerais gente tosquiável à vontade, criada para as vossas satisfações?

Ora bem, que acontece depois de todo esse vaivém de um polo a outro? E que, uma vez bem providos, muitas vezes o tempo mudou; o Sol, obedecendo ao pensamento de seu criador, amadureceu em alguns dias as vossas sementeiras; Deus pôs a abundância onde a vossa cobiça meditava sobre a escassez e, mau grado vosso, os pequenos poderão viver; e, sem suspeitardes disso, fostes, a vosso mau grado, causa de uma abundância.

Entretanto, sucede — Deus o permite algumas vezes — que os maus tenham êxito em seus projetos cúpidos, mas então é um ensinamento que Deus quer dar a todos; é a providência humana que ele quer estimular: é a ordem infinita que reina na Natureza, é a coragem contra os acontecimentos que os homens devem imitar, que devem suportar com resignação.

Quanto aos que, por cálculo, aproveitam dos desastres, crede-o, serão punidos. Deus quer que todos os seus seres vivam; o homem não deve brincar com a necessidade, nem traficar com o supérfluo. Justo em seus benefícios, grande na sua demência, demasiado bom para com a nossa ingratidão, Deus, em seus desígnios, é impenetrável.

BOSSUET, ALFREDO DE MARIGNAC.

NOTA. Esta comunicação, certo, nada contém de mau. Encerra mesmo profundas ideias filosóficas e conselhos muito avisados, que poderiam levar os poucos versados em literatura a equivocar-se relativamente à identidade do autor. Tendo-a o médium, que a obtivera, submetido ao exame da Sociedade Espírita de Paris, foram unânimes os votos declarando que ela não podia ser de Bossuet. São Luís, consultado, respondeu: "Esta comunicação, em si mesma, é boa; mas não acrediteis tenha sido Bossuet quem a ditou. Escreveu-a um Espírito, talvez um pouco sob a inspiração daquele outro, e lhe pôs por baixo o nome do grande bispo, para torná-la mais facilmente aceitável. Praticou-a o Espírito que colocou o seu nome, em seguida ao de Bossuet."

Interrogado sobre o motivo que o levara a proceder assim, disse esse Espírito: "Eu desejava escrever alguma coisa, a fim de me fazer lembrado dos homens. Vendo que sou fraco, entendi de apadrinhar o meu escrito com o prestígio de um grande nome. — Mas não imaginaste que se reconheceria não ser de Bossuet a comunicação? — Quem sabe lá, ao certo? Poderíeis enganar-vos. Outros menos perspicazes a teriam aceitado."

De fato, a facilidade com que algumas pessoas aceitam tudo o que vem do mundo invisível, sob o pálio de um grande nome, é que anima os Espíritos embusteiros. A lhes frustrar os embustes é que todos devem consagrar a máxima atenção; mas a tanto ninguém pode chegar, senão com a ajuda da experiência adquirida por meio de um estudo sério. Daí o repetirmos incessantemente: Estudai, antes de praticardes, porquanto é esse o único meio de não adquirirdes experiência à vossa própria custa.

CAPÍTULO XXXII
VOCABULÁRIO ESPÍRITA

Agênere (Do grego — a, privativo, e — *géiné, géinomai,* gerar; que não foi gerado.) — Modalidade da aparição tangível; estado de certos Espíritos, quando temporariamente revestem as formas de uma pessoa viva, ao ponto de produzirem ilusão completa.

Batedor — Qualidade de alguns Espíritos, daqueles que revelam sua presença num lugar por meio de pancadas e ruídos de naturezas diversas.

Erraticidade — Estado dos Espíritos errantes, ou erráticos, isto é, não encarnados, durante o intervalo de suas existências corpóreas.

Espírita — O que tem relação com o Espiritismo; adepto do Espiritismo; aquele que crê nas manifestações dos Espíritos. *Um bom, um mau espírita; a Doutrina Espírita.*

Espiritismo — Doutrina fundada sobre a crença na existência dos Espíritos e em suas manifestações.

Espiritista — Esta palavra, empregada a princípio para designar os adeptos do Espiritismo, não foi consagrada pelo uso; prevaleceu o termo *Espírita*.

Espírito — No sentido especial da Doutrina Espírita, *os Espíritos são os seres inteligentes da criação, que povoam o Universo, fora do mundo material, e constituem o mundo invisível.* Não são seres oriundos de uma criação especial, porém, as almas dos que viveram na Terra, ou nas outras esferas, e que deixaram o invólucro corporal.

Espiritualismo — Usa-se em sentido oposto ao de materialismo; crença na existência da alma espiritual e imaterial. *O espiritualismo é a base de todas as religiões.*

Espiritualista — O que se refere ao espiritualismo; adepto do espiritualismo. E *espiritualista* aquele que acredita que em nós nem tudo é matéria, o que de modo algum implica a crença nas manifestações dos Espíritos. Todo *Espírita* é necessariamente *espiritualista;* mas pode-se ser *espiritualista* sem se ser *espírita;* o *materialista* não é uma nem outra coisa. Diz-se: a filosofia *espiritualista.* — Uma obra escrita segundo as ideias *espiritualistas.* — As manifestações *espíritas* são produzidas pela ação dos Espíritos sobre a matéria. — A moral *espírita* decorre do ensino dado pelos Espíritos. Há *espiritualistas* que escarnecem das crenças *Espíritas.*

Nestes exemplos, a substituição da palavra *espiritualista* pelo termo *espírita* daria lugar a evidente confusão.

Estereótipo — (Do grego — *stereos,* sólido.) — Qualidade das aparições tangíveis.

Medianímico — Qualidade da força do médium — Faculdade *medianímica.*

Medianimidade — Faculdade dos médiuns. Sinônimo de mediunidade. Estas duas palavras são, com frequência, empregadas indiferentemente. A se querer fazer uma distinção, poder-se-á dizer que *mediunidade* tem um sentido mais geral e *medianimidade* um sentido mais restrito. -Ele possui o dom de *mediunidade.* — *A medianimidade mecânica.*

Médium — (Do latim — *medium,* meio, intermediário.) — Pessoa que pode servir de intermediária entre os Espíritos e os homens.

Mediumato — Missão providencial dos médiuns. Esta palavra foi criada pelos Espíritos. (Veja-se o Capítulo XXXI, comunicação XII.)
Mediunidade — Veja-se: *Medianimidade*.
Perispírito — (Do grego — *peri* — em torno.) — Envoltório semimaterial do Espírito. Nos encarnados, serve de intermediário entre o Espírito e a matéria; nos Espíritos errantes, constitui o corpo fluídico do Espírito.
Pneumatofonia — (Do grego — *pneuma* — e — *phoné,* som ou voz.) — Voz dos Espíritos; comunicação oral dos Espíritos, sem o concurso da voz humana.
Pneumatografia — (Do grego — *pneuma* — ar, sopro. vento, espírito, e *graphô,* escrevo.) — Escrita direta dos Espíritos, sem o auxílio da mão de um médium.
Psicofonia — Comunicação dos Espíritos pela voz de um médium falante.
Psicografia — Escrita dos Espíritos pela mão de um médium.
Psicógrafo — (Do grego — *psiké,* borboleta, alma, e — *graphô,* escrevo.) — Aquele que faz psicografia; médium escrevente.
Reencarnação — Volta do Espírito à vida corpórea, pluralidade das existências.
Sematologia — (Do grego — *sema,* sinal, e — *logos,* discurso.) — Linguagem dos sinais. Comunicação dos Espíritos pelo movimento dos corpos inertes.
Tiptologia — (Do grego — *tipto,* eu bato, e — *logos,* discurso.) — Linguagem por pancadas, ou batimentos: modo de comunicação dos Espíritos. *Tiptologia alfabética.*
Tiptólogo — Gênero de médiuns aptos à tiptologia. *Médium tiptólogo.*

Ouça este e milhares de outros livros na Ubook.
Conheça o app com o **voucher promocional de 30 dias**.

Para resgatar:
1. Acesse **ubook.com** e clique em **Planos** no menu superior.
2. Insira o código #UBK no campo **Voucher Promocional**.
3. Conclua o processo de assinatura.

Dúvidas? Envie um e-mail para contato@ubook.com

*

Acompanhe a Ubook nas redes sociais!
ubookapp   ubookapp   ubookapp